O Livro dos
ESPÍRITOS

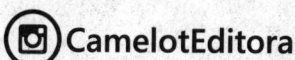
CamelotEditora

ALLAN KARDEC

O Livro dos
ESPÍRITOS

Camelot
EDITORA

CONHEÇA NOSSO LIVROS ACESSANDO AQUI!

Copyright desta tradução © IBC - Instituto Brasileiro De Cultura, 2021

Título original: Le Livre des Esprits
Reservados todos os direitos desta tradução e produção, pela lei 9.610 de 19.2.1998.

1ª Impressão 2023

Presidente: Paulo Roberto Houch
MTB 0083982/SP

Coordenação Editorial: Priscilla Sipans
Tradução e preparação de texto: Fábio Kataoka
Diagramação: Rogério Pires
Apoio de revisão: Leonan Mariano e Lilian Rozati
Fotos: Wikicommons

Vendas: Tel.: (11) 3393-7727 (comercial2@editoraonline.com.br)

Foi feito o depósito legal.
Impresso na China

Dados Internacionais de Catalogação na Publicação (CIP)
de acordo com ISBD

K181   Kardec, Allan

O Livro do Espíritos / Allan Kardec. - Barueri :
Camelot Editora, 2023.
304 p. ; 15,1cm x 23cm.

ISBN: 978-65-85168-36-6

1. Espiritismo. I. Título.

2023-1445   CDD 133.93
                                CDU 133.7

Elaborado por Vagner Rodolfo da Silva - CRB-8/9410

IBC — Instituto Brasileiro de Cultura LTDA
CNPJ 04.207.648/0001-94
Avenida Juruá, 762 — Alphaville Industrial
CEP. 06455-010 — Barueri/SP
www.editoraonline.com.br

SUMÁRIO

Introdução ao estudo da doutrina espírita 13

Prolegômenos 38

PRIMEIRA PARTE
    Causas primárias 40

CAPÍTULO I
    Deus 41
    Deus e o infinito 41
    Provas da existência de Deus 41
    Atributos da divindade 42
    Panteísmo 43

CAPÍTULO II
    Elementos gerais do universo 45
    Conhecimento do princípio das coisas 45
    Espírito e matéria 45
    Propriedades da matéria 47
    Espaço universal 48

CAPÍTULO III
    Criação 49
    Formação dos mundos 49
    Formação dos seres vivos 50
    Povoamento da Terra. Adão 51
    Diversidade das raças humanas 51
    Pluralidade dos mundos 51
    Considerações e concordâncias bíblicas concernentes à Criação 52

CAPÍTULO IV
    Princípio Vital 55
    Seres orgânicos e inorgânicos..55
    A vida e a morte 56
    Inteligência e instinto 57

SEGUNDA PARTE
    Mundo espírita ou mundo dos espíritos 59

CAPÍTULO I
    Princípio vital 60
    Origem e natureza dos espíritos..60
    Mundo normal primitivo 61
    Forma e ubiquidade dos espíritos 62
    Perispírito 62
    Diferentes ordens de espíritos 63
    Escala espírita 63
    Terceira ordem — Espíritos imperfeitos 65
    Segunda ordem — Bons Espíritos 67
    Primeira ordem — Espíritos puros 68
    Progressão dos espíritos 68
    Anjos e demônios..71

CAPÍTULO II
    Encarnação dos espíritos...73
    Objetivo da encarnação...73
    A alma..74
    Materialismo 76

CAPÍTULO III
    Volta do espírito, extinta a vida vorpórea, à vida espiritual 79
    A alma após a morte 79
    Separação da alma e do corpo 80
    Perturbação espiritual 82

CAPÍTULO IV
    Pluralidade das existências 84
    A reencarnação..84
    Justiça da reencarnação 85
    Encarnação nos diferentes mundos..85

Transmigrações progressivas..88
Sorte das crianças depois da morte 90
Sexo nos Espíritos 91
Parentesco, filiação...92
Semelhanças físicas e morais...92
Ideias inatas...94

CAPÍTULO V
Considerações sobre a pluralidade das existências 96

CAPÍTULO VI
Vida espírita..103
Espíritos errantes..103
Mundos transitórios 105
Percepções, sensações e sofrimentos dos espíritos............................106
Ensaio teórico da sensação nos espíritos 109
Escolha das provas 112
As relações no além-túmulo..117
Relações de simpatia e de antipatia entre os espíritos. Metades eternas 119
Recordação da existência corpórea...121
Comemoração dos mortos e funerais 123

CAPÍTULO VII
Volta do espírito à vida corporal...126
União da alma e do corpo..128
Faculdades morais e intelectuais do homem.....................................130
Influência do organismo 131
Idiotismo, loucura 133
A infância..134
Simpatia e antipatia terrenas 136
Esquecimento do passado...137

CAPÍTULO VIII
Emancipação da alma..141
O sono e os sonhos 141
Visitas espíritas entre pessoas vivas..144
Transmissão oculta do pensamento 145
Letargia, catalepsia, mortes aparentes..146
Sonambulismo..147
Êxtase...149
Dupla vista 150
Resumo teórico do sonambulismo, do êxtase e da dupla vista.......151

CAPÍTULO IX

Intervenção dos espíritos no mundo corporal 155
Faculdade, que têm os espíritos, de penetrar os nossos pensamentos 155
Influência oculta dos espíritos em nossos pensamentos e atos 155
Possessos 157
Convulsionários 159
Afeição que os Espíritos votam a certas pessoas 160
Anjos da guarda. Espíritos protetores, familiares ou simpáticos 161
Pressentimentos 167
Influência dos Espíritos nos acontecimentos da vida 167
Ação dos Espíritos nos fenômenos da natureza 170
Os Espíritos durante os combates 171
Pactos 172
Poder oculto. Talismãs. Feiticeiros 173
Bênçãos e maldições 174

CAPÍTULO X

Ocupações e missões dos espíritos 175

CAPÍTULO XI

Três reinos 181
Os minerais e as plantas 181
Os animais e o homem 182
Metempsicose 187

TERCEIRA PARTE

Leis morais 189

CAPÍTULO I

Lei divina ou natural 190
Características da lei natural 190
Conhecimento da lei natural 191
O bem e o mal 193
Divisão da lei natural 195

CAPÍTULO II

Lei de adoração 196
Objetivo da adoração 196
Adoração exterior 196
Vida contemplativa 197
A Prece 197

    Politeísmo 200
    Sacrifícios 201

CAPÍTULO III
    Lei do trabalho 203
    Necessidade do trabalho 203
    Limite do trabalho. Repouso 204

CAPÍTULO IV
    Lei de reprodução 206
    População do globo 206
    Sucessão e aperfeiçoamento das raças 206
    Obstáculos à reprodução 207
    Casamento e celibato 207
    Poligamia 208

CAPÍTULO V
    Lei de conservação 209
    Instinto de conservação 209
    Meios de conservação 209
    Gozo dos bens terrenos 211
    Necessário e supérfluo 212
    Privações voluntárias e mortificações 212

CAPÍTULO VI
    Lei de destruição 214
    Destruição necessária e destruição abusiva 214
    Flagelos destruidores 215
    Guerras 217
    Assassínio 217
    Crueldade 218
    Duelo 219
    Pena de morte 219

CAPÍTULO VII
    Lei de sociedade 221
    Necessidade da vida social 221
    Vida de isolamento. Voto de silêncio 221
    Laços de família 222

CAPÍTULO VI
    Lei do progresso 223

Estado da natureza 223
Marcha do progresso 223
Povos degenerados 225
Civilização 227
Progresso da legislação humana 228
Influência do Espiritismo no progresso 229

CAPÍTULO IX
Lei de igualdade 231
Igualdade natural 231
Desigualdade das aptidões 231
Desigualdades sociais 232
Desigualdade das riquezas 232
As provas de riqueza e de miséria 233
Igualdade dos direitos do homem e da mulher 234
Igualdade perante o túmulo 235

CAPÍTULO X
Lei de liberdade 236
Liberdade natural 236
Escravidão 236
Liberdade de pensar 237
Liberdade de consciência 237
Livre-arbítrio 238
Fatalidade 240
Conhecimento do futuro 243
Resumo teórico da motivação das ações humanas 244

CAPÍTULO XI
Lei de justiça, de amor e de caridade 247
Justiça e direitos naturais 247
Direito de propriedade. Roubo 248
Caridade e amor do próximo 249
Amor materno e filial 251

CAPÍTULO XII
Perfeição Moral 252
As virtudes e os vícios 252
Paixões 255
O egoísmo 256
Características do homem de bem 258
Conhecimento de si mesmo 259

QUARTA PARTE
    Esperanças e consolações 261

CAPÍTULO I
    Penas e gozos terrestres 262
    Felicidade e infelicidade relativas 262
    Perdas dos entes queridos 265
    Decepções. Ingratidão. Afeições destruídas 267
    Uniões antipáticas 267
    Temor da morte 268
    Desgosto da vida. Suicídio 269

CAPÍTULO II
    Penas e gozos futuros 273
    O Nada. A vida futura 273
    Intuição das penas e gozos futuros 274
    Intervenção de Deus nas penas e recompensas 274
    Natureza das penas e gozos futuros 275
    Penas temporais 279
    Expiação e arrependimento 281
    Duração das penas futuras 283
    Ressurreição da carne 288
    Paraíso, inferno e purgatório 289

CONCLUSÃO 292

*Fotografia de Allan Kardec.
Autor desconhecido*

INTRODUÇÃO AO ESTUDO DA DOUTRINA ESPÍRITA

I

Para se designarem coisas novas são precisos termos novos. Assim o exige a clareza da linguagem, para evitar a confusão inerente à variedade de sentidos das mesmas palavras. Os vocábulos *espiritual, espiritualista, espiritualismo* têm acepção bem definida. Dar-lhes outra, para aplicá-los à doutrina dos Espíritos, fora multiplicar as causas já numerosas de anfibologia. Com efeito, o espiritismo é o oposto do materialismo. Quem quer que acredite haver em si alguma coisa mais do que matéria, é espiritualista. Não se segue daí, porém, que creia na existência dos Espíritos ou em suas comunicações com o mundo visível. Em vez das palavras *espiritual, espiritualismo*, empregamos, para indicar a crença a que vimos de referir-nos, os termos *espírita* e *espiritismo*, cuja forma lembra a origem e o sentido radical e que, por isso mesmo, apresentam a vantagem de ser perfeitamente inteligíveis, deixando ao vocábulo *espiritualismo* a acepção que lhe é própria. Diremos, pois, que a doutrina espírita ou o Espiritismo tem por princípio as relações do mundo material com os Espíritos ou seres do mundo invisível. Os adeptos do Espiritismo serão os *espíritas*, ou, se quiserem, os *espiritistas*.

Como especialidade, o *Livro dos Espíritos* contém a doutrina espírita; como generalidade, prende-se à doutrina *espiritualista*, uma de cujas fases apresenta. Essa é a razão pela qual traz no cabeçalho do seu título as palavras: *Filosofia Espiritualista*.

II

Há outra palavra acerca da qual importa igualmente que todos se entendam, por constituir um dos fechos de abóbada de toda doutrina moral e ser objeto de inúmeras controvérsias, à míngua de uma acepção bem determinada. É a palavra *alma*. A divergência de opiniões sobre a natureza da alma provém da aplicação particular que cada um dá a esse termo. Uma língua perfeita, em que cada ideia fosse expressa por um termo próprio, evitaria muitas discussões.

Segundo uns, a alma é o princípio da vida material orgânica. Não tem existência própria e se aniquila com a vida: é o materialismo puro. Nesse sentido e por comparação, diz-se de um instrumento rachado, que nenhum som mais emite: não tem alma. De conformidade com essa opinião, a alma seria efeito e não causa.

Pensam outros que a alma é o princípio da inteligência, agente universal do qual cada ser absorve uma certa porção. Segundo esses, não haveria em todo o Universo senão uma só alma a distribuir centelhas pelos diversos seres inteligentes durante a vida destes, voltando cada centelha, à fonte comum, a se confundir com o todo, como os regatos e os rios voltam ao mar, de onde saíram. Essa opinião difere da precedente em que, nesta hipótese, não há em nós somente matéria, subsistindo alguma coisa após a morte. Mas é quase como se nada subsistisse, porquanto, destituídos de individualidade, não mais teríamos consciência de nós mesmos. Dentro dessa opinião, a alma universal seria Deus, e cada ser um fragmento da divindade. Simples variante do *Panteísmo*[1].

Segundo outros, finalmente, a alma é um ser moral, distinto, independente da matéria e que conserva sua individualidade após a morte. Essa acepção é, sem contradita, a mais geral, porque, debaixo de um nome ou de outro, a ideia desse ser que sobrevive ao corpo se encontra, no estado de crença instintiva, não derivada de ensino, entre todos os povos, qualquer que seja o grau de civilização de cada um. Essa doutrina, segundo a qual a alma é *causa e não efeito*, é a dos *espiritualistas*.

Sem discutir o mérito de tais opiniões e considerando apenas o lado linguístico da questão, diremos que estas três aplicações do termo *alma* correspondem a três ideias distintas, que demandariam, para serem expressas, três vocábulos diferentes. Essa palavra tem, pois, tríplice acepção e cada um, do seu ponto de vista, pode com razão defini-la como o faz. A falha está em a língua dispor somente de uma palavra para exprimir três ideias. A fim de evitar todo equívoco, seria necessário restringir-se a acepção do termo *alma* a uma daquelas ideias. A escolha é indiferente; é uma simples questão de convenção. Julgamos mais lógico tomá-lo na sua acepção vulgar e por isso chamamos ALMA o *ser imaterial e individual que em nós reside e sobrevive ao corpo*. Mesmo que esse ser não existisse, não passasse de produto da imaginação, ainda assim seria preciso um termo para designá-lo.

Na ausência de um vocábulo preciso para designar cada uma das outras ideias a que corresponde a palavra alma, denominamos: *princípio vital* o princípio da vida material e orgânica, qualquer que seja a fonte de onde promane, princípio esse comum a todos os seres vivos, desde as plantas até o homem. Podendo a vida existir sem a faculdade de pensar, para alguns, o princípio vital é uma propriedade da matéria, um efeito que se produz achando-se a matéria em determinadas circunstâncias. Segundo outros, e esta é a ideia mais comum, ele reside em um fluido especial, universalmente propagado e do qual cada ser absorve e assimila uma parcela durante a vida, tal como

---

[1] Perspectiva filosófica que identifica tudo o que existe. (N. do E.)

os corpos inertes absorvem a luz. Esse seria então o *fluido vital* que, na opinião de alguns, em nada difere do fluido elétrico animalizado, ao qual também se dão os nomes de *fluido magnético*, fluido nervoso etc.

Seja como for, um fato há que ninguém ousaria contestar, pois que resulta da observação: é que os seres orgânicos têm em si uma força íntima que determina o fenômeno da vida, enquanto essa força existe; que a vida material é comum a todos os seres orgânicos e é independe da inteligência e do pensamento; que a inteligência e o pensamento são faculdades próprias de certas espécies orgânicas; finalmente, que entre as espécies orgânicas dotadas de inteligência e de pensamento há aquela dotada também de um senso moral especial, que lhe dá incontestável superioridade sobre as outras: a espécie humana.

Concebe-se que, com uma acepção múltipla, o termo *alma* não exclui o Materialismo, nem o Panteísmo. O próprio espiritualista pode entender a alma de acordo com uma ou outra das duas primeiras definições, sem prejuízo do Ser imaterial distinto, ao qual, então, daria um nome qualquer. Assim, essa palavra não representa uma opinião: é um Proteu[2], que cada um ajeita a seu bel-prazer. Daí tantas disputas intermináveis.

Toda confusão teria sido evitada, mesmo usando-se do termo *alma* nos três casos, desde que se lhe acrescentasse um qualificativo especificando o ponto de vista em que se está colocado, ou a aplicação que se faz da palavra. Esta teria, então, uma palavra de caráter genérico, designando, ao mesmo tempo, o princípio da vida material, da inteligência e do senso moral, que se distinguiriam mediante um atributo, como os *gases*, por exemplo, que se distinguem aditando-se ao termo genérico as palavras hidrogênio, oxigênio ou azoto. Seria possível assim dizer, e talvez fosse o melhor, a *alma vital* para indicar o princípio da vida material; a *alma intelectual* para designar o princípio da inteligência, e a *alma espírita* para o princípio da nossa individualidade após a morte. Como se vê, tudo isso não passa de uma questão de palavras, mas questão muito importante quando se trata de nos fazermos entendidos. De conformidade com essa maneira de falar, a *alma vital* seria comum a todos os seres orgânicos: plantas, animais e homens; a *alma intelectual* pertenceria aos animais e aos homens; e a *alma espírita* somente ao homem.

Julgamos dever insistir nessas explicações pela razão de que a Doutrina Espírita repousa naturalmente sobre a existência, em nós, de um ser independente da matéria e que sobrevive ao corpo. A palavra *alma*, tendo que aparecer com frequência no curso desta obra, importa que fixemos bem o sentido que lhe atribuímos, a fim de evitarmos qualquer engano.

Passemos agora ao objeto principal dessa instrução preliminar.

III

Como tudo que constitui novidade, a doutrina espírita conta com adeptos e contraditores. Vamos tentar responder a algumas das objeções destes últimos, examinando o valor dos motivos em que se apoiam, sem alimentarmos, todavia, a pretensão de convencer a todos, pois muitos há que creem ter sido a luz feita exclusivamente para eles. Dirigimo-nos aos de boa-fé, aos que não trazem ideias preconcebidas ou decididamente firmadas

---

[2] Deus da Mitologia Grega que assumia diferentes formas no intuito de não ser capturado (N. do E.)

contra tudo e todos, aos que sinceramente desejam instruir-se e lhes demonstraremos que a maior parte das objeções opostas à Doutrina promanam de incompleta observação dos fatos e de juízo leviano e precipitadamente formado. Lembremos, antes de tudo, em poucas palavras, a série progressiva dos fenômenos que deram origem a esta Doutrina.

O primeiro fato observado foi o da movimentação de objetos diversos. Designaram-no vulgarmente pelo nome de *mesas girantes* ou *dança das mesas*. Esse fenômeno, que parece ter sido notado primeiramente na América, ou melhor, que se repetiu nesse país, porquanto a História prova que ele remonta à mais alta Antiguidade, produziu-se rodeado de circunstâncias estranhas, tais como ruídos insólitos e pancadas sem nenhuma causa ostensiva. Em seguida, propagou-se rapidamente pela Europa e por outras partes do mundo. A princípio quase que só encontrou incredulidade, porém, ao cabo de pouco tempo, a multiplicidade das experiências não mais permitiu que lhe pusessem em dúvida a realidade.

Se tal fenômeno se houvesse limitado ao movimento de objetos materiais, poderia explicar-se por uma causa puramente física. Estamos longe de conhecer todos os agentes ocultos da Natureza, ou todas as propriedades dos que conhecemos: a eletricidade multiplica diariamente os recursos que proporciona ao homem e parece destinada a iluminar a Ciência com uma nova luz. Nada de impossível haveria, portanto, em que a eletricidade modificada por certas circunstâncias, ou qualquer outro agente desconhecido, fosse a causa dos movimentos observados. O fato de que a reunião de muitas pessoas aumenta a potencialidade da ação parecia vir em apoio dessa teoria. Visto poder-se considerar o conjunto dos assistentes como uma pilha múltipla, com o seu potencial na razão direta do número dos elementos.

O movimento circular nada apresentava de extraordinário: está na Natureza. Todos os astros se movem em curvas elipsoides; poderíamos, pois, ter ali, em ponto menor, um reflexo do movimento geral do Universo, ou, melhor, uma causa, até então desconhecida, produzindo acidentalmente, com pequenos objetos em dadas condições, uma corrente análoga à que impele os mundos.

Mas, o movimento nem sempre era circular; muitas vezes era brusco e desordenado, sendo o objeto violentamente sacudido, derrubado, levado numa direção qualquer e, contrariamente a todas as leis da estática, levantando e mantido em suspensão. Ainda aqui nada havia que se não pudesse explicar pela ação de um agente físico invisível. Não vemos a eletricidade deitar por terra edifícios, desarraigar árvores, atirar longe os mais pesados corpos, atraí-los ou repeli-los?

Os ruídos insólitos, as pancadas, ainda que não fossem um dos efeitos ordinários da dilatação da madeira, ou de qualquer outra causa acidental, podiam muito bem ser produzidos pela acumulação de um fluido oculto: a eletricidade não produz formidáveis ruídos?

Até aí, como se vê, tudo pode caber no domínio dos fatos puramente físicos e fisiológicos. Sem sair desse âmbito de ideias, já ali havia, no entanto, matéria para estudos sérios e dignos de prender a atenção dos sábios. Por que assim não aconteceu? É penoso dizê-lo, mas o fato deriva de causas que provam, entre mil outros semelhantes, a leviandade do espírito humano. A vulgaridade do objeto principal que serviu de base às primeiras experiências não foi alheia à indiferença dos sábios. Que influência não tem tido muitas vezes uma palavra sobre as coisas mais graves!

Sem atenderem a que o movimento podia ser impresso a um objeto qualquer, a ideia das mesas prevaleceu, sem dúvida, por ser o objeto mais cômodo e porque, à roda de uma mesa, muito mais naturalmente do que em torno de qualquer outro móvel, se sentam diversas pessoas. Ora, os homens superiores são com frequência tão pueris que não há como ter por impossível que certos espíritos de escol hajam considerado deprimente ocuparem-se com o que se convencionara chamar a *dança das mesas*. É mesmo provável que se o fenômeno observado por Galvani o fora por homens vulgares e ficasse caracterizado por um nome burlesco, ainda estaria relegado a fazer companhia à varinha mágica. Qual, com efeito, o sábio que não houvera julgado uma indignidade ocupar-se com a *dança das rãs*?

Alguns, entretanto, muito modestos para convirem em que bem poderia dar-se não lhes ter ainda a Natureza dito a última palavra, quiseram ver, para tranquilidade de suas consciências. Mas aconteceu que o fenômeno nem sempre lhes correspondeu à expectativa e, do fato de não se haver produzido constantemente à vontade deles e segundo a maneira de se comportarem na experimentação, concluíram pela negativa. Mau grado, porém, ao que decretaram, as mesas - pois que há mesas - continuam a girar e podemos dizer com Galileu: *todavia, elas se movem!* Acrescentaremos que os fatos se multiplicaram de tal modo que desfrutam hoje do direito de cidade, não mais se cogitando senão de lhes achar uma explicação racional.

Contra a realidade do fenômeno, poder-se-ia induzir alguma coisa da circunstância de ele não se produzir de modo sempre idêntico, conforme a vontade e as exigências do observador? Os fenômenos de eletricidade e de química não estão subordinados a certas condições? Será lícito negá-los, porque não se produzem fora dessas condições? Que há, pois, de surpreendente em que o fenômeno do movimento dos objetos pelo fluido humano também se ache sujeito a determinadas condições e deixe de se produzir quando o observador, colocando-se no seu ponto de vista, pretende fazê-lo seguir a marcha que caprichosamente lhe imponha, ou queira sujeitá-lo às leis dos fenômenos conhecidos, sem considerar que para fatos novos pode e deve haver novas leis? Ora, para se conhecerem essas leis, preciso é que se estudem as circunstâncias em que os fatos se produzem e esse estudo não pode deixar de ser fruto de observação perseverante, atenta e às vezes muito longa.

Objetam, porém, algumas pessoas: há frequentemente fraudes manifestas. Perguntar-lhes-emos, em primeiro lugar, se estão bem certas de que haja fraudes e se não tomaram por fraude efeitos que não podiam explicar, mais ou menos como o camponês que tomava por destro escamoteador um sábio professor de Física a fazer experiências. Admitindo-se mesmo que tal coisa tenha podido verificar-se algumas vezes, constituiria isso razão para negar-se o fato? Dever-se-ia negar a Física, porque há prestidigitadores que se exornam com o título de físicos? Cumpre, ao demais, se leve em conta o caráter das pessoas e o interesse que possam ter em iludir. Seria tudo, então, mero gracejo? Admite-se que uma pessoa se divirta por algum tempo, mas um gracejo prolongado indefinidamente se tornaria tão fastidioso para o mistificador, como para o mistificado. Acresce que, numa mistificação que se propaga de um extremo a outro do mundo e por entre as mais austeras, veneráveis e esclarecidas personalidades, qualquer coisa há, com certeza, tão extraordinária, pelo menos, quanto o próprio fenômeno.

IV

Se os fenômenos com que nos estamos ocupando houvessem ficado restritos ao movimento dos objetos, teriam permanecido, como dissemos, no domínio das Ciências Físicas. Assim, entretanto, não sucedeu: estava-lhes reservado colocar-nos na pista de fatos de ordem singular. Foi descoberto, não sabemos pela iniciativa de quem, que a impulsão dada aos objetos não é apenas o resultado de uma força mecânica cega; que havia nesse movimento a intervenção de uma causa inteligente. Uma vez aberto, esse caminho conduziu a um campo totalmente novo de observações. De sobre muitos mistérios se erguia o véu. Haverá, com efeito, no caso, um poder inteligente? Tal a questão. Se esse poder existe, o que é ele, qual a sua natureza, a sua origem? Encontra-se ele acima da Humanidade? Eis as outras questões que decorrem da anterior.

As primeiras manifestações inteligentes se deram por meio de mesas que se levantavam e, com um dos pés, davam certo número de pancadas, respondendo desse modo - *sim*, ou - *não*, conforme fora convencionado, a uma pergunta feita. Até aí nada de convincente havia para os céticos, porquanto bem podiam crer que tudo fosse obra do acaso. Obtiveram-se depois respostas mais desenvolvidas com o auxílio das letras do alfabeto: dando o móvel um número de pancadas correspondente ao número de ordem de cada letra, chegava-se a formar palavras e frases que respondiam às questões propostas. A precisão das respostas e a correlação que denotavam com as perguntas causaram espanto. O ser misterioso que assim respondia, interrogado sobre a sua natureza, declarou que era *Espírito* ou *Gênio*, deu seu nome e prestou diversas informações a seu respeito. Há aqui uma circunstância muito importante, que se deve assinalar. É que ninguém imaginou os *Espíritos* como meio de explicar o fenômeno; foi o próprio fenômeno que revelou a palavra. Muitas vezes, em se tratando das ciências exatas, se formulam hipóteses para dar-se uma base ao raciocínio. Não é aqui o caso.

Tal meio de correspondência era, porém, demorado e incômodo. O Espírito (e isto constitui nova circunstância digna de nota) indicou outro meio. Foi um desses seres invisíveis quem aconselhou a adaptação de um lápis a uma cesta ou a outro objeto. Colocada em cima de uma folha de papel, a cesta é posta em movimento pelo mesmo poder oculto que move as mesas; mas, em vez de um simples movimento regular, o lápis traça por si mesmo caracteres formando palavras, frases e dissertações de muitas páginas sobre as mais altas questões de Filosofia, de Moral, de Metafísica, de Psicologia etc., e com tanta rapidez quanto como se escrevesse com a mão.

O conselho foi dado simultaneamente na América, na França e em diversos outros países. Eis os termos que deram em Paris, a 10 de junho de 1853, a um dos mais fervorosos adeptos da Doutrina que, havia muitos anos, desde 1849, se ocupava com a evocação dos Espíritos: "Vai buscar, no aposento ao lado, a cestinha; amarra-lhe um lápis; coloca-a sobre o papel; põe-lhe os teus dedos sobre a borda" Alguns instantes depois, a cesta entrou a mover-se e o lápis escreveu, muito legível, esta frase: "Proíbo expressamente que transmitas a quem quer que seja o que acabo de dizer. Da próxima vez que escrever, escreverei melhor.

O objeto ao qual se adapta o lápis, não passando de mero instrumento, completamente indiferentes são a natureza e a forma que tenha. Daí o haver-se procurado dar-lhe a disposição mais cômoda. Assim é que muita passa a se servir de uma prancheta pequena.

A cesta ou a prancheta só podem ser postas em movimento sob a influência de certas pessoas dotadas, para isso, de um poder especial, as quais se designam pelo nome de *médiuns*, isto é - intermediários entre os Espíritos e os homens. As condições que dão esse poder resultam de causas ao mesmo tempo físicas e morais, ainda imperfeitamente conhecidas, porquanto há médiuns de todas as idades, de ambos os sexos e em todos os graus de desenvolvimento intelectual. É, todavia, uma faculdade que se desenvolve pelo exercício.

V

Reconheceu-se mais tarde que a cesta e a prancheta não eram, realmente, mais do que um apêndice das mãos do médium que, tomando diretamente do lápis, pôs-se a escrever por um impulso involuntário e quase febril. Dessa maneira, as comunicações se tornaram mais rápidas, mais fáceis e mais completas. Hoje é esse o meio geralmente empregado e com tanto mais razão quanto o número das pessoas dotadas dessa aptidão é muito considerável e cresce todos os dias. Finalmente, a experiência deu a conhecer muitas outras variedades da faculdade mediúnica, vindo-se a saber que as comunicações podiam igualmente ser transmitidas pela palavra, pela audição, pela visão, pelo tato etc., e até pela escrita direta dos Espíritos, isto é, sem o concurso da mão do médium, nem do lápis.

Obtido o fato, restava comprovar um ponto essencial: o papel do médium nas respostas e a parte que, mecânica e moralmente, pode ter nelas. Duas circunstâncias capitais, que não escapariam a um observador atento, tornam possível resolver-se a questão. A primeira consiste no modo como a cesta se move sob a influência do médium, apenas lhe impondo este os dedos sobre a borda. O exame do fato demonstra a impossibilidade de o médium imprimir uma direção qualquer ao movimento daquele objeto. Essa impossibilidade se patenteia, sobretudo, quando duas ou três pessoas colocam juntamente as mãos sobre a cesta. Seria preciso entre elas uma concordância verdadeiramente fenomenal de pensamentos para que pudessem estar de acordo quanto à resposta a dar à questão formulada. Outro fato, não menos singular, ainda vem aumentar a dificuldade: é a mudança radical da caligrafia conforme o Espírito que se manifesta, reproduzindo-se a de um determinado Espírito todas as vezes que ele volta a escrever. Seria necessário, pois que o médium se houvesse exercitado em dar à sua própria caligrafia vinte formas diferentes e, principalmente, que pudesse lembrar-se da que corresponde a tal ou tal Espírito.

A segunda circunstância resulta da natureza mesma das respostas que, as mais das vezes, especialmente quando se ventilam questões abstratas e científicas, estão notoriamente fora do campo dos conhecimentos e, amiúde, do alcance intelectual do médium, que, além disso, como de ordinário sucede, não tem consciência do que se escreve debaixo da sua influência; que, frequentemente, não entende ou não compreende a questão proposta, pois que esta pode estar em um idioma que ele desconheça, ou mesmo mentalmente, podendo a resposta ser dada nesse idioma. Enfim, acontece muito escrever a cesta espontaneamente, sem que se haja feito pergunta alguma, sobre um assunto qualquer, inteiramente inesperado.

Em certos casos, as respostas revelam tal cunho de sabedoria, de profundidade e de propósito; exprimem pensamentos tão elevados, tão sublimes, que não podem emanar senão de uma inteligência superior, impregnada da mais pura moralidade. De outras vezes, são tão levianas, tão frívolas, tão triviais, que a razão se recusa a admitir que derivem da mesma fonte. Tal diversidade de linguagem não se pode explicar senão pela diversidade de inteligências que se manifestam. E essas inteligências estão na Humanidade ou fora da Humanidade? Este o ponto a esclarecer-se e cuja explicação se encontrará completa nesta obra, como a deram os próprios Espíritos.

Eis, pois, efeitos patentes, que se produzem fora do círculo habitual das nossas observações; que não ocorrem misteriosamente, mas, ao contrário, à luz do dia, que toda gente possa ver e comprovar; que não constituem privilégio de um único indivíduo, mas de milhares de pessoas que o repetem todos os dias. Esses efeitos têm necessariamente uma causa e, do momento que denotam a ação de uma inteligência e de uma vontade, saem do domínio puramente físico.

Muitas teorias foram engendradas a esse respeito. Nós a examinaremos dentro em pouco e veremos se são capazes de oferecer a explicação de todos os fatos que se observam. Admitamos, enquanto não chegamos até lá, a existência de seres distintos dos humanos, pois que esta é a explicação ministrada pelas inteligências que se manifestam, e vejamos o que eles nos dizem.

VI

Conforme notamos anteriormente, os próprios seres que se comunicam se designam a si mesmos pelo nome de Espíritos ou Gênios, declarando, alguns, pelo menos, terem pertencido a homens que viveram na Terra. Eles compõem o mundo espiritual, como nós constituímos o mundo corporal durante a vida terrena.

Vamos resumir, em poucas palavras, os pontos principais da Doutrina que nos transmitiram, a fim de mais facilmente respondermos a certas objeções:

"Deus é eterno, imutável, imaterial, único, onipotente, soberanamente justo e bom.

Criou o Universo, que abrange todos os seres animados e inanimados, materiais e imateriais.

Os seres materiais constituem o mundo visível ou corpóreo, e os seres imateriais, o mundo invisível ou espírita, isto é, dos Espíritos.

O mundo espírita é o mundo normal, primitivo, eterno, preexistente e sobrevivente a tudo.

O mundo corporal é secundário; pode deixar de existir, ou não ter jamais existido, sem que por isso se alterasse a essência do mundo espírita.

Os Espíritos revestem temporariamente um invólucro material perecível, cuja destruição pela morte lhes restitui a liberdade.

Entre as diferentes espécies de seres corpóreos, Deus escolheu a espécie humana para a encarnação dos Espíritos que chegaram a certo grau de desenvolvimento, dando-lhe superioridade moral e intelectual sobre as outras.

A alma é um Espírito encarnado, sendo o corpo apenas o seu envoltório.

Há no homem três coisas: 1° – o corpo ou ser material análogo aos animais e animado pelo mesmo princípio vital; 2°– a alma ou ser imaterial, Espírito encarnado no corpo; 3° – o laço que une a alma ao corpo, princípio intermediário entre a matéria e o Espírito.

Tem, assim, o homem, duas naturezas: pelo corpo, ele participa da natureza dos animais, cujos "instintos lhe são comuns; pela alma, participa da natureza dos Espíritos.

O laço ou *perispírito*, que une o corpo ao Espírito, é uma espécie de envoltório semimaterial. A morte é a destruição do invólucro mais grosseiro. O Espírito conserva o segundo, que lhe constitui um corpo etéreo, invisível para nós no estado normal, porém que pode tornar-se acidentalmente visível e mesmo tangível, como sucede no fenômeno das aparições.

O Espírito não é, pois, um ser abstrato, indefinido, só possível de se conceber pelo pensamento. É um ser real, circunscrito, que, em certos casos, se torna apreciável *pela visão, pela audição e pelo tato*.

Os Espíritos pertencem a diferentes classes e não são iguais, nem em poder, nem em inteligência, nem em saber, nem em moralidade. Os da primeira ordem são os Espíritos Superiores, que se distinguem dos outros pela sua perfeição, seus conhecimentos, sua proximidade de Deus, pela pureza de seus sentimentos e por seu amor ao bem: são os anjos ou puros Espíritos. Os das outras classes se acham cada vez mais distanciados dessa perfeição, mostrando-se os das categorias inferiores, na sua maioria corrompidos pelas nossas paixões: o ódio, a inveja, o ciúme, o orgulho etc. Comprazem-se no mal. Há também, entre os inferiores, os que não são nem muito bons nem muito maus, antes perturbadores e enredadores, do que perversos. A malícia e as inconsequências parecem ser o que neles predomina. São os Espíritos desajuizados ou levianos.

Os Espíritos não ocupam perpetuamente a mesma categoria. Todos se melhoram passando pelos diferentes graus da hierarquia espírita. Esta melhora se efetua por meio da encarnação, que é imposta a uns como expiação, a outros como missão. A vida material é uma prova que lhes cumpre sofrer repetidamente, até que tenham atingido a absoluta perfeição moral.

Deixando o corpo, a alma volve ao mundo dos Espíritos, de onde saíra, para passar por nova existência material, após um lapso de tempo mais ou menos longo, durante o qual permanece em estado de Espírito errante.

Tendo o Espírito que passar por muitas encarnações, segue-se que todos nós temos tido muitas existências e que teremos ainda outras, mais ou menos aperfeiçoadas, quer na Terra, quer em outros mundos.

A encarnação dos Espíritos se dá sempre na espécie humana; seria erro acreditar-se que a alma ou Espírito possa encarnar no corpo de um animal.

As diferentes existências corpóreas do Espírito são sempre progressivas e nunca regressivas; mas a rapidez do seu progresso depende dos esforços que faça para chegar à perfeição.

As qualidades da alma são as do Espírito que está encarnado em nós; assim, o homem de bem é a encarnação de um bom Espírito, o homem perverso a de um Espírito impuro.

A alma possuía sua individualidade antes de encarnar; conserva-a depois de se haver separado do corpo.

Na sua volta ao mundo dos Espíritos, encontra ela todos aqueles que conhecera na Terra, e todas as suas existências anteriores se lhe desenham na memória, com a lembrança de todo o bem e de todo o mal que fez.

O Espírito encarnado se acha sob a influência da matéria; o homem que vence essa "influência pela elevação e purificação de sua alma se aproxima dos bons Espíritos, em cuja companhia um dia estará. Aquele que se deixa dominar pelas más paixões, e põe todas as suas alegrias na satisfação dos apetites grosseiros, se aproxima dos Espíritos impuros, dando preponderância à sua natureza animal.

Os Espíritos encarnados habitam os diferentes globos do Universo.

Os não encarnados ou errantes não ocupam uma região determinada e circunscrita; estão por toda parte no espaço e ao nosso lado, vendo-nos e acotovelando-nos de contínuo. É toda uma população invisível a mover-se em torno de nós.

Os Espíritos exercem incessante ação sobre o mundo moral e mesmo sobre o mundo físico. Atuam sobre a matéria e sobre o pensamento e constituem um dos poderes da Natureza, causa eficiente de uma multidão de fenômenos até então inexplicados ou mal explicados e para os quais não encontramos uma explicação racional senão no Espiritismo.

As relações dos Espíritos com os homens são constantes. Os bons Espíritos nos atraem para o bem, nos sustentam nas provas da vida e nos ajudam a suportá-las com coragem e resignação. Os maus nos impelem para o mal: é-lhes um gozo ver-nos sucumbir, assemelhando-nos a eles.

As comunicações dos Espíritos com os homens são ocultas ou ostensivas. As ocultas se verificam pela influência boa ou má que exercem sobre nós, à nossa revelia. Cabe ao nosso juízo discernir as boas das más inspirações. As comunicações ostensivas se dão por meio da escrita, da palavra ou de outras manifestações materiais, quase sempre pelos médiuns que lhes servem de instrumento.

Os Espíritos se manifestam espontaneamente ou mediante evocação.

Podemos evocar todos os Espíritos: os que animaram homens obscuros, como os das personagens mais ilustres, seja qual for a época em que tenham vivido; os de nossos parentes, amigos, ou inimigos, e obter-se deles, por comunicações escritas ou verbais, conselhos, informações sobre a situação em que se encontram no Além, sobre o que pensam a nosso respeito, assim como as revelações que lhes sejam permitidas fazer-nos.

Os Espíritos são atraídos na razão da simpatia que lhes inspire a natureza moral do meio que os evoca. Os Espíritos Superiores se comprazem nas reuniões sérias, onde predominam o amor do bem e o desejo sincero, por parte dos que as compõem, de se instruírem e melhorarem. A presença deles afasta os Espíritos inferiores que, inversamente, encontram livre acesso e podem obrar com toda a liberdade entre pessoas frívolas ou impelidas unicamente pela curiosidade e onde quer que existam maus instintos. Longe de se obterem bons conselhos, ou informações úteis, deles só se deve esperar futilidades, mentiras, gracejos de mau gosto, ou mistificações, pois que muitas vezes tomam nomes venerados, a fim de melhor induzirem ao erro.

Distinguir os bons dos maus Espíritos é extremamente fácil. Os Espíritos Superiores usam constantemente de linguagem digna, nobre, repassada da mais alta moralidade, livre de qualquer paixão inferior; a mais pura sabedoria lhes transparece dos conselhos, que objetivam sempre o nosso melhoramento e o bem da Humanidade. A dos Espíritos inferiores, ao contrário, é inconsequente, amiúde trivial e até grosseira. Se, por vezes, dizem alguma coisa boa e verdadeira, muito mais vezes dizem falsidades e absurdos, por malícia ou ignorância. Zombam da credulidade dos homens e se divertem à custa dos que os interrogam, lisonjeando-lhes a vaidade, alimentando-lhes os desejos com falsas esperanças. Em resumo, as comunicações sérias, na mais ampla acepção do termo, só são dadas nos centros sérios, unidos por uma íntima comunhão de pensamentos, tendo em vista o bem.

A moral dos Espíritos Superiores se resume, como a do Cristo, nesta máxima evangélica: Fazer aos outros o que quereríamos que os outros nos fizessem, isto é, fazer o bem e não o mal. Neste princípio encontra o homem uma regra universal de proceder, mesmo para as suas menores ações.

Ensinam-nos que o egoísmo, o orgulho, a sensualidade são paixões que nos aproximam da natureza animal, prendendo-nos à matéria; que o homem que, já neste mundo, se desliga da matéria, desprezando as futilidades mundanas e amando o próximo, se avizinha da natureza espiritual; que cada um deve tornar-se útil, de acordo com as faculdades e os meios que Deus lhe pôs nas mãos para experimentá-lo; que o forte e o poderoso devem amparo e proteção ao fraco, porquanto transgride a Lei de Deus aquele que abusa da força e do poder para oprimir o seu semelhante. Ensinam, finalmente, que, no mundo dos Espíritos, nada podendo estar oculto, o hipócrita será desmascarado e patenteadas todas as suas torpezas, que a presença inevitável, e em todos os instantes, daqueles para com quem houvermos procedido mal constitui um dos castigos que nos estão reservados; que ao estado de inferioridade e superioridade dos Espíritos correspondem penas e gozos desconhecidos na Terra.

Mas, ensinam também não haver faltas irreversíveis, que a expiação não possa apagar. Meio de consegui-lo encontra o homem nas diferentes existências que lhe permitem avançar, conformemente aos seus desejos e esforços, na senda do progresso, para a perfeição, que é o seu destino final."

Esse é o resumo da Doutrina Espírita, como resulta dos ensinamentos dados pelos Espíritos Superiores. Vejamos agora as objeções que se lhe contrapõem.

VII

Para muita gente, a oposição das corporações científicas constitui, senão uma prova, pelo menos uma forte presunção contra o que quer que seja. Não somos dos que se insurgem contra os sábios, pois não queremos dar oportunidade para que de nós digam que agimos com brutalidade. Temo-los, ao contrário, em grande apreço e muito honrados nos julgaríamos se fôssemos contados entre eles. Suas opiniões, porém, não podem representar, em todas as circunstâncias, uma sentença irrevogável.

Desde que a Ciência sai da observação material dos fatos, em se tratando de os apreciar e explicar, o campo está aberto a conjeturas. Cada um arquiteta o seu sistema, disposto a sustentá-lo com fervor, para fazê-lo prevalecer. Não vemos todos os dias as mais opostas opiniões serem alternativamente preconizadas e rejeitadas, ora repelidas como erros absurdos, para logo depois aparecerem proclamadas como verdades incontestáveis? Os fatos, eis o verdadeiro critério dos nossos juízos, o argumento sem réplica. Na ausência dos fatos, a dúvida se justifica no homem prudente.

Com relação às coisas notórias, a opinião dos sábios é, com toda razão, fidedigna, porquanto eles sabem mais e melhor do que o vulgo. Mas, no tocante a princípios novos, a coisas desconhecidas, essa opinião quase nunca é mais do que hipotética, por isso que eles não se acham, menos que os outros, sujeitos a preconceitos. Direi mesmo que o sábio tem mais prejuízos que qualquer outro, porque uma propensão natural o leva a subordinar tudo ao ponto de vista de onde mais aprofundou os seus conhecimentos: o matemático não vê prova senão numa demonstração algébrica, o químico refere tudo à ação dos elementos etc. Aquele que se fez especialista prende todas as suas ideias à especialidade que adotou. Tirai-o daí e o vereis quase sempre desarrazoar, por querer submeter tudo ao mesmo cadinho: consequência da fraqueza humana. Assim, pois, eu consultaria, do melhor grado e com a maior confiança, um químico sobre uma questão de análise, um físico sobre a potência elétrica, um mecânico sobre uma força motriz. Hão de eles, porém, permitir-me, sem que isto afete a estima a que lhes dá direito o seu saber especial, que eu não teria em melhor conta suas opiniões negativas acerca do Espiritismo, mais do que teria no parecer de um arquiteto sobre uma questão de música.

As ciências ordinárias assentam nas propriedades da matéria, que se pode experimentar e manipular livremente; os fenômenos espíritas repousam na ação de inteligências dotadas de vontade própria e que nos provam a cada instante não se acharem subordinadas aos nossos caprichos. As observações não podem, portanto, ser feitas da mesma forma; requerem condições especiais e outro ponto de partida. Querer submetê-las aos processos comuns de investigação é estabelecer analogias que não existem. A Ciência, propriamente dita, é, pois, como ciência, incompetente para se pronunciar na questão do Espiritismo: não tem que se ocupar com isso e qualquer que seja o seu julgamento, favorável ou não, nenhum peso poderá ter. O Espiritismo é o resultado de uma convicção pessoal, que os sábios, como indivíduos, podem adquirir, abstração feita da qualidade de sábios. Pretender deferir a questão à Ciência equivaleria a querer que a existência ou não da alma fosse decidida por uma assembleia de físicos ou de astrônomos. Com efeito, o Espiritismo está todo na existência da alma e no seu estado depois da morte. Ora, é soberanamente ilógico imaginar-se que um homem deva ser grande psicologista porque é eminente matemático ou notável anatomista. Dissecando o corpo humano, o anatomista procura a alma e, porque não a encontra, debaixo do seu escalpelo, como encontra um nervo, ou porque não a vê evolar-se como um gás, conclui que ela não existe, colocado um ponto de vista exclusivamente material. Segue-se que tenha razão contra a opinião universal? Não. Vedes, portanto, que o Espiritismo não é da alçada da Ciência.

Quando as crenças espíritas se houverem vulgarizado, quando estiverem aceitas pelas massas humanas (e, a julgar pela rapidez com que se propagam, esse tempo não vem longe), com elas se dará o que tem acontecido a todas as ideias novas que hão encontrado oposição: os sábios se renderão à evidência. Lá chegarão, individualmente, pela força das circunstâncias. Até então será intempestivo desviá-los de seus trabalhos especiais, para obrigá-los a se ocuparem com um assunto estranho, que não lhes está nem nas atribuições, nem no programa. Enquanto isso não se verifica, os que, sem estudo prévio e aprofundado da matéria, se pronunciam pela negativa e escarnecem de quem não lhes subscreve o conceito, esquecem que o mesmo se deu com a maior parte das grandes descobertas que fazem honra à Humanidade. Expõem-se a ver seus nomes alongando a lista dos ilustres proscritores das ideias novas e inscritos a par dos membros da douta assembleia que, em 1752, acolheu com retumbante gargalhada a memória de Franklin sobre os para-raios, julgando-a indigna de figurar entre as comunicações que lhe eram dirigidas; e dos daquela outra que ocasionou perder a França as vantagens da iniciativa da marinha a vapor, declarando o sistema de Fulton um sonho irrealizável. Entretanto, essas eram questões da alçada daquelas corporações. Ora, se tais assembleias, que contavam em seu seio a nata dos sábios do mundo, só tiveram a zombaria e o sarcasmo para ideias que elas não percebiam, ideias que, alguns anos mais tarde, revolucionaram a ciência, os costumes e a indústria, como esperar que uma questão alheia aos trabalhos que lhes são habituais, alcance hoje das suas congêneres melhor acolhimento?

Esses erros de alguns, atenta a memória deles, de nenhum modo poderiam privá-los dos títulos que a outros respeitos conquistaram à nossa estima; mas, será preciso a posse de um diploma oficial para se ter bom senso? Dar-se-á que fora das cátedras acadêmicas só se encontrem tolos e imbecis? Dignem-se de lançar os olhos para os adeptos da Doutrina Espírita e digam se só com ignorantes deparam e se a imensa legião de homens de mérito que a têm abraçado autoriza que seja ela atirada ao rol das crendices de simplórios. O caráter e o saber desses homens dão peso a esta proposição: pois que eles afirmam, forçoso é reconhecer que alguma coisa há.

Repetimos mais uma vez que, se os fatos a que aludimos se houvessem reduzido ao movimento mecânico dos corpos, a indagação da causa física desse fenômeno caberia no domínio da Ciência; porém, desde que se trata de uma manifestação que se produz com exclusão das leis da Humanidade, ela escapa à competência da Ciência material, visto não poder explicar-se por algarismos, nem por uma força mecânica. Quando surge um fato novo, que não guarda relação com alguma ciência conhecida, o sábio, para estudá-lo, tem que abstrair na sua ciência e dizer a si mesmo que o que se lhe oferece constitui um estudo novo, impossível de ser feito com ideias preconcebidas.

O homem que julga infalível a sua razão está bem perto do erro. Mesmo aqueles, cujas ideias são as mais falsas, se apoiam na sua própria razão e é por isso que rejeitam tudo o que lhes parece impossível. Os que outrora repeliram as admiráveis descobertas de que a Humanidade se honra, todos endereçavam seus apelos a esse juiz, para repeli-las. O que se chama razão não é muitas vezes senão orgulho disfarçado e quem quer que se considere infalível apresenta-se como igual a Deus. Dirigimo-nos, pois, aos prudentes, que duvidam do que não viram, mas que, julgando do futuro pelo passado, não creem que o homem haja chegado ao apogeu nem que a Natureza lhe tenha facultado ler a última página do seu livro.

VIII

Acrescentemos que o estudo de uma doutrina, tal qual a Doutrina Espírita, que nos lança de súbito numa ordem de coisas tão novas e tão grandes, só pode ser feito com utilidade por homens sérios, perseverantes, livres de prevenções e animados por uma firme e sincera vontade de chegar a um resultado. Não sabemos como dar esses qualificativos aos que julgam, *a priori*, levianamente, sem tudo ter visto; que não imprimem a seus estudos a continuidade, a regularidade e o recolhimento indispensáveis. Ainda menos saberíamos dá-los a alguns que, para não decaírem da reputação de homens de espírito, se afadigam por achar um lado burlesco nas coisas mais verdadeiras, ou tidas como tais por pessoas cujo saber, caráter e convicções lhes dão direito à consideração de quem quer que se preze de bem-educado.

Abstenham-se, portanto, os que entendem não serem dignos de sua atenção os fatos. Ninguém pensa em lhes violentar a crença; concordem, pois, em respeitar a dos outros.

O que caracteriza um estudo sério é a continuidade que se lhe dá. Será de admirar que muitas vezes não se obtenha nenhuma resposta sensata a questões graves por si mesmas, quando propostas ao acaso e à queima-roupa, em meio de uma aluvião de outras extravagantes? Ademais, sucede frequentemente que, por complexa, uma questão, para ser elucidada, exige a solução de outras preliminares ou complementares. Quem deseje tornar-se versado numa ciência tem que estudá-la metodicamente, começando pelo princípio e acompanhando o encadeamento e o desenvolvimento das ideias. Que adiantará aquele que, ao acaso, dirigir a um sábio perguntas acerca de uma ciência cujas primeiras palavras ignore? Poderá o próprio sábio, por maior que seja a sua boa vontade, dar-lhe resposta satisfatória? A resposta isolada que der será forçosamente incompleta e quase sempre por isso mesmo, ininteligível, ou parecerá absurda e contraditória. O mesmo ocorre em nossas relações com os Espíritos. Quem quiser com eles instruir-se tem que seguir-lhes o curso; mas, exatamente como se procede entre nós, deverá escolher seus professores e trabalhar com assiduidade.

Dissemos que os Espíritos Superiores somente às sessões sérias acorrem, sobretudo nas quais reina uma perfeita comunhão de pensamentos e de sentimentos para o bem. A leviandade e as questões ociosas os afastam, como, entre os homens, afastam as pessoas criteriosas; o campo fica, então, livre à turba dos Espíritos mentirosos e frívolos, sempre à espreita de ocasiões propícias para zombarem de nós e se divertirem à nossa custa. O que se dará com uma questão grave em reuniões de tal ordem? Será respondida? Mas, por quem? Acontece como se a um bando de levianos, que estejam a divertir-se, propusésseis estas questões: Que é a alma? Que é a morte? E outras tão recreativas quanto essas. Se quereis respostas sérias, haveis de comportar-vos com toda a seriedade, na mais ampla acepção do termo, e de preencher todas as condições reclamadas. Só assim obtereis grandes coisas. Sede, além do mais, laboriosos e perseverantes nos vossos estudos, sem o que os Espíritos Superiores vos abandonarão, como faz um professor com os discípulos negligentes.

IX

O movimento dos objetos é um fato incontestável. A questão está em saber se, nesse movimento, há ou não uma manifestação inteligente e, em caso de afirmativa, qual é a origem dessa manifestação.

Não falamos do movimento inteligente de certos objetos, nem das comunicações verbais, nem das que o médium escreve diretamente. Esse gênero de manifestações, evidente para os que viram e aprofundaram o assunto, não se mostra, à primeira vista, bastante independente da vontade, para firmar a convicção de um observador novato. Trataremos, portanto, da escrita obtida com o auxílio de um objeto qualquer munido de um lápis, como cesta, prancheta etc. A maneira como os dedos do médium repousam sobre os objetos desafia, como dissemos, a mais consumada destreza de sua parte no intervir, de qualquer modo, no traçar das letras. Mas admitamos que a alguém, dotado de maravilhosa habilidade, seja isso possível e que esse alguém consiga iludir o olhar do observador; como explicar a natureza das respostas, quando se apresentam fora do quadro das ideias e conhecimentos do médium? E note-se que não se trata de respostas monossilábicas, porém, muitas vezes, de numerosas páginas escritas com admirável rapidez, quer espontaneamente, quer sobre determinado assunto. De sob os dedos do médium menos versado em literatura surgem, de quando em quando, poesias de impecáveis sublimidade e pureza, que os melhores poetas humanos não se dedignariam de subscrever. O que ainda torna mais estranhos esses fatos é que ocorrem por toda parte e que os médiuns se multiplicam ao infinito. São eles reais ou não? Para esta pergunta só temos uma resposta: vede e observai; não vos faltarão ocasiões de fazê-lo; mas, sobretudo, observai repetidamente, por longo tempo e de acordo com as condições exigidas.

Que respondem a essa evidência os antagonistas? – Sois vítimas do charlatanismo ou joguete de uma ilusão, dizem eles. Diremos, primeiramente, que a palavra *charlatanismo* não cabe onde não há proveito. Os charlatães não exercem seu ofício gratuitamente. Seria, quando muito, uma mistificação. Mas, por que singular coincidência esses mistificadores se achariam acordes, de um extremo a outro do mundo, para proceder do mesmo modo, produzir os mesmos efeitos e dar, sobre os mesmos assuntos e em línguas diversas, respostas idênticas, senão quanto à forma, pelo menos quanto ao sentido? Como compreender-se que pessoas sérias, honradas, instruídas se prestassem a tais manejos? E com que fim? Como achar em crianças a paciência e a habilidade necessárias a tais resultados? Porque se os médiuns não são instrumentos passivos, indispensáveis se lhes fazem habilidade e conhecimentos incompatíveis com a idade infantil e com certas posições sociais.

Dizem então que, se não há fraude, pode haver ilusão de ambos os lados. Em boa lógica, a qualidade das testemunhas é de alguma importância. Ora, é aqui o caso de perguntarmos se a Doutrina Espírita, que já conta milhões de adeptos, só os recruta entre os ignorantes? Os fenômenos em que ela se baseia são tão extraordinários que concebemos a existência da dúvida. O que, porém, não podemos admitir é a pretensão de alguns incrédulos, a de terem o monopólio do bom senso, e que, sem guardarem as conveniências e respeitarem o valor moral de seus adversários, tachem, com insolência, de ineptos os que lhes não seguem o parecer. Aos olhos de qualquer pessoa judiciosa, a opinião das que, esclarecidas, observaram durante muito tempo, estudaram e meditaram uma coisa, constituirá sempre, quando não uma prova, uma presunção, no mínimo, a seu favor, visto ter logrado prender a atenção de homens respeitáveis, que não tinham interesse algum em propagar erros nem tempo a perder com futilidades.

X

Entre as objeções, algumas há das mais consideráveis, ao menos na aparência, porque foram tiradas da observação de pessoas respeitáveis.

A uma delas serve de base a linguagem de certos Espíritos, que não parece digna da elevação atribuída ao caráter de seres sobrenaturais. Quem se reportar ao resumo da doutrina acima apresentado, verá que os próprios Espíritos nos ensinam não haver entre eles igualdade de conhecimentos nem de qualidades morais, e que não se deve tomar ao pé da letra tudo quanto dizem. Às pessoas sensatas incumbe separar o bom do mau. Indubitavelmente, os que desse fato deduzem que só se comunicam conosco seres malfazejos, cuja única ocupação consiste em nos mistificar, não conhecem as comunicações que se recebem nas reuniões onde só se manifestam Espíritos Superiores; do contrário, assim não pensariam. É de lamentar que o acaso os tenha servido tão mal, que apenas lhes haja mostrado o lado mau do mundo espírita, pois nos repugna supor que uma tendência simpática atraia para eles, em vez dos bons Espíritos, os maus, os mentirosos, ou aqueles cuja linguagem é de revoltante grosseria. Poderíamos, quando muito, deduzir daí que a solidez dos princípios dessas pessoas não é bastante forte para preservá-las do mal e que, achando certo prazer em lhes satisfazerem a curiosidade, os maus Espíritos disso se aproveitam para se aproximar delas, enquanto os bons se afastam.

Julgar a questão dos Espíritos por esses fatos seria tão pouco lógico quanto julgar o caráter de um povo pelo que se diz e faz numa reunião de desatinados ou de gente de má nota, com os quais não entretêm relações as pessoas circunspectas nem as sensatas. Os que assim julgam se colocam na situação do estrangeiro que, chegando a uma grande capital pelo mais abjeto dos seus arrabaldes, julgasse todos os habitantes pelos costumes e linguagem desse bairro ínfimo. No mundo dos Espíritos também há uma sociedade boa e uma sociedade má; aqueles que estudam o que se passa entre os Espíritos elevados se convencerão de que a cidade celeste não contém apenas a escória popular.

Perguntam eles: os Espíritos elevados descem até nós? Responderemos: Não fiqueis no subúrbio; vede, observai e julgareis; os fatos aí estão para todo o mundo, a menos que lhes sejam aplicáveis estas palavras de Jesus: "Por isso lhes falo por parábolas; porque eles, vendo, não veem; e ouvindo, não ouvem nem compreendem[3]."

Como variante dessa opinião, temos a dos que veem, nas comunicações espíritas e em todos os fatos materiais a que elas dão lugar, a intervenção de uma potência diabólica, novo Proteu que revestiria todas as formas, para melhor nos enganar. Não a julgamos suscetível de exame sério, por isso não nos demoramos em considerá-la. Aliás, ela está refutada pelo que acabamos de dizer. Acrescentaremos, tão somente, que, se assim fosse, forçoso seria convir que o diabo é às vezes bastante criterioso e ponderado, sobretudo muito moral; ou então, que também há bons diabos.

Efetivamente, como acreditar que Deus só ao espírito do mal permita que se manifeste, para perder-nos, sem nos dar por contrapeso os conselhos dos bons Espíritos? Se Ele não o pode fazer, não é Onipotente; se pode e não o faz, desmente a Sua bondade. Ambas as suposições seriam blasfemas. Note-se que admitir a comunicação dos maus Espíritos é reconhecer o princípio das manifestações. Ora, se elas se dão, não pode deixar de ser com a permissão de Deus. Como, então, se há de acreditar, sem impiedade, que Ele só permita o mal, com exclusão do bem? Semelhante doutrina é contrária às mais simples noções do bom senso e da religião.

---

3   Mateus 13:13 (N. do E.)

XI

Esquisito é, acrescentam, que só se fale dos Espíritos de pessoas conhecidas e perguntam por que são eles os únicos a se manifestarem. Há ainda aqui um erro, oriundo, como tantos outros, de superficial observação. Dentre os Espíritos que vêm espontaneamente, muito maior é, para nós, o número dos desconhecidos do que o dos ilustres, designando-se aqueles por um nome qualquer, muitas vezes por um nome alegórico ou característico. Quanto aos que se evocam, desde que não se trate de parente ou amigo, é muito natural nos dirigirmos aos que conhecemos, de preferência a chamar pelos que nos são desconhecidos. O nome das pessoas ilustres atrai mais a atenção, por isso é que são notados.

Acham também singular que os Espíritos dos homens eminentes acudam familiarmente ao nosso chamado e se ocupem, às vezes, de coisas insignificantes, comparadas com as de que cogitavam durante a vida. Nada aí há de surpreendente para os que sabem que a autoridade, ou a consideração de que tais homens gozaram neste mundo, nenhuma supremacia lhes dá no mundo espírita. Nisto, os Espíritos confirmam estas palavras do Evangelho: "Porquanto qualquer que a si mesmo se exaltar será humilhado, e aquele que a si mesmo se humilhar será exaltado"[4], devendo esta sentença entender-se com relação à categoria em que cada um de nós se achará entre eles. É assim que aquele que foi primeiro na Terra pode vir a ser lá um dos últimos. Aquele diante de quem curvávamos aqui a cabeça pode, portanto, vir falar-nos como o mais humilde operário, pois que deixou, com a vida terrena, toda a sua grandeza, e o mais poderoso monarca pode achar-se lá muito abaixo do último dos seus soldados.

XII

Um fato demonstrado pela observação e confirmado pelos próprios Espíritos é o de que os Espíritos inferiores muitas vezes usurpam nomes conhecidos e respeitados. Quem pode, pois, afirmar que os que dizem ter sido, por exemplo, Sócrates, Júlio César, Carlos Magno, Fénelon, Napoleão, Washington etc., tenham realmente animado essas personagens? Essa dúvida existe mesmo entre alguns adeptos fervorosos da Doutrina Espírita, os quais admitem a intervenção e a manifestação dos Espíritos, mas inquirem como se lhes pode comprovar a identidade. Semelhante prova é, de fato, bem difícil de produzir-se. Conquanto, porém, não o possa ser de modo tão autêntico como por uma certidão de registro civil, pode-o ao menos por presunção, segundo certos indícios.

Quando se manifesta o Espírito de alguém que conhecemos pessoalmente, de um parente ou de um amigo, por exemplo, principalmente se morreu há pouco tempo, sucede geralmente que sua linguagem se revela de perfeito acordo com o caráter que tinha aos nossos olhos, quando vivo. Já isso constitui indício de identidade. Não mais, entretanto, há lugar para dúvidas, desde que o Espírito fale de coisas particulares e lembre acontecimentos de família, sabidos unicamente do seu interlocutor. Um filho não se enganará, decerto, com a linguagem de seu pai ou de sua mãe, nem pais haverá que se equivoquem quanto à de um filho. Neste gênero de evocações, passam-se às vezes coisas íntimas verdadeiramen-

---

4   Lucas, 14:11 (N. do E.)

te empolgantes, de natureza a convencerem o maior incrédulo. O mais obstinado cético fica, não raro, aterrado com as inesperadas revelações que lhe são feitas.

Outra circunstância muito característica acode em apoio da identidade. Dissemos que a caligrafia do médium muda, em geral, quando outro passa a ser o Espírito evocado e que a caligrafia é sempre a mesma quando o mesmo Espírito se apresenta. Tem-se verificado inúmeras vezes, sobretudo quando se trata de pessoas mortas recentemente, que a escrita denota flagrante semelhança com a dessa pessoa em vida. Assinaturas se hão obtido de exatidão perfeita. Longe estamos, todavia, de querer apontar esse fato como regra e menos ainda como regra constante. Mencionamo-lo apenas como digna de nota.

Os Espíritos que atingiram certo grau de purificação se acham libertos de toda influência corporal. Quando ainda não estão completamente desmaterializados (é a expressão que usam) conservam a maior parte das ideias, dos pensadores e até das *manias* que tinham na Terra, o que também constitui um meio de reconhecimento, ao qual igualmente, se chega por uma imensidade de fatos minuciosos, que só uma observação acurada e detida pode revelar. Veem-se escritores a discutir suas próprias obras ou doutrinas, a aprovar ou condenar certas partes delas; outros a lembrar circunstâncias ignoradas, ou quase desconhecidas de suas vidas ou de suas mortes, toda sorte de particularidades, enfim, que são, ao menos, provas morais de identidade, únicas invocáveis, tratando-se de coisas abstratas.

Ora, se a identidade de um Espírito evocado pode, até certo ponto, ser estabelecida em alguns casos, razão não há para que não o seja em outros; e se, com relação a pessoas cuja morte data de muito tempo, não se têm os mesmos meios de verificação, resta sempre o da linguagem e do caráter, porquanto, inquestionavelmente, o Espírito de um homem de bem não falará como o de um perverso ou de um devasso. Quanto aos Espíritos que se apropriam de nomes respeitáveis, esses se traem logo pela linguagem que empregam e pelas máximas que formulam. Um que se dissesse Fénelon, por exemplo, e que, ainda quando apenas acidentalmente ofendesse o bom senso e a moral, mostraria, por esse simples fato, o embuste. Se, ao contrário, forem sempre puros os pensamentos que exprima, sem contradições e constantemente à altura do caráter de Fénelon, não há motivo para que se duvide da sua identidade. De outra forma, havíamos de supor que um Espírito que só prega o bem é capaz de mentir conscientemente e, ainda mais, sem utilidade alguma.

A experiência nos ensina que os Espíritos da mesma categoria, do mesmo caráter e possuídos dos mesmos sentimentos formam grupos e famílias. Ora, incalculável é o número dos Espíritos e longe estamos de conhecê-los todos; a maior parte deles não têm mesmo nomes para nós. Nada, pois, impede que um Espírito da categoria de Fénelon venha em seu lugar, muitas vezes até como seu mandatário. Apresenta-se então com o seu nome, porque lhe é idêntico e pode substituí-lo e ainda porque precisamos de um nome para fixar as nossas ideias. Mas que importa, afinal, que seja um Espírito, realmente ou não, o de Fénelon? Desde que tudo o que ele diga seja bom e que fale como o teria feito o próprio Fénelon, é um bom Espírito. Indiferente é o nome pelo qual se dá a conhecer, não passando muitas vezes de um meio de que lança mão para nos fixar as ideias. O mesmo, entretanto, não é admissível nas evocações íntimas; mas, aí, como dissemos há pouco, consegue-se estabelecer a identidade por provas de certo modo patentes.

Inegavelmente a substituição dos Espíritos pode dar lugar a uma porção de equívocos, ocasionar erros e, amiúde, mistificações. Essa é uma das dificuldades do *Espiritis-*

mo prático. Nunca, porém, dissemos que esta Ciência fosse fácil, nem que se pudesse aprendê-la brincando, o que, aliás, não é possível, qualquer que seja a Ciência. Jamais teremos repetido suficientemente que ela demanda estudo assíduo e por vezes muito prolongado. Não sendo lícito provocarem-se os fatos, tem-se que esperar que eles se apresentem por si mesmos. Frequentemente ocorrem por efeito de circunstâncias em que se não pensa. Para o observador atento e paciente os fatos abundam, por isso que ele descobre milhares de matizes característicos, que são verdadeiros raios de luz. O mesmo se dá com as ciências comuns: enquanto que o homem superficial não vê numa flor mais do que uma forma elegante, o sábio descobre nela tesouros pelo pensamento.

XIII

As observações que aí ficam nos levam a dizer alguma coisa acerca de outra dificuldade, a da divergência que se nota na linguagem dos Espíritos.

Diferindo estes muito uns dos outros, do ponto de vista dos conhecimentos e da moralidade, é evidente que uma questão pode ser por eles resolvida em sentidos opostos, conforme a categoria que ocupam, exatamente como sucederia, entre os homens, se a propusessem ora a um sábio, ora a um ignorante, ora a um gracejador de mau gosto. O ponto essencial, temo-lo dito, é sabermos a quem nos dirigimos.

Mas, ponderam, como se explica que os tidos por Espíritos de ordem superior nem sempre estejam de acordo? Diremos, em primeiro lugar, que, independentemente da causa que assinalamos, outras há de molde a exercerem certa influência sobre a natureza das respostas, abstração feita da qualidade dos Espíritos. Este é um ponto capital, cuja explicação alcançaremos pelo estudo. Por isso é que dizemos que estes estudos requerem atenção demorada, observação profunda e, sobretudo, como aliás o exigem todas as ciências humanas, continuidade e perseverança. Anos são precisos para forma-se um médico medíocre e três quartas partes da vida para chegar-se a ser um sábio. Como pretender-se em algumas horas adquirir a Ciência do infinito? Ninguém, pois, se iluda: o estudo do Espiritismo é imenso; interessa a todas as questões da metafísica e da ordem social; é um mundo que se abre diante de nós. Será de admirar que, para realizá-lo, demande tempo, muito tempo mesmo?

A contradição, aliás, nem sempre é tão real quanto pode parecer. Não vemos todos os dias homens que professam a mesma Ciência divergirem na definição que dão de uma coisa, quer empreguem termos diferentes, quer encarem pontos de vista diversos, embora seja sempre a mesma a ideia fundamental? Conte quem puder as definições que se têm dado à gramática! Acrescentaremos que a forma da resposta depende muitas vezes da forma da questão. Pueril, portanto, seria apontar contradição onde frequentemente só há diferença de palavras. Os Espíritos Superiores não se preocupam absolutamente com a forma. Para eles, a essência do pensamento é tudo.

Tomemos, por exemplo, a definição de alma. Carecendo este termo de uma acepção invariável, compreende-se que os Espíritos, como nós, divirjam na definição que dela deem: um poderá dizer que é o princípio da vida, outro chamar-lhe centelha anímica, um terceiro afirmar que ela é interna, que é externa etc., tendo todos razão, cada um do seu ponto de vista. Poderíamos mesmo crer que alguns deles professem doutrinas materialistas e, todavia, não ser assim. Outro tanto acontece relativamente a *Deus*. Será: o princípio de todas as coisas, o criador do Universo, a inteligência suprema, o infinito, o grande Espírito etc. Em definitivo, será sempre Deus. Citemos, ainda, a classificação dos Espíritos. Eles formam uma série ininterrupta, desde o mais ínfimo grau até o grau superior. A classificação é, pois, arbitrária. Um, poderá agrupá-los em três classes, outro em cinco, dez ou vinte, à vontade, sem que nenhum esteja em erro.

Todas as ciências humanas nos oferecem idênticos exemplos. Cada sábio tem o seu sistema; os sistemas mudam, a Ciência, porém, não muda. Aprenda-se a botânica pelo sistema de Linneu, ou pelo de Jussieu, ou pelo de Tournefort, nem por isso se saberá menos botânica. Deixemos, por conseguinte, de emprestar a coisas de pura convenção mais importância do que merecem, para só nos atermos ao que é verdadeiramente sério e, não raro, a reflexão fará que se descubra, no que pareça disparate, uma similitude que escapara a um primeiro exame.

XIV

Passaríamos de longe pela objeção que fazem alguns céticos, a propósito das faltas ortográficas que certos Espíritos cometem, se ela não oferecesse margem a uma observação essencial. A ortografia deles, cumpre dizê-lo, nem sempre é impecável; mas, grande escassez de razões poderia fazer disso objeto de crítica séria, dizendo que, visto saberem tudo, os Espíritos devem saber ortografia. Poderíamos opor-lhes os múltiplos pecados desse gênero cometidos por mais de um sábio da Terra, o que, entretanto, em nada lhes diminui o mérito. Há, porém, no fato, uma questão mais grave. Para os Espíritos, principalmente para os Espíritos Superiores, a ideia é tudo, a forma nada vale. Livres da matéria, a linguagem de que usam entre si é rápida como o pensamento, porquanto são os próprios pensamentos que se comunicam sem intermediários. Muito pouco à vontade hão de eles se sentirem, quando obrigados, para se comunicarem conosco, a utilizarem-se das formas longas e embaraçosas da linguagem humana e a lutarem com a insuficiência e a imperfeição dessa linguagem, para exprimirem todas as ideias. É o que eles próprios declaram. Por isso mesmo, bastante curiosos são os meios de que se servem com frequência para atenuar esse inconveniente. O mesmo se daria conosco, se houvéssemos de exprimir-nos num idioma de vocábulos e fraseados mais longos e de maior pobreza de expressões do que o de que usamos. É o embaraço que experimenta o homem de gênio, o constitui motivo de impaciência por conta da lentidão da sua pena, sempre muito atrasada para acompanhar o pensamento. Compreende-se, diante disto, que os Espíritos liguem pouca importância à puerilidade da ortografia, mormente quando se trata de ensino profundo e sério. Já não é maravilhoso que se exprimam indiferentemente em todas as línguas e que as entendam todas? Não se conclua daí, todavia, que desconheçam a correção convencional da linguagem. Observam-na, quando necessário. Assim é, por exemplo, que a poesia por eles ditada desafiaria quase sempre a crítica do mais meticuloso purista, a *despeito da ignorância do médium*.

XV

Há também pessoas que veem perigo por toda parte e em tudo o que não conhecem. Daí a pressa com que, do fato de haverem perdido a razão alguns dos que se entregaram a estes estudos, tiram conclusões desfavoráveis ao Espiritismo. Como é que homens sensatos enxergam nisto uma objeção valiosa? Não se dá o mesmo com todas as preocupações de ordem intelectual que empolguem um cérebro fraco? Quem será capaz de precisar quantos loucos e maníacos os estudos da matemática, da medicina, da música, da filosofia e outros têm produzido? Deveríamos, em consequência, banir esses estudos? O que provam esses fatos? Nos trabalhos corporais estropiam-se os braços e as pernas, que são os instrumentos da ação material; nos trabalhos da inteligência estropia-se o cérebro, que é o instrumento do pensamento. Mas, por se haver quebrado o instrumento, não se segue que o mesmo tenha acontecido ao Espírito. Este permanece intacto e, desde que se liberte da matéria, gozará, tanto quanto qualquer outro, da plenitude das suas faculdades. No seu gênero, ele é, como homem, um mártir do trabalho.

Todas as grandes preocupações intelectuais podem ocasionar a loucura: as Ciências, as Artes e até a Religião lhe fornecem contingentes. A loucura tem como causa primária uma predisposição orgânica do cérebro, que o torna mais ou menos acessível a certas impressões. Dada a predisposição para a loucura, esta tomará o caráter de preocupação principal, que então se muda em ideia fixa, podendo tanto ser a dos Espíritos, naquele que se ocupa do assunto, como a de Deus, dos anjos, do diabo, da fortuna, do poder, de uma arte, de uma ciência, da maternidade, de um sistema político ou social. Provavelmente, o louco religioso se houvera tornado um louco espírita, se o Espiritismo fora a sua preocupação dominante, do mesmo modo que o louco espírita o seria sob outra forma, de acordo com as circunstâncias.

Digo, pois, que o Espiritismo não tem privilégio algum a esse respeito. Vou mais longe: digo que, bem compreendido, é um preservativo contra a loucura.

Entre as causas mais comuns de superexcitação cerebral, devem contar-se as decepções, os infortúnios, as afeições contrariadas, que, ao mesmo tempo, são as causas mais frequentes de suicídio. Ora, o verdadeiro espírita vê as coisas deste mundo de um ponto de vista elevado; elas lhe parecem tão pequenas, tão mesquinhas, se comparadas ao futuro que o aguarda; a vida se lhe mostra tão curta, tão fugaz, que, aos seus olhos, as tribulações não passam de incidentes desagradáveis, no curso de uma viagem. O que, em outro, produziria violenta emoção, mediocremente o afeta. Ademais, ele sabe que as amarguras da vida são provas úteis ao seu adiantamento, se as sofrer sem murmurar, porque será recompensado na medida da coragem com que as houver suportado. Suas convicções lhe dão, assim, uma resignação que o preserva do desespero e, por conseguinte, de uma causa permanente de loucura e suicídio. Conhece também, pelo espetáculo que as comunicações com os Espíritos lhe proporcionam, qual a sorte dos que voluntariamente abreviam seus dias e esse quadro é bem de molde a fazê-lo refletir, tanto que a cifra muito considerável já ascende o número dos que foram detidos em meio desse declive funesto. Este é um dos resultados do Espiritismo. Riam quanto queiram os incrédulos. Desejo-lhes as consolações que o Espiritismo procura dar a todos os que se hão dado ao trabalho de lhe sondar as misteriosas profundezas.

Cumpre também colocar entre as causas da loucura o pavor, sendo que o do diabo já desequilibrou mais de um cérebro. Quantas vítimas não têm feito os que abalam imaginações fracas com esse quadro, que cada vez mais pavoroso se esforçam por tornar, mediante horríveis pormenores? O diabo, dizem, só mete medo a crianças, é um freio para fazê-las ajuizadas. Sim, é, do mesmo modo que o bicho-papão e o lobisomem. Quando, porém, elas deixam de ter medo, ficam piores do que dantes. E, para alcançar-se tão belo resultado, não se levam em conta as inúmeras epilepsias causadas pelo abalo de cérebros delicados. Bem frágil seria a religião se, por não infundir terror, sua força pudesse ficar comprometida. Felizmente, assim não é. De outros meios dispõe ela para atuar sobre as almas. Mais eficazes e mais sérios são os que o Espiritismo lhe faculta, desde que os saiba utilizar. Ele mostra a realidade das coisas e só com isso neutraliza os funestos efeitos de um temor exagerado.

XVI

Resta-nos ainda examinar duas objeções, únicas que realmente merecem esse nome, porque se baseiam em teorias racionais. Ambas admitem a realidade de todos os fenômenos materiais e morais, mas excluem a intervenção dos Espíritos.

Segundo a primeira dessas teorias, todas as manifestações atribuídas aos Espíritos não seriam mais do que efeitos magnéticos. Os médiuns se achariam num estado a que se poderia chamar sonambulismo desperto, fenômeno de que podem dar testemunho todos os que hão estudado o magnetismo. Nesse estado, as faculdades intelectuais adquirem um desenvolvimento anormal; o círculo das operações intuitivas se amplia para além das raias da nossa concepção ordinária. Assim sendo, o médium tiraria de si mesmo e por efeito da sua lucidez tudo o que diz e todas as noções que transmite, mesmo sobre os assuntos que mais estranhos lhe sejam, quando no estado habitual.

Não que nós contestemos o poder do sonambulismo, cujos prodígios observamos, estudando-lhe todas as fases durante mais de trinta e cinco anos. Concordamos em que, efetivamente, muitas manifestações espíritas são explicáveis por esse meio. Contudo, uma observação cuidadosa e prolongada mostra grande cópia de fatos em que a intervenção do médium, a não ser como instrumento passivo, é materialmente impossível. Aos que partilham dessa opinião, como aos outros, diremos: "Vede e observai, porque certamente ainda não vistes tudo." Vamos opor-lhes, em seguida, duas considerações tiradas da própria doutrina deles. De onde veio a teoria espírita? É um sistema imaginado por alguns homens para explicar os fatos? De modo algum. Quem então a revelou? Precisamente esses médiuns cuja lucidez exaltais. Ora, se essa lucidez é tal como se supõe, por que teriam eles atribuído aos Espíritos o que teriam tirado de si mesmos? Como teriam dado, sobre a natureza dessas inteligências extra-humanas, as informações precisas, lógicas e tão sublimes, que conhecemos? Uma de duas: ou eles são lúcidos, ou não o são. Se o são e se se pode confiar na sua veracidade, não haveria meio de admitir-se, sem contradição, que não estejam com a verdade. Em segundo lugar, se todos os fenômenos promanassem do médium, seriam sempre idênticos num determinado indivíduo; jamais se veria a mesma pessoa usar de uma linguagem diferenciada, nem exprimir, alternativamente, as coisas mais contraditórias. Esta falta de unidade nas manifestações obtidas pelo mesmo médium prova a diversidade das fontes. Ora, desde que não as podemos encontrar todas nele, forçoso é que as procuremos fora dele.

Segundo outra opinião, o médium é a única fonte produtora de todas as manifestações; mas, em vez de extraí-las de si mesmo, como o pretendem os partidários da teoria sonambúlica, ele as toma ao meio ambiente. O médium seria então uma espécie de espelho a refletir todas as ideias, todos os pensamentos e todos os conhecimentos das pessoas que o cercam; nada diria que não fosse conhecido, pelo menos, de algumas destas. Não é lícito negar-se, e isso constitui mesmo um princípio da Doutrina, a influência que os assistentes exercem sobre a natureza das manifestações. Esta influência, no entanto, difere muito da que supõem existir, e, dela à que faria do médium um eco dos pensamentos daqueles que o rodeiam, vai grande distância, porquanto milhares de fatos demonstram o contrário. Há, pois, nessa maneira de pensar, grave erro, que uma vez mais prova o perigo das conclusões prematuras. Sendo-lhes impossível negar a realidade de um fenômeno que a Ciência vulgar não pode explicar e não querendo admitir a presença dos Espíritos, os que assim opinam o explicam a seu modo. Seria cativante a teoria que sustentam, se pudesse abranger todos os fatos. Tal, entretanto, não se dá. Quando se lhes demonstra, até à evidência, que certas comunicações do médium são completamente estranhas aos pensamentos, aos conhecimentos, às opiniões mesmo de todos os assistentes, que essas comunicações frequentemente são espontâneas e contradizem todas as ideias preconcebidas, ainda assim, elas não são aceitas. Respondem que a irradiação vai muito além do círculo imediato que nos envolve; o médium é o reflexo de toda a Humanidade, de tal sorte que se as inspirações não lhe vêm dos que se acham a seu lado, ele as vai beber fora, na cidade, no país, em todo o globo e até nas outras esferas.

Não me parece que em semelhante teoria se encontre explicação mais simples e mais provável que a do Espiritismo, visto que ela se baseia numa causa bem mais maravilhosa. A ideia de que seres que povoam os espaços e que, em contato conosco, nos comunicam seus pensamentos, nada tem que choque mais a razão do que a suposição dessa irradiação universal, vinda de todos os pontos do Universo, concentrar-se no cérebro de um indivíduo.

Ainda uma vez, e este é o ponto capital sobre que nunca insistiremos bastante: a teoria sonambúlica e a que se poderia chamar *reflectiva* foram imaginadas por alguns homens; são opiniões individuais, criadas para explicar um fato, ao passo que a Doutrina dos Espíritos não é de concepção humana. Foi ditada pelas próprias inteligências que se manifestam, quando ninguém disso cogitava, quando até a opinião geral a repelia. Ora, perguntamos, onde foram os médiuns beber uma doutrina que não passava pelo pensamento de ninguém na Terra? Perguntamos ainda mais: por que estranha coincidência milhares de médiuns espalhados por todos os pontos do globo terráqueo, e que jamais se viram, acordaram em dizer a mesma coisa? Se o primeiro médium que apareceu na França sofreu a influência de opiniões já aceitas na América, por que singularidade foi ele buscá-las a 2.000 léguas além-mar e no seio de um povo tão diferente pelos costumes e pela linguagem, em vez de as tomar ao seu derredor?

Também ainda há outra circunstância em que não se tem atentado muito. As primeiras manifestações, tanto na França, como na América, não se verificaram por meio da escrita nem da palavra, e, sim, por pancadas concordantes com as letras do alfabeto, formando palavras e frases. Foi por esse meio que as inteligências, autoras das manifestações, se declararam Espíritos. Ora, dado se pudesse supor a intervenção do pensamento dos médiuns nas comunicações verbais ou escritas, outro tanto não seria lícito fazer-se com relação às pancadas, cuja significação não podia ser conhecida de antemão.

Poderíamos citar inúmeros fatos que demonstram, na inteligência que se manifesta, uma individualidade evidente e uma absoluta independência de vontade. Recomendamos, portanto, aos opositores, observação mais cuidadosa e, se quiserem estudar bem, sem prevenções, e não formular conclusões antes de terem visto tudo, reconhecerão a impotência de sua teoria para tudo explicar. Limitamo-nos a propor as questões seguintes: Por que a inteligência que se manifesta, qualquer que ela seja, recusa-se a responder certas perguntas sobre assuntos perfeitamente conhecidos, como, por exemplo, sobre o nome ou a idade do interlocutor, sobre o que ele tem na mão, o que fez na véspera, o que pensa fazer no dia seguinte etc.? Se o médium fosse o espelho do pensamento dos assistentes, nada lhe seria mais fácil do que responder.

A esse argumento retrucam os adversários, perguntando, a seu turno, por que os Espíritos, que devem saber tudo, não podem dizer coisa tão simples, de acordo com o axioma: "*Quem pode o mais pode o menos*", e daí concluem que não são os Espíritos os que respondem. Se um ignorante ou um zombador, apresentando-se a uma douta assembleia, perguntasse, por exemplo, por que é dia às doze horas, acreditará alguém que ela se daria o incômodo de responder seriamente e fora lógico que, do seu silêncio ou das zombarias com que pagasse ao interrogante, se concluísse serem todos os seus membros? Ora, exatamente porque os Espíritos são superiores, é que não respondem a questões ociosas ou ridículas e não consentem em ir para a berlinda; é por isso que se calam ou declaram que só se ocupam com coisas sérias.

Perguntaremos, finalmente, por que os Espíritos vêm e vão-se, muitas vezes em dado momento e, passado este, não há pedidos, nem súplicas que os façam voltar? Se o médium obrasse unicamente por impulsão mental dos assistentes, é claro que, em tal circunstância, o concurso de todas as vontades reunidas haveria de estimular-lhe a clarividência. Desde, portanto, que não cede ao desejo da assembleia, corroborado pela própria vontade dele, é que o médium obedece a uma influência que lhe é estranha e aos que o cercam, influência que, por esse simples fato, testifica da sua independência e da sua individualidade.

XVII

O ceticismo, no tocante à Doutrina Espírita, quando não resulta de uma oposição sistemática por interesse, origina-se quase sempre do conhecimento incompleto dos fatos, o que não impede que alguns resolvam a questão como se a conhecessem a fundo. Pode-se ter muito atilamento, muita instrução mesmo, e carecer-se de bom senso. Ora, o primeiro indício da falta de bom senso está em crer alguém infalível o seu juízo. Há muita gente, também, para quem as manifestações espíritas nada mais são do que objeto de curiosidade. Confiamos em que, lendo este livro, encontrarão nesses extraordinários fenômenos alguma coisa mais do que um simples passatempo.

A Ciência Espírita compreende duas partes: uma experimental, relativa às manifestações em geral; outra filosófica, relativa às manifestações inteligentes. Aquele que apenas haja observado a primeira se acha na posição de quem não conhecesse a Física senão por experiências recreativas, sem haver penetrado no âmago da Ciência. A verdadeira Doutrina Espírita está no ensino que os Espíritos deram, e os conhecimentos que esse ensino comporta são por demais profundos e extensos para serem adquiridos de qualquer modo, que não por um estudo perseverante, feito no silêncio e no recolhimento. Porque, só dentro desta condição se pode observar um número infinito de fatos e particularidades que passam despercebidos ao observador superficial, e permitem firmar opinião. Não produzisse este livro outro resultado além do de mostrar o lado sério da questão e de provocar estudos neste sentido, nós nos rejubilaríamos por haver sido eleitos para executar uma obra em que, aliás, nenhum mérito pessoal pretendemos ter, pois que os princípios nela apresentados não são de criação nossa. O mérito que apresenta cabe todo aos Espíritos que a ditaram. Esperamos que dê outro resultado, o de guiar os homens que desejem esclarecer-se, mostrando-lhes, nestes estudos, um fim grande e sublime: o do progresso individual e social e o de lhes indicar o caminho que conduz a esse fim.

Concluamos, fazendo uma última consideração. Alguns astrônomos, sondando o espaço, encontraram, na distribuição dos corpos celestes, lacunas não justificadas e em desacordo com as leis do conjunto. Suspeitaram que essas lacunas deviam estar preenchidas por globos que lhes tinham escapado à observação. De outro lado, observaram certos efeitos, cuja causa lhes era desconhecida e disseram: "Deve haver ali um mundo, porquanto esta lacuna não pode existir e estes efeitos hão de ter uma causa". Julgando então da causa pelo efeito, conseguiram calcular-lhe os elementos e mais tarde os fatos lhes vieram confirmar as previsões. Apliquemos este raciocínio a outra ordem de ideias. Se se observa a série dos seres, descobre-se que eles formam uma cadeia sem solução de continuidade, desde a matéria bruta até o homem mais inteligente. Porém, entre o homem e Deus, alfa e ômega de todas as coisas, que imensa lacuna! Será racional pensar-se que no homem terminam os anéis dessa cadeia e que ele transponha sem transição a distância que o separa do infinito? A razão nos diz que entre o homem e Deus outros elos necessariamente haverá, como disse aos astrônomos que, entre os mundos conhecidos, outros haveria, desconhecidos. Que filosofia já preencheu esta lacuna? O Espiritismo nos mostra que é preenchida pelos seres de todas as ordens do mundo invisível e estes seres não são mais do que os Espíritos dos homens, nos diferentes graus que levam à perfeição. Tudo então se liga, tudo se encadeia, desde o alfa até o ômega. Vós, que negais a existência dos Espíritos, preenchei o vácuo que eles ocupam. E vós, que rides deles, ousai rir das obras de Deus e da Sua onipotência!

Allan Kardec

PROLEGÔMENOS

Fenômenos alheios às leis da Ciência humana se dão por toda parte, revelando na causa que os produz a ação de uma vontade livre e inteligente.

A razão diz que um efeito inteligente há de ter como causa uma força inteligente e os fatos hão provado que essa força é capaz de entrar em comunicação com os homens por meio de sinais materiais.

Interrogada acerca da sua natureza, essa força declarou pertencer ao mundo dos seres espirituais que se despojaram do invólucro corporal do homem. Assim foi revelada a Doutrina dos Espíritos.

As comunicações entre o mundo espírita e o mundo corpóreo estão na ordem natural das coisas e não constituem fato sobrenatural, tanto que de tais comunicações se acham vestígios entre todos os povos e em todas as épocas. Hoje se generalizaram e tornaram patentes a todos.

Os espíritos anunciam que chegaram os tempos marcados pela Providência para uma manifestação universal e que, sendo eles os ministros de Deus e os agentes de Sua vontade, têm por missão instruir e esclarecer os homens, abrindo uma nova Era para a regeneração da Humanidade.

Este livro é o repositório de seus ensinos. Foi escrito por ordem e mediante ditado de Espíritos Superiores, para estabelecer os fundamentos de uma filosofia racional, isenta dos preconceitos do espírito de sistema. Nada contém que não seja a expressão do pensamento deles e que não tenha sido por eles examinado. Só a ordem e a distribuição metódica das matérias, assim como as notas e a forma de algumas partes da redação constituem obra daquele que recebeu a missão de os publicar.

Dos Espíritos que concorreram para a execução desta obra, muitos se contam que viveram, em épocas diversas, na Terra, onde pregaram e praticaram a virtude e a sabedoria. Outros, pelos seus nomes, não pertencem a nenhuma personagem, cuja lembrança a História guarde, mas cuja elevação é atestada pela pureza de seus ensinamentos e pela união em que se acham com os que usam de nomes venerados.

Eis em que termos nos deram, por escrito e por muitos médiuns, a missão de escrever este livro:

"Ocupa-te, cheio de zelo e perseverança, do trabalho que empreendeste com o nosso concurso, pois esse trabalho é nosso. Nele pusemos as bases de um novo edifício que se eleva e que um dia há de reunir todos os homens num mesmo sentimento de amor e caridade. Mas, antes de o divulgares, revê-lo-emos juntos, a fim de lhe verificarmos todas as minúcias.

"Estaremos contigo sempre que o pedires, para te ajudarmos nos teus trabalhos, porquanto esta é apenas uma parte da missão que te está confiada e que já um de nós te revelou.

"Entre os ensinos que te são dados, alguns há que deves guardar para ti somente, até nova ordem. Quando chegar o momento de os publicares, nós te diremos. Enquanto esperas, medita sobre eles, a fim de estares pronto quando te dissermos.

"Porás no título do livro a cepa que te desenhamos, porque é o emblema do trabalho do Criador. Aí se acham reunidos todos os princípios materiais que melhor podem representar o corpo e o espírito. O corpo é a cepa; o espírito é o licor; a alma ou espírito ligado à matéria é o bago. O homem quintessencia o espírito pelo trabalho e tu sabes que só mediante o trabalho do corpo o Espírito adquire conhecimentos.

"Não te deixes desanimar pela crítica. Encontrarás contraditores encarniçados, sobretudo entre os que têm interesse nos abusos. Encontrá-los-ás mesmo entre os Espíritos, por isso que os que ainda não estão completamente desmaterializados procuram frequentemente semear a dúvida por malícia ou ignorância. Prossegue sempre. Crê em Deus e caminha com confiança: aqui estaremos para te amparar e vem próximo o tempo em que a Verdade brilhará de todos os lados.

"A vaidade de certos homens, que julgam saber tudo e tudo querem explicar a seu modo, dará nascimento a opiniões dissidentes. Mas, todos os que tiverem em vista o grande princípio de Jesus se confundirão num só sentimento: o do amor do bem e se unirão por um laço fraterno, que prenderá o mundo inteiro. Estes deixarão de lado as miseráveis questões de palavras, para só se ocuparem com o que é essencial. E a doutrina será sempre a mesma, quanto ao fundo, para todos os que receberem comunicações de Espíritos Superiores.

"Com perseverança é que chegarás a colher os frutos de teus trabalhos. O prazer que experimentarás, vendo a doutrina propagar-se e, bem compreendida, será uma recompensa, cujo valor integral conhecerás, talvez mais no futuro do que no presente. Não te inquietes, pois, com os espinhos e as pedras que os incrédulos ou os maus acumularão no teu caminho. Conserva a confiança: com ela chegarás ao fim e merecerás ser sempre ajudado.

"Lembra-te de que os Bons Espíritos só assistem aos que servem a Deus com humildade e desinteresse e que repudiam a todo aquele que busca na senda do Céu um degrau para conquistar as coisas da Terra; que se afastam do orgulhoso e do ambicioso. O orgulho e a ambição serão sempre uma barreira erguida entre o homem e Deus. São um véu lançado sobre as claridades celestes, e Deus não pode servir-se do cego para fazer perceptível a luz."

São João Evangelista, Santo Agostinho, São Vicente de Paulo, São Luís, O Espírito da Verdade, Sócrates, Platão, Fénelon, Franklin, Swedenborg etc., etc.

PRIMEIRA PARTE

CAUSAS PRIMÁRIAS

CAPÍTULO I

DEUS

Deus e o infinito

1. *Que é Deus?*
"Deus é a inteligência suprema, causa primária de todas as coisas."[5]
2. *Que se deve entender por infinito?*
"O que não tem começo nem fim: o desconhecido; todo o desconhecido é infinito."
3. *Poderia-se dizer que Deus é o infinito?*
"Definição incompleta. Pobreza da linguagem humana, insuficiente para definir o que está acima da inteligência dos homens."

Deus é infinito em Suas perfeições, mas o infinito é uma abstração. Dizer que Deus é o *infinito* é tomar o atributo de uma coisa pela coisa mesma, é definir uma coisa que não é conhecida por uma outra que também não é.

Provas da existência de Deus

4. *Onde se pode encontrar a prova da existência de Deus?*
"Num axioma que aplicais às vossas ciências. Não há efeito sem causa. Procurai a causa de tudo o que não é obra do homem e a vossa razão responderá."

Para crer-se em Deus, basta que se lance o olhar sobre as obras da Criação. O Universo existe, logo tem uma causa. Duvidar da existência de Deus é negar que todo efeito tem uma causa e afirmar que o nada pôde fazer alguma coisa.

5. *Que dedução se pode tirar do sentimento intuitivo, que todas as criaturas trazem em si da existência de Deus?*
"A de que Deus existe; pois, de onde lhes viria esse sentimento, se não tivesse uma base? É ainda uma consequência do princípio - não há efeito sem causa."

6. *O sentimento íntimo que temos da existência de Deus não poderia ser fruto da educação, resultado de ideias adquiridas?*
"Se assim fosse, por que existiria esse sentimento nas criaturas primitivas?"

Se o sentimento da existência de um ser supremo fosse tão somente produto de um ensino, não seria universal e não existiria senão nos que houvessem podido receber esse ensino, conforme se dá com as noções científicas.

---

5 Para facilitar o entendimento do leitor, as perguntas foram configuradas em itálico, enquanto as respostas dos Espíritos estão entre aspas. A numeração de cada pergunta é destacada em negrito. (N. do E.)

7. Poderia-se achar nas propriedades íntimas da matéria a causa primária da formação das coisas?

"Mas, então, qual seria a causa dessas propriedades? É indispensável sempre uma causa primária."

Atribuir a formação primária das coisas às propriedades íntimas da matéria seria tomar o efeito pela causa, porquanto essas propriedades são, também elas, um efeito que há de ter uma causa.

8. Que se deve pensar da opinião dos que atribuem a formação primária a uma combinação fortuita da matéria, portanto, ao acaso?

"Outro absurdo! Que homem de bom senso pode considerar o acaso um ser inteligente? E, demais, que é o acaso? Nada."

A harmonia existente no mecanismo do Universo patenteia combinações e desígnios determinados e, por isso mesmo, revela um poder inteligente. Atribuir a formação primária ao acaso é insensatez, pois que o acaso é cego e não pode produzir os efeitos que a inteligência produz. Um acaso inteligente já não seria acaso.

9. Onde, na causa primária, se revela uma inteligência suprema e superior a todas as inteligências?

"Tendes um provérbio que diz: Pela obra se reconhece o autor. Pois bem! Vede a obra e procurai o autor. O orgulho é que gera a incredulidade. O homem orgulhoso nada admite acima de si. Por isso é que ele se denomina a si mesmo de espírito forte. Pobre ser, que um sopro de Deus pode abater!"

Do poder de uma inteligência se julga pelas obras. Não podendo nenhum ser humano criar o que a Natureza produz, a causa primária é, por conseguinte, uma inteligência superior à Humanidade.

Quaisquer que sejam os prodígios que a inteligência humana tenha operado, ela própria tem uma causa e, quanto maior for o que opere, tanto maior há de ser a causa primária. A inteligência superior é a causa primária de todas as coisas, seja qual for o nome que lhe deem.

Atributos da divindade

10. Pode o homem compreender a natureza íntima de Deus?

"Não, falta-lhe esse sentido."

11. Será dado um dia ao homem compreender o mistério da Divindade?

"Quando não mais tiver o espírito obscurecido pela matéria. Quando, pela sua perfeição, se houver aproximado de Deus, ele o verá e compreenderá."

A inferioridade das faculdades do homem não lhe permite compreender a natureza íntima de Deus. Na infância da Humanidade, o homem O confunde muitas vezes com a criatura, cujas imperfeições lhe atribui; mas, à medida que nele se desenvolve o senso moral, seu pensamento penetra melhor no âmago das coisas; então, faz ideia mais justa da Divindade e, ainda que sempre incompleta, mais conforme a sã razão.

12. Embora não possamos compreender a natureza íntima de Deus, podemos formar ideia de algumas de Suas perfeições?

"De algumas, sim. O homem as compreende melhor à proporção que se eleva acima da matéria. Assim, terá condições de compreendê-la."

13. *Quando dizemos que Deus é eterno, infinito, imutável, imaterial, único, onipotente, soberanamente justo e bom, temos ideia completa de Seus atributos?*

"Do vosso ponto de vista, sim, porque credes abranger tudo. Sabei, porém, que há coisas que estão acima da inteligência do homem mais inteligente, as quais a vossa linguagem, restrita às vossas ideias e sensações, não tem meios de exprimir. A razão, com efeito, vos diz que Deus deve possuir em grau supremo essas perfeições, porquanto, se uma Lhe faltasse, ou não fosse infinita, já Ele não seria superior a tudo, não seria, por conseguinte, Deus. Para estar acima de todas as coisas, Deus tem que se achar isento de qualquer vicissitude e de qualquer das imperfeições que a imaginação possa conceber."

Deus é *eterno*. Se tivesse tido princípio, teria saído do nada, ou, então, também teria sido criado por um ser anterior. É assim que, de degrau em degrau, remontamos ao infinito e à eternidade.

É *imutável*. Se estivesse sujeito a mudanças, as leis que regem o Universo nenhuma estabilidade teriam.

É *imaterial*. Quer isto dizer que a sua natureza difere de tudo o que chamamos matéria. De outro modo, ele não seria imutável, porque estaria sujeito às transformações da matéria.

É *único*. Se muitos Deuses houvesse, não haveria unidade de visão, nem unidade de poder na ordenação do Universo.

É *onipotente*. Ele o é, porque é único. Se não dispusesse do soberano poder, algo haveria mais poderoso ou tão poderoso quanto ele, que então não teria feito todas as coisas. As que não houvesse feito seriam a obra de outro Deus.

É *soberanamente justo e bom*. A sabedoria providencial das leis divinas se revela, tanto nas mais pequeninas coisas como nas maiores, e essa sabedoria não permite que se duvide nem da justiça nem da bondade de Deus.

Panteísmo

14. *Deus é um ser distinto, ou será, como opinam alguns, a resultante de todas as forças e de todas as inteligências do Universo reunidas?*

"Se fosse assim, Deus não existiria, porquanto seria efeito e não causa. Ele não pode ser ao mesmo tempo uma e outra coisa.

"Deus existe; disso não podeis duvidar e é o essencial. Crede-me, não vades além. Não vos percais num labirinto de onde não lograríeis sair. Isso não vos tornaria melhores, antes um pouco mais orgulhosos, pois que acreditaríeis saber, quando na realidade nada saberíeis. Deixai, consequentemente, de lado todos esses sistemas; tendes bastantes coisas que vos tocam mais de perto, a começar por vós mesmos. Estudai as vossas próprias imperfeições, a fim de vos libertardes delas, o que será mais útil do que pretenderdes penetrar no que é impenetrável."

15. *Que se deve pensar da opinião segundo a qual todos os corpos da Natureza, todos os seres, todos os globos do Universo seriam partes da Divindade e constituiriam, em conjunto, a própria Divindade, ou, por outra, que se deve pensar da doutrina panteísta?*

"Não podendo fazer-se Deus, o homem quer ao menos ser uma parte de Deus."

16. *Pretendem os que professam esta doutrina achar nela a demonstração de alguns dos atributos de Deus: Sendo infinitos os mundos, Deus é, por isso mesmo, infinito; não havendo o vazio, ou o nada em parte alguma, Deus está por toda parte; estando Deus em toda parte, pois que tudo é parte integrante de Deus, Ele dá a todos os fenômenos da Natureza uma razão de ser inteligente. Que se pode opor a este raciocínio?*

"A razão. Refleti maduramente e não vos será difícil reconhecer-lhe o absurdo."

Essa doutrina faz de Deus um ser material que, embora dotado de suprema inteligência, seria em ponto grande o que somos em ponto pequeno. Ora, transformando-se a matéria incessantemente, Deus, se fosse assim, nenhuma estabilidade teria; acharia-se sujeito a todas as vicissitudes, mesmo a todas as necessidades da Humanidade; faltaria-lhe um dos atributos essenciais da Divindade: a imutabilidade. Não se podem aliar as propriedades da matéria à ideia de Deus, sem que Ele fique rebaixado ante a nossa compreensão e não haverá sutilezas de sofismas que cheguem a resolver o problema da Sua natureza íntima. Não sabemos tudo o que Ele é, mas sabemos o que Ele não pode deixar de ser e o sistema de que tratamos está em contradição com as suas mais essenciais propriedades. Ele confunde o Criador com a criatura, exatamente como o faria quem pretendesse que engenhosa máquina fosse parte integrante do mecânico que a imaginou.

A inteligência de Deus se revela em Suas obras como a de um pintor no seu quadro; mas, as obras de Deus não são o próprio Deus, como o quadro não é o pintor que o concebeu e executou.

CAPÍTULO II

ELEMENTOS GERAIS DO UNIVERSO

Conhecimento do princípio das coisas

17. *É dado ao homem conhecer o princípio das coisas?*
"Não, Deus não permite que ao homem tudo seja revelado neste mundo."

18. *Penetrará o homem um dia o mistério das coisas que lhe estão ocultas?*
"O véu se levanta a seus olhos, à medida que ele se depura; mas, para compreender certas coisas, são-lhe precisas faculdades que ainda não possui."

19. *Não pode o homem, pelas investigações científicas, penetrar alguns dos segredos da Natureza?*
"A Ciência lhe foi dada para seu adiantamento em todas as coisas; ele, porém, não pode ultrapassar os limites que Deus estabeleceu."

Quanto mais consegue o homem penetrar nesses mistérios, tanto maior admiração lhe devem causar o poder e a sabedoria do Criador. Entretanto, seja por orgulho, seja por fraqueza, sua própria inteligência o faz joguete da ilusão. Ele amontoa sistemas sobre sistemas e cada dia que passa lhe mostra quantos erros tomou por verdades e quantas verdades rejeitou como erros. São outras tantas decepções para o seu orgulho.

20. *Dado é ao homem receber, sem ser por meio das investigações da Ciência, comunicações de ordem mais elevada acerca do que lhe escapa ao testemunho dos sentidos?*
"Sim, se o julgar conveniente, Deus pode revelar o que à ciência não é dado apreender."

Por essas comunicações é que o homem adquire, dentro de certos limites, o conhecimento do seu passado e do seu futuro.

Espírito e matéria

21. *A matéria existe desde toda a eternidade, como Deus, ou foi criada por Ele em dado momento?*

"Só Deus o sabe. Há uma coisa, todavia, que a razão vos deve indicar: é que Deus, modelo de amor e caridade, nunca esteve inativo. Por mais distante que logreis figurar o início de Sua ação, podereis concebê-Lo ocioso, um momento que seja?"

22. *Define-se geralmente a matéria como sendo - o que tem extensão, o que é capaz de nos impressionar os sentidos, o que é impenetrável. São exatas estas definições?*

"Do vosso ponto de vista, elas o são, porque não falais senão do que conheceis. Mas a matéria existe em estados que ignorais. Pode ser, por exemplo, tão etérea e sutil que nenhuma impressão vos cause aos sentidos. Contudo, é sempre matéria. Para vós, porém, não o seria."

a) *Que definição podeis dar da matéria?*

"A matéria é o laço que prende o Espírito; é o instrumento de que este se serve e sobre o qual, ao mesmo tempo, exerce sua ação."

Deste ponto de vista, pode dizer-se que a matéria é o agente, o intermediário com o auxílio do qual e sobre o qual atua o Espírito.

23. *Que é o Espírito?*

"O princípio inteligente do Universo."

a) *Qual é a natureza íntima do Espírito?*

"Não é fácil analisar o Espírito com a vossa linguagem. Para vós, ele nada é, por não ser palpável. Para nós, entretanto, é alguma coisa. Ficai sabendo: coisa nenhuma é o nada e o nada não existe."

24. *Espírito é sinônimo de inteligência?*

"A inteligência é um atributo essencial do Espírito. Uma e outro, porém, confundem-se num princípio comum, de sorte que, para vós, são a mesma coisa."

25. *O Espírito independe da matéria, ou é apenas uma propriedade desta, como as cores o são da luz e o som o é do ar?*

"São distintos um do outro; mas, a união do Espírito e da matéria é necessária para dar inteligência à matéria."

a) *Essa união é igualmente necessária para a manifestação do Espírito? (Entendemos aqui por espírito o princípio da inteligência, abstração feita das individualidades que por esse nome se designam.)*

"É necessária a vós outros, porque não tendes organização apta a perceber o Espírito sem a matéria. A isto não são apropriados os vossos sentidos."

26. *É possível conceber o Espírito sem a matéria e a matéria sem o Espírito?*

"Pode-se, é fora de dúvida, pelo pensamento."

27. *Há, então, dois elementos gerais do Universo: a matéria e o Espírito?*

"Sim e acima de tudo Deus, o criador, o pai de todas as coisas. Deus, espírito e matéria constituem o princípio de tudo o que existe, a trindade universal. Mas ao elemento material se tem que juntar o fluido universal, que desempenha o papel de intermediário entre o Espírito e a matéria propriamente dita, por demais grosseira para que o Espírito possa exercer ação sobre ela. Embora, de certo ponto de vista, seja lícito classificá-lo com o elemento material, ele se distingue deste por propriedades especiais. Se o fluido universal fosse positivamente matéria, razão não haveria para que também o Espírito não o fosse. Está colocado entre o Espírito e a matéria; é fluido, como a matéria, e suscetível, pelas suas inumeráveis combinações com esta e sob a ação do Espírito, de produzir a infinita variedade das coisas de que apenas conheceis uma parte mínima. Esse fluido universal, ou primitivo, ou elementar, sendo o agente de que o Espírito se utiliza, é o princípio sem o qual a matéria estaria em perpétuo estado de divisão e nunca adquiriria as qualidades que a gravidade lhe dá."

a) *Esse fluido será o que designamos pelo nome de eletricidade?*

"Dissemos que ele é suscetível de inúmeras combinações. O que chamais fluido elétrico, fluido magnético, são modificações do fluido universal, que não é, propriamente falando, senão matéria mais perfeita, mais sutil e que se pode considerar independente."

28. *Pois que o Espírito é, em si, alguma coisa, não seria mais exato e menos sujeito a confusão dar aos dois elementos gerais as designações de matéria inerte e matéria inteligente?*

"As palavras pouco nos importam. Compete-vos a vós formular a vossa linguagem de maneira a vos entenderdes. As vossas controvérsias provêm, quase sempre, de não vos entenderdes acerca dos termos que empregais, por ser incompleta a vossa linguagem para exprimir o que não vos fere os sentidos."

Um fato patente domina todas as hipóteses: vemos matéria destituída de inteligência e vemos um princípio inteligente que independe da matéria. A origem e a conexão destas duas coisas nos são desconhecidas. Se promanam ou não de uma só fonte; se há pontos de contato entre ambas; se a inteligência tem existência própria, ou se é uma propriedade, um efeito; se é mesmo, conforme à opinião de alguns, uma emanação da Divindade, ignoramos. Elas se nos mostram como sendo distintas; daí o considerarmo-las formando os dois princípios constitutivos do Universo. Vemos acima de tudo isso uma inteligência que domina todas as outras, que as governa, que se distingue delas por atributos essenciais. A essa inteligência suprema é que chamamos Deus.

Propriedades da matéria

29. *A ponderabilidade é um atributo essencial da matéria?*

"Da matéria como a entendeis, sim; não, porém, da matéria considerada como fluido universal. A matéria etérea e sutil que constitui esse fluido vos é imponderável. Nem por isso, entretanto, deixa de ser o princípio da vossa matéria pesada."

A gravidade é uma propriedade relativa. Fora das esferas de atração dos mundos, não há peso, do mesmo modo que não há alto nem baixo.

30. *A matéria é formada de um só ou de muitos elementos?*

"De um só elemento primitivo. Os corpos que considerais simples não são verdadeiros elementos, são transformações da matéria primitiva."

31. *De onde se originam as diversas propriedades da matéria?*

"São modificações que as moléculas elementares sofrem, por efeito da sua união, em certas circunstâncias."

32. *De acordo com o que vindes de dizer, os sabores, os odores, as cores, o som, as qualidades venenosas ou salutares dos corpos não passam de modificações de uma única substância primitiva?*

"Sem dúvida, e apenas existem devido à disposição dos órgãos destinados a percebê-las."

A demonstração deste princípio se encontra no fato de que nem todos percebemos as qualidades dos corpos do mesmo modo: enquanto que uma coisa agrada ao gosto de um, para o de outro é detestável; o que uns veem azul, outros veem vermelho; o que para uns é veneno, para outros é inofensivo ou salutar.

33. *A mesma matéria elementar é suscetível de experimentar todas as modificações e de adquirir todas as propriedades?*
"Sim, e é isso o que se deve entender quando dizemos que tudo está em tudo!"

O oxigênio, o hidrogênio, o azoto, o carbono e todos os corpos que consideramos simples são meras modificações de uma substância primitiva. Na impossibilidade em que ainda nos achamos de remontar, a não ser pelo pensamento, a esta matéria primária, esses corpos são para nós verdadeiros elementos e podemos, sem maiores consequências, tê-los como tais, até nova ordem.

a) *Não parece que esta teoria dá razão aos que não admitem na matéria senão duas propriedades essenciais: a força e o movimento, entendendo que todas as demais propriedades não passam de efeitos secundários, que variam conforme a intensidade da força e a direção do movimento?*
"É acertada essa opinião. Falta somente acrescentar: conforme a disposição das moléculas, como o mostra, por exemplo, um corpo opaco, que pode tornar-se transparente e vice-versa."

34. *As moléculas têm forma determinada?*
"Certamente, as moléculas têm uma forma, porém não sois capazes de apreciá-la."

a) *Essa forma é constante ou variável?*
"Constante a das moléculas elementares primitivas; variável a das moléculas secundárias, que mais não são do que aglomerações das primeiras. Porque, o que chamais molécula longe ainda está da molécula elementar."

Espaço universal

35. *O Espaço universal é infinito ou limitado?*
"Infinito. Supõe-no limitado: que haverá para lá de seus limites? Isto te confunde a razão, bem o sei; no entanto, a razão te diz que não pode ser de outro modo. O mesmo se dá com o infinito em todas as coisas. Não é na pequenina esfera em que vos achais que podereis compreendê-lo."

Supondo-se um limite ao Espaço, por mais distante que a imaginação o coloque, a razão diz que além desse limite alguma coisa há e assim, gradativamente, até o infinito, porquanto, embora essa alguma coisa, que fosse o vazio absoluto, ainda seria o Espaço.

36. *O vácuo absoluto existe em alguma parte no Espaço universal?*
"Não, não há o vácuo. O que te parece vazio está ocupado por matéria que te escapa aos sentidos e aos instrumentos."

CAPÍTULO III

CRIAÇÃO

Formação dos mundos

O Universo abrange a infinidade dos mundos que vemos e dos que não vemos, todos os seres animados e inanimados, todos os astros que se movem no espaço, assim como os fluidos que o enchem.

37. *O Universo foi criado, ou existe de toda a eternidade, como Deus?*

"É fora de dúvida que ele não pode ter-se feito a si mesmo. Se existisse, como Deus, de toda a eternidade, não seria obra de Deus."

Diz-nos a razão não ser possível que o Universo se tenha feito a si mesmo e que, não podendo também ser obra do acaso, há de ser obra de Deus.

38. *Como criou Deus o Universo?*

"Para me servir de uma expressão corrente, direi: pela sua Vontade. Nada caracteriza melhor essa vontade onipotente do que estas belas palavras da Gênese - "E disse Deus: 'Haja luz; e houve luz'."[6]

39. *Poderemos conhecer o modo de formação dos mundos?*

"Tudo o que a esse respeito se pode dizer e podeis compreender é que os mundos se formam pela condensação da matéria disseminada no Espaço."

40. *Serão os cometas, como agora se pensa, um começo de condensação da matéria, mundos em via de formação?*

"Isso está certo; absurdo, porém, é acreditar-se na influência deles. Refiro-me à influência que vulgarmente lhes atribuem, porquanto todos os corpos celestes influem de algum modo em certos fenômenos físicos."

41. *Pode um mundo completamente formado desaparecer e disseminar-se de novo no Espaço a matéria que o compõe?*

"Sim, Deus renova os mundos, como renova os seres vivos."

---

6   Gênesis 1:3 (N. do E.)

42. Podemos conhecer o tempo que dura a formação dos mundos: da Terra, por exemplo?
"Nada te posso dizer a respeito, porque só o Criador o sabe e bem louco será quem pretenda sabê-lo, ou conhecer que número de séculos dura essa formação."

Formação dos seres vivos

43. Quando começou a Terra a ser povoada?
"No começo tudo era caos; os elementos estavam em confusão. Pouco a pouco cada coisa tomou o seu lugar. Apareceram então os seres vivos apropriados ao estado do globo."

44. De onde vieram para a Terra os seres vivos?
"A Terra lhes continha os germes, que aguardavam momento favorável para se desenvolverem. Os princípios orgânicos se congregaram, desde que cessou a atuação da força que os mantinha afastados, e formaram os germes de todos os seres vivos. Estes germes permaneceram em estado latente de inércia, como a crisálida e as sementes das plantas, até o momento propício à eclosão de cada espécie. Os seres de cada uma destas se reuniram, então, e se multiplicaram."

45. Onde estavam os elementos orgânicos, antes da formação da Terra?
"Acharam-se, por assim dizer, em estado de fluido no Espaço, no meio dos Espíritos, ou em outros planetas, à espera da criação da Terra para começarem uma existência nova em um novo globo."

A Química nos mostra as moléculas dos corpos inorgânicos unindo-se para formarem cristais de uma regularidade constante, conforme cada espécie, desde que se encontrem nas condições precisas. A menor perturbação nestas condições basta para impedir a reunião dos elementos, ou, pelo menos, para obstar à disposição regular que constitui o cristal. Por que não se daria o mesmo com os elementos orgânicos? Durante anos se conservam germes de plantas e de animais, que não se desenvolvem senão a uma certa temperatura e em meio apropriado. Têm-se visto grãos de trigo germinarem depois de séculos. Há, pois, nesses germes um princípio *latente* de vitalidade, que apenas espera uma circunstância favorável para se desenvolver. O que diariamente ocorre debaixo das nossas vistas, por que não pode ter ocorrido desde a origem do globo terráqueo? A formação dos seres vivos, saindo eles do caos pela força mesma da Natureza, diminui de alguma coisa a grandeza de Deus? Longe disso: corresponde melhor à ideia que fazemos do Seu poder a se exercer sobre a infinidade dos mundos por meio de leis eternas. Esta teoria não resolve, é verdade, a questão da origem dos elementos vitais; mas Deus tem Seus mistérios e pôs limites às nossas investigações.

46. Ainda há seres que nasçam espontaneamente?
"Sim, mas o germe primitivo já existia em estado latente. Sois todos os dias testemunhas desse fenômeno. Os tecidos do corpo humano e dos animais não encerram os germes de uma multidão de vermes que só esperam, para desabrochar, a fermentação pútrida que lhes é necessária à existência? É um mundo minúsculo que dormita e se cria."

47. A espécie humana se encontrava entre os elementos orgânicos contidos no globo terrestre?
"Sim, e veio a seu tempo. Foi o que deu lugar a que se dissesse que o homem se formou do limo da Terra."

48. *Poderemos conhecer a época do aparecimento do homem e dos outros seres vivos na Terra?*
"Não; todos os vossos cálculos são quiméricos."

49. *Se o germe da espécie humana se encontrava entre os elementos orgânicos do globo, por que não se formam espontaneamente homens, como na origem dos tempos?*
"O princípio das coisas está nos segredos de Deus. Entretanto, pode dizer-se que os homens, uma vez espalhados pela Terra, absorvem em si mesmos os elementos necessários à sua própria formação, para os transmitir segundo as leis da reprodução. O mesmo se deu com as diferentes espécies de seres vivos."

Povoamento da Terra. Adão

50. *A espécie humana começou por um único homem?*
"Não; aquele a quem chamais Adão não foi o primeiro, nem o único a povoar a Terra."
51. *Poderemos saber em que época viveu Adão?*
"Mais ou menos na que lhe assinais: cerca de 4.000 anos antes do Cristo."

O homem, cuja tradição se conservou sob o nome de Adão, foi dos que sobreviveram, em certa região, a alguns dos grandes cataclismos que revolveram em diversas épocas a superfície do globo, e se constituiu tronco de uma das raças que atualmente o povoam. As leis da Natureza se opõem a que os progressos da Humanidade, comprovados muito tempo antes do Cristo, se tenham realizado em alguns séculos, como houvera sucedido se o homem não existisse na Terra senão a partir da época indicada para a existência de Adão. Muitos, com mais razão, consideram Adão um mito ou uma alegoria que personifica as primeiras idades do mundo.

Diversidade das raças humanas

52. *De onde provêm as diferenças físicas e morais que distinguem as raças humanas na Terra?*
"Do clima, da vida e dos costumes. Dá-se aí o que se dá com dois filhos de uma mesma mãe que, educados longe um do outro e de modos diferentes, em nada se assemelharão, quanto ao moral."
53. *O homem surgiu em muitos pontos do globo?*
"Sim e em diversas épocas, o que também constitui uma das causas da diversidade das raças. Depois, dispersando-se os homens por climas diversos e aliando-se os de uma aos de outras raças, novos tipos se formaram."
a) *Estas diferenças constituem espécies distintas?*
"Certamente que não; todos são da mesma família. Porventura as múltiplas variedades de um mesmo fruto são motivo para que elas deixem de formar uma só espécie?"
54. *Pelo fato de não proceder de um só indivíduo a espécie humana, devem os homens deixar de considerar-se irmãos?*
"Todos os homens são irmãos em Deus, porque são animados pelo espírito e tendem para o mesmo fim. Estais sempre inclinados a tomar as palavras na sua significação literal."

Pluralidade dos mundos

55. *São habitados todos os globos que se movem no espaço?*

"Sim e o homem terreno está longe de ser, como supõe, o primeiro em inteligência, em bondade e em perfeição. Entretanto, há homens que se têm por espíritos muito fortes e que imaginam pertencer a este pequenino globo o privilégio de conter seres racionais. Orgulho e vaidade! Julgam que só para eles criou Deus o Universo."

Deus povoou de seres vivos os mundos, concorrendo todos esses seres para o objetivo final da Providência. Acreditar que só os haja no planeta que habitamos seria duvidar da sabedoria de Deus, que não fez coisa alguma inútil. A esses mundos há de ele ter dado uma destinação mais séria do que a de nos recrearem a vista. Aliás, nada há, nem na posição, nem no volume, nem na constituição física da Terra, que possa induzir à suposição de que ela goze do privilégio de ser habitada, com exclusão de tantos milhares de milhões de mundos semelhantes.

56. *É a mesma a constituição física dos diferentes globos?*

"Não; de modo algum se assemelham."

57. *Não sendo uma só para todos a constituição física dos mundos, leva-nos a concluir que tenham organizações diferentes os seres que os habitam?*

"Sem dúvida, do mesmo modo que no vosso os peixes são feitos para viver na água e os pássaros no ar."

58. *Os mundos mais afastados do Sol estarão privados de luz e calor, por motivo de esse astro se lhes mostrar apenas com a aparência de uma estrela?*

"Pensais então que não há outras fontes de luz e calor além do Sol e em nenhuma conta tendes a eletricidade que, em certos mundos, desempenha um papel que desconheceis e bem mais importante do que o que lhe cabe desempenhar na Terra? Além disso, não dissemos que todos os seres são feitos de igual matéria que vós outros e com órgãos de conformação idêntica à dos vossos."

As condições de existência dos seres que habitam os diferentes mundos hão de ser adequadas ao meio em que lhes cumpre viver. Se jamais houvéramos visto peixes, não compreenderíamos que pudesse haver seres que vivessem dentro d'água. Assim acontece com relação aos outros mundos, que sem dúvida contêm elementos que desconhecemos. Não vemos na Terra as longas noites polares iluminadas pela eletricidade das auroras boreais? Que há de impossível em ser a eletricidade, nalguns mundos, mais abundante do que na Terra e desempenhar neles uma função de ordem geral, cujos efeitos não podemos compreender? Bem pode suceder, portanto, que esses mundos tragam em si mesmos as fontes de calor e de luz necessárias a seus habitantes.

Considerações e concordâncias bíblicas concernentes à Criação

59. Os povos hão formado ideias muito divergentes acerca da Criação, de acordo com seu grau de conhecimento. Apoiada na Ciência, a razão reconheceu a inverossimilhança de algumas dessas teorias. A que os Espíritos apresentam confirma a opinião que há muito tempo é partilhada pelos homens mais esclarecidos.

A objeção que se lhe pode fazer é a de estar em contradição com o texto dos livros sagrados. Mas um exame sério mostrará que essa contradição é mais aparente do que real e que decorre da interpretação dada ao que muitas vezes só tinha sentido alegórico.

A questão de ter sido Adão, como primeiro homem, a origem exclusiva da Humanidade, não é a única a cujo respeito as crenças religiosas tiveram que se modificar. O movimento da Terra pareceu, em determinada época, tão em oposição às letras sagradas, que não houve gênero de perseguições a que essa teoria não tivesse servido de pretexto, e, no entanto, a Terra gira, mau grado aos anátemas, não podendo ninguém hoje contestá-lo, sem agravo à sua própria razão.

Diz também a Bíblia que o mundo foi criado em seis dias e põe a época da sua criação há quatro mil anos, mais ou menos, antes da Era Cristã. Anteriormente, a Terra não existia; foi tirada do nada: o texto é formal. Eis, porém, que a ciência positiva, a inexorável ciência, prova o contrário. A história da formação do globo terráqueo está escrita em caracteres irrecusáveis no mundo fóssil, achando-se provado que os seis dias da Criação indicam outros tantos períodos, cada um de, talvez, muitas centenas de milhares de anos. Isto não é um sistema, uma doutrina, uma opinião isolada; é um fato tão certo como o do movimento da Terra e que a Teologia não pode negar-se a admitir, o que demonstra evidentemente o erro em que se está sujeito a cair tomando ao pé da letra expressões de uma linguagem frequentemente figurada. Esses fatos levam a concluir que a Bíblia é um erro? Não; a conclusão a tirar-se é que os homens se equivocaram ao interpretá-la.

Escavando os arquivos da Terra, a Ciência descobriu em que ordem os seres vivos lhe apareceram na superfície, ordem que está de acordo com o que diz a *Gênese*, havendo apenas a notar-se a diferença de que essa obra, em vez de executada milagrosamente por Deus em algumas horas, se realizou, sempre pela Sua vontade, mas conformemente à lei das forças da Natureza, em alguns milhões de anos. Ficou sendo Deus, por isso, menor e menos poderoso? Perdeu em sublimidade a Sua obra, por não ter o prestígio da instantaneidade? Indubitavelmente, não. Fora mister fazer-se da Divindade bem mesquinha ideia, para se não reconhecer a sua onipotência nas leis eternas que ela estabeleceu para regerem os mundos. A ciência, longe de apoucar a obra divina, no-la mostra sob aspecto mais grandioso e mais acorde com as noções que temos do poder e da majestade de Deus, pela razão mesma de ela se haver efetuado sem derrogação das leis da Natureza.

De acordo, neste ponto, com Moisés, a Ciência coloca o homem em último lugar na ordem da criação dos seres vivos. Moisés, porém, indica, como sendo o do dilúvio universal, o ano 1654 da formação do mundo, ao passo que a Geologia nos aponta o grande cataclismo como anterior ao aparecimento do homem, atendendo a que, até hoje, não se encontrou, nas camadas primitivas, traço algum de sua presença, nem da dos animais de igual categoria, do ponto de vista físico. Contudo, nada prova que isso seja impossível. Muitas descobertas já fizeram surgir dúvidas a tal respeito. Pode dar-se que, de um momento para outro, se adquira a certeza material da anterioridade da raça humana e então se reconhecerá que, a esse propósito, como a tantos outros, o texto bíblico é figurado. A questão está em saber se o cataclismo geológico é o mesmo a que assistiu Noé. Ora, o tempo necessário à formação das camadas fósseis não permite confundi-los e, desde que se achem vestígios da existência do homem antes da grande catástrofe, provado ficará, ou que Adão não foi o primeiro homem, ou que a sua criação se perde na noite dos tempos. Contra a evidência não há raciocínios possíveis; forçoso será aceitar-se esse fato, como se aceitaram o do movimento da Terra e os seis períodos da Criação.

A existência do homem antes do dilúvio geológico ainda é, com efeito, hipotética. Eis aqui, porém, alguma coisa que o é menos. Admitindo-se que o homem tenha aparecido pela primeira vez na Terra 4.000 anos antes do Cristo e que, 1650 anos mais tarde, toda a raça humana foi destruída, com exceção de uma só família, resulta que o povoamento da Terra data apenas de Noé, ou seja: de 2.350 anos antes da nossa Era. Ora, quando os hebreus emigraram para o Egito, no décimo oitavo século, encontraram esse país muito povoado e já bastante adiantado em civilização. A História prova que, nessa época, as Índias e outros países também estavam florescentes, sem mesmo se ter em conta a cronologia de certos povos, que remonta a uma época muito mais afastada. Teria sido preciso, nesse caso, que do vigésimo quarto ao décimo oitavo século, isto é, que num espaço de 600 anos, não somente a posteridade de um único homem houvesse podido povoar todos os imensos países então conhecidos, suposto que os outros não o fossem, mas também que, nesse curto lapso de tempo, a espécie humana houvesse podido elevar-se da ignorância absoluta do estado primitivo ao mais alto grau de desenvolvimento intelectual, o que é contrário a todas as leis antropológicas.

A diversidade das raças se fortalece, igualmente, nesta opinião. O clima e os costumes produzem, é certo, modificações no caráter físico; sabe-se, porém, até onde pode ir a influência dessas causas. Entretanto, o exame fisiológico demonstra haver, entre certas raças, diferenças constitucionais mais profundas do que as que o clima é capaz de determinar. O cruzamento das raças dá origem aos tipos intermediários. Ele tende a apagar as características extremas, mas não os cria; apenas produz variedades. Ora, para que tenha havido cruzamento de raças, preciso era que houvesse raças distintas. Como, porém, se explicará a existência delas, atribuindo-lhes uma origem comum e, sobretudo, tão pouco afastada? Como se há de admitir que, em poucos séculos, alguns descendentes de Noé se tenham transformado ao ponto de produzirem a raça etíope, por exemplo? Tão pouco admissível é semelhante metamorfose, quanto a hipótese de uma origem comum para o lobo e o cordeiro, para o elefante e o pulgão, para o pássaro e o peixe. Ainda uma vez: nada pode prevalecer contra a evidência dos fatos.

Tudo, ao invés, se explica, admitindo-se que a existência do homem é anterior à época em que vulgarmente se pretende ter começado; que diversas são as origens; que Adão, vivendo há seis mil anos, tenha povoado uma região ainda desabitada; que o dilúvio de Noé foi uma catástrofe parcial, confundida com o cataclismo geológico; e atentando-se, finalmente, na forma alegórica peculiar ao estilo oriental, forma que se nos depara nos livros sagrados de todos os povos. Isso faz ver quanto é prudente não lançar levianamente a pecha de falsas a doutrinas que podem, cedo ou tarde, como tantas outras, desmentir os que as combatem. As ideias religiosas, longe de perderem alguma coisa, se engrandecem, caminhando de par com a Ciência. Esse é o meio único de não apresentarem lado vulnerável ao ceticismo.

CAPÍTULO IV

PRINCÍPIO VITAL

Seres orgânicos e inorgânicos

Os seres orgânicos são os que têm em si uma fonte de atividade íntima que lhes dá a vida. Nascem, crescem, reproduzem-se por si mesmos e morrem. São providos de órgãos especiais para a execução dos diferentes atos da vida, órgãos esses apropriados às necessidades que a conservação própria lhes impõe. Nessa classe estão compreendidos os homens, os animais e as plantas. Seres inorgânicos são todos os que carecem de vitalidade, de movimentos próprios e que se formam apenas pela agregação da matéria. Tais são os minerais, a água, o ar etc.

60. *É a mesma a força que une os elementos da matéria nos corpos orgânicos e nos inorgânicos?*
"Sim, a lei de atração é a mesma para todos."

61. *Há diferença entre a matéria dos corpos orgânicos e a dos inorgânicos?* "A matéria é sempre a mesma, porém nos corpos orgânicos está animalizada."

62. *Qual é a causa da animalização da matéria?*
"Sua união com o princípio vital."

63. *O princípio vital reside nalgum agente particular ou é simplesmente uma propriedade da matéria organizada? Numa palavra é efeito, ou causa?*
"Uma e outra coisa. A vida é um efeito devido à ação de um agente sobre a matéria. Esse agente, sem a matéria, não é vida, do mesmo modo que a matéria não pode viver sem esse agente. Ele dá a vida a todos os seres que o absorvem e assimilam."

64. *Vimos que o Espírito e a matéria são dois elementos constitutivos do Universo. O princípio vital será um terceiro?*
"É, sem dúvida, um dos elementos necessários à constituição do Universo, mas que também tem sua origem na matéria universal modificada. É, para vós, um elemento, como o oxigênio e o hidrogênio, que, entretanto, não são elementos primitivos, pois que tudo isso deriva de um só princípio."

a) *Parece resultar daí que a vitalidade não tem seu princípio num agente primitivo distinto e sim numa propriedade especial da matéria universal, devida a certas modificações.*

"Isto é consequência do que dissemos."

65. *O princípio vital reside em alguns dos corpos que conhecemos?*

"Ele tem por fonte o fluido universal. É o que chamais fluido magnético, ou fluido elétrico animalizado. É o intermediário, o elo existente entre o Espírito e a matéria."

66. *O princípio vital é um só para todos os seres orgânicos?*

"Sim, modificado segundo as espécies. É ele que lhes dá movimento e atividade e os distingue da matéria inerte, porquanto o movimento da matéria não é a vida. Esse movimento ela o recebe, não o dá."

67. *A vitalidade é atributo permanente do agente vital, ou se desenvolve pelo funcionamento dos órgãos?*

"Ela não se desenvolve senão com o corpo. Não dissemos que esse agente sem a matéria não é a vida? A união dos dois é necessária para produzir a vida."

a) *Pode-se dizer que a vitalidade se acha em estado latente, quando o agente vital não está unido ao corpo?*

"Sim, é isso."

O conjunto dos órgãos constitui uma espécie de mecanismo que recebe impulsão da atividade íntima ou princípio vital que entre eles existe. Ao mesmo tempo que o agente vital dá impulsão aos órgãos, a ação destes entretém e desenvolve a atividade daquele agente, quase como sucede com o atrito, que desenvolve o calor.

A vida e a morte

68. *Qual é a causa da morte dos seres orgânicos?*

"Esgotamento dos órgãos."

a) *Pode-se comparar a morte à cessação do movimento de uma máquina desorganizada?*

"Sim; se a máquina está mal montada, cessa o movimento; se o corpo está enfermo, a vida se extingue."

69. *Por que é que uma lesão do coração mais depressa causa a morte do que as de outros órgãos?*

"O coração é a máquina da vida, não é, porém o único órgão cuja lesão ocasiona a morte. Ele não passa de uma das peças essenciais."

70. *Que é feito da matéria e do princípio vital dos seres orgânicos, quando estes morrem?*

"A matéria inerte se decompõe e vai formar novos organismos. O princípio vital volta à massa de onde saiu."

Morto o ser orgânico, os elementos que o compõe sofrem novas combinações, de que resultam novos seres, os quais retiram da fonte universal o princípio da vida e da atividade, o absorvem e assimilam, para novamente restituírem a essa fonte, quando deixarem de existir.

Os órgãos se impregnam, por assim dizer, desse fluido vital e esse fluido dá a todas as partes do organismo uma atividade que as põe em comunicação entre si, nos casos de certas lesões, e normaliza as funções momentaneamente perturbadas. Mas, quando os elementos essenciais ao funcionamento dos órgãos estão destruídos, ou muito profundamente alterados, o fluido vital se torna impotente para lhes transmitir o movimento da vida, e o ser morre.

Mais ou menos necessariamente, os órgãos reagem uns sobre os outros, resultando essa ação recíproca da harmonia do conjunto por eles formado. Destruída que seja, por uma causa qualquer, esta harmonia, o funcionamento deles cessa, como o movimento da máquina cujas peças principais se desarranjem. É o que se verifica, por exemplo, com um relógio gasto pelo uso, ou que sofreu um choque por acidente, no qual a força motriz fica impotente para pô-lo de novo a andar.

Num aparelho elétrico temos imagem mais exata da vida e da morte. Esse aparelho, como todos os corpos da Natureza, contém eletricidade em estado latente. Os fenômenos elétricos, porém, não se produzem senão quando o fluido é posto em atividade por uma causa especial. Pode-se então dizer que o aparelho está vivo. Vindo a cessar a causa da atividade, cessa o fenômeno: o aparelho volta ao estado de inércia. Os corpos orgânicos são, assim, uma espécie de pilhas ou aparelhos elétricos nos quais a atividade do fluido determina o fenômeno da vida. A cessação dessa atividade causa a morte.

A quantidade de fluido vital não é absoluta em todos os seres orgânicos. Varia segundo as espécies e não é constante, quer em cada indivíduo, quer nos indivíduos de uma espécie. Alguns há, que se acham, por assim dizer, saturados desse fluido, enquanto os outros o possuem em quantidade apenas suficiente. Daí, para alguns, vida mais ativa, mais tenaz e, de certo modo, superabundante.

A quantidade de fluido vital se esgota. Pode tornar-se insuficiente para a conservação da vida, se não for renovada pela absorção e assimilação das substâncias que o contêm.

O fluido vital se transmite de um indivíduo a outro. Aquele que o tiver em maior porção pode dá-lo a um que o tenha de menos e em certos casos prolongar a vida prestes a extinguir-se.

Inteligência e instinto

71. *A inteligência é atributo do princípio vital?*

"Não, pois que as plantas vivem e não pensam, só têm vida orgânica. A inteligência e a matéria são independentes, porquanto um corpo pode viver sem a inteligência. Mas, a inteligência só por meio dos órgãos materiais pode manifestar-se. Necessário é que o Espírito se una à matéria animalizada para intelectualizá-la."

A inteligência é uma faculdade especial, peculiar a algumas classes de seres orgânicos e que lhes dá, com o pensamento, a vontade de atuar, a consciência de que existem e de que constituem uma individualidade cada um, assim como os meios de estabelecerem relações com o mundo exterior e de proverem as suas necessidades.

Podem distinguir-se assim: 1º — os seres inanimados, constituídos só de matéria, sem vitalidade nem inteligência: são os corpos brutos; 2º — os seres animados que não pensam, formados de matéria e dotados de vitalidade, porém, destituídos de inteligência; 3º — os seres animados pensantes, formados de matéria, dotados de vitalidade e tendo a mais um princípio inteligente que lhes outorga a faculdade de pensar.

72. *Qual é a fonte da inteligência?*

"Já o dissemos; a inteligência universal."

a) *Poderíamos dizer que cada ser tira uma porção de inteligência da fonte universal e a assimila, como tira e assimila o princípio da vida material?*
"Isto não passa de simples comparação, todavia inexata, porque a inteligência é uma faculdade própria de cada ser e constitui a sua individualidade moral. Além disso, como sabeis, há coisas que ao homem não é dado penetrar e esta, por enquanto, é desse número."

73. *O instinto independe da inteligência?*
"Precisamente, não, por isso que o instinto é uma espécie de inteligência. É uma inteligência sem raciocínio. Por ele é que todos os seres proveem as suas necessidades."

74. *Pode estabelecer-se uma linha de separação entre o instinto e a inteligência, isto é, precisar onde um acaba e começa a outra?*
"Não, porque muitas vezes se confundem. Mas, muito bem se podem distinguir os atos que decorrem do instinto dos que são da inteligência."

75. *É acertado dizer-se que as faculdades instintivas diminuem à medida que crescem as intelectuais?*
"Não; o instinto existe sempre, mas o homem o despreza. O instinto também pode conduzir ao bem. Ele quase sempre nos guia e algumas vezes com mais segurança do que a razão. Nunca se transvia."

a) *Por que nem sempre é guia infalível a razão?*
"Seria infalível, se não fosse falseada pela má educação, pelo orgulho e pelo egoísmo. O instinto não raciocina; a razão permite a escolha e dá ao homem o livre-arbítrio."

O instinto é uma inteligência rudimentar, que difere da inteligência propriamente dita, em que suas manifestações são quase sempre espontâneas, ao passo que as da inteligência resultam de uma combinação e de um ato deliberado.

O instinto varia em suas manifestações, conforme as espécies e suas necessidades. Nos seres que têm a consciência e a percepção das coisas exteriores, ele se alia à inteligência, isto é, à vontade e à liberdade.

SEGUNDA PARTE

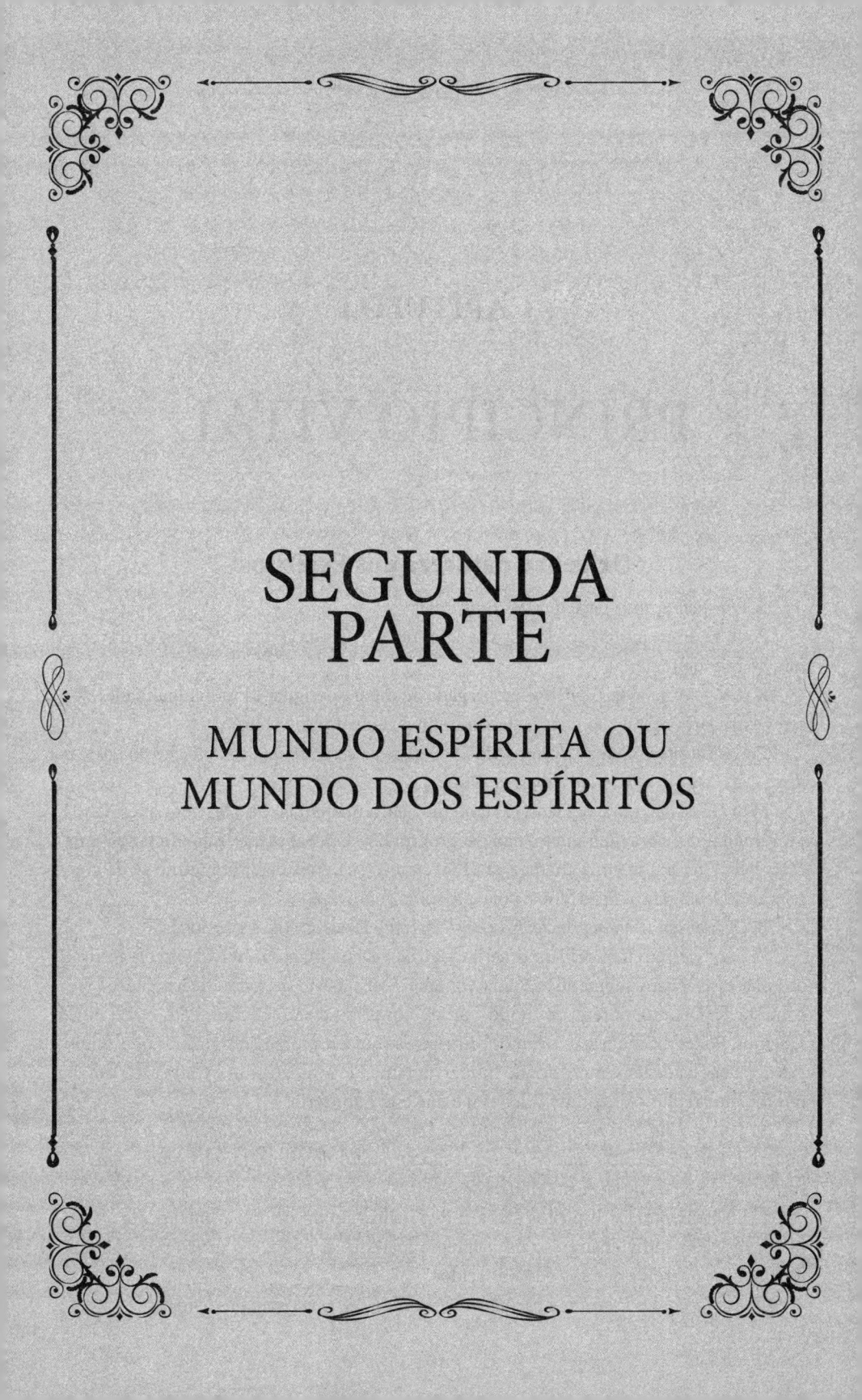

MUNDO ESPÍRITA OU MUNDO DOS ESPÍRITOS

CAPÍTULO I

PRINCÍPIO VITAL

Origem e natureza dos Espíritos

76. *Que definição se pode dar dos Espíritos?*

"Pode-se dizer que os Espíritos são os seres inteligentes da criação. Povoam o Universo fora do mundo material."

NOTA — A palavra *Espírito* é empregada aqui para designar as individualidades dos seres extracorpóreos e não mais o elemento inteligente do Universo.

77. *Os Espíritos são seres distintos da Divindade ou serão simples emanações ou porções desta e, por isto, denominados filhos de Deus?*

"Meu Deus! São obra de Deus, exatamente qual a máquina o é do homem que a fabrica. A máquina é obra do homem, não é o próprio homem. Sabes que, quando faz alguma coisa bela, útil, o homem a chama sua filha, criação sua. Pois bem! O mesmo se dá com relação a Deus: somos Seus filhos, pois que somos obra Sua."

78. *Os Espíritos tiveram princípio, ou existem, como Deus, de toda a eternidade?*

"Se não tivessem tido princípio, seriam iguais a Deus, quando, em vez disso, são criação Sua e se acham submetidos à Sua vontade. Deus existe de toda a eternidade, é incontestável. Quanto, porém, ao modo porque nos criou e em que momento o fez, nada sabemos. Podes dizer que não tivemos princípio, se quiseres com isso significar que, sendo eterno, Deus há de ter sempre criado ininterruptamente. Mas, quando e como cada um de nós foi feito, repito-te, nenhum o sabe: aí é que está o mistério."

79. *Pois que há dois elementos gerais no Universo: o elemento inteligente e o elemento material, poderia-se dizer que os Espíritos são formados do elemento inteligente, como os corpos inertes o são do elemento material?*

"Evidentemente. Os Espíritos são a individualização do princípio inteligente, como os corpos são a individualização do princípio material. A época e o modo por que essa formação se operou é que são desconhecidos."

80. *A criação dos Espíritos é permanente, ou só se deu na origem dos tempos?*

"É permanente. Quer dizer: Deus jamais deixou de criar."

81. *Os Espíritos se formam espontaneamente, ou procedem uns dos outros?*

"Deus os cria, como a todas as outras criaturas, pela Sua vontade. Mas, repito ainda uma vez, a origem deles é mistério."

82. *Será certo dizer-se que os Espíritos são imateriais?*

"Como se pode definir uma coisa, quando faltam termos de comparação e com uma linguagem deficiente? Pode um cego de nascença definir a luz? Imaterial não é bem o termo; incorpóreo seria mais exato, pois deves compreender que, sendo uma criação, o Espírito há de ser alguma coisa. É a matéria quintessenciada, mas sem analogia para vós outros, e tão etérea que escapa inteiramente ao alcance dos vossos sentidos."

Dizemos que os Espíritos são imateriais porque, pela sua essência, diferem de tudo o que conhecemos sob o nome de matéria. Um povo de cegos careceria de termos para exprimir a luz e seus efeitos. O cego de nascença se julga capaz de todas as percepções pelo ouvido, pelo olfato, pelo paladar e pelo tato. Não compreende as ideias que só lhe poderiam ser dadas pelo sentido que lhe falta. Nós outros somos verdadeiros cegos com relação à essência dos seres sobre-humanos. Não os podemos definir senão por meio de comparações sempre imperfeitas ou por um esforço da imaginação.

83. *Os Espíritos têm fim? Compreende-se que seja eterno o princípio de onde eles emanam, mas o que perguntamos é se suas individualidades têm um termo e se, em dado tempo, mais ou menos longo, o elemento de que são formados não se dissemina e volta à massa de onde saiu, como sucede com os corpos materiais. É difícil de conceber-se que uma coisa que teve começo possa não ter fim.*

"Há muitas coisas que não compreendeis porque tendes limitada a inteligência. Isso, porém, não é razão para as repelir. O filho não compreende tudo o que a seu pai é compreensível, nem o ignorante tudo o que o sábio apreende. Dizemos que a existência dos Espíritos não tem fim. É tudo o que podemos, por agora, dizer."

Mundo normal primitivo

84. *Os Espíritos constituem um mundo à parte, fora daquele que vemos?*

"Sim, o mundo dos Espíritos, ou das inteligências incorpóreas."

85. *Qual dos dois, o mundo espírita ou o mundo corpóreo, é o principal, na ordem das coisas?*

"O mundo espírita, que preexiste e sobrevive a tudo."

86. *O mundo corporal poderia deixar de existir, ou nunca ter existido, sem que isso alterasse a essência do mundo espírita?*

"Decerto. Eles são independentes; contudo, é incessante a correlação entre ambos, porquanto um sobre o outro incessantemente reagem."

87. *Ocupam os Espíritos uma região determinada e circunscrita no espaço?*

"Estão por toda parte. Povoam infinitamente os espaços infinitos. Tendes muitos deles de contínuo a vosso lado, observando-vos e sobre vós atuando, sem o perceberdes, pois que os Espíritos são uma das potências da Natureza e os instrumentos de que Deus se serve para execução de Seus desígnios providenciais. Nem todos, porém, vão a toda parte, por isso que há regiões interditas aos menos adiantados."

Forma e ubiquidade dos Espíritos

88. *Os Espíritos têm forma determinada, limitada e constante?*

"Para vós, não; para nós, sim. O Espírito é, se quiserdes, uma chama, um clarão, ou uma centelha etérea."

a) *Essa chama ou centelha tem cor?*

"Tem uma coloração que, para vós, vai do colorido escuro e opaco a uma cor brilhante, qual a do rubi, conforme o Espírito é mais ou menos puro."

Representam-se de ordinário os gênios com uma chama ou estrela na fronte. É uma alegoria, que lembra a natureza essencial dos Espíritos. Colocam-na no alto da cabeça, porque aí está a sede da inteligência.

89. *Os Espíritos gastam algum tempo para percorrer o espaço?*

"Sim, mas fazem-no com a rapidez do pensamento."

a) *O pensamento não é a própria alma que se transporta?*

"Quando o pensamento está em alguma parte, a alma também aí está, pois que é a alma quem pensa. O pensamento é um atributo."

90. *O Espírito que se transporta de um lugar ao outro tem consciência da distância que percorre e dos espaços que atravessa, ou é subitamente transportado ao lugar aonde quer ir?*

"Dá-se uma e outra coisa. O Espírito pode perfeitamente, se o quiser, inteirar-se da distância que percorre, mas também essa distância pode desaparecer completamente, dependendo isso da sua vontade, bem como da sua natureza mais ou menos depurada."

91. *A matéria opõe obstáculo ao Espírito?*

"Nenhum; eles passam através de tudo. O ar, a terra, as águas e até mesmo o fogo lhes são igualmente acessíveis."

92. *Têm os Espíritos o dom da ubiquidade? Por outras palavras: um Espírito pode dividir-se, ou existir em muitos pontos ao mesmo tempo?*

"Não pode haver divisão de um mesmo Espírito; mas cada um é um centro que irradia para diversos lados. Isso é que faz parecer estar um Espírito em muitos lugares ao mesmo tempo. Vês o Sol? É um somente. No entanto, irradia em todos os sentidos e leva muito longe os seus raios. Contudo, não se divide."

a) *Todos os Espíritos irradiam com igual força?*

"Longe disso. Essa força depende do grau de pureza de cada um."

Cada Espírito é uma unidade indivisível, mas cada um pode lançar seus pensamentos para diversos lados, sem que se fracione para tal efeito. Nesse sentido unicamente é que se deve entender o dom da ubiquidade atribuído aos Espíritos. Dá-se com eles o que se dá com uma centelha, que projeta longe a sua claridade e pode ser percebida de todos os pontos do horizonte; ou, ainda, o que se dá com um homem que, sem mudar de lugar e sem se fracionar, transmite ordens, sinais e movimento a diferentes pontos.

Perispírito

93. *O Espírito, propriamente dito, nenhuma cobertura tem, ou, como pretendem alguns, está sempre envolto numa substância qualquer?*

"Envolve-o uma substância, vaporosa para os teus olhos, mas ainda bastante grosseira para nós; suficientemente vaporosa, entretanto, para poder elevar-se na atmosfera e transportar-se aonde queira."

Envolvendo o germe de um fruto, há o perisperma; do mesmo modo, uma substância que, por comparação, se pode chamar *perispírito*, serve de envoltório ao Espírito propriamente dito.

94. *De onde tira o Espírito o seu invólucro semimaterial?*

"Do fluido universal de cada globo, razão por que não é idêntico em todos os mundos. Passando de um mundo a outro, o Espírito muda de envoltório, como mudais de roupa."

a) *Assim, quando os Espíritos que habitam mundos superiores vêm ao nosso meio, tomam um perispírito mais grosseiro?*

"É necessário que se revistam da vossa matéria, já o dissemos."

95. *O invólucro semimaterial do Espírito tem formas determinadas e pode ser perceptível?*

"Tem a forma que o Espírito queira. É assim que este vos aparece algumas vezes, quer em sonho, quer no estado de vigília, e que pode tomar forma visível, mesmo palpável."

Diferentes ordens de Espíritos

96. *São iguais os Espíritos ou há entre eles qualquer hierarquia?*

"São de diferentes ordens, conforme o grau de perfeição que tenham alcançado."

97. *As ordens ou graus de perfeição dos Espíritos são em número determinado?*

"São ilimitadas em número porque entre elas não há linhas de demarcação traçadas como barreiras, de sorte que as divisões podem ser multiplicadas ou restringidas livremente. Todavia, considerando-se as características gerais dos Espíritos, elas podem reduzir-se a três principais.

"Na primeira, estão os que atingiram a perfeição máxima: os puros Espíritos. Formam a segunda os que chegaram ao meio da escala: o desejo do bem é o que neles predomina. Pertencerão à terceira os que ainda se acham na parte inferior da escala: os Espíritos imperfeitos. A ignorância, o desejo do mal e todas as paixões más que lhes retardam o progresso, eis o que os caracteriza."

98. *Os Espíritos da segunda ordem, para os quais o bem constitui a preocupação dominante, têm o poder de praticá-lo?*

"Cada um deles dispõe desse poder, de acordo com o grau de perfeição a que chegou. Assim, uns possuem a Ciência, outros a sabedoria e a bondade. Todos, porém, ainda têm que sofrer provas."

99. *Os da terceira categoria são todos essencialmente maus?*

"Não; uns há que não fazem nem o mal nem o bem; outros, ao contrário, se comprazem no mal e ficam satisfeitos quando se lhes depara ocasião de praticá-lo. Há também os levianos ou estouvados, mais perturbadores do que malignos, que se comprazem antes na malícia do que na malvadez e cujo prazer consiste em mistificar e causar pequenas contrariedades, de que se riem."

Escala espírita

100. Observações Preliminares.

A classificação dos Espíritos se baseia no grau de adiantamento deles, nas qualidades que já adquiriram e nas imperfeições de que ainda terão de despojar-se. Esta classificação, aliás, nada tem de absoluta. Apenas no seu conjunto cada categoria apresenta caráter definido. De um grau a outro a transição é insensível e, nos limites extremos, as diferenças se apagam, como nos reinos da Natureza, como nas cores do arco-íris, ou, também, como nos diferentes períodos da vida do homem. Podem, pois, formar-se maior ou menor número de classes, conforme o ponto de vista de onde se considere a questão. Dá-se aqui o que se dá com todos os sistemas de classificação científica, que podem ser mais ou menos completos, mais ou menos racionais, mais ou menos cômodos para a inteligência. Sejam, porém, quais forem, em nada alteram as bases da Ciência. Assim, é natural que inquiridos sobre este ponto, hajam os Espíritos divergido quanto ao número das categorias, sem que isto tenha valor algum. Entretanto, não faltou quem se agarrasse a esta contradição aparente, sem refletir que os Espíritos nenhuma importância ligam ao que é puramente convencional. Para eles, o pensamento é tudo. Deixam-nos a nós a forma, a escolha dos termos, as classificações, numa palavra, as teorias.

Façamos ainda uma consideração que se não deve jamais perder de vista, a de que entre os Espíritos, do mesmo modo que entre os homens, há os muito ignorantes, de maneira que nunca serão demais as cautelas que se tomem contra a tendência a crer que, por serem Espíritos, todos devam saber tudo. Qualquer classificação exige método, análise e conhecimento aprofundado do assunto. Ora no mundo dos Espíritos, os que possuem limitados conhecimentos são, como neste mundo, os ignorantes, os inaptos a apreender uma síntese, a formular um sistema. Só muito imperfeitamente percebem ou compreendem uma classificação qualquer. Consideram da primeira categoria todos os Espíritos que lhes são superiores, por não poderem apreciar as gradações de saber, de capacidade e de moralidade que os distinguem, como sucede entre nós a um homem rude com relação aos civilizados. Mesmo os que sejam capazes de tal apreciação podem mostrar-se divergentes quanto às particularidades, de acordo com os pontos de vista em que se achem, sobretudo quando se trata de uma divisão que nenhum cunho absoluto apresente. Lineu[7], Jussieu[8] e Tournefort[9] tiveram cada um o seu método, sem que a Botânica houvesse em consequência experimentado modificação alguma. É que nenhum deles inventou as plantas, nem suas características. Apenas observaram as analogias, segundo as quais formaram os grupos ou classes. Foi assim que também nós procedemos. Não inventamos os Espíritos, nem suas características. Vimos e observamos, julgamo-los pelas suas palavras e atos, depois os classificamos pelas semelhanças, baseando-nos em dados que eles próprios nos forneceram.

Os Espíritos, em geral, admitem três categorias principais, ou três grandes divisões. Na última, a que fica na parte inferior da escala, estão os Espíritos imperfeitos, caracteri-

---

7   Carlos Lineu (1707 - 1778), naturalista e explorador sueco, foi pioneiro na formulação de princípios para definir gêneros naturais de espécies de organismos e elaborar um sistema uniforme para nomeá-los. (N. do E.)
8   Antoine de Jussieu (1686 - 1758), médico e botânico francês que elaborou diversos artigos a respeito da anatomia humana, zoologia e botânica. (N. do E.)
9   Joseph Pitton de Tournefort (1656 - 1708), médico e botânico francês cujo sistema de classificação de plantas ainda é considerado válido em alguns aspectos. (N. do E.)

zados pela predominância da matéria sobre o Espírito e pela propensão para o mal. Os da segunda se caracterizam pela predominância do Espírito sobre a matéria e pelo desejo do bem: são os bons Espíritos. A primeira, finalmente, compreende os Espíritos puros, os que atingiram o grau supremo da perfeição.

Esta divisão nos pareceu perfeitamente racional e com características bem estabelecidas. Só nos restava destacar, mediante subdivisões em número suficiente, as principais nuances do conjunto. Foi o que fizemos, com o concurso dos Espíritos, cujas benévolas instruções jamais nos faltaram.

Com o auxílio desse quadro, fácil será determinar-se a ordem, assim como o grau de superioridade ou de inferioridade dos que possam entrar em relações conosco e, por conseguinte, o grau de confiança ou de estima que mereçam. É, de certo modo, a chave da Ciência espírita, porquanto só ele pode explicar as anomalias que as comunicações apresentam, esclarecendo-nos acerca das desigualdades intelectuais e morais dos Espíritos. Faremos, todavia, notar que estes não ficam pertencendo, exclusivamente, a tal ou tal classe, sendo sempre gradual o progresso deles e muitas vezes mais acentuado num sentido do que em outro, pode acontecer que muitos reúnam em si as características de várias categorias, o que seus atos e linguagem tornam possível apreciar-se.

Terceira ordem — Espíritos imperfeitos

101. Características Gerais.

Predominância da matéria sobre o Espírito. Propensão para o mal. Ignorância, orgulho, egoísmo e todas as más paixões que lhes são consequentes.

Têm a intuição de Deus, mas não o compreendem.

Nem todos são essencialmente maus. Em alguns há mais leviandade, irreflexão e malícia do que verdadeira maldade. Uns não fazem nem o bem nem o mal; mas, pelo simples fato de não fazerem o bem, já denotam a sua inferioridade. Outros, ao contrário, se comprazem no mal e rejubilam quando encontram uma ocasião para praticá-lo.

A inteligência pode achar-se neles aliada à maldade ou à malícia; seja, porém, qual for o grau que tenham alcançado de desenvolvimento intelectual, suas ideias são pouco elevadas e mais ou menos abjetos seus sentimentos.

Restritos conhecimentos têm das coisas do mundo espírita e o pouco que sabem se confunde com as ideias e preconceitos da vida corporal. Não nos podem dar mais do que noções erróneas e incompletas; entretanto, nas suas comunicações, mesmo imperfeitas, o observador atento encontra a confirmação das grandes verdades ensinadas pelos Espíritos Superiores.

Na linguagem de que usam se lhes revela o caráter. Todo Espírito que, em suas comunicações, traz um mau pensamento pode ser classificado na terceira ordem. Por conseguinte, todo mau pensamento que nos é sugerido vem de um Espírito desta ordem.

Eles veem a felicidade dos bons e esse espetáculo lhes constitui incessante tormento, porque os faz experimentar todas as angústias que a inveja e o ciúme podem causar.

Conservam a lembrança e a percepção dos sofrimentos da vida corpórea e essa impressão é muitas vezes mais penosa do que a realidade. Sofrem, pois, verdadeiramente, pelos males de que padeceram em vida e pelos que têm ocasionado aos outros. E, como sofrem por longo tempo, julgam que sofrerão para sempre. Deus, para puni-los, quer que assim julguem. Podem compor cinco classes principais.

102. *Décima classe* — Espíritos Impuros.

São inclinados ao mal, de que fazem o objeto de suas preocupações. Como Espíritos, dão conselhos pérfidos, sopram a discórdia e a desconfiança e se mascaram de todas as maneiras para melhor enganar. Ligam-se aos homens de caráter bastante fraco para os fazer ceder às suas sugestões, a fim de induzi-los à perdição, satisfeitos por conseguirem retardar-lhes o adiantamento, fazendo-os sucumbir nas provas por que passam.

Nas manifestações dão-se a conhecer pela linguagem. A trivialidade e a grosseria das expressões, nos Espíritos, como nos homens, é sempre indício de inferioridade moral, senão também intelectual. Suas comunicações exprimem a baixeza de seus pendores e, se tentam iludir, falando com sensatez, não conseguem sustentar por muito tempo o papel e acabam sempre por se traírem.

Alguns povos os têm considerado divindades maléficas; outros os designam pelos nomes de demônios, maus gênios, Espíritos do mal.

Quando encarnados, os seres vivos que eles constituem se mostram propensos a todos os vícios geradores das paixões vis e degradantes: a sensualidade, a crueldade, a deslealdade, a hipocrisia, a cupidez, a avareza sórdida. Fazem o mal por prazer, frequentemente sem motivo, e, por ódio ao bem, quase sempre escolhem suas vítimas entre as pessoas honestas. São flagelos para a Humanidade, pouco importando a categoria social a que pertençam, e o verniz da civilização não os forra ao opróbrio e à ignomínia.

103. *Nona classe* — Espíritos Levianos.

São ignorantes, maliciosos, irrefletidos e zombeteiros. Metem-se em tudo, a tudo respondem, sem se incomodarem com a verdade. Gostam de causar pequenos desgostos e ligeiras alegrias, de intrigar, de induzir maldosamente em erro, por meio de mistificações e de espertezas. A esta classe pertencem os Espíritos vulgarmente tratados de *duendes, trasgos, gnomos, diabretes*. Acham-se sob a dependência dos Espíritos Superiores, que muitas vezes os empregam, como fazemos com os nossos servidores.

Em suas comunicações com os homens, a linguagem de que se servem é, com frequência, espirituosa e alegre, mas quase sempre sem profundeza de ideias. Aproveitam-se das esquisitices e dos ridículos humanos e os apreciam, mordazes e satíricos. Se tomam nomes supostos, é mais por malícia do que por maldade.

104. *Oitava classe* — Espíritos Pseudossábios.

Dispõem de conhecimentos bastante amplos, porém, creem saber mais do que realmente sabem. Tendo realizado alguns progressos sob diversos pontos de vista, a linguagem deles aparenta um cunho de seriedade, de natureza a iludir com respeito às suas capacidades e luzes. Mas, em geral, isso não passa de reflexo dos preconceitos e ideias sistemáticas que nutriam na vida terrena. É uma mistura de algumas verdades com os erros mais polpudos, através dos quais penetram a presunção, o orgulho, o ciúme e a obstinação, de que ainda não puderam despir-se.

105. *Sétima classe* — Espíritos Neutros.

Nem bastante bons para fazerem o bem, nem bastante maus para fazerem o mal. Pendem tanto para um como para o outro e não ultrapassam a condição comum da Humanidade, quer no que concerne ao moral, quer no que toca à inteligência. Apegam-se às coisas deste mundo, de cujas grosseiras alegrias sentem saudades.

106. *Sexta classe* — Espíritos Batedores e Perturbadores.

Estes Espíritos, propriamente falando, não formam uma classe distinta pelas suas qualidades pessoais. Podem caber em todas as classes da terceira ordem. Manifestam geralmente sua presença por efeitos sensíveis e físicos, como pancadas, movimento e deslocamento anormal de corpos sólidos, agitação do ar etc. Afiguram-se, mais do que outros, presos à matéria. Parecem ser os agentes principais das vicissitudes dos elementos do globo, quer atuem sobre o ar, a água, o fogo, os corpos duros, quer nas entranhas da Terra. Reconhece-se que esses fenômenos não derivam de uma causa fortuita ou física, quando denotam caráter intencional e inteligente. Todos os Espíritos podem produzir tais fenômenos, mas os de ordem elevada os deixam, em geral, como atribuições dos subalternos, mais aptos para as coisas materiais do que para as coisas da inteligência; quando julgam úteis as manifestações desse gênero, lançam mão destes últimos como seus auxiliares.

Segunda ordem — Bons Espíritos

107. Características Gerais

Predominância do Espírito sobre a matéria; desejo do bem. Suas qualidades e poderes para o bem estão em relação com o grau de adiantamento que hajam alcançado; uns têm a ciência, outros a sabedoria e a bondade. Os mais adiantados reúnem o saber às qualidades morais. Não estando ainda completamente desmaterializados, conservam mais ou menos, conforme a categoria que ocupem, os traços da existência corporal, assim na forma da linguagem, como nos hábitos, entre os quais se descobrem mesmo algumas de suas manias. De outro modo, seriam Espíritos perfeitos.

Compreendem Deus e o infinito e já gozam da felicidade dos bons. São felizes pelo bem que fazem e pelo mal que impedem. O amor que os une lhes é fonte de inefável ventura, que não tem a perturbá-la nem a inveja, nem os remorsos, nem nenhuma das más paixões que constituem o tormento dos Espíritos imperfeitos. Todos, entretanto, ainda têm que passar por provas, até que atinjam a perfeição.

Como Espíritos, suscitam bons pensamentos, desviam os homens da senda do mal, protegem na vida os que se lhes mostram dignos de proteção e neutralizam a influência dos Espíritos imperfeitos sobre aqueles a quem não é grato sofrê-la.

Quando encarnados, são bondosos e benevolentes com os seus semelhantes. Não os movem o orgulho, nem o egoísmo ou a ambição. Não experimentam ódio, rancor, inveja ou ciúme e fazem o bem pelo bem.

A esta ordem pertencem os Espíritos designados, nas crenças vulgares, pelos nomes de *bons gênios, gênios protetores, Espíritos do bem*. Em épocas de superstições e de ignorância, eles hão sido elevados à categoria de divindades benfazejas. Podem ser divididos em quatro grupos principais:

108. *Quinta classe* — Espíritos Benévolos.

A bondade é neles a qualidade dominante. Apraz-lhes prestar serviço aos homens e protegê-los. Limitados, porém, são os seus conhecimentos. Hão progredido mais no sentido moral do que no sentido intelectual.

109. *Quarta classe* — Espíritos Sábios.

Distinguem-se pela amplitude de seus conhecimentos. Preocupam-se menos com as questões morais do que com as de natureza científica, para as quais têm maior aptidão. Entretanto, só encaram a Ciência do ponto de vista da sua utilidade e jamais são dominados por quaisquer paixões próprias dos Espíritos imperfeitos.

110. *Terceira classe* — Espíritos de Sabedoria.

As qualidades morais da ordem mais elevada são o que os caracteriza. Sem possuírem ilimitados conhecimentos, são dotados de uma capacidade intelectual que lhes faculta juízo reto sobre os homens e as coisas.

111. *Segunda classe* — Espíritos Superiores.

Esses em si reúnem a ciência, a sabedoria e a bondade. Da linguagem que empregam se exala sempre a benevolência; é uma linguagem invariavelmente digna, elevada e, muitas vezes, sublime. Sua superioridade os torna mais aptos do que os outros a nos darem noções exatas sobre as coisas do mundo incorpóreo, dentro dos limites do que é permitido ao homem saber. Comunicam-se complacentemente com os que procuram, de boa-fé, a verdade e cuja alma já está bastante desprendida das ligações terrenas para compreendê-la. Afastam-se, porém, daqueles a quem só a curiosidade impele, ou que, por influência da matéria, fogem à prática do bem.

Quando, por exceção, encarnam na Terra, é para cumprir missão de progresso e então nos oferecem o tipo da perfeição a que a Humanidade pode aspirar neste mundo.

Primeira ordem — Espíritos puros

112. Características Gerais.

Nenhuma influência da matéria. Superioridade intelectual e moral absoluta com relação aos Espíritos das outras ordens.

113. *Primeira classe* — Classe única.

Os Espíritos que a compõem percorreram todos os graus da escala e se despojaram de todas as impurezas da matéria. Tendo alcançado a soma de perfeição de que é suscetível a criatura, não têm mais que sofrer provas, nem expiações. Não estando mais sujeitos à reencarnação em corpos perecíveis, realizam a vida eterna no seio de Deus.

Gozam de inalterável felicidade, porque não se acham submetidos às necessidades, nem às vicissitudes da vida material. Essa felicidade, porém, não é a *ociosidade monótona, a transcorrer em perpétua contemplação*. Eles são os mensageiros e os ministros de Deus, cujas ordens executam para manutenção da harmonia universal. Orientam todos os Espíritos que lhes são inferiores, auxiliando-os na obra de seu aperfeiçoamento, e lhes designam as suas missões. Assistir os homens nas suas aflições, inspirá-los ao bem ou à expiação das faltas que os conservem distanciados da suprema felicidade constitui, para eles, ocupação gratíssima. São designados às vezes pelos nomes de anjos, arcanjos ou serafins.

Podem os homens pôr-se em comunicação com eles, mas extremamente presunçoso seria aquele que pretendesse tê-los constantemente às suas ordens.

Progressão dos Espíritos

114. *Os Espíritos são bons ou maus por natureza, ou são eles mesmos que se melhoram?*

"São os próprios Espíritos que se melhoram e, melhorando-se, passam de uma ordem inferior para outra mais elevada."

115. *Dos Espíritos, uns terão sido criados bons e outros maus?*

"Deus criou todos os Espíritos simples e ignorantes, isto é, sem saber. A cada um deu determinada missão, com o fim de esclarecê-los e de os fazer chegar progressivamente à perfeição, pelo conhecimento da verdade, para aproximá-los de si. Nesta perfeição é que eles encontram a pura e eterna felicidade. Passando pelas provas que Deus lhes impõe é que os Espíritos adquirem aquele conhecimento. Uns aceitam submissos essas provas e chegam mais depressa à meta que lhes foi assinada. Outros só a suportam murmurando e, pela falta em que desse modo incorrem, permanecem afastados da perfeição e da prometida felicidade."

a) *Segundo o que acabais de dizer, os Espíritos, em sua origem, seriam como as crianças, ignorantes e inexperientes, só adquirindo pouco a pouco os conhecimentos de que carecem ao percorrerem as diferentes fases da vida?*

"Sim, a comparação é boa. A criança rebelde se conserva ignorante e imperfeita. Seu aproveitamento depende da sua maior ou menor docilidade. Mas, a vida do homem tem termo, ao passo que a dos Espíritos se prolonga ao infinito."

116. *Haverá Espíritos que se conservem eternamente nas ordens inferiores?*

"Não; todos se tornarão perfeitos. Mudam de ordem, mas demoradamente, porquanto, como já de outra vez dissemos, um pai justo e misericordioso não pode banir seus filhos para sempre. Pretenderias que Deus, tão grande, tão bom, tão justo, fosse pior do que vós mesmos?"

117. *Depende dos Espíritos progredirem mais ou menos rapidamente para a perfeição?*

"Certamente. Eles a alcançam mais ou menos rapidamente, conforme o desejo que têm de alcançá-la e a submissão que testemunham à vontade de Deus. Uma criança dócil não se instrui mais depressa do que outra rebelde?"

118. *Podem os Espíritos degenerar?*

"Não; à medida que avançam, compreendem o que os distanciava da perfeição. Concluindo uma prova, o Espírito fica com a ciência que daí lhe veio e não a esquece. Pode permanecer estacionário, mas não retrocede."

119. *Não podia Deus isentar os Espíritos das provas que lhes cumpre sofrer para chegarem à primeira ordem?*

"Se Deus os houvesse criado perfeitos, nenhum mérito teriam para gozar dos benefícios dessa perfeição. Onde estaria o merecimento sem a luta? Além disso, a desigualdade que entre eles existente é necessária às suas personalidades. Acresce ainda que as missões que desempenham nos diferentes graus da escala estão nos desígnios da Providência, para a harmonia do Universo."

Pois que, na vida social, todos os homens podem chegar às mais altas funções, seria o caso de perguntar-se por que o soberano de um país não faz de cada um de seus soldados um general; por que todos os empregados subalternos não são funcionários superiores; por que todos os colegiais não são mestres. Ora, entre a vida social e a espiritual há esta diferença: enquanto que a primeira é limitada e nem sempre permite que o homem suba todos os seus degraus, a segunda é indefinida e a todos oferece a possibilidade de se elevarem ao grau supremo.

120. *Todos os Espíritos passam pela fieira do mal para chegar ao bem?*
"Pela fieira do mal, não; pela fieira da ignorância."

121. *Por que alguns Espíritos seguiram o caminho do bem e outros o do mal?*
"Não têm eles o livre-arbítrio? Deus não os criou maus; criou-os simples e ignorantes, isto é, tendo tanta aptidão para o bem quanto para o mal. Os que são maus, assim se tornaram por vontade própria."

122. *Como podem os Espíritos, em sua origem, quando ainda não têm consciência de si mesmos, gozar da liberdade de escolha entre o bem e o mal? Há neles algum princípio, qualquer tendência que os encaminhe para uma senda de preferência a outra?*
"O livre-arbítrio se desenvolve à medida que o Espírito adquire a consciência de si mesmo. Já não haveria liberdade, desde que a escolha fosse determinada por uma causa independente da vontade do Espírito. A causa não está nele, está fora dele, nas influências a que cede em virtude da sua livre vontade. É o que se contém na grande figura emblemática da queda do homem e do pecado original: uns cederam à tentação, outros resistiram."

a) *De onde vêm as influências que sobre ele se exercem?*
"Dos Espíritos imperfeitos, que procuram apoderar-se dele, dominá-lo, e que rejubilam com o fazê-lo sucumbir. Foi isso o que se intentou simbolizar na figura de Satanás."

b) *Tal influência só se exerce sobre o Espírito em sua origem?*
"Acompanha-o na sua vida de Espírito, até que haja conseguido o domínio sobre si mesmo, que os maus desistem de obsidiá-lo."

123. *Por que há Deus permitido que os Espíritos possam tomar o caminho do mal?*
"Como ousais pedir a Deus contas de Seus atos? Supondes poder penetrar-lhe os desígnios? Podeis, todavia, dizer o seguinte: A sabedoria de Deus está na liberdade de escolher que Ele deixa a cada um, porquanto, assim, cada um tem o mérito de suas obras."

124. *Pois que há Espíritos que desde o princípio seguem o caminho do bem absoluto e outros o do mal absoluto, deve haver, sem dúvida, gradações entre esses dois extremos, não?*
"Sim, certamente, e os que se acham nos graus intermediários constituem a maioria."

125. *Os Espíritos que enveredaram pela senda do mal poderão chegar ao mesmo grau de superioridade que os outros?*
"Sim; mas as eternidades lhes serão mais longas."

Por estas palavras — *as eternidades* — se deve entender a ideia que os Espíritos inferiores fazem da perpetuidade de seus sofrimentos, cujo termo não lhes é dado ver, ideia que revive todas as vezes que sucumbem numa prova.

126. *Chegados ao grau supremo da perfeição, os Espíritos que andaram pelo caminho do mal têm, aos olhos de Deus, menos mérito do que os outros?*
"Deus olha de igual maneira para os que se transviaram e para os outros e a todos ama com o mesmo coração. Aqueles são chamados maus porque sucumbiram. Antes, não eram mais que simples Espíritos."

127. *Os Espíritos são criados iguais quanto às faculdades intelectuais?*
"São criados iguais, porém, não sabendo de onde vêm, preciso é que o livre-arbítrio siga seu curso. Eles progridem mais ou menos rapidamente em inteligência como em moralidade."

Os espíritos que desde o princípio seguem o caminho do bem nem por isso são Espíritos perfeitos. Não têm, é certo, maus pendores, mas precisam adquirir a experiência e os conhecimentos indispensáveis para alcançar a perfeição. Podemos compará-los a crianças que, seja qual for a bondade de seus instintos naturais, necessitam de se desenvolver e esclarecer e que não passam, sem transição, da infância à madureza. Simplesmente, assim como há homens que são bons e outros que são maus desde a infância, também há Espíritos que são bons ou maus desde a origem, com a diferença capital de que a criança tem instintos já inteiramente formados, enquanto que o Espírito, ao formar-se, não é nem bom, nem mau; tem todas as tendências e toma uma ou outra direção, por efeito do seu livre-arbítrio.

Anjos e demônios

128. *Os seres a que chamamos anjos, arcanjos e serafins formam uma categoria especial, de natureza diferente da dos outros Espíritos?*

"Não; são Espíritos puros: os que se acham no mais alto grau da escala e reúnem todas as perfeições."

A palavra *anjo* desperta geralmente a ideia de perfeição moral. Entretanto, ela se aplica muitas vezes à designação de todos os seres, bons e maus, que estão fora da Humanidade. Diz-se: o anjo bom e o anjo mau; o anjo de luz e o anjo das trevas. Neste caso, o termo é sinônimo de *Espírito* ou de *gênio*. Tomamo-lo aqui na sua melhor acepção.

129. *Os anjos percorreram todos os graus da escala?*

"Percorreram todos os graus, mas do modo que havemos dito: uns, aceitando sem murmurar suas missões, chegaram depressa; outros, gastaram mais ou menos tempo para chegar à perfeição."

130. *Sendo errônea a opinião dos que admitem a existência de seres criados perfeitos e superiores a todas as outras criaturas, como se explica que essa crença esteja na tradição de quase todos os povos?*

"Fica sabendo que o mundo onde te achas não existe de toda a eternidade e que, muito tempo antes que ele existisse, já havia Espíritos que tinham atingido o grau supremo. Acreditaram os homens que eles eram assim desde todos os tempos."

131. *Há demônios, no sentido que se dá a esta palavra?*

"Se houvesse demônios, seriam obra de Deus. Mas, porventura, Deus seria justo e bom se houvesse criado seres destinados eternamente ao mal e a permanecerem eternamente desgraçados? Se há demônios, eles se encontram no mundo inferior em que habitais e em outros semelhantes. São esses homens hipócritas que fazem de um Deus justo um Deus mau e vingativo e que julgam agradá-lo por meio das abominações que praticam em seu nome."

A palavra *demônio* não implica a ideia de Espírito mau, senão na sua acepção moderna, porquanto o termo grego *daimon*, da qual ela derivou, significa *gênio, inteligência* e se aplica aos seres incorpóreos, bons ou maus, indistintamente.

Por demônios, segundo a acepção vulgar da palavra, se entendem seres essencialmente malfazejos. Como todas as coisas, eles teriam sido criados por Deus. Ora, Deus, que é soberanamente justo e bom, não pode ter criado seres prepostos, por sua natureza, ao mal e condenados por toda a eternidade. Se não fossem obra de Deus, existiriam, como Ele, desde toda a eternidade, ou então haveria muitas potências soberanas.

A primeira condição de toda doutrina é ser lógica. Ora, à dos demônios, no sentido absoluto, falta esta base essencial. Concebe-se que povos atrasados, os quais, por desconhecerem os atributos de Deus, por admitirem em suas crenças divindades maléficas, também admitam demônios; mas é ilógico e contraditório que quem faz da bondade um dos atributos essenciais de Deus suponha haver Ele criado seres destinados ao mal e a praticá-lo perpetuamente, porque isso equivale a Lhe negar a bondade. Os partidários dos demônios se apoiam nas palavras do Cristo. Não seremos nós a contestar a autoridade de seus ensinos, que desejáramos ver mais no coração do que na boca dos homens; porém, estarão aqueles partidários certos do sentido que ele dava a esse vocábulo? Não é sabido que a forma alegórica constitui uma das características distintivas da sua linguagem? Deve-se tomar ao pé da letra tudo o que o Evangelho contém? Não precisamos de outra prova além da que nos fornecem estas passagens:

"E, logo depois da aflição daqueles dias, o Sol escurecerá, e a Lua não dará a sua luz, e as estrelas cairão do céu, e as potências dos céus serão abaladas[10]."

"Na verdade vos digo que não passará esta geração, sem que todas estas coisas aconteçam.[11]"

Não temos visto a Ciência contraditar a forma do texto bíblico, no tocante à Criação e ao movimento da Terra? Não se dará o mesmo com algumas figuras de que se serviu o Cristo, que tinha de falar de acordo com os tempos e os lugares? Não é possível que ele haja dito conscientemente uma falsidade. Assim, pois, se nas suas palavras há coisas que parecem chocar a razão, é que não as compreendemos bem, ou as interpretamos mal.

Os homens fizeram com os demônios o que fizeram com os anjos. Como acreditaram na existência de seres perfeitos desde toda a eternidade, tomaram os Espíritos inferiores por seres perpetuamente maus. Por demônios se devem entender os Espíritos impuros, que muitas vezes não valem mais do que as entidades designadas por esse nome, mas com a diferença de ser transitório o estado deles. São Espíritos imperfeitos, que se rebelam contra as provas que lhes tocam e que, por isso, as sofrem mais longamente, porém que, a seu turno, chegarão a sair daquele estado, quando o quiserem. Poderíamos, pois, aceitar o termo *demônio* com esta restrição. Como o entendem atualmente, dando-se-lhe um sentido exclusivo, induziria ao erro ao fazer crer na existência de seres especiais criados para o mal.

Satanás é evidentemente a personificação do mal sob forma alegórica, visto não se poder admitir que exista um ser mau a lutar, como de potência a potência, com a Divindade e cuja única preocupação consistisse em lhe contrariar os desígnios. Como precisa de figuras e imagens que lhe impressionem a imaginação, o homem pintou os seres incorpóreos sob uma forma material, com atributos que lembram as qualidades ou os defeitos humanos. É assim que os antigos, querendo personificar o Tempo, o pintaram com a figura de um velho munido de uma foice e uma ampulheta. Representá-lo pela figura de um mancebo fora contrassenso. O mesmo se verifica com as alegorias da fortuna, da verdade etc. Os modernos representaram os anjos, os puros Espíritos, por uma figura radiosa, de asas brancas, emblema da pureza; e Satanás com chifres, garras e os atributos da animalidade, emblema das paixões vis. A pessoa comum, que toma as coisas ao pé da letra, viu nesses emblemas individualidades reais, como vira outrora Saturno na alegoria do Tempo.

---

10 Mateus 24:29. (N. do E.)
11 Marcos 13:30. (N. do E.)

CAPÍTULO II

ENCARNAÇÃO DOS ESPÍRITOS

Objetivo da encarnação

132. *Qual é o objetivo da encarnação dos Espíritos?*

"Deus lhes impõe a encarnação com o fim de fazê-los chegar à perfeição. Para uns, é expiação; para outros, missão. Mas, para alcançarem essa perfeição, *têm que sofrer todas as vicissitudes da existência corporal*: nisso é que está a expiação. Visa ainda outro fim a encarnação: o de pôr o Espírito em condições de suportar a parte que lhe toca na obra da Criação. Para executá-la é que, em cada mundo, toma o Espírito um corpo, de harmonia com a matéria essencial desse mundo, a fim de aí cumprir as ordens de Deus. É assim que, concorrendo para a obra geral, ele próprio se adianta."

A ação dos seres corpóreos é necessária à marcha do Universo. Deus, porém, na Sua sabedoria, quis que nessa mesma ação eles encontrassem um meio de progredir e de se aproximar d'Ele. Deste modo, por uma admirável lei da Providência, tudo se encadeia, tudo é solidário na Natureza.

133. *Têm necessidade de encarnação os Espíritos que, desde o princípio, seguiram o caminho do bem?*

"Todos são criados simples e ignorantes e se instruem nas lutas e tribulações da vida corporal. Deus, que é justo, não podia fazer felizes a uns, sem fadigas e trabalhos, por conseguinte, sem mérito."

a) *Mas, então, de que serve aos Espíritos terem seguido o caminho do bem, se isso não os isenta dos sofrimentos da vida corporal?*

"Chegam mais depressa ao fim. Além disso, as aflições da vida são muitas vezes a consequência da imperfeição do Espírito. Quanto menos imperfeições, tanto menos tormentos. Aquele que não é invejoso, nem ciumento, nem avaro, nem ambicioso, não sofrerá as torturas que se originam desses defeitos."

A alma

134. *O que é a alma?*
"Um Espírito encarnado."
a) *O que era a alma antes de se unir ao corpo?*
"Um Espírito."
b) *As almas e os Espíritos são, portanto, idênticos, a mesma coisa?*
"Sim, as almas não são senão os Espíritos. Antes de se unir ao corpo, a alma é um dos seres inteligentes que povoam o mundo invisível, os quais temporariamente revestem um invólucro carnal para se purificarem e esclarecerem."

135. *Há no homem alguma outra coisa além da alma e do corpo?*
"Há o laço que liga a alma ao corpo."
a) *De que natureza é esse laço?*
"Semimaterial, isto é, de natureza intermédia entre o Espírito e o corpo. É preciso que seja assim para que os dois se possam comunicar um com o outro. Por meio desse laço é que o Espírito atua sobre a matéria e reciprocamente."

O homem é, portanto, formado de três partes essenciais:

1º – o corpo ou ser material, análogo ao dos animais e animado pelo mesmo princípio vital;

2º – a alma, Espírito encarnado que tem no corpo a sua habitação;

3º – o princípio intermediário, ou *perispírito*, substância semimaterial que serve de primeiro envoltório ao Espírito e liga a alma ao corpo. Tais, num fruto, o gérmen, o perisperma e a casca.

136. *A alma independe do princípio vital?*
"O corpo não é mais do que envoltório, repetimo-lo constantemente."
a) *Pode o corpo existir sem a alma?*
"Sim, entretanto, desde que cessa a vida do corpo, a alma o abandona. Antes do nascimento, ainda não há união definitiva entre a alma e o corpo; enquanto que, depois dessa união se haver estabelecido, a morte do corpo rompe os laços que o prendem à alma e esta o abandona. A vida orgânica pode animar um corpo sem alma, mas a alma não pode habitar um corpo privado de vida orgânica."
b) *Que seria o nosso corpo, se não tivesse alma?*
"Uma simples massa de carne sem inteligência, tudo o que quiserdes, exceto um homem.

137. *Um Espírito pode encarnar a um tempo em dois corpos diferentes?*
"Não, o Espírito é indivisível e não pode animar simultaneamente dois seres distintos."

138. *Que se deve pensar da opinião dos que consideram a alma o princípio da vida material?*
"É uma questão de palavras, com que nada temos. Começai por vos entenderdes mutuamente."

139. *Alguns Espíritos e, antes deles, alguns filósofos definiram a alma como sendo: "uma centelha anímica emanada do grande Todo". Por que essa contradição?*

"Não há contradição. Tudo depende do sentido das palavras. Por que não tendes uma palavra para cada coisa?"

O termo *alma* se emprega para exprimir coisas muito diferentes. Uns chamam alma ao princípio da vida e, nesse sentido, se pode com acerto dizer, *figuradamente*, que a alma é uma centelha anímica emanada do Grande Todo. Estas últimas palavras indicam a fonte universal do princípio vital de que cada ser absorve uma porção e que, após a morte, volta à massa de onde saiu. Essa ideia de nenhum modo exclui a de um ser moral, distinto, independente da matéria e que conserva sua individualidade. A esse ser, igualmente, se dá o nome de alma e nesta acepção é que se pode dizer que a alma é um Espírito encarnado. Dando da alma definições diversas, os Espíritos falaram de acordo com o modo por que aplicavam a palavra e com as ideias terrenas de que ainda estavam mais ou menos imbuídos. Isto resulta da deficiência da linguagem humana, que não dispõe de uma palavra para cada ideia, de onde surge uma imensidade de equívocos e discussões. Eis por que os Espíritos Superiores nos dizem que primeiro nos entendamos acerca das palavras."[12]

140. *Que se deve pensar da teoria da alma subdividida em tantas partes quantos são os músculos e presidindo assim a cada uma das funções do corpo?*

"Ainda isto depende do sentido que se empreste à palavra *alma*. Se se entende por alma o fluido vital, essa teoria tem razão de ser; se se entende por alma o Espírito encarnado, é errônea. Já dissemos que o Espírito é indivisível. Ele imprime movimento aos órgãos, servindo-se do fluido intermediário, sem que para isso se divida."

a) *Entretanto, alguns Espíritos deram essa definição.*

"Os Espíritos ignorantes podem tomar o efeito pela causa."

A alma atua por intermédio dos órgãos e os órgãos são animados pelo fluido vital, que por eles se reparte, existindo em maior abundância nos que são centros ou focos de atividade. Esta explicação, porém, não procede, desde que se considere a alma como sendo o Espírito que habita o corpo durante a vida e o deixa por ocasião da morte.

141. *Há alguma coisa de verdadeiro na opinião dos que pensam que a alma é exterior ao corpo e o envolve?*

"A alma não se acha encerrada no corpo, qual pássaro numa gaiola. Irradia e se manifesta exteriormente, como a luz através de um globo de vidro, ou como o som em torno de um centro de sonoridade. Neste sentido se pode dizer que ela é exterior, sem que por isso constitua o envoltório do corpo. A alma tem dois invólucros. Um, sutil e leve: é o primeiro, ao qual chamas *perispírito*, outro, grosseiro, material e pesado, o corpo. A alma é o centro de todos os envoltórios, como o germe em um núcleo, já o temos dito."

142. *Que dizeis dessa outra teoria segundo a qual a alma, numa criança, se vai completando a cada período da vida?*

"O Espírito é uno e está todo na criança, como no adulto. Os órgãos, ou instrumentos das manifestações da alma, é que se desenvolvem e completam. Ainda aí tomam o efeito pela causa."

---

[12] Ver, na Introdução, a explicação sobre o termo alma, § II.

143. Por que todos os Espíritos não definem do mesmo modo a alma?

"Os Espíritos não se acham todos esclarecidos igualmente sobre estes assuntos. Há Espíritos de inteligência ainda limitada, que não compreendem as coisas abstratas. São como as crianças entre vós. Também há Espíritos pseudossábios, que fazem alarde de palavras, para se imporem, ainda como sucede entre vós. Depois, os próprios Espíritos esclarecidos podem exprimir-se em termos diferentes, cujo valor, entretanto, é, substancialmente, o mesmo, sobretudo quando se trata de coisas que a vossa linguagem se mostra impotente para traduzir com clareza. Recorrem então a figuras, a comparações, que tomais como realidade."

144. Que se deve entender por alma do mundo?

"O princípio universal da vida e da inteligência, do qual nascem as individualidades. Mas, os que se servem dessa expressão não se compreendem, as mais das vezes, uns aos outros. O termo *alma* é tão elástico que cada um o interpreta ao sabor de suas fantasias. Também à Terra hão atribuído uma alma. Por alma da Terra se deve entender o conjunto dos Espíritos abnegados, que dirigem para o bem as vossas ações, quando os escutais, e que, de certo modo, são os lugares-tenentes de Deus com relação ao vosso planeta."

145. *Como se explica que tantos filósofos antigos e modernos, durante tão longo tempo, hajam discutido sobre a ciência psicológica e não tenham chegado ao conhecimento da verdade?*

"Esses homens eram precursores da eterna Doutrina Espírita. Prepararam os caminhos. Eram homens e, como tais, se enganaram, tomando suas próprias ideias pela luz. No entanto, mesmo os seus erros servem para realçar a verdade, mostrando o pró e o contra. Além disso, entre esses erros se encontram grandes verdades que um estudo comparativo torna compreensíveis."

146. *A alma tem, no corpo, sede determinada e circunscrita?*

"Não; porém, nos grandes gênios, em todos os que pensam muito, ela reside mais particularmente na cabeça, ao passo que ocupa principalmente o coração naqueles que muito sentem e cujas ações têm todas por objeto a Humanidade."

a) *Que se deve pensar da opinião dos que situam a alma num centro vital?*

"Quer isso dizer que o Espírito habita de preferência essa parte do vosso organismo, por ser aí o ponto de convergência de todas as sensações. Os que a situam no que consideram o centro da vitalidade, esses a confundem com o fluido ou princípio vital. Pode, todavia, dizer-se que a sede da alma se encontra especialmente nos órgãos que servem para as manifestações intelectuais e morais."

Materialismo

147. *Por que os anatomistas, os fisiologistas e, em geral, os que aprofundam a Ciência da Natureza, são, com tanta frequência, levados ao materialismo?*

"O fisiologista refere tudo o que vê. Orgulho dos homens, que julgam saber tudo e não admitem haver coisa alguma que lhes esteja acima do entendimento. A própria ciência que cultivam os enche de presunção. Pensam que a Natureza nada lhes pode conservar oculto."

148. *Não é de lastimar que o materialismo seja uma consequência de estudos que deveriam, contrariamente, mostrar ao homem a superioridade da inteligência que governa o mundo? Deve-se daí concluir que são perigosos?*

"Não é exato que o materialismo seja uma consequência desses estudos. O homem é que deles tira uma consequência falsa, pela razão de lhe ser dado abusar de tudo, mesmo das melhores coisas. Acresce que o *nada* os amedronta mais do que eles quereriam que parecesse, e os espíritos fortes, quase sempre, são antes fanfarrões do que bravos. Na sua maioria, só são materialistas porque não têm com que encher o vazio do abismo que diante deles se abre. Mostrai-lhes uma âncora da salvação e a ela se agarrarão pressurosamente."

Por uma aberração da inteligência, pessoas há que só veem nos seres orgânicos a ação da matéria e a esta atribuem todos os nossos atos. No corpo humano apenas veem a máquina elétrica; somente pelo funcionamento dos órgãos estudaram o mecanismo da vida, cuja repetida extinção observaram, por efeito da ruptura de um fio, e nada mais enxergaram além desse fio. Procuraram saber se alguma coisa restava e, como nada acharam senão matéria, que se tornara inerte, como não viram a alma escapar-se, como não a puderam apanhar, concluíram que tudo se continha nas propriedades da matéria e que, portanto, à morte se seguia a aniquilação do pensamento. Triste consequência, se fora real, porque então o bem e o mal nada significariam, o homem teria razão para só pensar em si e para colocar acima de tudo a satisfação de seus apetites materiais; quebrados estariam os laços sociais e as mais santas afeições se romperiam para sempre. Felizmente, longe estão de ser gerais semelhantes ideias, que se podem mesmo ter por muito circunscritas, constituindo apenas opiniões individuais, pois que em parte alguma ainda formaram doutrina. Uma sociedade que se fundasse sobre tais bases traria em si o germe de sua dissolução e seus membros se entredevorariam como animais ferozes.

O homem tem, instintivamente, a convicção de que nem tudo se lhe acaba com a vida. O nada lhe infunde horror. É em vão que se obstina contra a ideia da vida futura. Ao soar o momento supremo, poucos são os que não inquirem do que vai ser deles, porque a ideia de deixar a vida para sempre algo oferece de pungente. Quem, de fato, poderia encarar com indiferença uma separação absoluta, eterna, de tudo o que foi objeto de seu amor? Quem poderia ver, sem terror, abrir-se diante si o imensurável abismo do nada, onde se sepultassem para sempre todas as suas faculdades, todas as suas esperanças, e dizer a si mesmo: Pois que! depois de mim, nada, nada mais, senão o vácuo, tudo definitivamente acabado; mais alguns dias e a minha lembrança se terá acabado; mais alguns dias e a minha lembrança se terá apagado da memória dos que me sobreviverem; nenhum vestígio dentro em pouco, restará da minha passagem pela Terra; até mesmo o bem que fiz será esquecido pelos ingratos a quem beneficiei. E nada, para compensar tudo isto, nenhuma outra perspectiva, além da do meu corpo roído pelos vermes!

Não tem este quadro alguma coisa de horrível, de glacial? A religião ensina que não pode ser assim e a razão no-lo confirma. Mas, uma existência futura, vaga e indefinida não apresenta o que satisfaça ao nosso desejo do positivo. Essa é, em muitos, a origem da dúvida. Possuímos alma, está bem; mas, que é a nossa alma? Tem forma, uma aparência qualquer?

É um ser limitado, ou indefinido? Dizem alguns que é um sopro de Deus, outros uma centelha, outros uma parcela do Grande Todo, o princípio da vida e da inteligência. Que é, porém, o que de tudo isto ficamos sabendo? Que nos importa ter uma alma, se, extinguindo-se-nos a vida, ela desaparece na imensidade, como as gotas d'água no Oceano? A perda da nossa individualidade não equivale, para nós, ao nada? Diz-se também que a alma é imaterial. Ora, uma coisa imaterial carece de proporções determinadas. Desde então, nada é, para nós. A religião ainda nos ensina que seremos felizes ou desgraçados, conforme o bem ou o mal que houvermos feito. Que vem a ser, porém, essa felicidade que nos aguarda no seio de Deus? Será uma beatitude, uma contemplação eterna, sem outra ocupação mais do que entoar louvores ao Criador? As chamas do inferno serão uma realidade ou um símbolo? A própria Igreja lhes dá esta última significação; mas, então, que são aqueles sofrimentos? Onde está esse lugar do suplício? Numa palavra, que é o que se faz, que é o que se vê, nesse outro mundo que a todos nos espera? Dizem que ninguém jamais voltou de lá para nos dar informações.

É erro dizê-lo e a missão do Espiritismo consiste precisamente em nos esclarecer acerca desse futuro, em fazer com que, até certo ponto, o toquemos com o dedo e o penetremos com o olhar, não mais pelo raciocínio somente, porém, pelos fatos. Graças às comunicações espíritas, não se trata mais de uma simples presunção, de uma probabilidade sobre a qual cada um conjeture à vontade, que os poetas embelezem com suas ficções, ou cumulem de enganadoras imagens alegóricas. É a realidade que nos aparece, pois que são os próprios seres de além-túmulo que nos vêm escrever a situação em que se acham, relatar o que fazem, facultando-nos assistir, por assim dizer, a todas as peripécias da nova vida que lá vivem e mostrando-nos, por esse meio, a sorte inevitável que nos está reservada, de acordo com os nossos méritos e deméritos. Haverá nisso alguma coisa de antirreligioso? Muito ao contrário, porquanto os incrédulos encontram aí a fé e os tíbios a renovação do fervor e da confiança. O Espiritismo é, pois, o mais potente auxiliar da religião. Se ele aí está, é porque Deus o permite e o permite para que as nossas vacilantes esperanças se revigorem e para que sejamos reconduzidos à senda do bem pela perspectiva do futuro.

CAPÍTULO III

VOLTA DO ESPÍRITO, EXTINTA A VIDA CORPÓREA, À VIDA ESPIRITUAL

A alma após a morte

149. *Que sucede à alma no instante da morte?*

"Volta a ser Espírito, isto é, volve ao mundo dos Espíritos, de onde se apartara momentaneamente."

150. *A alma, após a morte, conserva a sua individualidade?*

"Sim; jamais a perde. Que seria ela, se não a conservasse?"

a) *Como comprova a alma a sua individualidade, uma vez que não tem mais corpo material?*

"Continua a ter um fluido que lhe é próprio, extraído na atmosfera do seu planeta, e que guarda a aparência de sua última encarnação: seu perispírito."

b) *A alma nada leva consigo deste mundo?*

"Nada, a não ser a lembrança e o desejo de ir para um mundo melhor, lembrança cheia de doçura ou de amargor, conforme o uso que ela fez da vida. Quanto mais pura for, melhor compreenderá a futilidade do que deixa na Terra."

151. *Que pensar da opinião dos que dizem que após a morte a alma retorna ao todo universal?*

"O conjunto dos Espíritos não forma um todo? Não constitui um mundo completo? Quando estás numa assembleia, és parte integrante dela; mas, não obstante, conservas sempre a tua individualidade."

152. *Que prova podemos ter da individualidade da alma depois da morte?*
"Não tendes essa prova nas comunicações que recebeis? Se não fôsseis cegos, veríeis; se não fôsseis surdos, ouviríeis; pois que muito frequentemente uma voz vos fala, reveladora da existência de um ser que está fora de vós."

Os que pensam que, pela morte, a alma reingressa no todo universal estão em erro, se supõem que, semelhante à gota d'água que cai no oceano, ela perde ali a sua individualidade. Estão certos, se por todo *universal* entendem o conjunto dos seres incorpóreos, conjunto de que cada alma ou Espírito é um elemento.

Se as almas se confundissem num amálgama só teriam as qualidades do conjunto, nada as distinguiria uma das outras. Careceriam de inteligência e de qualidades pessoais quando, ao contrário, em todas as comunicações, denotam ter consciência do seu *eu* e vontade própria. A diversidade infinita que apresentam, sob todos os aspectos, é a consequência mesma de constituírem individualidades diversas. Se, após a morte, só houvesse o que se chama o Grande Todo, a absorver todas as individualidades, esse Todo seria uniforme e, então, as comunicações que se recebessem do mundo invisível seriam idênticas. Desde que, porém, lá se nos deparam seres bons e maus, sábios e ignorantes, felizes e desgraçados; que lá os há de todas as características: alegres e tristes, levianos e ponderados etc., patente se faz que eles são seres distintos. A individualidade ainda mais evidente se torna quando esses seres provam a sua identidade por indicações incontestáveis, particularidades individuais verificáveis, referentes às suas vidas terrestres. Também não pode ser posta em dúvida, quando se fazem visíveis nas aparições. A individualidade da alma nos era ensinada em teoria, como artigo de fé. O Espiritismo a torna manifesta e, de certo modo, material.

153. *Em que sentido se deve entender a vida eterna?*
"A vida do Espírito é que é eterna; a do corpo é transitória e passageira. Quando o corpo morre, a alma retoma a vida eterna."

a) *Não seria mais exato chamar vida eterna à dos Espíritos puros, dos que, tendo atingido a perfeição, não estão sujeitos a sofrer mais prova alguma?*

"Essa é antes a felicidade eterna. Mas isto constitui uma questão de palavras. Chamai as coisas como quiserdes, contanto que vos entendais."

Separação da alma e do corpo

154. *É dolorosa a separação da alma e do corpo?*
"Não; o corpo quase sempre sofre mais durante a vida do que no momento da morte; a alma nenhuma parte toma nisso. Os sofrimentos que algumas vezes se experimentam no instante da morte são um gozo para o Espírito, que vê chegar o termo do seu exílio."

Na morte natural, a que sobrevém pelo esgotamento dos órgãos, em consequência da idade, o homem deixa a vida sem o perceber: é uma lâmpada que se apaga por falta de óleo.

155. *Como se opera a separação da alma e do corpo?*
"Rompidos os laços que a retinham, ela se desprende."

a) *A separação se dá instantaneamente por brusca transição? Haverá alguma linha de demarcação nitidamente traçada entre a vida e a morte?*

"Não; a alma se desprende gradualmente, não se escapa como um pássaro cativo a que se restitua subitamente a liberdade. Aqueles dois estados se tocam e confundem, de sorte que o Espírito se solta pouco a pouco dos laços que o prendiam. *Estes laços se desatam, não se quebram*."

Durante a vida, o Espírito se acha preso ao corpo pelo seu envoltório semimaterial ou perispírito. A morte é a destruição do corpo, somente, não a desse outro invólucro, que do corpo se separa quando cessa neste a vida orgânica. A observação demonstra que, no instante da morte, o desprendimento do perispírito não se completa subitamente; que, ao contrário, se opera gradualmente e com uma lentidão muito variável conforme os indivíduos. Em uns é bastante rápido, podendo dizer-se que o momento da morte é mais ou menos o da libertação. Em outros, naqueles sobretudo cuja vida toda foi *material e sensual*, o desprendimento é muito menos rápido, durando algumas vezes dias, semanas e até meses, o que não implica existir, no corpo, a menor vitalidade, nem a possibilidade de volver à vida, mas uma simples afinidade com o Espírito, afinidade que guarda sempre proporção com a preponderância que, durante a vida, o Espírito deu à matéria. É, com efeito, racional conceber-se que, quanto mais o Espírito se haja identificado com a matéria, tanto mais penoso lhe seja separar-se dela; ao passo que a atividade intelectual e moral, a elevação dos pensamentos operam um começo de desprendimento, mesmo durante a vida do corpo, de modo que, em chegando a morte, ele é quase instantâneo. Tal o resultado dos estudos feitos em todos os indivíduos que se têm podido observar por ocasião da morte. Essas observações ainda provam que a afinidade que persiste entre a alma e o corpo, em certos indivíduos, é, às vezes, muito penosa, porquanto o Espírito pode experimentar o horror da decomposição. Este caso, porém, é excepcional e peculiar a certos gêneros de vida e a certos gêneros de morte. Verifica-se com alguns suicidas.

156. *A separação definitiva da alma e do corpo pode ocorrer antes da cessação completa da vida orgânica?*

"Na agonia, a alma, algumas vezes, já tem deixado o corpo; nada mais há que a vida orgânica. O homem já não tem consciência de si mesmo; entretanto, ainda lhe resta um sopro de vida orgânica. O corpo é a máquina que o coração põe em movimento. Existe, enquanto o coração faz circular nas veias o sangue, para o que não necessita da alma."

157. *No momento da morte, a alma sente, alguma vez, qualquer aspiração ou êxtase que lhe faça entrever o mundo onde vai de novo entrar?*

"Muitas vezes a alma sente que se desfazem os laços que a prendem ao corpo. Entrega então todos os esforços para desfazê-los inteiramente. Já em parte desprendida da matéria, vê o futuro desdobrar-se diante de si e goza, por antecipação, do estado de Espírito."

158. *O exemplo da lagarta que, primeiro, anda de rastros pela terra, depois se encerra na sua crisálida em estado de morte aparente, para enfim renascer com uma existência brilhante, pode dar-nos ideia da vida terrestre, do túmulo e, finalmente, da nossa nova existência?*

"Uma ideia acanhada. A imagem é boa; todavia, é necessário que não seja tomada ao pé da letra, como frequentemente vos sucede."

159. *Que sensação experimenta a alma no momento em que reconhece estar no mundo dos Espíritos?*

"Depende. Se praticasse o mal, impelido pelo desejo de o praticar, no primeiro momento te sentirás envergonhado de o haveres praticado. Com a alma do justo as coisas se passam de modo bem diferente. Ela se sente como que aliviada de grande peso, pois que não teme nenhum olhar perscrutador."

160. *O Espírito se encontra imediatamente com os que conheceu na Terra e que morreram antes dele?*

"Sim, conforme a afeição que lhes votava e a que eles lhe consagravam. Muitas vezes aqueles seus conhecidos o vêm receber à entrada do mundo dos Espíritos e o *ajudam a desligar-se das faixas da matéria*. Encontra-se também com muitos dos que conheceu e perdeu de vista durante a sua vida terrena. Vê os que estão na erraticidade, como vê os encarnados e os vai visitar."

161. *Em caso de morte violenta e acidental, quando os órgãos ainda se não enfraqueceram em consequência da idade ou das moléstias, a separação da alma e a cessação da vida ocorrem simultaneamente?*

"Geralmente assim é; mas, em todos os casos, muito breve é o instante que medeia entre uma e outra."

162. *Após a decapitação, por exemplo, conserva o homem por alguns instantes a consciência de si mesmo?*

"Não raro a conserva durante alguns minutos, até que a vida orgânica se tenha extinguido completamente. Mas, também, quase sempre a apreensão da morte lhe faz perder aquela consciência antes do momento do suplício."

Trata-se aqui da consciência que o supliciado pode ter de si mesmo, como homem e por intermédio dos órgãos, e não como Espírito. Se não perdeu essa consciência antes do suplício, pode conservá-la por alguns breves instantes. Ela, porém, cessa necessariamente com a vida orgânica do cérebro, o que não quer dizer que o perispírito esteja inteiramente separado do corpo. Ao contrário: em todos os casos de morte violenta, quando a morte não resulta da extinção gradual das forças vitais, mais *tenazes* são os laços que prendem o corpo ao perispírito e, portanto, mais lento o desprendimento completo.

Perturbação espiritual

163. *A alma tem consciência de si mesma imediatamente depois de deixar o corpo?*

"Imediatamente não é bem o termo. A alma passa algum tempo em estado de perturbação."

164. *A perturbação que se segue à separação da alma e do corpo é do mesmo grau e da mesma duração para todos os Espíritos?*

"Não; depende da elevação de cada um. Aquele que já está purificado, se reconhece quase imediatamente, pois que se libertou da matéria antes que cessasse a vida do corpo, enquanto que o homem carnal, aquele cuja consciência ainda não está pura, guarda por muito mais tempo a impressão da matéria."

165. *O conhecimento do Espiritismo exerce alguma influência sobre a duração, mais ou menos longa, da perturbação?*

"Influência muito grande, por isso que o Espírito já antecipadamente compreendia a sua situação. Mas a prática do bem e a consciência pura são o que maior influência exercem."

Por ocasião da morte, tudo, a princípio, é confuso. De algum tempo precisa a alma para entrar no conhecimento de si mesma. Ela se acha como que aturdida, no estado de uma pessoa que despertou de profundo sono e procura orientar-se sobre a sua situação. A lucidez das ideias e a memória do passado lhe voltam, à medida que se apaga a influência da matéria que ela acaba de abandonar, e à medida que se dissipa a espécie de névoa que lhe obscurece os pensamentos.

Muito variável é o tempo que dura a perturbação que se segue à morte. Pode ser de algumas horas, como também de muitos meses e até de muitos anos. Aqueles que, desde quando ainda viviam na Terra, se identificaram com o estado futuro que os aguardava, são os em quem menos longa ela é, porque esses compreendem imediatamente a posição em que se encontram.

Aquela perturbação apresenta circunstâncias especiais, de acordo com as características dos indivíduos e, principalmente, com o gênero de morte. Nos casos de morte violenta, por suicídio, suplício, acidente, apoplexia, ferimentos etc., o Espírito fica surpreendido, espantado e não acredita estar morto. Obstinadamente sustenta que não o está. No entanto, vê o seu próprio corpo, reconhece que esse corpo é seu, mas não compreende que se ache separado dele. Acerca-se das pessoas a quem estima, fala-lhes e não percebe por que elas não o ouvem. Semelhante ilusão se prolonga até o completo desprendimento do perispírito. Só então o Espírito se reconhece como tal e compreende que não pertence mais ao número dos vivos. Este fenômeno se explica facilmente. Surpreendido de improviso pela morte, o Espírito fica atordoado com a brusca mudança que nele se operou; considera ainda a morte como sinônimo de destruição, de aniquilamento. Ora, porque pensa, vê, ouve, tem a sensação de não estar morto. Mais lhe aumenta a ilusão o fato de se ver com um corpo semelhante, na forma, ao precedente, mas cuja natureza etérea ainda não teve tempo de estudar. Julga-o sólido e compacto como o primeiro e, quando se lhe chama a atenção para esse ponto, admira-se de não poder palpá-lo. Esse fenômeno é análogo ao que ocorre com alguns sonâmbulos inexperientes, que não creem dormir. É que têm sono por sinônimo de suspensão das faculdades. Ora, como pensam livremente e veem, julgam naturalmente que não dormem. Certos Espíritos revelam essa particularidade, se bem que a morte não lhes tenha sobrevindo inopinadamente. Todavia, sempre mais generalizada se apresenta entre os que, embora doentes, não pensavam em morrer. Observa-se então o singular espetáculo de um Espírito assistir ao seu próprio enterro como se fora o de um estranho, falando desse ato como de coisa que lhe não diz respeito, até ao momento em que compreende a verdade.

A perturbação que se segue à morte nada tem de penosa para o homem de bem, que se conserva calmo, semelhante em tudo a quem acompanha as fases de um tranquilo despertar. Para aquele cuja consciência ainda não está pura, a perturbação é cheia de ansiedade e de angústias, que aumentam à proporção que ele da sua situação se compenetra.

Nos casos de morte coletiva, tem sido observado que todos os que perecem ao mesmo tempo nem sempre tornam a ver-se logo. Presas da perturbação que se segue à morte, cada um vai para seu lado, ou só se preocupa com os que lhe interessam.

CAPÍTULO IV

PLURALIDADE DAS EXISTÊNCIAS

A reencarnação

166. *Como pode a alma, que não alcançou a perfeição durante a vida corpórea, acabar de depurar-se?*

"Sofrendo a prova de uma nova existência."

a) *Como realiza essa nova existência? Será pela sua transformação como Espírito?*

"Depurando-se, a alma indubitavelmente experimenta uma transformação, mas para isso necessária lhe é a prova da vida corporal."

b) *A alma passa então por muitas existências corporais?*

"Sim, todos contamos muitas existências. Os que dizem o contrário pretendem manter-vos na ignorância em que eles próprios se encontram. Esse é o desejo deles."

c) *Parece resultar desse princípio que a alma, depois de haver deixado um corpo, toma outro, ou, então, que reencarna em novo corpo. E assim que se deve entender?*

"Evidentemente."

167. *Qual é o fim objetivado com a reencarnação?*

"Expiação, melhoramento progressivo da Humanidade. Sem isto, onde estaria a justiça?"

168. *É limitado o número das existências corporais, ou o Espírito reencarna perpetuamente?*

"A cada nova existência, o Espírito dá um passo adiante na senda do progresso. Desde que se ache limpo de todas as impurezas, não tem mais necessidade das provas da vida corporal."

169. *É invariável o número das encarnações para todos os Espíritos?*

"Não; aquele que caminha depressa, a muitas provas se forra. Todavia, as encarnações sucessivas são sempre muito numerosas, porquanto o progresso é quase infinito."

170. *O que fica sendo o Espírito depois da sua última encarnação?*

"Espírito bem-aventurado; puro Espírito."

Justiça da reencarnação

171. *Em que se funda o dogma da reencarnação?*

"Na justiça de Deus e na revelação, pois incessantemente repetimos: o bom pai deixa sempre aberta a seus filhos uma porta para o arrependimento. Não te diz a razão que seria injusto privar para sempre da felicidade eterna todos aqueles de quem não dependeram de si mesmos para melhorarem-se? Não são filhos de Deus todos os homens? Só entre os egoístas se encontram a iniquidade, o ódio implacável e os castigos sem remissão."

Todos os Espíritos tendem para a perfeição e Deus lhes faculta os meios de alcançá-la, proporcionando-lhes as provações da vida corporal. Sua justiça, porém, lhes concede realizar, em novas existências, *o que não puderam fazer ou concluir numa primeira prova.*

Não obraria Deus com equidade, nem de acordo com a Sua bondade, se condenasse para sempre os que talvez hajam encontrado, oriundos do próprio meio onde foram colocados e alheios à vontade que os animava, obstáculos ao seu melhoramento. Se a sorte do homem se fixasse irrevogavelmente depois da morte, não seria uma única a balança em que Deus pesa as ações de todas as criaturas e não haveria imparcialidade no tratamento que a todas dispensa.

A doutrina da reencarnação, isto é, a que consiste em admitir para o Espírito muitas existências sucessivas, é a única que corresponde à ideia que formamos da justiça de Deus para com os homens que se acham em condição moral inferior; a única que pode explicar o futuro e firmar as nossas esperanças, pois que nos oferece os meios de resgatarmos os nossos erros por novas provações. A razão no-la indica e os Espíritos a ensinam.

O homem, que tem consciência da sua inferioridade, extrai consoladora esperança na doutrina da reencarnação. Se crê na justiça de Deus, não pode contar que venha a achar-se, para sempre, em pé de igualdade com os que mais fizeram do que ele. Sustém-no, porém, e lhe reanima a coragem a ideia de que aquela inferioridade não o deserda eternamente do supremo bem e que, mediante novos esforços, dado lhe será conquistá-lo. Quem é que, ao cabo da sua carreira, não deplora haver tão tarde ganho uma experiência de que já não mais pode tirar proveito? Entretanto, essa experiência tardia não fica perdida; o Espírito a utilizará em nova existência.

Encarnação nos diferentes mundos

172. *As nossas diversas existências corporais se verificam todas na Terra?*

"Não; vivemo-las em diferentes mundos. As que aqui passamos não são as primeiras, nem as últimas; são, porém, das mais materiais e das mais distantes da perfeição."

173. *A cada nova existência corporal a alma passa de um mundo para o outro, ou pode ter muitas no mesmo globo?*

"Pode viver muitas vezes no mesmo globo, se não se adiantou bastante para passar a um mundo superior."

a) *Podemos então reaparecer muitas vezes na Terra?*

"Certamente."

b) *Podemos voltar a este, depois de termos vivido em outros mundos?*

"Sem dúvida. É possível que já tenhais vivido em outros mundos e na Terra."

174. *Tornar a viver na Terra constitui uma necessidade?*

"Não; mas, se não progredistes, podereis ir para outro mundo que não valha mais do que a Terra e que talvez até seja pior do que ela."

175. *Haverá alguma vantagem em voltar-se a habitar a Terra?*

"Nenhuma vantagem particular, a menos que seja em missão, caso em que se progride aí como em qualquer planeta."

a) *Não se seria mais feliz permanecendo na condição de Espírito?*

"Não, não; estacionar-se-ia e o que se quer é caminhar para Deus."

176. *Depois de haverem encarnado em outros mundos, podem os Espíritos encarnar neste, sem que jamais aqui tenham estado?*

"Sim, do mesmo modo que vós em outros. *Todos os mundos são solidários*: o que não se faz num faz-se no outro."

a) *Assim, homens há que estão na Terra pela primeira vez?*

"Muitos, e em graus diversos de adiantamento."

b) *Pode-se reconhecer, por um indício qualquer, que um Espírito está pela primeira vez na Terra?*

"Nenhuma utilidade teria isso."

177. *Para chegar à perfeição e à suprema felicidade, destino final de todos os homens, tem o Espírito que passar pela fieira de todos os mundos existentes no Universo?*

"Não, porquanto muitos são os mundos correspondentes a cada grau da respectiva escala e o Espírito, saindo de um deles, nenhuma coisa nova aprenderia nos outros do mesmo grau."

a) *Como se explica então a pluralidade de suas existências em um mesmo globo?*

"De cada vez poderá ocupar posição diferente das anteriores e nessas diversas posições se lhe deparam outras tantas ocasiões de adquirir experiência."

178. *Podem os Espíritos encarnar em um mundo relativamente inferior a outro onde já viveram?*

"Sim, quando em missão, com o objetivo de auxiliarem o progresso, caso em que aceitam alegres as tribulações de tal existência, por lhes proporcionar meio de se adiantarem."

a) *Mas, não pode dar-se também por expiação? Não pode Deus degredar para mundos inferiores Espíritos rebeldes?*

"Os Espíritos podem conservar-se estacionários, mas não retrocedem. Em caso de estacionamento, a punição deles consiste em não avançarem, em recomeçarem, no meio conveniente à sua natureza, as existências mal empregadas."

b) *Quais os que têm de recomeçar a mesma existência?*

"Os que faliram em suas missões ou em suas provas."

179. *Os seres que habitam cada mundo hão todos alcançado o mesmo nível de perfeição?*

"Não; dá-se em cada um o que ocorre na Terra: uns Espíritos são mais adiantados do que outros."

180. *Passando deste planeta para outro, conserva o Espírito a inteligência que aqui tinha?*

"Sem dúvida; a inteligência não se perde. Pode, porém, acontecer que ele não disponha dos mesmos meios para manifestá-la, dependendo isto da sua superioridade e das condições do corpo que tomar."

181. Os seres que habitam os diferentes mundos têm corpos semelhantes aos nossos?
"É fora de dúvida que têm corpos, porque o Espírito precisa estar revestido de matéria para atuar sobre a matéria. Esse envoltório, porém, é mais ou menos material, conforme o grau de pureza a que chegaram os Espíritos. É isso o que assinala a diferença entre os mundos que temos de percorrer, porquanto muitas moradas há na casa de nosso Pai, sendo, por conseguinte, de muitos graus essas moradas. Alguns o sabem e desse fato têm consciência na Terra; com outros, no entanto, o mesmo não se dá."

182. É-nos possível conhecer exatamente o estado físico e moral dos diferentes mundos?
"Nós, Espíritos, só podemos responder de acordo com o grau de adiantamento em que vos achais. Quer dizer que não devemos revelar estas coisas a todos, porque nem todos estão em estado de compreendê-las e *semelhante revelação os perturbaria*."

À medida que o Espírito se purifica, o corpo que o reveste se aproxima igualmente da natureza espírita. Torna-se-lhe menos densa a matéria, deixa de rastejar penosamente pela superfície do solo, menos grosseiras se lhe fazem as necessidades físicas, não mais sendo preciso que os seres vivos se destruam mutuamente para se nutrirem. O Espírito se acha mais livre e tem, das coisas longínquas, percepções que desconhecemos. Vê com os olhos do corpo o que só pelo pensamento entrevemos.

Da purificação do Espírito decorre o aperfeiçoamento moral, para os seres que eles constituem quando encarnados. As paixões animais se enfraquecem e o egoísmo cede lugar ao sentimento da fraternidade. Assim é que, nos mundos superiores ao nosso, se desconhecem as guerras, carecendo de objeto os ódios e as discórdias, porque ninguém pensa em causar dano ao seu semelhante. A intuição que seus habitantes têm do futuro, a segurança que uma consciência isenta de remorsos lhes dá, fazem que a morte nenhuma apreensão lhes cause. Encaram-na de frente, sem temor, como simples transformação.

A duração da vida, nos diferentes mundos, parece guardar proporção com o grau de superioridade física e moral de cada um, o que é perfeitamente racional. Quanto menos material o corpo, menos sujeito às vicissitudes que o desorganizam. Quanto mais puro o Espírito, menos paixões a miná-lo. É essa ainda uma graça da Providência, que desse modo abrevia os sofrimentos.

183. Indo de um mundo para outro, o Espírito passa por nova infância?
"Em toda parte a infância é uma transição necessária, mas não é, em toda parte, tão ingênua como no vosso mundo."

184. Tem o Espírito a faculdade de escolher o mundo onde passe a habitar?
"Nem sempre. Pode pedir que lhe seja permitido ir para este ou aquele e pode obtê-lo, se o merecer, porquanto a acessibilidade dos mundos, para os Espíritos, depende do grau de elevação destes."

a) *Se o Espírito nada pedir, o que determina o mundo em que ele reencarnará?*
"O grau da sua elevação."

185. O estado físico e moral dos seres vivos é perpetuamente o mesmo em cada minuto?

"Não; os mundos também estão sujeitos à lei do progresso. Todos começaram, como o vosso, por um estado inferior e a própria Terra sofrerá idêntica transformação. Tornar-se-á um paraíso, quando os homens se houverem tornado bons."

É assim que as raças, que hoje povoam a Terra, desaparecerão um dia, substituídas por seres cada vez mais perfeitos, pois que essas novas raças transformadas sucederão às atuais, como estas sucederam a outras ainda mais grosseiras.

186. *Há mundos onde o Espírito, deixando de revestir corpos materiais, só tenha por envoltório o perispírito?*

"Há e mesmo esse envoltório se torna tão etéreo que para vós é como se não existisse. Esse é o estado dos Espíritos puros."

a) *Parece resultar daí que, entre o estado correspondente às últimas encarnações e o de Espírito puro não há linha divisória perfeitamente demarcada; não?*

"Semelhante demarcação não existe. A diferença entre um e outro estado se vai apagando pouco a pouco e acaba por ser imperceptível, tal qual se dá com a noite às primeiras claridades do alvorecer."

187. *A substância do perispírito é a mesma em todos os mundos?*

"Não; é mais ou menos etérea. Passando de um mundo a outro, o Espírito se reveste da matéria própria desse outro, operando-se, porém, essa mudança com a rapidez do relâmpago."

188. *Os Espíritos puros habitam mundos especiais, ou se acham no espaço universal, sem estarem mais ligados a um mundo do que a outros?*

"Habitam certos mundos, mas não lhes ficam presos, como os homens à Terra; podem, melhor do que os outros, estar em toda parte."

Transmigrações progressivas

189. *Desde o início de sua formação, goza o Espírito da plenitude de suas faculdades?*

"Não, pois que para o Espírito, como para o homem, também há infância. Em sua origem, a vida do Espírito é apenas instintiva. Ele apenas tem consciência de si mesmo e de seus atos. A inteligência só pouco a pouco se desenvolve."

190. *Qual é o estado da alma na sua primeira encarnação?*

"O da infância na vida corporal. A inteligência apenas desabrocha: *a alma se ensaia para a vida.*"

191. *As dos nossos selvagens são almas no estado de infância?*

"De infância relativa, pois já são almas desenvolvidas, visto que já nutrem paixões."

a) *Então, as paixões são um sinal de desenvolvimento?*

"De desenvolvimento, sim; de perfeição, porém, não. São sinal de atividade e de consciência do *eu*, porquanto, na alma primitiva, a inteligência e a vida se acham no estado de germe."

A vida do Espírito, em seu conjunto, apresenta as mesmas fases que observamos na vida corporal. Ele passa gradualmente do estado de embrião ao de infância, para chegar, percorrendo sucessivos períodos, ao de adulto, que é o da perfeição, com a diferença de que para o Espírito não há declínio, nem decrepitude, como na vida corporal; que a sua vida, que teve começo, não terá fim; que imenso tempo lhe é necessário, do nosso ponto de vista, para passar da infância espírita ao completo desenvolvimento; e que o seu progresso se realiza, não num único mundo, mas vivendo ele em mundos diversos. A vida do Espírito, pois, se compõe de uma série de existências corpóreas, cada uma das quais representa para ele uma ocasião de progredir, do mesmo modo que cada existência corporal se compõe de uma série de dias, em cada um dos quais o homem obtém um acréscimo de experiência e de instrução. Mas, assim como, na vida do homem, há dias que nenhum fruto produz, na do Espírito há existências corporais de que nenhum resultado colhe, porque não as soube aproveitar.

192. *Pode alguém, por um proceder impecável na vida atual, transpor todos os graus da escala do aperfeiçoamento e tornar-se Espírito puro, sem passar por outros graus intermediários?*

"Não, pois o que o homem julga perfeito longe está da perfeição. Há qualidades que lhe são desconhecidas e incompreensíveis. Poderá ser tão perfeito quanto o comporte a sua natureza terrena, mas isso não é a perfeição absoluta. Dá-se com o Espírito o que se verifica com a criança que, por mais precoce que seja, tem de passar pela juventude, antes de chegar à idade da madureza; e também com o enfermo que, para recobrar a saúde, tem que passar pela convalescença. Além disso, ao Espírito cumpre progredir em conhecimento e em moral. Se somente se adiantou num sentido, é necessário dizer que se adiante no outro, para atingir o extremo superior da escala. Contudo, quanto mais o homem se adiantar na sua vida atual, tanto menos longas e penosas lhe serão as provas que se seguirem."

a) *Pode ao menos o homem, na vida presente, preparar com segurança, para si, uma existência futura menos prenhe de amarguras?*

"Sem dúvida. Pode reduzir a extensão e as dificuldades do caminho. *Só o descuidoso permanece sempre no mesmo ponto.*"

193. *Pode um homem, nas suas novas existências, descer mais baixo do que esteja na atual?*

"Com relação à *posição social,* sim; como Espírito, não."

194. *É possível que, em nova encarnação, a alma de um homem de bem anime o corpo de um celerado?*

"Não, visto que não pode degenerar."

a) *A alma de um homem perverso pode tornar-se a de um homem de bem?*

"Sim, se se arrependeu. Isso constitui então uma recompensa."

A marcha dos Espíritos é progressiva, jamais retrógrada. Eles se elevam gradualmente na hierarquia e não descem da categoria a que ascenderam. Em suas diferentes existências corporais, podem descer como homens, não como Espíritos. Assim, a alma de um poderoso da Terra pode mais tarde animar o mais humilde obreiro e vice-versa, por isso que, entre os homens, as categorias estão frequentemente, na razão inversa da elevação das qualidades morais. Herodes era rei e Jesus, carpinteiro.

195. *A possibilidade de se melhorarem em outra existência não será de molde a fazer que certas pessoas perseverem no mau caminho, dominadas pela ideia de que poderão corrigir-se mais tarde?*

"Aquele que assim pensa em nada crê e a ideia de um castigo eterno não o refrearia mais do que qualquer outra, porque sua razão a repele, e semelhante ideia induz à incredulidade a respeito de tudo. Se unicamente meios racionais se tivessem empregado para guiar os homens, não haveria tantos céticos. De fato, um Espírito imperfeito poderá, durante a vida corporal, pensar como dizes; mas, liberto que se veja da matéria, pensará de outro modo, pois logo verificará que fez cálculo errado e, então, *sentimento oposto a esse trará ele para a sua nova existência.* É assim que se efetua o progresso e é essa a razão por que, na Terra, os homens são desigualmente adiantados. Uns já dispõe de experiência que a outros falta, mas que adquirirão pouco a pouco. Deles depende acelerar o progresso ou retardá-lo indefinidamente."

O homem que ocupa uma posição má, deseja trocá-la o mais depressa possível. Aquele que se acha persuadido de que as tribulações da vida terrena são consequência de suas imperfeições procurará garantir para si uma nova existência menos penosa e esta ideia o desviará mais depressa da senda do mal do que a do fogo eterno, em que não acredita.

196. *Não podendo os Espíritos aperfeiçoar-se, a não ser por meio das tribulações da existência corpórea, segue-se que a vida material seja uma espécie de* crisol ou de depurador, *por onde têm que passar todos os seres do mundo espírita para alcançarem a perfeição?*

"Sim, é exatamente isso. Eles se melhoram nessas provas, evitando o mal e praticando o bem; porém, somente ao cabo de mais ou menos longo tempo, conforme os esforços que empreguem; somente após muitas encarnações ou depurações sucessivas, atingem a finalidade para que tendem."

a) *É o corpo que influi sobre o Espírito para que este se melhore, ou o Espírito que influi sobre o corpo?*

"Teu Espírito é tudo; teu corpo é simples veste que apodrece: eis tudo."

O suco da vinha nos oferece um material comparativo dos diferentes graus da depuração da alma. Ele contém o licor que se chama espírito ou álcool, mas enfraquecido por uma imensidade de matérias estranhas, que lhe alteram a essência. Esta só chega à pureza absoluta depois de múltiplas destilações, em cada uma das quais se despoja de algumas impurezas. O corpo é o alambique em que a alma tem que entrar para se purificar. Às matérias estranhas se assemelha o perispírito, que também se depura, à medida que o Espírito se aproxima da perfeição.

Sorte das crianças depois da morte

197. *Poderá ser tão adiantado quanto o de um adulto o Espírito de uma criança que morreu em tenra idade?*

"Algumas vezes o é muito mais, porquanto pode dar-se que muito mais já tenha vivido e adquirido maior soma de experiência, sobretudo se progrediu."

a) *Pode então o Espírito de uma criança ser mais adiantado que o de seu pai?*

"Isso é muito frequente. Não o vedes vós mesmos tão frequentemente na Terra?"

198. *Não tendo podido praticar o mal, o Espírito de uma criança que morreu em tenra idade pertence a alguma das categorias superiores?*

"Se não fez o mal, igualmente não fez o bem e Deus não o isenta das provas que tenha de padecer. Se for um Espírito puro, não o é pelo fato de ter animado apenas uma criança, mas porque já progredira até a pureza."

199. *Por que tão frequentemente a vida se interrompe na infância?*

"A curta duração da vida da criança pode representar, para o Espírito que a animava, o complemento de existência precedentemente interrompida antes do momento em que deveria terminar, e sua morte, também não raro, constitui *provação ou expiação para os pais*."
a) *Que sucede ao Espírito de uma criança que morre pequenina?*
"Recomeça outra existência."

Se uma única existência tivesse o homem e se, extinguindo-se-lhe ela, sua sorte ficasse decidida para a eternidade, qual seria o mérito de metade do gênero humano, da que morre na infância, para gozar, sem esforços, da felicidade eterna e com que direito se acharia isenta das condições, às vezes tão duras, a que se vê submetida a outra metade? Semelhante ordem de coisas não corresponderia à justiça de Deus. Com a reencarnação, a igualdade é real para todos. O futuro a todos toca sem exceção e sem favor para quem quer que seja. Os retardatários só de si mesmos se podem queixar. Forçoso é que o homem tenha o merecimento de seus atos, como tem deles a responsabilidade.

Aliás, não é racional considerar-se a infância como um estado normal de inocência. Não se veem crianças dotadas dos piores instintos, numa idade em que ainda nenhuma influência pode ter tido a educação? Alguns não há que parecem trazer do berço a astúcia, a crueldade, a falsidade, até inclinação para o roubo e para o assassínio, não obstante os bons exemplos que de todos os lados se lhes dão? A lei civil as absolve de seus crimes, porque, diz ela, obraram sem discernimento. Tem razão a lei, porque, de fato, elas obram mais por instinto do que intencionalmente. De onde, porém, provirão instintos tão diversos em crianças da mesma idade, educadas em condições idênticas e sujeitas às mesmas influências? De onde vem a precoce perversidade, senão da inferioridade do Espírito, uma vez que a educação em nada contribuiu para isso? As que se revelam viciosas é porque seus Espíritos muito pouco hão progredido. Sofrem então, por efeito dessa falta de progresso, as consequências, não dos atos que praticam na infância, mas dos de suas existências anteriores. Assim é que a lei é uma só para todos e que todos são atingidos pela justiça de Deus.

Sexo nos Espíritos

200. *Têm sexos os Espíritos?*
"Não como o entendeis, pois que os sexos dependem da organização. Há entre eles amor e simpatia, mas baseados na concordância dos sentimentos."

201. *Em nossa existência, pode o Espírito que animou o corpo de um homem animar o de uma mulher e vice-versa?*
"Decerto; são os mesmos os Espíritos que animam os homens e as mulheres."

202. *Quando errante, que prefere o Espírito; encarnar no corpo de um homem ou no de uma mulher?*
"Isso pouco lhe importa. O que o guia na escolha são as provas por que haja de passar."

Os Espíritos encarnam como homens ou como mulheres porque não têm sexo. Visto que lhes cumpre progredir em tudo, cada sexo, como cada posição social, lhes proporciona provações e deveres especiais e, com isso, ensejo de ganharem experiência. Aquele que só como homem encarnasse só saberia o que sabem os homens.

Parentesco, filiação

203. *Transmitem os pais aos filhos uma parcela de suas almas, ou se limitam a lhes dar a vida animal a que, mais tarde, outra alma vem adicionar à vida moral?*

"Dão-lhes apenas a vida animal, pois que a alma é indivisível. Um pai obtuso pode ter filhos inteligentes e vice-versa."

204. *Uma vez que temos tido muitas existências, a nossa parentela vai além da que a existência atual nos criou?*

"Não pode ser de outra maneira. A sucessão das existências corporais estabelece entre os Espíritos ligações que remontam às vossas existências anteriores. Daí, muitas vezes, a simpatia que vem a existir entre vós e certos Espíritos que vos parecem estranhos."

205. *A algumas pessoas a doutrina da reencarnação se afigura destruidora dos laços de família, de maneira a fazê-los recuar a existências anteriores.*

"Ela os distende; não os destrói. Fundando-se o parentesco em afeições anteriores, menos precários são os laços existentes entre os membros de uma mesma família. Essa doutrina amplia os deveres da fraternidade, porquanto, no vosso vizinho, ou no vosso servo, pode achar-se um Espírito a quem tenhais estado presos pelos laços da consanguinidade."

a) *Ela, no entanto, diminui a importância que alguns dão à genealogia, visto que qualquer um pode ter tido por pai um Espírito que haja pertencido a outra raça, ou que haja vivido em condição muito diversa.*

"É exato; mas essa importância assenta no orgulho. Os títulos, a categoria social, a riqueza, eis o que a maioria venera nos seus antepassados. Um, que coraria de contar, como ascendente, honrado sapateiro, orgulhar-se-ia de descender de um nobre devasso. Digam, porém, o que disserem, ou façam o que fizerem, não obstarão a que as coisas sejam como são, que não foi consultando-lhes a vaidade que Deus formulou as leis da Natureza."

206. *Do fato de não haver filiação entre os Espíritos dos descendentes de qualquer família, seguir-se-á que o culto aos antepassados seja ridículo?*

"De modo nenhum. Todo homem deve considerar-se ditoso por pertencer a uma família em que encarnaram Espíritos elevados. Embora os Espíritos não procedam uns dos outros, nem por isso menos afeição consagram aos que lhes estão ligados pelos elos da família, dado que muitas vezes são atraídos para tal ou qual família pela simpatia, ou pelos laços que anteriormente se estabeleceram. Mas, ficai certos de que os vossos antepassados não se honram com o culto que lhes tributais por orgulho. Em vós não se refletem os méritos de que eles gozem, senão na medida dos esforços que empregais por seguir os bons exemplos que vos deram. Somente nestas condições lhes é grata e até mesmo útil a lembrança que deles guardais."

Semelhanças físicas e morais

207. *Frequentemente, os pais transmitem aos filhos a semelhança física. Transmitirão também alguma parecença moral?*

"Não, que diferentes são as almas ou Espíritos de uns e outros. O corpo deriva do corpo, mas o Espírito não procede do Espírito. Entre os descendentes das raças apenas há consanguinidade."

a) De onde se originam as semelhanças morais que costuma haver entre pais e filhos?

"É que uns e outros são Espíritos simpáticos, que reciprocamente se atraíram pela analogia de suas inclinações."

208. *Nenhuma influência exercem os Espíritos dos pais sobre o filho depois do nascimento deste?*

"Ao contrário: bem grande influência exercem. Conforme já dissemos, os Espíritos têm que contribuir para o progresso uns dos outros. Pois bem, os Espíritos dos pais têm por missão desenvolver os de seus filhos pela educação. Constitui-lhes isso uma tarefa. Tornar-se-ão culpados se vierem a falir no seu desempenho."

209. *Por que de pais bons e virtuosos nascem filhos de natureza perversa? Por outra: por que as boas qualidades dos pais nem sempre atraem, por simpatia, um bom Espírito para lhes animar o filho?*

"Não é raro que um mau Espírito peça que lhe sejam dados bons pais, na esperança de que seus conselhos o encaminhem por melhor senda e muitas vezes Deus lhe concede o que deseja."

210. *Pelos seus pensamentos e preces podem, os pais, atrair para o corpo do filho em formação, um bom Espírito, de preferência a um inferior?*

"Não, mas podem melhorar o Espírito do filho que lhes nasceu e está confiado. Esse é o dever deles. Os maus filhos são uma provação para os pais."

211. *De onde deriva a semelhança de caráter que muitas vezes existe entre dois irmãos, mormente se gêmeos?*

"São Espíritos simpáticos que se aproximam por analogia de sentimentos e se sentem felizes por estar juntos."

212. *Há dois Espíritos, ou, por outra, duas almas, nas crianças cujos corpos nascem ligados, tendo comuns alguns órgãos?*

"Sim, mas a semelhança entre elas é tal que faz que vos pareçam, em muitos casos, uma só."

213. *Pois que nos gêmeos os Espíritos encarnam por simpatia, de onde provém a aversão que às vezes se nota entre eles?*

"Não é de regra que sejam simpáticos os Espíritos dos gêmeos. Acontece também que Espíritos maus queiram lutar juntos no palco da vida."

214. *Que se deve pensar dessas histórias de crianças que lutam no seio materno?*

"Lendas! Para significarem quão inveterado era o ódio que reciprocamente se votavam, figuram-no a se fazer sentir antes do nascimento delas. Em geral, não levais muito em conta as imagens poéticas."

215. *O que dá origem ao caráter distintivo que se nota em cada povo?*

"Também os Espíritos se grupam em famílias, formando-as pela analogia de suas inclinações mais ou menos puras, conforme a elevação que tenham alcançado. Pois bem! um povo é uma grande família formada pela reunião de Espíritos simpáticos. Na tendência que apresentam os membros dessas famílias, para se unirem, é que está a origem da semelhança que, existindo entre os indivíduos, constitui o caráter distintivo de cada povo. Julgas que Espíritos bons e humanitários procurem, para nele encarnar, um povo rude e grosseiro?

Não. Os Espíritos simpatizam com as coletividades, como simpatizam com os indivíduos. Naquelas em cujo seio se encontrem, eles se acham no meio que lhes é próprio."

216. Em suas novas existências conservará o Espírito traços do caráter moral de suas existências anteriores?

"Isso pode dar-se. Mas, melhorando-se, ele muda. Pode também acontecer que sua posição social venha a ser outra. Se de senhor passa a escravo, inteiramente diversos serão os seus gostos e dificilmente o reconheceríeis. Sendo o Espírito sempre o mesmo nas diversas encarnações, podem existir certas analogias entre as suas manifestações, se bem que modificadas pelos hábitos da posição que ocupe, até que um aperfeiçoamento notável lhe haja mudado completamente o caráter, porquanto, de orgulhoso e mau, pode tornar-se humilde e bondoso, se se arrependeu."

217. E do caráter físico de suas existências pretéritas conserva o Espírito traços nas suas existências posteriores?

"O novo corpo que ele toma nenhuma relação tem com o que foi anteriormente destruído. Entretanto, o Espírito se reflete no corpo. Sem dúvida que este é unicamente matéria, porém, nada obstante, se modela pelas capacidades do Espírito, que lhe imprime certo cunho, sobretudo ao rosto, pelo que é verdadeiro dizer-se que os olhos são o espelho da alma, isto é, que o semblante do indivíduo lhe reflete de modo particular a alma. Assim é que uma pessoa excessivamente feia, quando nela habita um Espírito bom, criterioso, humanitário, tem qualquer coisa que agrada, ao passo que há rostos belíssimos que nenhuma impressão te causam, que até chegam a inspirar-te repulsão. Poderias supor que somente corpos bem moldados servem de envoltório aos mais perfeitos Espíritos, quando o certo é que todos os dias deparas com homens de bem, sob um exterior disforme. Sem que haja pronunciada parecença, a semelhança dos gostos e das inclinações pode, portanto, dar lugar ao que se chama "um ar de família."

Nenhuma relação *essencial* há no corpo que a alma toma numa encarnação com o de que se revestiu em encarnação anterior, visto que aquele lhe pode vir de procedência muito diversa da deste, fora absurdo pretender-se que, numa série de existências, haja uma semelhança que é inteiramente fortuita. Todavia, as qualidades do Espírito frequentemente modificam os órgãos que lhe servem para as manifestações e lhe imprimem ao semblante físico e até ao conjunto de suas maneiras um cunho especial. É assim que, sob um envoltório corporal da mais humilde aparência, se pode deparar a expressão da grandeza e da dignidade, enquanto sob um envoltório de aspecto senhoril se percebe frequentemente a da baixeza e da ignomínia. Não é pouco frequente observar-se que certas pessoas, elevando-se da mais ínfima posição, tomam sem esforços os hábitos e as maneiras da alta sociedade. Parece que elas aí vêm a achar-se de novo no seu elemento. Outras, contrariamente, apesar do nascimento e da educação, se mostram sempre deslocadas em tal meio. De que modo se há de explicar esse fato, senão como reflexo daquilo que o Espírito foi antes?

Ideias inatas

218. Encarnado, conserva o Espírito algum vestígio das percepções que teve e dos conhecimentos que adquiriu nas existências anteriores?

"Guarda vaga lembrança, que lhe dá o que se chama *ideias inatas*."

a) *Não é, então, quimérica a teoria das ideias inatas?*

"Não; os conhecimentos adquiridos em cada existência não mais se perdem. Liberto da matéria, o Espírito sempre os tem presentes. Durante a encarnação, esquece-os em parte, momentaneamente; porém, a intuição que deles conserva lhe auxilia o progresso. Se não fosse assim, teria que recomeçar constantemente. Em cada nova existência, o ponto de partida, para o Espírito, é o em que, na existência precedente, ele ficou."

b) *Grande conexão deve haver entre duas existências consecutivas?*

"Nem sempre tão grande quanto talvez o suponhas, dado que bem diferentes são, muitas vezes, as posições do Espírito nas duas e que, no intervalo de uma e outra, pode ele ter progredido."

219. *Qual é a origem das faculdades extraordinárias dos indivíduos que, sem estudo prévio, parecem ter a intuição de certos conhecimentos, o das línguas, do cálculo etc.?*

"Lembrança do passado; progresso anterior da alma, mas de que ela não tem consciência. De onde queres que venham tais conhecimentos? O corpo muda, o Espírito, porém, não muda, embora troque de roupagem."

220. *Pode o Espírito, mudando de corpo, perder algumas faculdades intelectuais, deixar de ter, por exemplo, o gosto das artes?*

"Sim, desde que tenha desprezado a sua inteligência ou a utilizado mal. Depois, uma faculdade qualquer pode permanecer adormecida durante uma existência, por querer o Espírito exercitar outra, que nenhuma relação tem com aquela. Essa, então, fica em estado latente, para reaparecer mais tarde."

221. *Deve-se atribuir a uma lembrança retrospectiva o sentimento instintivo que o homem, mesmo quando selvagem, possui da existência de Deus e o pressentimento da vida futura?*

"É uma lembrança que ele conserva do que sabia como Espírito antes de encarnar. Mas, o orgulho frequentemente abafa esse sentimento."

a) *Serão devidas a essa mesma lembrança certas crenças relativas à Doutrina Espírita, que se observam em todos os povos?*

"Esta doutrina é tão antiga quanto o mundo; tal o motivo por que em toda parte a encontramos, o que constitui prova de que é verdadeira. Conservando a intuição do seu estado de Espírito, o Espírito encarnado tem, instintivamente, consciência do mundo invisível, mas os preconceitos várias vezes falseiam essa ideia e a ignorância lhe mistura a superstição."

CAPÍTULO V

CONSIDERAÇÕES SOBRE A PLURALIDADE DAS EXISTÊNCIAS

222. Não é novo, dizem alguns, o dogma da reencarnação; ressuscitaram-no da doutrina de Pitágoras[13]. Nunca dissemos ser de invenção moderna a Doutrina Espírita. Constituindo uma lei da Natureza, o Espiritismo há de ter existido desde a origem dos tempos e sempre nos esforçamos por demonstrar que dele se descobrem sinais na Antiguidade mais remota. Pitágoras, como se sabe, não foi o autor do sistema da metempsicose[14]; ele o colheu dos filósofos indianos e dos egípcios, que o tinham desde tempos imemoriais. A ideia da transmigração das almas formava, pois, uma crença vulgar, aceita pelos homens mais eminentes. De que modo a adquiriram? Por uma revelação, ou por intuição? Ignoramo-lo. Seja, porém, como for, o que não padece dúvida é que uma ideia não atravessa séculos e séculos, nem consegue impor-se a inteligências mais avançadas, se não contiver algo de sério. Assim, a antiguidade dessa doutrina, em vez de ser uma objeção, seria prova a seu favor. Contudo, entre a metempsicose dos antigos e a moderna doutrina da reencarnação, há, como também se sabe, profunda diferença, assinalada pelo fato de os Espíritos rejeitarem, de maneira absoluta, a transmigração da alma do homem para os animais e reciprocamente.

Portanto, ensinando o dogma da pluralidade das existências corporais, os Espíritos renovam uma doutrina que teve origem nas primeiras idades do mundo e que se conservou no íntimo de muitas pessoas, até aos nossos dias. Simplesmente, eles a apresentam de

---

13   Pitágoras (c. 570-500-490 a.C.), matemático, filósofo grego e fundador da irmandade pitagórica que estabeleceu os princípios que nortearam o pensamento de Platão e Aristóteles e tiveram um importante papel para o desenvolvimento da matemática e da filosofia racional ocidental. (N. do E.)

14   Também chamada de "Transmigração das Almas", essa doutrina marca um dos pontos centrais do pensamento de Pitágoras, e consiste em afirmar que a alma é imortal e que, após a morte física, precisa transmigrar para novas formas de existência em diferentes seres, repetindo o processo até atingir sua purificação. (N. do E.)

um ponto de vista mais racional, mais de acordo com as leis progressivas da Natureza e mais de conformidade com a sabedoria do Criador, despindo-a de todos os acessórios da superstição. Circunstância digna de nota é que não só neste livro os Espíritos a ensinaram no decurso dos últimos tempos: já antes da sua publicação, numerosas comunicações da mesma natureza se obtiveram em vários países, multiplicando-se depois, consideravelmente. Talvez fosse aqui o caso de examinarmos por que os Espíritos não parecem todos de acordo sobre esta questão. Mais tarde, porém, voltaremos a este assunto.

Examinaremos de outro ponto de vista a matéria e, abstraindo de qualquer intervenção dos Espíritos, deixemo-los de lado, por enquanto. Suponhamos que esta teoria nada tenha a ver com eles; suponhamos mesmo que jamais se haja cogitado esse assunto com os Espíritos. Coloquemo-nos, momentaneamente, num terreno neutro, admitindo o mesmo grau de probabilidade para ambas as hipóteses, isto é, a da pluralidade e a da unicidade das existências corpóreas, e vejamos para que lado a razão e o nosso próprio interesse nos farão pender.

Muitos repelem a ideia da reencarnação pelo único motivo de ela não lhes convir. Dizem que uma existência já lhes chega de sobra e que, portanto, não desejariam recomeçar outra semelhante. De alguns sabemos que saltam em fúria só com o pensarem que tenham de voltar à Terra. Perguntaremos a eles apenas se imaginam que Deus lhes pediu o parecer, ou consultou os gostos, para regular o Universo. Uma de duas: ou a reencarnação existe, ou não existe; se existe, nada importa que os contrarie; terão que sofrê-la, sem que para isso lhes peça Deus permissão. É como se assim falasse um doente: "Sofri bastante hoje, não quero sofrer mais amanhã". Qualquer que seja o seu mau-humor, não terá por isso que sofrer menos no dia seguinte, nem nos que se sucederem, até que se ache curado. Por conseguinte, se os que de tal maneira se externam tiverem que viver de novo, corporalmente, tornarão a viver, reencarnarão. Nada lhes adiantará rebelarem-se, quais crianças que não querem ir para o colégio, ou condenados para a prisão. Passarão pelo que têm de passar. São demasiado infantis semelhantes objeções, para merecerem mais seriamente serem examinadas. Diremos, todavia, aos que as formulam que se tranquilizem, que a Doutrina Espírita, no tocante à reencarnação, não é tão terrível como a julgam; que, se a houvessem estudado a fundo, não se mostrariam tão aterrorizados; saberiam que deles dependem as condições da nova existência, que será feliz ou desgraçada, conforme ao que tiverem feito neste mundo; *que desde agora poderão elevar-se tão alto que a recaída no lodaçal não lhes seja mais de temer.*

Suponhamos dirigir-nos a pessoas que acreditam num futuro depois da morte e não aos que criam para si a perspectiva do nada, ou pretendem que suas almas se vão afogar num todo universal, onde perdem a individualidade, como os pingos da chuva no oceano, o que vem a dar quase no mesmo. Ora, pois: se credes num futuro qualquer, certo não admitis que ele seja idêntico para todos, porquanto de outro modo, qual a utilidade do bem? Por que haveria o homem de constranger-se? Por que deixaria de satisfazer a todas as suas paixões, a todos os seus desejos, embora a custa de outrem, uma vez que por isso não ficaria sendo melhor, nem pior? Credes, ao contrário, que esse futuro será mais ou menos feliz ou infeliz, conforme ao que houverdes feito durante a vida e então desejais que seja tão afortunado quanto possível, visto que há de durar pela eternidade, não? Mas, porventura, teríeis a pretensão de ser dos homens mais perfeitos que hajam existido na Terra e, pois, com direito a alcançardes de um salto a suprema felicidade dos eleitos? Não. Admitis então que há homens de valor maior do que o vosso e com direito a um lugar melhor, sem daí resultar que vos conteis entre os odiados. Pois bem! Colocai-vos mentalmente, por um instante, nessa situação intermediária, que será a vossa, como acabastes de reconhecer, e imaginai que alguém vos venha dizer: "Sofreis; não sois tão felizes quanto poderíeis ser, ao passo que diante de vós estão seres que gozam de completa ventura. Quereis mudar na deles a vossa posição? — Certamente, respondereis; que devemos fazer? — Quase nada: recomeçar o trabalho mal executado e executá-lo melhor". Hesitaríeis em aceitar, ainda que a poder de muitas existências de provações? Façamos outra comparação mais prosaica. Figuremos que a um homem que, sem ter deixado a miséria extrema, sofre, no entanto, privações, por escassez de recursos, viessem dizer: "Aqui está uma riqueza imensa de que podes gozar; para isto só é necessário que trabalhes arduamente durante um minuto". Fosse ele o mais preguiçoso da Terra, que sem hesitar diria: Trabalhemos um minuto, dois minutos, uma hora, um dia, se for preciso. Que importa isso, desde que me leve a acabar os meus dias na fartura? Ora, que é a duração da vida corpórea, em confronto com a eternidade? Menos que um minuto, menos que um segundo.

Temos visto algumas pessoas raciocinarem deste modo: Não é possível que Deus, soberanamente bom como é, imponha ao homem a obrigação de recomeçar uma série de misérias e tribulações. Acharão, porventura, essas pessoas que há mais bondade em condenar Deus o homem a sofrer perpetuamente, por motivo de alguns momentos de erro, do que em lhe facultar meios de reparar suas faltas? "Dois industriais contrataram dois operários, cada um dois quais podia aspirar a se tornar sócio do respectivo patrão. Aconteceu que esses dois operários certa vez empregaram muito mal o seu dia, merecendo ambos ser despedidos. Um dos industriais, não obstante suas súplicas, o mandou embora e o pobre operário, não tendo achado mais trabalho, acabou por morrer na miséria. O outro disse ao seu: 'Perdeste um dia; deves-me por isso uma compensação. Executaste mal o teu trabalho; ficaste a me dever uma reparação. Consinto que o recomeces. Trata de executá-lo bem, que te conservarei ao meu serviço e poderás continuar aspirando à posição superior que te prometi'. Será preciso que perguntemos qual dos industriais foi mais humano?

Será possível que Deus, que é pura clemência, seja mais inexorável do que um homem?

Alguma coisa de pungente há na ideia de que a nossa sorte fique para sempre decidida, por efeito de alguns anos de provações, ainda quando de nós não tenha dependido atingir a perfeição, ao passo que eminentemente consoladora é a ideia oposta, que nos permite a esperança. Assim, sem nos pronunciarmos a favor ou contra a pluralidade das existências, sem preferirmos uma hipótese a outra, declaramos que, se aos homens fosse dado escolher, ninguém quereria o julgamento sem apelo. Disse um filósofo que, se Deus não existisse, seria preciso inventá-lo, para felicidade do gênero humano. Outro tanto se poderia dizer sobre a pluralidade das existências. Mas, conforme atrás ponderamos, Deus não nos pede permissão, nem consulta os nossos gostos. Ou isto é, ou não é. Vejamos de que lado estão as probabilidades e encaremos de outro ponto de vista o assunto, unicamente como estudo filosófico, sempre abstraindo do ensino dos Espíritos.

Se não há reencarnação, só há, evidentemente, uma existência corporal. Se a nossa atual existência corpórea é única, a alma de cada homem foi criada por ocasião do seu nascimento, a menos que se admita a anterioridade da alma, caso em que se caberia perguntar o que era ela antes do nascimento e se o estado em que se achava não constituía uma existência sob forma qualquer. Não há meio-termo: ou a alma existia, ou não existia antes do corpo. Se existia, qual era a sua situação? Tinha, ou não, consciência de si mesma? Se não tinha, é quase como se não existisse. Se tinha individualidade, era progressiva, ou estacionária? Num e noutro caso, a que grau chegaria ao tomar o corpo? Admitindo, de acordo com a crença vulgar, que a alma nasce com o corpo, ou, o que vem a ser o mesmo, que, antes de encarnar, só dispõe de faculdades negativas, perguntamos:

1º — Por que mostra a alma aptidões tão diversas e independentes das ideias que a educação lhe fez adquirir?

2º — De onde vem a aptidão extranormal que muitas crianças em tenra idade revelam, para esta ou aquela arte, para esta ou aquela ciência, enquanto outras se conservam inferiores ou medíocres durante a vida toda?

3º — De onde vêm, para uns, as ideias inatas ou intuitivas, que em outros não existem?

4º — De onde vem, em certas crianças, o impulso precoce que revela, para os vícios ou para as virtudes, os sentimentos inatos de dignidade ou de baixeza, contrastando com o meio em que elas nasceram?

5º — Por que, abstraindo-se da educação, uns homens são mais adiantados do que outros?

6º — Por que há homens selvagens e homens civilizados? Se tomardes de um menino hotentote[15] recém-nascido e o educardes nos nossos melhores liceus, fareis dele algum dia um Laplace ou um Newton?

Qual é a filosofia ou a teosofia capaz de resolver estes problemas? É fora de dúvida que, ou as almas são iguais ao nascerem, ou são desiguais. Se são iguais, por que há, entre elas, tão grande diversidade de aptidões? Alguns dirão que isso depende do organismo. Mas, então, achamo-nos em presença da mais monstruosa e imoral das doutrinas. O homem seria simples máquina, joguete da matéria; deixaria de ter a responsabilidade de seus atos, pois que poderia atribuir tudo às suas imperfeições físicas. Se almas são desiguais, é que Deus as criou assim. Nesse caso, porém, por que a inata superioridade concedida a algumas? Corresponderá essa parcialidade à justiça de Deus e ao amor que Ele consagra igualmente a todas suas criaturas?

Admitamos, ao contrário, uma série de progressivas existências anteriores para cada alma e tudo se explica. Ao nascerem, trazem os homens a intuição do que aprenderam antes: são mais ou menos adiantados, conforme o número de existências que contêm, conforme já estejam mais ou menos afastados do ponto de partida. Dá-se aí exatamente o que se observa numa reunião de indivíduos de todas as idades, onde cada um terá desenvolvimento proporcionado ao número de anos que tenha vivido. As existências sucessivas serão, para a vida da alma, o que os anos são para a do corpo. Reuni, em certo dia, um milheiro de indivíduos de um a oitenta anos; suponde que um véu encubra todos os dias precedentes ao em que os reunistes e que, em consequência, acrediteis que todos nasceram na mesma ocasião. Perguntareis naturalmente como é que uns são grandes e outros pequenos, uns velhos e jovens outros, instruídos uns, outros ainda ignorantes. Se, porém, dissipando-se a nuvem que lhes

---

15   Povo nômade originário da África do Sul. (N. do E.)

oculta o passado, vierdes a saber que todos hão vivido mais ou menos tempo, tudo se vos tornará explicado. Deus, em Sua justiça, não pode ter criado almas desigualmente perfeitas. Com a pluralidade das existências, a desigualdade que notamos nada mais apresenta em oposição à mais rigorosa equidade: é que apenas vemos o presente e não o passado. A este raciocínio serve de base algum sistema, alguma suposição simples? Não. Partimos de um fato patente, incontestável: a desigualdade das aptidões e do desenvolvimento intelectual e moral e verificamos que nenhuma das teorias correntes o explica, ao passo que uma outra teoria lhe dá explicação simples, natural e lógica. Será racional preferir-se as que não explicam a esta que tudo explica?

À vista da sexta interrogação acima, dirão naturalmente que o hotentote é de raça inferior. Perguntaremos, então, se o hotentote é ou não um homem. Se é, por que a ele e à sua raça privou Deus dos privilégios concedidos à raça caucásica? Se não é, por que tentar fazê-lo cristão? A Doutrina Espírita tem mais amplitude do que tudo isso. Segundo ela, não há muitas espécies de homens, há tão somente homens cujos espíritos estão mais ou menos atrasados, porém, todos suscetíveis de progredir. Não é este princípio mais conforme a justiça de Deus?

Apreciamos a alma com relação ao seu passado e ao seu presente. Se a considerarmos, tendo em vista o seu futuro, esbarraremos nas mesmas dificuldades.

1ª — Se a nossa existência atual é que decidirá a nossa sorte vindoura, quais são, na vida futura, as posições respectivas do selvagem e do homem civilizado? Estarão no mesmo nível ou se acharão distanciados um do outro, no tocante à soma de felicidade eterna que lhes caiba?

2ª — O homem que trabalhou toda a sua vida por melhorar-se virá a ocupar a mesma categoria de outro que se conservou em grau inferior de adiantamento, não por culpa sua, mas porque não teve tempo, nem possibilidade de se tornar melhor?

3ª — Aquele que praticou o mal, por não ter podido instruir-se, será culpado de um estado de coisas cuja existência em nada dependeu dele?

4ª — Trabalha-se continuamente por esclarecer, moralizar, civilizar os homens. Mas, em contraposição a um que fica esclarecido, milhões de outros morrem todos os dias antes que a luz lhes tenha chegado. Qual é a sorte destes últimos? Serão tratados como réprobos? No caso contrário, que fizeram para ocupar categoria idêntica à dos outros?

5ª — Que sorte aguarda os que morrem na infância, quando ainda não puderam fazer nem o bem nem o mal? Se estiverem no meio dos eleitos, por que esse favor, sem que coisa alguma hajam feito para merecê-lo? Em virtude de que privilégio eles se veem isentos das tribulações da vida?

Haverá alguma doutrina capaz de resolver esses problemas? Admitam-se as existências consecutivas e tudo se explicará conforme a justiça de Deus. O que se não pôde fazer numa existência faz-se em outra. Assim é que ninguém escapa à lei do progresso, que cada um será recompensado segundo o seu merecimento *real* e que ninguém fica excluído da felicidade suprema, a que todos podem aspirar, quaisquer que sejam os obstáculos com que topem no caminho.

Essas questões facilmente se multiplicariam ao infinito, porquanto inúmeros são os problemas psicológicos e morais que só na pluralidade das existências encontram solução. Limitamo-nos a formular as de ordem mais geral. Como quer que seja, talvez se alegue que a Igreja não admite a doutrina da reencarnação; que ela subverteria a religião. Não temos o intuito de tratar dessa questão neste momento. Basta-nos o havermos demonstrado que aquela doutrina é eminentemente moral e racional. Ora, o que é moral e racional não pode estar em oposição a uma religião que proclama ser Deus a bondade e a razão por excelência. Que teria sido da religião se, contra a opinião universal e o testemunho da Ciência, se houvesse obstinadamente recusado a render-se à evidência e expulsado de seu seio todos os que não acreditassem no movimento do Sol ou nos seis dias da Criação? Que crédito houvera merecido e que autoridade teria tido, entre povos cultos, uma religião fundada em erros manifestos e que os impusesse como artigos de fé? Logo que a evidência se patenteou, a Igreja, criteriosamente, se colocou do lado da evidência. Uma vez provado que certas coisas existentes seriam impossíveis sem a reencarnação, e que, a não ser por esse meio, não se consegue explicar alguns pontos do dogma, cumpre admiti-lo e reconhecer meramente aparente o antagonismo entre esta doutrina e a dogmática. Mais adiante mostraremos que talvez seja muito menor do que se pensa a distância que, da doutrina das vidas sucessivas, separa a religião e que a esta não faria aquela doutrina maior mal do que lhe fizeram as descobertas do movimento da Terra e dos períodos geológicos, as quais, à primeira vista, pareceram desmentir os textos sagrados. Além disso, o princípio da reencarnação ressalta de muitas passagens das Escrituras, achando-se especialmente formulado, de modo explícito, no Evangelho:

"Quando desciam da montanha (depois da transfiguração), Jesus lhes fez esta recomendação: 'Não faleis a ninguém do que acabastes de ver, até que o Filho do homem tenha ressuscitado dentre os mortos.' Perguntaram-lhe, então, seus discípulos: 'Por que dizem os escribas ser preciso que primeiro venha Elias?' Respondeu-lhes Jesus: 'É certo que Elias há de vir e que restabelecerá todas as coisas. Mas, eu vos declaro que Elias já veio, e eles não o conheceram e o fizeram sofrer como entenderam. Do mesmo modo darão a morte ao Filho do Homem'. Compreenderam, então, seus discípulos que era de João Batista que ele lhes falava." (Mateus, 17:9-13.)

Pois, se João Batista fora Elias, houve reencarnação do Espírito ou da alma de Elias no corpo de João Batista.

Em suma, como quer que opinemos acerca da reencarnação, quer a aceitemos, quer não, isso não constituirá motivo para que deixemos de sofrê-la, desde que ela exista, apesar de todas as crenças contrárias. O ponto-chave é que o ensino dos Espíritos é eminentemente cristão; apoia-se na imortalidade da alma, nas penas e recompensas futuras, na justiça de Deus, no livre-arbítrio do homem, na moral do Cristo, logo, não é antirreligioso.

Temos raciocinado, abstraindo, como dissemos, de qualquer ensinamento espírita que, para certas pessoas, carece de autoridade. Não é somente porque veio dos Espíritos que nós e tantos outros nos fizemos adeptos da pluralidade das existências. É porque essa doutrina nos pareceu a mais lógica e porque só ela resolve questões até então insolúveis.

Ainda que viesse da autoria de um simples mortal, nós a teríamos igualmente adotado e não sem hesitar um segundo mais em renunciar às ideias que tínhamos. Quando um erro é demonstrado, o amor-próprio tem muito mais a ganhar que a perder ao se obstinar na sustentação de uma ideia falsa. Assim também, nós a teríamos repelido, mesmo que viesse dos Espíritos, se nos parecera contrária à razão, como repelimos muitas outras, pois sabemos, por experiência, que não se deve aceitar cegamente tudo o que venha deles, da mesma forma que se não deve adotar às cegas tudo o que proceda dos homens. O melhor título que, ao nosso ver, recomenda a ideia da reencarnação é o de ser, antes de tudo, lógica. Outro, no entanto, ela apresenta: o de se confirmarem os fatos, fatos positivos e, por bem dizer, materiais, que um estudo atento e criterioso revela a quem se dê ao trabalho de observar com paciência e perseverança e diante dos quais não há mais lugar para a dúvida. Quando esses fatos se houverem vulgarizado, como os da formação e do movimento da Terra, forçoso será que todos se rendam à evidência e os que se lhes colocaram em oposição se verão constrangidos a desdizer-se.

Reconheçamos, portanto, em resumo, que só a doutrina da pluralidade das existências explica o que, sem ela, se mantém inexplicável; que é altamente consoladora e conforme a mais rigorosa justiça; que constitui para o homem a âncora de salvação que Deus, por misericórdia, lhe concedeu.

As próprias palavras de Jesus não permitem dúvida a tal respeito. Eis o que se lê no Evangelho de João, 3:3-7:

"Respondendo a Nicodemos, disse Jesus: 'Em verdade, em verdade, te digo que, se um homem *não nascer de novo*, não poderá ver o reino de Deus'.

"Disse-lhe Nicodemos: 'Como pode um homem nascer já estando velho? Pode tornar ao ventre de sua mãe para nascer segunda vez?'

"Respondeu Jesus: 'Em verdade, em verdade te digo que, se um homem não renascer da água e do Espírito, não poderá entrar no reino de Deus. O que é nascido da carne é carne e o que é nascido do Espírito é Espírito. Não te admires de que eu te tenha dito: *é necessário que torneis a nascer.*'"

CAPÍTULO VI

VIDA ESPÍRITA

Espíritos errantes

223. *A alma reencarna logo depois de se haver separado do corpo?*

"Algumas vezes reencarna imediatamente, porém, geralmente só o faz depois de intervalos mais ou menos longos. Nos mundos superiores, a reencarnação é quase sempre imediata. Sendo aí menos grosseira a matéria corporal, o Espírito, quando encarnado nesses mundos, goza quase que de todas as suas faculdades de Espírito, sendo o seu estado normal o dos sonâmbulos lúcidos entre vós."

224. *Que é a alma no intervalo das encarnações?*

"Espírito errante, que aspira a um novo destino, que o espera."

a) *Quanto podem durar esses intervalos?*

"Desde algumas horas até alguns milhares de séculos. Propriamente falando, não há extremo limite estabelecido para o estado errante, que pode prolongar-se muitíssimo, mas que nunca é perpétuo. Cedo ou tarde, o Espírito terá que volver a uma existência apropriada a purificá-lo das máculas de suas existências precedentes."

b) *Essa duração depende da vontade do Espírito, ou lhe pode ser imposta como expiação?*

"É uma consequência do livre-arbítrio. Os Espíritos sabem perfeitamente o que fazem. Mas, também, para alguns, constitui uma punição que Deus lhes inflige. Outros pedem que ela se prolongue, a fim de continuarem estudos que só na condição de Espírito livre podem efetuar-se com proveito."

225. *A erraticidade é, por si só, um sinal de inferioridade dos Espíritos?*

"Não, porquanto há Espíritos errantes de todos os graus. A encarnação é um estado transitório, já o dissemos. O Espírito se acha no seu estado normal quando está liberto da matéria."

226. *Pode-se dizer que são errantes todos os Espíritos que não estão encarnados?*

"Sim, com relação aos que tenham de reencarnar. Não são errantes, porém, os Espíritos puros, os que chegaram à perfeição. Esses se encontram no seu estado definitivo."

No tocante às qualidades íntimas, os Espíritos são de diferentes ordens, ou graus, pelos quais vão passando sucessivamente à medida que se purificam. Com relação ao estado em que se acham, podem ser: *encarnados*, isto é, ligados a um corpo; *errantes*, isto é, sem corpo material e aguardando nova encarnação para se melhorarem; *Espíritos puros*, isto é, perfeitos, não precisando mais de encarnação.

227. *De que modo se instruem os Espíritos errantes? Certo não o fazem do mesmo modo que nós outros?*

"Estudam e procuram meios de elevar-se. Veem, observam o que ocorre nos lugares aonde vão; ouvem os discursos dos homens esclarecidos e os conselhos dos Espíritos mais elevados e tudo isso lhes incute ideias que antes não tinham."

228. *Conservam os Espíritos algumas de suas paixões humanas?*

"Com o invólucro material os Espíritos elevados deixam as paixões más e só guardam as inclinações do bem. Quanto aos Espíritos inferiores, esses as conservam, pois, do contrário, pertenceriam à primeira ordem."

229. *Por que, deixando a Terra, não deixam aí os Espíritos todas as más paixões, uma vez que lhes reconhecem os inconvenientes?*

"Vês nesse mundo pessoas excessivamente invejosas. Imaginas que, mal o deixam, perdem esse defeito? Acompanha os que da Terra partem, sobretudo os que alimentaram paixões bem acentuadas, uma espécie de atmosfera que os envolve, conservando-lhes o que têm de mau, por não se achar o Espírito inteiramente desprendido da matéria. Só por momentos ele entrevê a verdade, que assim lhe aparece como que para mostrar-lhe o bom caminho."

230. *Na erraticidade, o Espírito progride?*

"Pode melhorar-se muito, conforme a vontade e o desejo que tenha de consegui-lo. Todavia, na existência corporal é que põe em prática as ideias que adquiriu."

231. *São felizes ou desgraçados os Espíritos errantes?*

"Em maior ou menor grau, conforme seus méritos. Sofrem por efeito das paixões cuja essência conservaram, ou são felizes, de conformidade com o grau de desmaterialização a que hajam chegado. Na erraticidade, o Espírito percebe o que lhe falta para ser mais feliz e, desde então, procura os meios de alcançá-lo. Nem sempre, porém, é permitido reencarnar como fora de seu agrado, representando isso, para ele, uma punição."

232. *Podem os Espíritos errantes ir a todos os mundos?*

"Depende. Pelo simples fato de haver deixado o corpo, o Espírito não se acha completamente desprendido da matéria e continua a pertencer ao mundo onde acabou de viver, ou a outro do mesmo grau, a menos que, durante a vida, se tenha elevado, o que, aliás, constitui o objetivo para que devem tender seus esforços, pois, do contrário, nunca se aperfeiçoaria. Pode, no entanto, ir a alguns mundos superiores, mas na qualidade de estrangeiro. A bem dizer, consegue apenas entrevê-los, de onde lhe nasce o desejo de melhorar-se, para ser digno da felicidade de que gozam os que os habitam, para ser digno também de habitá-los mais tarde."

233. *Os Espíritos já purificados descem aos mundos inferiores?*

"Fazem-no frequentemente com o fim de auxiliar-lhes o progresso. Se não fosse assim, esses mundos estariam entregues a si mesmos, sem guias para dirigi-los."

Mundos transitórios

234. *Há, de fato, como já foi dito, mundos que servem de estações ou pontos de repouso aos Espíritos errantes?*

"Sim, há mundos particularmente destinados aos seres errantes, mundos que lhes podem servir de habitação temporária, espécies de campos onde podem descansar de uma demasiadamente longa erraticidade, estado este sempre um tanto penoso. São posições intermediárias entre outros mundos, graduadas de acordo com a natureza dos Espíritos que a elas podem ter acesso e onde eles gozam de maior ou menor bem-estar."

a) *Os Espíritos que habitam esses mundos podem deixá-los livremente?*

"Sim, os Espíritos que se encontram nesses mundos podem deixá-los, a fim de irem para onde devam ir. Figurai-os como bandos de aves que pousam numa ilha, para ali aguardarem que se lhes refaçam as forças, a fim de seguirem seu destino."

235. *Enquanto permanecem nos mundos transitórios, os Espíritos progridem?*

"Certamente. Os que vão a tais mundos levam o objetivo de se instruírem e de poderem mais facilmente obter permissão para passar a outros lugares melhores e chegar à perfeição que os eleitos atingem."

236. *Pela sua natureza especial, os mundos transitórios se conservam perpetuamente destinados aos Espíritos errantes?*

"Não, a condição deles é meramente temporária."

a) *Esses mundos são ao mesmo tempo habitados por seres corpóreos?*

"Não; estéril é neles a superfície. Os que os habitam de nada precisam."

b) *É permanente essa esterilidade e decorre da natureza especial que apresentam?*

"Não; são estéreis transitoriamente."

c) *Os mundos dessa categoria carecem então de belezas naturais?*

"A Natureza reflete as belezas da imensidade, que não são menos admiráveis do que aquilo a que dais o nome de belezas naturais."

d) *Sendo transitório o estado de semelhantes mundos, a Terra pertencerá, algum dia, ao número deles?*

"Já pertenceu."

e) *Em que época?*

"Durante a sua formação."

Nada é inútil na Natureza; tudo tem um fim, uma destinação. Em lugar algum há o vazio; tudo é habitado, há vida em toda parte. Assim, durante a dilatada sucessão dos séculos que passaram antes do aparecimento do homem na Terra, durante os lentos períodos de transição que as camadas geológicas atestam, antes mesmo da formação dos primeiros seres orgânicos, naquela massa informe, naquele árido caos, onde os elementos se achavam em confusão, não havia ausência de vida. Seres isentos das nossas necessidades, das nossas sensações físicas, lá encontravam refúgio. Quis Deus que, mesmo assim, ainda imperfeita, a Terra servisse para alguma coisa. Quem ousaria afirmar que, entre os milhares de mundos que giram na imensidade, um só, um dos menores, perdido no seio da multidão infinita deles, goza do privilégio exclusivo de ser povoado? Qual seria, então, a utilidade dos demais? Deus os teria feito unicamente para nos recrearem a vista? Suposição absurda, incompatível com a sabedoria que brilha em todas as suas obras e inadmissível desde que ponderemos na existência de todos os que não podemos perceber. Ninguém contestará que, nesta ideia da existência de mundos ainda impróprios para a vida material e, não obstante, já povoados de seres vivos apropriados a tal meio, há qualquer coisa de grande e sublime, em que talvez se encontre a solução de mais de um problema.

Percepções, sensações e sofrimentos dos Espíritos

237. *Uma vez de volta ao mundo dos Espíritos, conserva a alma as percepções que tinha na Terra?*

"Sim, além de outras de que aí não dispunha, porque o corpo, qual véu sobre elas lançado, as obscurecia. A inteligência é um atributo, que tanto mais livremente se manifesta no Espírito quanto menos entraves tenha que vencer."

238. *São ilimitadas as percepções e os conhecimentos dos Espíritos? Numa palavra: eles sabem tudo?*

"Quanto mais se aproximam da perfeição, tanto mais sabem. Se são Espíritos Superiores, sabem muito. Os Espíritos inferiores são mais ou menos ignorantes acerca de tudo."

239. *Conhecem os Espíritos o princípio das coisas?*

"Conforme a elevação e a pureza que hajam atingido. Os de ordem inferior não sabem mais do que os homens."

240. *A duração, os Espíritos a compreendem como nós?*

"Não, e daí vem que nem sempre nos compreendeis quando se trata de determinar datas ou épocas."

Os Espíritos vivem fora do tempo como o compreendemos. A duração, para eles, deixa, por assim dizer, de existir. Os séculos, para nós tão longos, não passam, aos olhos deles, de instantes que se movem na eternidade, do mesmo modo que os relevos do solo se apagam e desaparecem para quem se eleva no espaço.

241. *Os Espíritos fazem do presente mais precisa e exata ideia do que nós?*

"Do mesmo modo que aquele, que vê bem, faz mais exata ideia das coisas do que o cego. Os Espíritos veem o que não vedes. Tudo apreciam, mas de modo diferente pelo qual o fazeis. Mas, também isso depende da elevação deles."

242. *Como os Espíritos têm conhecimento do passado? E esse conhecimento lhes é ilimitado?*

"O passado, quando com ele nos ocupamos, é presente. Verifica-se, então, precisamente, o que se passa contigo quando recordas qualquer coisa que te impressionou no curso da tua existência. Simplesmente, como já nenhum véu material nos tolda a inteligência, lembramo-nos mesmo daquilo que se te apagou da memória. Mas, nem tudo os Espíritos sabem, a começar pela própria criação."

243. *E o futuro, os Espíritos o conhecem?*

"Ainda isto depende da elevação que tenham conquistado. Muitas vezes, apenas o entreveem, *porém nem sempre lhes é permitido revelá-lo*. Quando o veem, parece-lhes presente. À medida que se aproxima de Deus, tanto mais claramente o Espírito descortina o futuro. Depois da morte, a alma vê e apreende, num golpe de vista, *suas migrações passadas*, mas não pode ver o que Deus lhe reserva. Para que tal aconteça, preciso é que, ao cabo de múltiplas existências, se haja integrado nele."

a) *Os Espíritos que alcançaram a perfeição absoluta têm conhecimento completo do futuro?*

"Completo não se pode dizer, por isso que só Deus é soberano Senhor e ninguém O pode igualar."

244. *Os Espíritos veem a Deus?*

"Só os Espíritos Superiores o veem e compreendem. Os inferiores o sentem e adivinham."

a) *Quando um Espírito inferior diz que Deus lhe proíbe ou permite uma coisa, como sabe que isso lhe vem Dele?*

"Ele não vê a Deus, mas sente a Sua soberania e, quando não deva ser feita alguma coisa ou dita uma palavra, percebe, como por intuição, a proibição de fazê-la ou dizê-la. Não tendes vós mesmos pressentimentos, que se vos afiguram avisos secretos, para fazerdes, ou não, isto ou aquilo? O mesmo nos acontece, se bem que em grau mais alto, pois compreendes que, sendo mais sutil do que as vossas a essência dos Espíritos, podem estes receber melhor as advertências divinas."

b) *Deus transmite diretamente a ordem ao Espírito, ou por intermédio de outros Espíritos?*

"Ela não lhe vem diretamente de Deus. Para se comunicar com Deus, é-lhe necessário ser digno. Deus lhe transmite suas ordens por intermédio dos Espíritos imediatamente superiores em perfeição e instrução."

245. *O Espírito tem circunscrita a visão, como os seres corpóreos?*

"Não, ela reside em todo ele."

246. *Precisam da luz para ver?*

"Veem por si mesmos, sem precisarem de luz exterior. Para os Espíritos, não há trevas, salvo as em que podem achar-se por expiação."

247. *Para verem o que se passa em dois pontos diferentes, precisam transporta-se a esses pontos? Podem, por exemplo, ver simultaneamente nos dois hemisférios do globo?*

"Como o Espírito se transporta aonde queira, com a rapidez do pensamento, pode-se dizer que vê em toda parte ao mesmo tempo. Seu pensamento pode irradiar, dirigindo-se a um só tempo para muitos pontos diferentes, mas esta faculdade depende da sua pureza. Quanto menos puro é o Espírito, tanto mais limitada tem a visão. Só os Espíritos Superiores podem com a vista abranger um conjunto."

No Espírito, a faculdade de ver é uma propriedade inerente à sua natureza e que reside em todo o seu ser, como a luz reside em todas as partes de um corpo luminoso. É uma espécie de lucidez universal que se estende a tudo, que abrange simultaneamente o espaço, os tempos e as coisas, lucidez para a qual não há trevas nem obstáculos materiais. Compreende-se que deva ser assim. No homem, a visão se dá pelo funcionamento de um órgão que a luz impressiona. Daí se segue que, não havendo luz, o homem fica na obscuridade. No Espírito, como a faculdade de ver constitui um atributo próprio, abstração feita de qualquer agente exterior, a visão independe da luz (Veja a questão nº **92**).

248. *O Espírito vê as coisas tão distintamente como nós?*

"Mais distintamente, pois que sua vista penetra onde a vossa não pode penetrar. Nada a obscurece."

249. *Percebe os sons?*

"Sim, percebe mesmo sons imperceptíveis para os vossos sentidos imperfeitos."

a) *No Espírito, a faculdade de ouvir está em todo ele, como a de ver?*

"Todas as percepções constituem atributos do Espírito e lhe são inerentes ao ser. Quando o reveste um corpo material, elas só lhe chegam pelo conduto dos órgãos. Deixam, porém, de estar localizadas, em se achando ele na condição de Espírito livre."

250. *Constituindo elas atributos próprios do Espírito, será a ele possível deixar de utilizá-las?*

"O Espírito unicamente vê e ouve o que quer. Dizemos isto de um ponto de vista geral e, em particular, com referência aos Espíritos elevados, porquanto os imperfeitos muitas vezes ouvem e veem, a seu mau grado, o que lhes possa ser útil ao aperfeiçoamento."

251. *São sensíveis à música os Espíritos?*

"Aludes à música terrena? Que é ela comparada à música celeste? A esta harmonia de que nada na Terra vos pode dar ideia? Uma está para a outra como o canto do selvagem para uma doce melodia. Não obstante, Espíritos vulgares podem experimentar certo prazer em ouvir a vossa música, por lhes não ser dado ainda compreenderem outra mais sublime. A música possui infinitos encantos para os Espíritos, por terem eles muito desenvolvidas as qualidades sensitivas. Refiro-me à música celeste, que é tudo o que de mais belo e delicado pode a imaginação espiritual conceber."

252. *São sensíveis, os Espíritos, às magnificências da Natureza?*

"Tão diferentes são as belezas naturais dos mundos, que longe estamos de as conhecer. Sim, os Espíritos são sensíveis a essas belezas, de acordo com as aptidões que tenham para as apreciar e compreender. Para os Espíritos elevados, há belezas de conjunto que, por assim dizer, apagam as das particularidades."

253. *Os Espíritos experimentam as nossas necessidades e sofrimentos físicos?*

"Eles os conhecem porque os sofreram, não os experimentam, porém, materialmente, como vós outros: são Espíritos."

254. *E a fadiga, a necessidade de repouso, experimentam-nas?*

"Não podem sentir a fadiga, como a entendeis; por conseguinte, não precisam de descanso corporal, como vós, pois que não possuem órgãos cujas forças devam ser reparadas. O Espírito, entretanto, repousa, no sentido de não estar em constante atividade. Ele não atua materialmente. Sua ação é toda intelectual e inteiramente moral o seu repouso. Quer isto dizer que momentos há em que o seu pensamento deixa de ser tão ativo e não se fixa em qualquer objeto determinado. É um verdadeiro repouso, mas de nenhum modo comparável ao do corpo. A espécie de fadiga que os Espíritos são suscetíveis de sentir guarda relação com a inferioridade deles. Quanto mais elevados forem, tanto menos precisarão de repousar."

255. *Quando um Espírito diz que sofre, de que natureza é seu sofrimento?*

"Angústias morais, que o torturam mais dolorosamente do que todos os sofrimentos físicos."

256. *Como é, então, que alguns Espíritos se têm queixado de sofrer frio ou calor?*

"É reminiscência do que padecem durante a vida, reminiscência não raro tão aflitiva quanto a realidade. Muitas vezes, no que eles assim dizem apenas há uma comparação mediante a qual, em falta de coisa melhor, procuram exprimir a situação em que se acham. Quando se lembram do corpo que revestiram, têm impressão semelhante à de uma pessoa que, havendo tirado o manto que a envolvia, julga, passando algum tempo, que ainda o traz sobre os ombros."

Ensaio teórico da sensação nos Espíritos

257. O corpo é o instrumento da dor. Se não é a causa primária desta é, pelo menos, a causa imediata. A alma tem a percepção da dor: essa percepção é o efeito. A lembrança que da dor a alma conserva pode ser muito penosa, mas não pode ter ação física. De fato, nem o frio, nem o calor são capazes de desorganizar os tecidos da alma, que não é suscetível de congelar-se, nem de queimar-se. Não vemos todos os dias a recordação ou a apreensão de um mal físico produzirem o efeito desse mal, como se real fosse? Não as vemos até causar a morte? Todos sabem que aqueles a quem se amputou um membro costumam sentir dor no membro que lhes falta. Certamente aí não está a sede, ou, sequer, o ponto de partida da dor. O que há, apenas, é que o cérebro guardou desta a impressão. Lícito, portanto, será admitir-se que coisa parecida ocorra nos sofrimentos do Espírito após a morte. Um estudo aprofundado do perispírito, que tão importante papel desempenha em todos os fenômenos espíritas, como nas aparições vaporosas ou tangíveis, no estado em que o Espírito vem a encontrar-se por ocasião da morte, na ideia que tão frequentemente manifesta de que ainda está vivo, nas situações tão comoventes que nos revelam os dos suicidas, dos supliciados, dos que se deixaram absorver pelos gozos materiais e inúmeros outros fatos, muita luz lançaram sobre esta questão, dando lugar a explicações que passamos a resumir.

O perispírito é o laço que prende o Espírito à matéria do corpo, que o tira do meio ambiente, do fluido universal. Participa, ao mesmo tempo, da eletricidade, do fluido magnético e, até certo ponto, da matéria inerte. Pode-se dizer que é a quintessência da matéria. É o princípio da vida orgânica, porém, não o da vida intelectual, que reside no Espírito. É, além disso, o agente das sensações exteriores. No corpo, os órgãos, servindo-lhes de condutos, localizam essas sensações. Destruído o corpo, elas se tornam gerais. Daí o Espírito não dizer que sofre mais da cabeça do que dos pés, ou vice-versa.

Não se confundam, porém, as sensações do perispírito, que se tornou independente, com as do corpo. Estas últimas só por termo de comparação as podemos tomar e não por analogia. Liberto do corpo, o Espírito pode sofrer, mas esse sofrimento não é corporal, embora não seja exclusivamente moral, como o remorso, pois que ele se queixa de frio e calor. Também não sofre mais no inverno do que no verão: temo-los visto atravessar chamas, sem experimentarem qualquer dor. Nenhuma impressão lhes causa, por conseguinte, a temperatura. A dor que sentem não é, pois, uma dor física propriamente dita: é um vago sentimento íntimo, que o próprio Espírito nem sempre compreende bem, precisamente porque a dor não se acha localizada e porque não a produzem agentes exteriores; é mais uma reminiscência do que uma realidade, reminiscência, porém, igualmente penosa. Algumas vezes, entretanto, há mais do que isso, como vamos ver.

Ensina-nos a experiência que, por ocasião da morte, o perispírito se desprende mais ou menos lentamente do corpo; que, durante os primeiros minutos depois da desencarnação, o Espírito não encontra explicação para a situação em que se acha. Crê não estar morto, por isso que se sente vivo; vê a um lado o corpo, sabe que lhe pertence, mas não compreende que esteja separado dele. Essa situação dura enquanto haja qualquer ligação entre o corpo e o perispírito. Disse-nos, certa vez, um suicida: "Não, não estou morto." E acrescentava: *No entanto, sinto os vermes a me roerem.* Ora, indubitavelmente, os vermes não lhe roíam o perispírito e ainda menos o Espírito; roíam-lhe apenas o corpo. Como, porém, não era completa a separação do corpo e do perispírito, uma espécie de repercussão moral se produzia, transmitindo ao Espírito o que estava ocorrendo no corpo. Repercussão talvez não seja o termo próprio, porque pode induzir à suposição de um efeito muito material. Era antes a visão do que se passava com o corpo, ao qual ainda o conservava ligado o perispírito, o que lhe causava a ilusão que ele tomava por realidade. Assim, pois, não haveria no caso uma reminiscência, porquanto ele não fora, em vida, roído pelos vermes: havia o sentimento de um fato da atualidade. Isso mostra que deduções se podem tirar dos fatos, quando atentamente observados.

Durante a vida, o corpo recebe impressões exteriores e as transmite ao Espírito por intermédio do perispírito, que constitui, provavelmente, o que se chama fluido nervoso. Uma vez morto, o corpo nada mais sente, por já não haver nele Espírito, nem perispírito. Este, desprendido do corpo, experimenta a sensação, porém, como já não lhe chega por um canal limitado, ela se lhe torna geral. Ora, não sendo o perispírito, realmente, mais do que simples agente de transmissão, pois que no Espírito é que está a consciência, lógico será deduzir-se que, se pudesse existir perispírito sem Espírito, aquele nada sentiria, exatamente como um corpo que morreu. Do mesmo modo, se o Espírito não tivesse perispírito, seria inacessível a toda e qualquer sensação dolorosa. É o que se dá com os Espíritos completamente purificados. Sabemos que quanto mais eles se purificam, tanto mais etérea se torna a essência do perispírito, de maneira que a influência material diminui à medida que o Espírito progride, isto é, à medida que o próprio perispírito se torna menos grosseiro.

Mas, alguns dirão que as sensações agradáveis são passadas ao Espírito através do perispírito, da mesma forma que as desagradáveis se transmitem ao Espírito, e sendo o Espírito puro inacessível a umas, deve sê-lo igualmente às outras. Assim é, de fato, com relação às que provêm unicamente da influência da matéria que conhecemos. O som dos nossos instrumentos, o perfume das nossas flores nenhuma impressão lhe causam. Entretanto, ele experimenta sensações íntimas, de um encanto indefinível, das quais ideia alguma podemos formar porque, a esse respeito, somos como cegos de nascença diante a luz. Sabemos que isso é real; mas, por que meio se produz? Até lá não vai a nossa ciência. Sabemos que no Espírito há percepção, sensação, audição, visão; que essas faculdades são atributos do ser todo e não, como no homem, de uma parte do ser, apenas; mas, de que modo ele as tem? Ignoramo-lo. Os próprios Espíritos nada nos podem informar sobre isso, por ser inadequada a nossa linguagem a exprimir ideias que não possuímos, precisamente como o é, por falta de termos próprios, assim como acontece na língua dos selvagens, faltam vocábulos para traduzir ideias referentes às nossas artes, ciências e doutrinas filosóficas.

Dizendo que os Espíritos são inacessíveis às impressões da matéria que conhecemos, referimo-nos aos Espíritos muito elevados, cujo envoltório etéreo não encontra analogia neste mundo. Não acontece o mesmo com os de perispírito mais denso, os quais percebem os nossos sons e odores, não, porém, apenas por uma parte limitada de suas individualidades, conforme lhes sucedia quando vivos. Pode-se dizer que, neles, as vibrações moleculares se fazem sentir em todo o ser e lhes chegam assim ao *sensorium commune*[16], que é o próprio Espírito, embora de modo diverso e, talvez, também, dando uma impressão diferente, o que modifica a percepção. Eles ouvem o som da nossa voz, entretanto nos compreendem sem o auxílio da palavra, somente pela transmissão do pensamento. Em apoio do que dizemos há o fato de que essa penetração é tanto mais fácil quanto mais desmaterializado está o Espírito. Pelo que concerne à vista, essa, para o Espírito, independe da luz, qual a temos. A faculdade de ver é um atributo essencial da alma, para quem a obscuridade não existe. É, contudo, mais extensa, mais penetrante nas mais purificadas. A alma, ou o Espírito, tem, pois, em si mesma, a faculdade de todas as percepções. Estas, na vida corpórea, se obliteram pela grosseria dos órgãos do corpo; na vida extracorpórea, se vão desanuviando, à proporção que o invólucro semimaterial se eteriza.

Extraído do meio ambiente, esse invólucro varia de acordo com a natureza dos mundos. Ao passarem de um mundo a outro, os Espíritos mudam de envoltório, como nós mudamos de roupa, quando passamos do inverno ao verão, ou do polo ao equador. Quando vêm visitar-nos, os mais elevados se revestem do perispírito terrestre e então suas percepções se produzem como nos Espíritos vulgares. Todos, porém, tanto os inferiores como os superiores, não ouvem, nem sentem, senão o que queiram ouvir ou sentir. Não possuindo órgãos sensitivos, eles podem, livremente, tornar ativas ou nulas suas percepções. Uma só coisa são obrigados a ouvir os conselhos dos Espíritos bons. A vista, essa é sempre ativa; mas eles podem fazer-se invisíveis uns aos outros. Conforme a categoria que ocupem, podem ocultar-se dos que lhes são inferiores, porém não dos que lhes são superiores. Nos primeiros instantes que se seguem à morte, a visão do Espírito é sempre turva e confusa. Aclara-se à medida que ele se desprende, e pode alcançar a nitidez que tinha durante a vida terrena, além da possibilidade de penetrar através dos corpos que nos são opacos. Quanto à sua extensão através do espaço indefinido, do futuro e do passado, depende do grau de pureza e de elevação do Espírito.

Objetarão, talvez: toda esta teoria nada tem de tranquilizadora. Pensávamos que, uma vez livres do nosso grosseiro envoltório, instrumento das nossas dores, não mais sofreríamos e eis que nos informais que ainda sofreremos. Desta ou daquela forma, será sempre sofrimento. Ah! sim, pode dar-se que continuemos a sofrer, e muito, e por longo tempo, mas também que deixemos de sofrer, até mesmo desde o instante em que se nos acabe a vida corporal.

Os sofrimentos deste mundo independem, algumas vezes, de nós; muito mais vezes, contudo, são devidos à nossa vontade. Remonte cada um à origem deles e verá que a maior parte de tais sofrimentos são efeitos de causas que lhe teria sido possível evitar. Quantos males, quantas enfermidades não deve o homem aos seus excessos, à sua ambição, numa palavra: às suas paixões? Aquele que sempre vivesse com sobriedade, que de nada abusasse, que fosse sempre simples nos gostos e modesto nos desejos, muitas tribulações evitaria.

---

16 *Sensorium commune*: expressão em latim que significa "o centro de todas as impressões sensoriais de onde surge o comando para os movimentos". (N. do E.)

O mesmo se dá com o Espírito. Os sofrimentos por que passa são sempre a consequência da maneira pela qual viveu na Terra. Certamente já não sofrerá mais de gota, nem de reumatismo; no entanto, experimentará outros sofrimentos que nada ficam a dever àqueles. Vimos que seu sofrer resulta dos laços que ainda o prendem à matéria; que quanto mais livre estiver da influência desta, ou, por outra, quanto mais desmaterializado se achar, menos dolorosas sensações experimentará. Ora, está nas suas mãos libertar-se de tal influência desde a vida atual. Ele tem o livre-arbítrio, tem, por conseguinte, a faculdade de escolha entre o fazer e o não fazer. Dome suas paixões animais; não alimente ódio, nem inveja, nem ciúme, nem orgulho; não se deixe dominar pelo egoísmo; purifique-se, nutrindo bons sentimentos; pratique o bem; não ligue às coisas deste mundo importância que não merecem; e, então, embora revestido do invólucro corporal, já estará depurado, já estará liberto do jugo da matéria e, quando deixar esse invólucro, não mais lhe sofrerá a influência. Nenhuma recordação dolorosa lhe advirá dos sofrimentos físicos que haja padecido; nenhuma impressão desagradável eles deixarão, porque apenas terão atingido o corpo e não a alma. Sentir-se-á feliz por se haver libertado deles e a paz da sua consciência o isentará de qualquer sofrimento moral.

Interrogamos, aos milhares, Espíritos que na Terra pertenceram a todas as classes da sociedade, ocuparam todas as posições sociais; estudamo-los em todos os períodos da vida espírita, a partir do momento em que abandonaram o corpo; acompanhamo-los passo a passo na vida de além-túmulo, para observar as mudanças que se operavam neles, nas suas ideias, nos seus sentimentos e, sob esse aspecto, não foram os que aqui se contaram entre os homens mais vulgares os que nos proporcionaram menos preciosos elementos de estudo. Ora, notamos sempre que os sofrimentos guardavam relação com o proceder que eles tiveram e cujas consequências experimentavam; que a outra vida é fonte de inefável ventura para os que seguiram o bom caminho. Deduz-se daí que, aos que sofrem, isso acontece porque o quiseram; que, portanto, só de si mesmos se devem queixar, quer no outro mundo, quer neste.

Escolha das provas

258. *Quando na erraticidade, antes de começar nova existência corporal, tem o Espírito consciência e previsão do que lhe sucederá no curso da vida terrena?*

"Ele próprio escolhe o gênero de provas por que há de passar e nisso consiste o seu livre-arbítrio."

a) *Não é Deus, então, quem lhe impõe as tribulações da vida, como castigo?*

"Nada ocorre sem a permissão de Deus, porquanto foi Deus quem estabeleceu todas as leis que regem o Universo. Ide agora perguntar por que decretou Ele esta lei e não aquela. Dando ao Espírito a liberdade de escolher, Deus lhe deixa a inteira responsabilidade de seus atos e das consequências que estes tiverem. Nada lhe estorva o futuro; abertos se lhe acham, assim, o caminho do bem, como o do mal. Se vier a sucumbir, restar-lhe-á a consolação de que nem tudo se lhe acabou e que a bondade divina lhe concede a liberdade de recomeçar o que foi mal feito. Além disso, é necessário que se distinga o que é obra da vontade de Deus do que o é da do homem. Se um perigo vos ameaça, não fostes vós quem o criou e sim Deus. Vosso, porém, foi o desejo de a ele vos expordes, por haverdes visto nisso um meio de progredirdes, e Deus o permitiu."

259. *Do fato de pertencer ao Espírito a escolha do gênero de provas que deva sofrer, conclui-se que todas as tribulações que experimentamos na vida nós as previmos e buscamos?*

"Todas, não, porque não escolhestes e previstes tudo o que vos sucede no mundo, até as mínimas coisas. Escolhestes apenas o gênero das provações. As particularidades correm por conta da posição em que vos achais; são, muitas vezes, consequências das vossas próprias ações. Escolhendo, por exemplo, nascer entre malfeitores, sabia o Espírito a que arrastamentos se expunha; ignorava, porém, quais os atos que viria a praticar. Esses atos resultam do exercício da sua vontade, ou do seu livre-arbítrio. Sabe o Espírito que, escolhendo tal caminho, terá que sustentar lutas de determinada espécie; sabe, portanto, de que natureza serão as vicissitudes que se lhe depararão, mas ignora se se verificará este ou aquele êxito. Os acontecimentos secundários se originam das circunstâncias e da força das coisas. Previstos só são os fatos principais, os que influem no destino. Se tomares uma estrada cheia de sulcos profundos, sabes que terás de andar cautelosamente, porque há muitas probabilidades de caíres; ignoras, contudo, em que ponto cairás e bem pode suceder que não caias, se fores bastante prudente. Se, ao percorreres uma rua, uma telha te cair na cabeça, não creias que estava escrito, segundo vulgarmente se diz."

260. *Como pode o Espírito desejar nascer entre gente de má vida?*

"Forçoso é que seja posto num meio onde possa sofrer a prova que pediu. Pois bem! É necessário que haja analogia. Para lutar contra o instinto do roubo, preciso é que se ache em contato com gente dada à prática de roubar."

a) *Assim, se não houvesse na Terra gente de maus costumes, o Espírito não encontraria aí meio apropriado ao sofrimento de certas provas?*

"E seria isso de lastimar-se? É o que ocorre nos mundos superiores, onde o mal não penetra. Eis por que nesses mundos só há Espíritos bons. Fazei que em breve o mesmo se dê na Terra."

261. *Nas provações por que lhe cumpre passar para atingir a perfeição, tem o Espírito que sofrer tentações de todas as naturezas? Tem que se achar em todas as circunstâncias que possam excitar-lhe o orgulho, a inveja, a avareza, a sensualidade etc.?*

"Certo que não, pois bem sabeis haver Espíritos que desde o começo tomam um caminho que os exime de muitas provas. Aquele, porém, que se deixa arrastar para o mau caminho corre todos os perigos nele existentes. Pode um Espírito, por exemplo, pedir a riqueza e ser-lhe esta concedida. Então, conforme o seu caráter, poderá tornar-se avaro ou pródigo, egoísta ou generoso, ou ainda lançar-se a todos os gozos da sensualidade. Daí não se segue, entretanto, que haja de forçosamente passar por todas estas tendências."

262. *Como pode o Espírito que, em sua origem, é simples, ignorante e carecido de experiência, escolher uma existência com conhecimento de causa e ser responsável por essa escolha?*

"Deus lhe supre a inexperiência, traçando-lhe o caminho que deve seguir, como fazeis com a criancinha. Deixa-o, porém, pouco a pouco, à medida que o seu livre-arbítrio se desenvolve, senhor de proceder à escolha e só então é que muitas vezes lhe acontece extraviar-se, tomando o mau caminho, por desatender os conselhos dos bons Espíritos. A isso é que se pode chamar a queda do homem."

a) *Quando o Espírito goza do livre-arbítrio, a escolha da existência corporal dependerá sempre exclusivamente de sua vontade, ou essa existência lhe pode ser imposta, como expiação, pela vontade de Deus?*

"Deus sabe esperar, não apressa a expiação. Todavia, pode impor certa existência a um Espírito, quando este, pela sua inferioridade ou má vontade, não se mostra apto a compreender o que lhe seria mais útil, e quando vê que tal existência servirá para a purificação e o progresso do Espírito, ao mesmo tempo que lhe sirva de expiação."

263. *O Espírito faz a sua escolha logo depois da morte?*

"Não, muitos acreditam na eternidade das penas, o que, como já se vos disse, é um castigo."

264. *O que dirige o Espírito na escolha das provas que queira sofrer?*

"Ele escolhe, de acordo com a natureza de suas faltas, as que o levem à expiação destas e a progredir mais depressa. Uns, portanto, impõem a si mesmos uma vida de misérias e privações, objetivando suportá-las com coragem; outros preferem experimentar as tentações da riqueza e do poder, muito mais perigosas, pelos abusos e má aplicação a que podem dar lugar, pelas paixões inferiores que uma e outros desenvolvem; muitos, finalmente, se decidem a experimentar suas forças nas lutas que terão de sustentar em contato com o vício."

265. *Havendo Espíritos que, por provação, escolhem o contato do vício, outros não haverá que o busquem por simpatia e pelo desejo de viverem num meio conforme os seus gostos, ou para poderem entregar-se materialmente a seus pendores materiais?*

"Há, sem dúvida, mas tão somente entre aqueles cujo senso moral ainda está pouco desenvolvido. A prova vem por si mesma e eles a sofrem mais demoradamente. Cedo ou tarde, compreendem que a satisfação de suas paixões brutais lhes acarretou deploráveis consequências, que eles sofrerão durante um tempo que lhes parecerá eterno. E Deus os deixará nessa persuasão, até que se tornem conscientes da falta em que incorreram e peçam, por impulso próprio, que lhes seja concedido resgatá-la, mediante úteis provações."

266. *Não parece natural que se escolham as provas menos dolorosas?*

"Pode parecer-vos a vós; ao Espírito, não. Logo que este se desliga da matéria, cessa toda ilusão e outra passa a ser a sua maneira de pensar."

Sob a influência das ideias carnais, o homem, na Terra, só vê das provas o lado penoso. Tal a razão de lhe parecer natural que sejam escolhidas as que, do seu ponto de vista, podem coexistir com os gozos materiais. Na vida espiritual, porém, compara esses gozos fugazes e grosseiros com a inalterável felicidade que lhe é dado entrever e desde logo nenhuma impressão mais lhe causam os passageiros sofrimentos terrenos. Assim, pois, o Espírito pode escolher prova muito rude e, por conseguinte, uma angustiada existência, na esperança de alcançar depressa um estado melhor, como o doente escolhe muitas vezes o remédio mais desagradável para se curar de pronto. Aquele que intenta ligar seu nome à descoberta de um país desconhecido não procura trilhar estrada florida. Conhece os perigos a que se arrisca, mas também sabe que o espera a glória, se lograr bom êxito.

A doutrina da liberdade que temos de escolher as nossas existências e as provas que devamos sofrer deixa de parecer singular, desde que se atenda a que os Espíritos, uma vez desprendidos da matéria, apreciam as coisas de modo diverso da nossa maneira de apreciá-los. Divisam a meta, que bem diferente é para eles dos gozos fugitivos do mundo. Após cada existência, veem o passo que deram e compreendem o que ainda lhes falta em pureza para atingirem aquela meta. Daí o fato de se submeterem voluntariamente a todas as vicissitudes da vida corpórea, solicitando as que possam fazer que a alcancem mais depressa. Não há, pois, motivo de espanto no fato de o Espírito não preferir a existência mais suave. Não lhe é possível, no estado de imperfeição em que se encontra, gozar de uma vida isenta de amarguras. Ele o percebe e, precisamente para alcançá-la é que trata de se melhorar.

Não vemos, aliás, todos os dias, exemplos de escolhas tais? Que faz o homem que passa uma parte de sua vida a trabalhar sem trégua, nem descanso, para reunir haveres que lhe assegurem o bem-estar, senão desempenhar uma tarefa que a si mesmo se impôs, tendo em vista melhor futuro? O militar que se oferece para uma perigosa missão, o navegante que afronta não menores perigos, por amor da Ciência ou no seu próprio interesse, que fazem, também eles, senão sujeitar-se a provas voluntárias, de que lhes advirão honras e proveito, se não sucumbirem? A que se não submete ou expõe o homem pelo seu interesse ou pela sua glória? E os concursos não são também todos provas voluntárias a que os concorrentes se sujeitam, com o fito de avançarem na carreira que escolheram? Ninguém galga qualquer posição nas ciências, nas artes, na indústria, senão passando pela série das posições inferiores, que são outras tantas provas. A vida humana é, pois, cópia da vida espiritual; nela se nos deparam em ponto pequeno todas as peripécias da outra. Ora, se na vida terrena muitas vezes escolhemos duras provas, visando posição mais elevada, por que não haveria o Espírito, que enxerga mais longe que o corpo e para quem a vida corporal é apenas incidente de curta duração, de escolher uma existência árdua e laboriosa, desde que o conduza à felicidade eterna? Os que dizem que pedirão para ser príncipes ou milionários, uma vez que ao homem é que caiba escolher a sua existência, se assemelham aos míopes, que apenas veem aquilo em que tocam, ou a meninos gulosos, que, a quem os interroga sobre isso, respondem que desejam ser pasteleiros ou doceiros.

O viajante que atravessa profundo vale com espesso nevoeiro não logra apanhar com a vista a extensão da estrada por onde vai, nem os seus pontos extremos. Chegando, porém, ao cume da montanha, abrange com o olhar quanto percorreu do caminho e quanto lhe resta dele a percorrer. Divisa-lhe o termo, vê os obstáculos que ainda terá de transpor e combina então os meios mais seguros de atingi-lo. O Espírito encarnado é como um viajante no sopé da montanha. Desenleado dos liames terrenais, sua visão tudo domina, como a daquele que subiu à crista da serrania. Para ele, no termo da sua jornada está o repouso após a fadiga; para o Espírito está a felicidade suprema após as tribulações e as provas.

Dizem todos os Espíritos que, na erraticidade, eles se aplicam a pesquisar, estudar, observar, a fim de fazerem a sua escolha. Na vida corporal não se nos oferece um exemplo deste fato? Não levamos, frequentemente, anos a procurar a carreira pela qual afinal nos decidimos, certos de ser a mais apropriada a nos facilitar o caminho da vida? Se numa o nosso intento se malogra, recorremos a outra. Cada uma das que abraçamos representa uma fase, um período da vida. Não nos ocupamos cada dia em cogitar o que faremos no dia seguinte? Ora, que são, para o Espírito, as diversas existências corporais, senão fases, períodos, dias da sua vida espírita, que é, como sabemos, a vida normal, visto que a outra é transitória, passageira?

267. *Pode o Espírito proceder à escolha de suas provas enquanto encarnado?*

"O desejo que então alimenta pode influir na escolha que venha a fazer, dependendo isso da intenção que o anime. Dá-se, porém, que, como Espírito livre, quase sempre vê as coisas de modo diferente. O Espírito por si só é quem faz a escolha; entretanto, ainda uma vez o dizemos, possível lhe é fazê-la, mesmo na vida material, por isso que há sempre momentos em que o Espírito se torna independente da matéria que lhe serve de habitação."

a - *Não é decerto como expiação, ou como prova, que muita gente deseja as grandezas e as riquezas. Será?*

"Indubitavelmente, não. A matéria deseja essa grandeza para gozá-la e o Espírito para conhecer-lhe as vicissitudes."

268. *Até que chegue ao estado de pureza perfeita, tem o Espírito que passar constantemente por provas?*

"Sim, mas que não são como o entendeis, pois que só considerais provas as tribulações materiais. Ora, havendo-se elevado a um certo grau, o Espírito, embora não seja ainda perfeito, já não tem que sofrer provas. Continua, porém, sujeito a deveres nada penosos, cuja satisfação lhe auxilia o aperfeiçoamento, mesmo que consistam apenas em auxiliar os outros a se aperfeiçoarem."

269. *Pode o Espírito enganar-se quanto à eficiência da prova que escolheu?*

"Pode escolher uma que esteja acima de suas forças e sucumbir. Pode também escolher alguma que nada lhe aproveite, como sucederá se buscar vida ociosa e inútil. Mas, então, voltando ao mundo dos Espíritos, verifica que nada ganhou e pede outra que lhe faculte recuperar o tempo perdido."

270. *A que se devem atribuir as vocações de certas pessoas e a vontade que sentem de seguir uma carreira de preferência a outra?*

"Parece-me que vós mesmos podeis responder a esta pergunta. Pois não é isso a consequência de tudo o que acabamos de dizer sobre a escolha das provas e sobre o progresso efetuado em existência anterior?"

271. *Estudando, na erraticidade, as diversas condições em que poderá progredir, como pensa o Espírito consegui-lo, nascendo, por exemplo, entre canibais?*

"Entre canibais não nascem Espíritos já adiantados, mas Espíritos da natureza dos canibais, ou ainda inferiores aos destes."

Sabemos que os nossos antropólogos não se acham no último degrau da escala espiritual e que mundos há onde o embrutecimento e a ferocidade não têm analogia na Terra. Os Espíritos que aí encarnam são, portanto, inferiores aos mais ínfimos que no nosso mundo encarnam. Para eles, pois, nascer entre os nossos selvagens representa um progresso, como progresso seria, para os antropófagos terrenos, exercerem entre nós uma profissão que os obrigasse a fazer correr sangue. Não podem pôr mais alto suas vistas porque sua inferioridade moral não lhes permite compreender maior progresso. O Espírito só gradativamente avança. Não lhe é dado transpor de um salto a distância que da civilização separa a barbárie e é esta uma das razões que nos mostram ser necessária à reencarnação, que verdadeiramente corresponde à justiça de Deus. De outro modo, que seria desses milhões de criaturas que todos os dias morrem na maior degradação, se não tivessem meios de alcançar a superioridade? Por que os privaria Deus dos favores concedidos aos outros homens?

272. *Poderá dar-se que Espíritos vindos de um mundo inferior à Terra, ou de um povo muito atrasado, como os canibais, por exemplo, nasçam no seio de povos civilizados?*

"Pode. Alguns há que se extraviam, por quererem subir muito alto. Mas, nesse caso, ficam deslocados no meio em que nasceram, por estarem seus costumes e instintos em conflito com os dos outros homens."

Tais seres nos oferecem o triste espetáculo da ferocidade dentro da civilização. Voltando para o meio dos canibais, não sofrem uma degradação; apenas volvem ao lugar que lhes é próprio e com isso talvez até ganhem.

273. *Será possível que um homem de raça civilizada reencarne, por exemplo, numa raça de selvagens?*

"Sim, mas depende do gênero da expiação. Um senhor que tenha sido cruel para com os seus escravos poderá, por sua vez, tornar-se escravo e sofrer os maus-tratos que infligiu a seus semelhantes. Um que, em certa época, exerceu o mando pode, em nova existência, ter que obedecer aos que se curvaram ante a sua vontade. É uma expiação que Deus lhe impõe se ele abusou do seu poder. Também um bom Espírito pode querer encarnar no seio daquelas raças, ocupando posição influente, para fazê-las progredir. Em tal caso, desempenha uma missão."

As relações no além-túmulo

274. *Da existência de diferentes ordens de Espíritos resulta para estes alguma hierarquia de poderes? Há entre eles subordinação e autoridade?*

"Muito grande. Os Espíritos têm uns sobre os outros a autoridade correspondente ao grau de superioridade que hajam alcançado, autoridade que eles exercem por uma ascendência moral irresistível."

a) *Podem os Espíritos inferiores subtrair-se à autoridade dos que lhes são superiores?*

"Eu disse: irresistível."

275. *O poder e a consideração de que um homem gozou na Terra lhe dão supremacia no mundo dos Espíritos?*

"Não; pois que os pequenos serão elevados e os grandes rebaixados. Lê os Salmos."

a) *Como devemos entender essa elevação e esse rebaixamento?*

"Não sabes que os Espíritos são de diferentes ordens, conforme seus méritos? Pois bem! O maior da Terra pode pertencer à última categoria entre os Espíritos, ao passo que o seu servo pode estar na primeira. Compreendes isto? Não disse Jesus: aquele que se humilhar será exaltado e aquele que se exaltar será humilhado?"

276. *Aquele que foi grande na Terra e que, como Espírito, vem a achar-se entre os de ordem inferior, experimenta com isso alguma humilhação?*

"Às vezes bem grande, sobretudo se era orgulhoso e invejoso."

277. *O soldado que depois da batalha se encontra com o seu general, no mundo dos Espíritos, ainda o tem por seu superior?*

"O título nada vale, a superioridade real é que tem valor."

278. *Os Espíritos das diferentes ordens se acham misturados uns com os outros?*

"Sim e não. Quer dizer: eles se veem, mas se distinguem uns dos outros. Evitam-se ou se aproximam, conforme a simpatia ou a antipatia que reciprocamente uns inspiram nos outros, tal qual sucede entre vós. *Constituem um mundo do qual o vosso é pálido reflexo.* Os da mesma categoria se reúnem por uma espécie de afinidade e formam grupos ou famílias, unidos pelos laços da simpatia e pelos fins a que visam: os bons, pelo desejo de fazerem o bem; os maus, pelo de fazerem o mal, pela vergonha de suas faltas e pela necessidade de se acharem entre os que se lhes assemelham."

Tal qual uma grande cidade onde os homens de todas as classes e de todas as condições se veem e encontram, sem se confundirem; onde as sociedades se formam pela analogia dos gostos; onde a virtude e o vício se acotovelam, sem trocarem palavra.

279. *Todos os Espíritos têm reciprocamente acesso aos diferentes grupos ou sociedades que eles formam?*

"Os bons vão a toda parte e assim deve ser, para que possam influir sobre os maus. As regiões, porém, que os bons habitam estão interditadas aos Espíritos imperfeitos, a fim de que não as perturbem com suas paixões inferiores."

280. *De que natureza são as relações entre os bons e os maus Espíritos?*

"Os bons se ocupam em combater as más inclinações dos outros, a *fim de ajudá-los a subir*. É sua missão."

281. *Por que os Espíritos inferiores se comprazem em nos induzir ao mal?*

"Pelo despeito que lhes causa o não terem merecido estar entre os bons. O desejo que neles predomina é o de impedirem, o quanto possam, que os Espíritos ainda inexperientes alcancem o supremo bem. Querem que os outros experimentem o que eles próprios experimentam. Isto não se dá também entre vós outros?"

282. *Como se comunicam entre si os Espíritos?*

"Eles se veem e se compreendem. A palavra é material: é o reflexo do Espírito. O fluido universal estabelece entre eles constante comunicação; é o veículo da transmissão de seus pensamentos, como, para vós, o ar o é do som. É uma espécie de telégrafo universal, que liga todos os mundos e permite que os Espíritos se correspondam de um mundo a outro."

283. *Podem os Espíritos, reciprocamente, dissimular seus pensamentos? Podem ocultar- -se uns dos outros?*

"Não; para os Espíritos, tudo é patente, sobretudo para os perfeitos. Podem afastar-se uns dos outros, mas sempre se veem. Isto, porém, não constitui regra absoluta, porquanto certos Espíritos podem muito bem tornar-se invisíveis a outros Espíritos, se julgarem útil fazê-lo."

284. *Como podem os Espíritos, não tendo corpo, comprovar suas individualidades e distinguir-se dos outros seres espirituais que os rodeiam?*

"Comprovam suas individualidades pelo perispírito, que os torna distinguíveis uns dos outros, como faz o corpo entre os homens."

285. *Os Espíritos se reconhecem por terem coabitado a Terra? O filho reconhece o pai, o amigo reconhece o seu amigo?*

"Perfeitamente e, assim, de geração em geração."

a) *Como é que os que se conheceram na Terra se reconhecem no mundo dos Espíritos?*

"Vemos a nossa vida pretérita e a lemos como um livro. Vendo a dos nossos amigos e dos nossos inimigos, aí vemos a passagem deles da vida corporal à morte."

286. *Deixando seus despojos mortais, a alma vê imediatamente os parentes e amigos que a precederam no mundo dos Espíritos?*

"Nem sempre de forma imediata. Como já dissemos, é-lhe necessário algum tempo para que ela se reconheça a si mesma e sacuda o véu material."

287. *Como é acolhida a alma no seu regresso ao mundo dos Espíritos?*

"A do justo, como bem-amado irmão, desde muito tempo esperado. A do mau, como um ser desprezível."

288. *Que sentimento desperta nos Espíritos impuros a chegada entre eles de outro Espírito mau?*

"Os maus ficam satisfeitos quando veem seres que se lhes assemelham e privados, também, da infinita ventura, qual na Terra um tratante entre seus iguais."

289. *Nossos parentes e amigos costumam vir-nos ao encontro quando deixamos a Terra?*

"Sim, os Espíritos vão ao encontro da alma a quem são afeiçoados. Felicitam-na, como se regressasse de uma viagem, por haver escapado aos perigos da estrada, e *ajudam-na a desprender-se dos liames corporais*. É uma graça concedida aos bons Espíritos a de lhes virem ao encontro os que os amam, ao passo que aquele que se acha maculado permanece em insulamento, ou só tem a rodeá-lo os que lhe são semelhantes. É uma punição."

290. *Os parentes e amigos sempre se reúnem depois da morte?*

"Depende isso da elevação deles e do caminho que seguem, procurando progredir. Se um está mais adiantado e caminha mais depressa do que outro, não podem os dois conservarem-se juntos. Ver-se-ão de tempos a tempos, mas não estarão reunidos para sempre, senão quando puderem caminhar lado a lado, ou quando se houverem igualado na perfeição. Acresce que a privação de ver os parentes e amigos é, às vezes, uma punição."

Relações de simpatia e de antipatia entre os Espíritos. Metades eternas

291. *Além da simpatia geral, oriunda da afinidade que entre eles exista, cultivam os Espíritos recíprocas afeições particulares?*

"Do mesmo modo que os homens, sendo, porém, que mais forte é o laço que prende os Espíritos uns aos outros, quando carentes de corpo material, porque então esse laço não se acha exposto às vicissitudes das paixões."

292. *Alimentam ódio entre si os Espíritos?*

"Só entre os Espíritos impuros há ódio e são eles que insuflam nos homens as inimizades e as dissensões."

293. *Conservarão ressentimento um do outro, no mundo dos Espíritos, dois seres que foram inimigos na Terra?*

"Não; compreenderão que era estúpido o ódio que se votavam e pueril o motivo que o inspirava. Apenas os Espíritos imperfeitos conservam uma espécie de animosidade, enquanto se não purificam. Se foi unicamente um interesse material o que os inimizou, nisso não pensarão mais, por pouco desmaterializados que estejam. Não havendo entre eles antipatia e tendo deixado de existir a causa de suas desavenças, aproximam-se uns dos outros com prazer."

Sucede como entre dois colegiais que, chegando à idade da ponderação, reconhecem a puerilidade de suas dissensões infantis e deixam de se malquerer.

294. *A lembrança dos atos maus que dois homens praticaram um contra o outro constitui obstáculo para que entre eles reine simpatia?*

"Essa lembrança os induz a se afastarem um do outro."

295. *Que sentimento anima, depois da morte, aqueles a quem fizemos mal neste mundo?*

"Se são bons, eles vos perdoam, segundo o vosso arrependimento. Se maus, é possível que guardem ressentimento do mal que lhes fizestes e vos persigam até, não raro, em outra existência. Deus pode permitir que assim seja, por castigo."

296. *São suscetíveis de alterar-se as afeições individuais dos Espíritos?*

"Não, porque não podem enganar-se. *Falta-lhes a máscara sob a qual se escondem os hipócritas.* Daí vem que, sendo puros, suas afeições são inalteráveis. Suprema felicidade lhes advém do amor que os une."

297. *Continua a existir sempre, no mundo dos Espíritos, a afeição mútua que dois seres se consagraram na Terra?*

"Sem dúvida, desde que originada de verdadeira simpatia. Se, porém, nasceu principalmente de causas de ordem física, desaparece com a causa. As afeições entre os Espíritos são mais sólidas e duráveis do que na Terra, porque não se acham subordinadas aos caprichos dos interesses materiais e do amor-próprio."

298. *As almas que devam unir-se estão, desde suas origens, predestinadas a essa união e cada um de nós tem, em alguma parte do Universo, sua metade, à qual fatalmente um dia reunirá?*

"Não; não há união particular e fatal, de duas almas. A união que há é a de todos os Espíritos, mas em graus diversos, segundo a categoria que ocupam, isto é, segundo a perfeição que tenham adquirido. Quanto mais perfeitos, tanto mais unidos. Da discórdia nascem todos os males dos humanos; da concórdia resulta a completa felicidade."

299. *Em que sentido se deve entender a palavra metade, de que alguns Espíritos se servem para designar os Espíritos simpáticos?*

"A expressão é inexata. Se um Espírito fosse a metade do outro, separados os dois, estariam ambos incompletos."

300. *Se dois Espíritos perfeitamente simpáticos se reunirem, estarão unidos para todo o sempre, ou poderão separar-se e unir-se a outros Espíritos?*

"Todos os Espíritos estão reciprocamente unidos. Falo dos que atingiram a perfeição. Nas esferas inferiores, desde que um Espírito se eleva, já não simpatiza, como antes, com os que lhe ficaram abaixo."

301. *Dois Espíritos simpáticos são complemento um do outro, ou a simpatia entre eles existente é resultado de identidade perfeita?*

"A simpatia que atrai um Espírito para outro resulta da perfeita concordância de seus pendores e instintos. Se um tivesse que completar o outro, perderia a sua individualidade."

302. *A identidade necessária à existência da simpatia perfeita apenas consiste na analogia dos pensamentos e sentimentos, ou também na uniformidade dos conhecimentos adquiridos?*

"Na igualdade dos graus da elevação."

303. *Podem tornar-se de futuro simpáticos, Espíritos que presentemente não o são?*

"Todos o serão. Um Espírito que hoje está numa esfera inferior ascenderá, aperfeiçoando-se, à em que se acha outro Espírito. E ainda mais depressa se dará o encontro dos dois, se o mais elevado, por suportar mal as provas a que esteja submetido, permanecer estacionário."

a) *Podem deixar de ser simpáticos um ao outro dois Espíritos que já o sejam?*
"Certamente, se um deles for preguiçoso."

A teoria das metades eternas encerra uma simples figura, representativa da união de dois Espíritos simpáticos. Trata-se de uma expressão usada até na linguagem vulgar e que não se deve tomar ao pé da letra. Não pertencem decerto a uma ordem elevada os Espíritos que a empregaram. Necessariamente, limitado sendo o campo de suas ideias, exprimiram seus pensamentos com os termos de que se teriam utilizado na vida corporal. Não se deve, pois, aceitar a ideia de que, criados um para o outro, dois Espíritos tenham, fatalmente, que se reunir um dia na eternidade, depois de haverem estado separados por tempo mais ou menos longo.

Recordação da existência corpórea

304. *Lembra-se o Espírito da sua existência corporal?*
"Lembra-se, isto é, tendo vivido muitas vezes na Terra, recorda-se do que foi como homem e eu te afirmo que frequentemente ri, penalizado de si mesmo."

Tal qual o homem chegou à madureza e que ri das suas loucuras de moço, ou das suas puerilidades na meninice.

305. *A lembrança da existência corporal se apresenta ao Espírito, completa e inopinadamente, após a morte?*
"Não, vem-lhe pouco a pouco, qual imagem que surge gradualmente de uma névoa, à medida que nela fixa ele a sua atenção."

306. *O Espírito se lembra, pormenorizadamente, de todos os acontecimentos de sua vida? Apreende o conjunto deles de um golpe de vista retrospectivo?*
"Lembra-se das coisas, de conformidade com as consequências que delas resultaram para o estado em que se encontra como Espírito errante. Bem compreendes, portanto, que muitas circunstâncias haverá de sua vida a que não ligará importância alguma e das quais nem sequer procurará recordar-se."

a) *Mas, se o quisesse, poderia lembrar-se delas?*
"Pode lembrar-se dos mais minuciosos pormenores e incidentes, assim relativos aos fatos, como até aos seus pensamentos. Não o faz, porém, desde que não tenha utilidade."

b) *Entrevê o Espírito o objetivo da vida terrestre com relação à vida futura?*
"Certo que o vê e compreende muito melhor do que em vida do seu corpo. Compreende a necessidade da sua purificação para chegar ao infinito e percebe que em cada existência deixa algumas impurezas."

307. *Como é que ao Espírito se lhe desenha na memória a sua vida passada? Será por esforço da própria imaginação, ou como um quadro que se lhe apresenta à vista?*
"De ambas as formas. São-lhe como que presentes todos os atos de que tenha interesse em lembrar-se. Os outros lhe permanecem mais ou menos vagos na mente, ou esquecidos de todo. Quanto mais desmaterializado estiver, tanto menos importância dará às coisas materiais. Essa é a razão por que, muitas vezes, evocas um Espírito que acabou de deixar a Terra e verificas que não se lembra dos nomes das pessoas que lhe eram caras, nem de

uma porção de coisas que te parecem importantes. É que tudo isso, pouco lhe importando, logo caiu em esquecimento. Ele só se recorda perfeitamente bem dos fatos principais que concorrem para a sua melhoria."

308. *O Espírito se recorda de todas as existências que precederam a que acaba de ter?*
"Todo o seu passado se lhe desdobra à vista, quais a um viajante os trechos do caminho que percorreu. Mas, como já dissemos, não se recorda, de modo absoluto, de todos os seus atos. Lembra-se destes conformemente a influência que tiveram na criação do seu estado atual. Quanto às primeiras existências, as que se podem considerar a infância do Espírito, essas se perdem no vago e desaparecem na noite do esquecimento."

309. *Como considera o Espírito o corpo de que vem de separar-se?*
"Como veste imprestável, que o embaraçava, sentindo-se feliz por estar livre dela."
a) *Que sensação lhe causa o espetáculo do seu corpo em decomposição?*
"Quase sempre se conserva indiferente a isso, como a uma coisa que em nada o interessa."

310. *Ao cabo de algum tempo, reconhecerá o Espírito os ossos ou outros objetos que lhe tenham pertencido?*
"Algumas vezes, dependendo do ponto de vista mais ou menos elevado, pelo qual considere as coisas terrenas."

311. *A veneração que se tenha pelos objetos materiais que pertenceram ao Espírito lhe dá prazer e atrai a sua atenção para esses objetos?*
"É sempre grato ao Espírito que se lembrem dele, e os objetos que lhe pertenceram trazem-no à memória dos que ele no mundo deixou. Mas o que o atrai é o pensamento destas pessoas e não aqueles objetos."

312. *E a lembrança dos sofrimentos por que passaram na última existência corporal, os Espíritos a conservam?*
"Frequentemente assim acontece e essa lembrança lhes faz compreender melhor o valor da felicidade de que podem gozar como Espíritos."

313. *O homem, que neste mundo foi feliz, deplora a felicidade que perdeu, deixando a Terra?*
"Só os Espíritos inferiores podem sentir saudades de gozos condizentes com uma natureza impura qual a deles, gozos que lhes acarretam a expiação pelo sofrimento. Para os Espíritos elevados, a felicidade eterna é mil vezes preferível aos prazeres efêmeros da Terra."

Exatamente como sucede ao homem que, na idade da madureza, nenhuma importância liga ao que tanto o deliciava na infância.

314. *Aquele que deu começo a trabalhos importantes com um fim útil e que os vê interrompidos pela morte, lamenta, no outro mundo, tê-los deixado por acabar?*
"Não, porque vê que outros estão destinados a concluí-los. Trata, ao contrário, de influenciar outros Espíritos humanos, para que os continuem. Seu objetivo, na Terra, era o bem da Humanidade: o mesmo objetivo continua a ter no mundo dos Espíritos."

315. *E o que deixou trabalhos de arte ou de literatura, conserva pelas suas obras o amor que lhes tinha quando vivo?*
"De acordo com a sua elevação, aprecia-as de outro ponto de vista e não é raro condene o que maior admiração lhe causava."

316. *No além, o Espírito se interessa pelos trabalhos que se executam na Terra, pelo progresso das artes e das ciências?*

"Conforme a sua elevação ou a missão que possa ter que desempenhar. Muitas vezes, o que vos parece magnífico bem pouco é para certos Espíritos, que, então, o admiram, como o sábio admira a obra de um estudante. Atentam apenas no que prove a elevação dos encarnados e seus progressos."

317. *Após a morte, conservam os Espíritos o amor da pátria?*

"O princípio é sempre o mesmo. Para os Espíritos elevados, a pátria é o Universo. Na Terra, a pátria, para eles, está onde se ache o maior número das pessoas que lhes são simpáticas."

As condições dos Espíritos e as maneiras pelas quais veem as coisas variam ao infinito, de conformidade com os graus de desenvolvimento moral e intelectual em que se achem. Geralmente, os Espíritos de ordem elevada só por breve tempo se aproximam da Terra. Tudo o que aí se faz é tão mesquinho em comparação com as grandezas do infinito, tão pueris são, aos olhos deles, as coisas a que os homens mais importância ligam, que quase nenhum atrativo lhes oferece o nosso mundo, a menos que para aí os leve o propósito de concorrerem para o progresso da Humanidade. Os Espíritos de ordem intermediária são os que mais frequentemente baixam a este planeta, embora considerem as coisas de um ponto de vista mais elevado do que quando encarnados. Os Espíritos vulgares, esses são os que aí mais comprazem e constituem a massa da população invisível do globo terráqueo. Conservam quase que as mesmas ideias, os mesmos gostos e as mesmas inclinações que tinham quando revestidos do invólucro corpóreo. Metem-se em nossas reuniões, negócios, divertimentos, nos quais tomam parte mais ou menos ativa, segundo suas características. Não podendo satisfazer às suas paixões, gozam na companhia dos que a eles se entregam e os excitam a cultivá-las. Entre eles, no entanto, muitos há, sérios, que veem e observam para se instruírem e aperfeiçoarem.

318. *As ideias dos Espíritos se modificam quando na erraticidade?*

"Muito; sofrem grandes modificações, à medida que o Espírito se desmaterializa. Pode este, algumas vezes, permanecer longo tempo imbuído das ideias que tinha na Terra; mas, pouco a pouco, a influência da matéria diminui e ele vê as coisas com maior clareza. É então que procura os meios de se tornar melhor."

319. *Já tendo o Espírito vivido a vida espírita antes da sua encarnação, como se explica o seu espanto ao reingressar no mundo dos Espíritos?*

"Isso só se dá no primeiro momento e é efeito da perturbação que se segue ao despertar do Espírito. Mais tarde, ele se vai inteirando da sua condição, à medida que lhe volta a lembrança do passado e que a impressão da vida terrena se lhe apaga." (ver questão nº 163 e as seguintes.)

Comemoração dos mortos e funerais

320. *Sensibiliza os Espíritos a saudade que despertam naqueles que lhes foram caros na Terra?*

"Muito mais do que podeis supor. Se são felizes, esse fato lhes aumenta a felicidade. Se são desgraçados, serve-lhes de lenitivo."

321. *O dia da comemoração dos mortos é, para os Espíritos, mais solene do que os outros dias? Apraz-lhes ir ao encontro dos que vão orar nos cemitérios sobre seus túmulos?*

"Os Espíritos acodem nesse dia ao chamado dos que da Terra lhes dirigem seus pensamentos, como o fazem noutro dia qualquer."

a) *Mas o de finados é, para eles, um dia especial de reunião junto de suas sepulturas?*

"Nesse dia, em maior número se reúnem nas necrópoles, porque então também é maior, em tais lugares, o das pessoas que os chamam pelo pensamento. Porém, cada Espírito vai lá somente pelos seus amigos e não pela multidão dos indiferentes."

b) *Sob que forma aí compareçam e como os veríamos, se pudessem tornar-se visíveis?*

"Sob a que tinham quando encarnados."

322. *E os esquecidos, cujos túmulos ninguém vai visitar, também lá, não obstante, comparecem e sentem algum pesar por verem que nenhum amigo se lembra deles?*

"Que lhes importa a Terra? Só pelo coração nos achamos a ela presos. Desde que aí ninguém mais lhe vota afeição, nada mais prende a esse planeta o Espírito, que tem para si o Universo inteiro."

323. *A visita de uma pessoa a um túmulo causa maior contentamento ao Espírito, cujos despojos corporais aí se encontrem, do que a prece que por ele faça essa pessoa em sua casa?*

"Aquele que visita um túmulo apenas manifesta, por essa forma, que pensa no Espírito ausente. A visita é a representação exterior de um fato íntimo. Já dissemos que a prece é que santifica o ato da rememoração. Nada importa o lugar, desde que seja feita com o coração."

324. *Os Espíritos das pessoas a quem se erigem estátuas ou monumentos assistem à inauguração de umas e outros e experimentam algum prazer nisso?*

"Muitos comparecem a tais solenidades, quando podem; porém, menos os sensibiliza a homenagem que lhes prestam do que a lembrança que deles guardam os homens."

325. *Qual é a origem do desejo que certas pessoas exprimem de ser enterradas antes num lugar do que noutro? Será que preferirão, depois de mortas, vir a tal lugar? E essa importância dada a uma coisa tão material constitui indício de inferioridade do Espírito?*

"A afeição particular do Espírito por determinados lugares demonstra inferioridade moral. Que importa este ou aquele canto da Terra a um Espírito elevado? Não sabe ele que sua alma se reunirá às dos que lhe são caros, embora fiquem separados os seus respectivos ossos?"

a) *Deve-se considerar futilidade a reunião dos despojos mortais de todos os membros de uma família?*

"Não; é um costume piedoso e um testemunho de simpatia que dão os que assim procedem aos que lhes foram entes queridos. Conquanto destituída de importância para os Espíritos, essa reunião é útil aos homens: mais concentradas se tornam suas recordações."

326. *Comovem a alma que volta à vida espiritual as honras que lhe prestem aos despojos mortais?*

"Quando já ascendeu a certo grau de perfeição, o Espírito se acha livre de vaidades terrenas e compreende a futilidade de todas essas coisas. Porém, ficai sabendo, há Espíritos que, nos primeiros momentos que se seguem à sua morte material, experimentam grande prazer com as honras que lhes tributam, ou se aborrecem com o pouco caso que façam de seus envoltórios corporais. É que ainda conservam alguns dos preconceitos desse mundo."

327. *O Espírito assiste ao seu enterro?*

"Frequentemente assiste, mas, algumas vezes, se ainda está perturbado, não percebe o que se passa."

a) *Lisonjeia-o a concorrência de muitas pessoas ao seu enterramento?*

"Mais ou menos, conforme o sentimento que as anima."

328. *O Espírito daquele que acaba de morrer assiste à reunião de seus herdeiros?*

"Quase sempre. Para seu ensinamento e castigo dos culpados, Deus permite que assim aconteça. Nessa ocasião, o Espírito julga do valor dos protestos que lhe faziam. Todos os sentimentos se lhe patenteiam e a decepção que lhe causa a rapacidade dos que entre si partilham os bens por ele deixados o esclarece acerca daqueles sentimentos. Chegará, porém, a vez dos que lhe motivam essa decepção."

329. *O instintivo respeito que, em todos os tempos entre todos os povos, o homem consagrou e consagra aos mortos é efeito da intuição que tem da vida futura?*

"É a consequência natural dessa intuição. Se assim não fosse, nenhuma razão de ser teria esse respeito."

CAPÍTULO VII

VOLTA DO ESPÍRITO À VIDA CORPORAL

Prelúdio da volta

330. *Sabem os Espíritos em que época reencarnarão?*

"Pressentem-na, como sucede ao cego que se aproxima do fogo. Sabem que têm de retomar um corpo, como sabeis que tendes de morrer um dia, mas ignoram quando isso se dará."

a) *Então, a reencarnação é uma necessidade da vida espírita, como a morte o é da vida corporal?*

"Certamente; assim é."

331. *Todos os Espíritos se preocupam com a sua reencarnação?*

"Muitos há que em tal coisa não pensam, que nem sequer a compreendem. Depende de estarem mais ou menos adiantados. Para alguns, a incerteza em que se acham do futuro que os aguarda constitui punição."

332. *Pode o Espírito apressar ou retardar o momento da sua reencarnação?*

"Pode apressá-lo, atraindo-o por um desejo ardente. Pode igualmente distanciá-lo, recuando diante da prova, pois entre os Espíritos também há covardes e indiferentes. Nenhum, porém assim procede impunemente, visto que sofre por isso, como aquele que recusa o remédio capaz de curá-lo."

333. *Se se considerasse bastante feliz, numa condição mediana entre os Espíritos errantes e, por conseguinte, não ambicionasse elevar-se, poderia um Espírito prolongar indefinidamente esse estado?*

"Indefinidamente, não. Cedo ou tarde, o Espírito sente a necessidade de progredir. Todos têm que se elevar; esse é o destino de todos."

334. *Há predestinação na união da alma com tal ou tal corpo, ou só à última hora é feita a escolha do corpo que ela tomará?*

"O Espírito é sempre, de antemão, designado. Tendo escolhido a prova a que queira submeter-se, pede para encarnar. Ora, Deus, que tudo sabe e vê, já antecipadamente sabia e vira que tal Espírito se uniria a tal corpo."

335. *Cabe ao Espírito a escolha do corpo em que encarne, ou somente a do gênero de vida que lhe sirva de prova?*

"Pode também escolher o corpo, porquanto as imperfeições que este apresente ainda serão, para o Espírito, provas que lhe auxiliarão o progresso, se vencer os obstáculos que lhe oponha. Nem sempre, porém, lhe é permitida a escolha do seu invólucro corpóreo; mas, simplesmente, a faculdade de pedir que seja tal ou qual."

a) *Poderia o Espírito recusar, à última hora, tomar o corpo por ele escolhido?*

"Se recusasse, sofreria muito mais do que aquele que não tentasse prova alguma."

336. *Pode acontecer de um corpo que deve nascer não encontrar Espírito para nele encarnar?*

"Deus a isso proveria. Quando uma criança tem que nascer vital, está predestinada sempre a ter uma alma. Nada se cria sem que à criação presida um desígnio."

337. *Pode a união do Espírito a determinado corpo ser imposta por Deus?*

"Certamente, do mesmo modo que as diferentes provas, sobretudo quando ainda o Espírito não está apto a proceder a uma escolha com conhecimento de causa. Por expiação, pode o Espírito ser constrangido a se unir ao corpo de determinada criança que, pelo seu nascimento e pela posição que venha a ocupar no mundo, se lhe torne instrumento de castigo."

338. *Se acontecesse que muitos Espíritos se apresentassem para tomar determinado corpo destinado a nascer, que é o que decidiria sobre a qual deles pertenceria o corpo?*

"Muitos podem pedi-lo; mas, em tal caso, Deus é quem julga qual é o mais capaz de desempenhar a missão a que a criança se destina. Porém, como já eu disse, o Espírito é designado antes que soe o instante em que haja de unir-se ao corpo."

339. *No momento de encarnar, o Espírito sofre perturbação semelhante à que experimenta ao desencarnar?*

"Muito maior e sobretudo mais longa. Pela morte, o Espírito sai da escravidão; pelo nascimento, entra para ela."

340. *É solene para o Espírito o instante da sua encarnação? Pratica ele esse ato considerando-o grande e importante?*

"Procede como o viajante que embarca para uma travessia perigosa e que não sabe se encontrará ou não a morte nas ondas que se decide a afrontar."

O viajante que embarca sabe a que perigo se lança, mas não sabe se naufragará. O mesmo se dá com o Espírito: conhece o gênero das provas a que se submete, mas não sabe se sucumbirá.

Assim como, para o Espírito, a morte do corpo é uma espécie de renascimento, a reencarnação é uma espécie de morte, ou antes, de exílio, de clausura. Ele deixa o mundo dos Espíritos pelo mundo corporal, como o homem deixa este mundo por aquele. Sabe que reencarnará, como o homem sabe que morrerá. Mas, como este com relação à morte, o Espírito só no instante supremo, quando chegou o momento predestinado, tem consciência de que vai reencarnar. Então, qual do homem em agonia, dele se apodera a perturbação, que se prolonga até que a nova existência se ache positivamente encetada. À aproximação do momento de reencarnar, sente uma espécie de agonia.

341. *Na incerteza em que se vê, quanto às eventualidades do seu triunfo nas provas que vai suportar na vida, tem o Espírito uma causa de ansiedade antes da sua encarnação?*

"De ansiedade bem grande, pois que as provas da sua existência o farão estacionar ou avançar, conforme as suporte."

342. *No momento de reencarnar, o Espírito se acha acompanhado de outros Espíritos seus amigos, que vêm assistir à sua partida do mundo incorpóreo, como vêm recebê-lo quando para lá volta?*

"Depende da esfera a que pertença. Se já está nas em que reina a afeição, os Espíritos que lhe querem o acompanham até o último momento, animam e mesmo lhe seguem, muitas vezes, os passos pela vida afora."

343. *Os que vemos em sonho, que nos testemunham afeto e que se nos apresentam com desconhecidos semblantes, são alguma vez os Espíritos amigos que nos seguem os passos na vida?*

"Muito frequentemente são eles que vos vêm visitar, como ides visitar um encarcerado."

União da alma e do corpo

344. *Em que momento a alma se une ao corpo?*

"A união começa na concepção, mas só é completa por ocasião do nascimento. Desde o instante da concepção, o Espírito designado para habitar certo corpo a este se liga por um laço fluídico, que cada vez mais se vai apertando até ao instante em que a criança vê a luz. O grito que o recém-nascido solta anuncia que ele se inclui no número dos vivos e dos servos de Deus."

345. *É definitiva a união do Espírito com o corpo desde o momento da concepção? Durante esta primeira fase, poderia o Espírito renunciar a habitar o corpo que lhe está destinado?*

"É definitiva a união, no sentido de que outro Espírito não poderia substituir o que está designado para aquele corpo. Mas, como os laços que ao corpo o prendem são ainda muito fracos, facilmente se rompem e podem romper-se por vontade do Espírito, se este recua diante da prova que escolheu. Em tal caso, porém, a criança não vinga."

346. *Que faz o Espírito se o corpo que ele escolheu morre antes de se verificar o nascimento?*

"Escolhe outro."

a) *Qual é a utilidade dessas mortes prematuras?*

"A causa, na maior parte das vezes, tem relação com as imperfeições da matéria."

347. *Que utilidade encontrará um Espírito na sua encarnação em um corpo que morre poucos dias depois de nascido?*

"O ser não tem então consciência plena da sua existência. Assim, a importância da morte é quase nenhuma. Conforme já dissemos, o que há nesses casos de morte prematura é uma prova para os pais."

348. *Sabe o Espírito, previamente, que o corpo de sua escolha não tem probabilidade de viver?*

"Sabe-o algumas vezes; mas, se nessa circunstância reside o motivo da escolha, isso significa que está fugindo à prova."

349. *Quando falha por qualquer causa a encarnação de um Espírito, é ela suprida imediatamente por outra existência?*

"Nem sempre o é imediatamente. Faz-se necessário dar ao Espírito tempo para proceder a nova escolha, a menos que a reencarnação imediata corresponda a anterior determinação."

350. *Uma vez unido ao corpo da criança e quando já lhe não é possível voltar atrás, sucede alguma vez deplorar o Espírito a escolha que fez?*

"Perguntas se, como homem, se queixa da vida que tem? Se desejara que outra fosse ela? Sim. Se se arrepende da escolha que fez? Não, pois não sabe ter sido sua escolha. Depois de encarnado, não pode o Espírito lastimar uma escolha de que não tem consciência. Pode, entretanto, achar pesada demais a carga e considerá-la superior às suas forças. É quando isso acontece que recorre ao suicídio."

351. *No intervalo que medeia da concepção ao nascimento, goza o Espírito de todas as suas faculdades?*

"Mais ou menos, conforme o ponto, em que se ache, dessa fase, porquanto ainda não está encarnado, mas apenas ligado. A partir do instante da concepção, começa o Espírito tomado de perturbação, que o adverte de que lhe soou o momento de começar uma nova existência corpórea. Essa perturbação cresce de contínuo até ao nascimento. Nesse intervalo, seu estado é quase idêntico ao de um Espírito encarnado durante o sono. À medida que a hora do nascimento se aproxima, suas ideias se apagam, assim como a lembrança do passado, do qual deixa de ter consciência na condição, de homem, logo que entra na vida. Essa lembrança, porém, lhe volta pouco a pouco ao retornar ao estado de Espírito."

352. *Imediatamente ao nascer recobra o Espírito a plenitude das suas faculdades?*

"Não, elas se desenvolvem gradualmente com os órgãos. O Espírito se acha numa existência nova; preciso é que aprenda a servir-se dos instrumentos de que dispõe. As ideias lhe voltam pouco a pouco, como a uma pessoa que desperta e se vê em situação diversa da que ocupava na véspera."

353. *Não sendo completa a união do Espírito ao corpo, não estando definitivamente consumada, senão depois do nascimento, poder-se-á considerar o feto como dotado de alma?*

"O Espírito que o vai animar existe, de certo modo, fora dele. O feto não tem pois, propriamente falando, uma alma, visto que a encarnação está apenas em via de operar-se. Acha-se, entretanto, ligado à alma que virá a possuir."

354. *Como se explica a vida intrauterina?*

"É a da planta que vegeta. A criança vive vida animal. O homem tem a vida vegetal e a vida animal que, pelo seu nascimento, se completam com a vida espiritual."

355. *Há, de fato, como o indica a Ciência, crianças que já no seio materno não são vitais? Com que fim ocorre isso?*

"Frequentemente isso se dá e Deus o permite como prova, quer para os pais, quer para o Espírito designado a tomar lugar entre os vivos."

356. *Entre os natimortos alguns haverá que não tenham sido destinados à encarnação de Espíritos?*

"Alguns há, efetivamente, a cujos corpos nunca nenhum Espírito esteve destinado. Nada tinha que se efetuar para eles. Tais crianças então só vêm por seus pais."

a) *Pode chegar a termo de nascimento um ser dessa natureza?*

"Algumas vezes; mas não vive."

b) *Segue-se daí que toda criança que vive após o nascimento tem forçosamente encarnado em si um Espírito?*

"Que seria ela, se assim não acontecesse? Não seria um ser humano."

357. *Que consequências tem para o Espírito o aborto?*

"É uma existência nulificada e que ele terá de recomeçar."

358. *Constitui crime a provocação do aborto, em qualquer período da gestação?*

"Há crime sempre que transgredis a lei de Deus. Uma mãe, ou quem quer que seja, cometerá crime sempre que tirar a vida a uma criança antes do seu nascimento, por isso que impede uma alma de passar pelas provas a que serviria de instrumento o corpo que se estava formando."

359. *Dado o caso que o nascimento da criança pusesse em perigo a vida da mãe dela, haverá crime em sacrificar-se a primeira para salvar a segunda?*

"Preferível é que se sacrifique o ser que ainda não existe a sacrificar-se o que já existe."

360. *Será racional ter-se para com um feto as mesmas atenções que se dispensam ao corpo de uma criança que viveu algum tempo?*

"Vede em tudo isso a vontade e a obra de Deus. Não trateis, pois, desatenciosamente, coisas que deveis respeitar. Por que não respeitar as obras da criação, algumas vezes incompletas por vontade do Criador? Tudo ocorre segundo os seus desígnios e ninguém é chamado para ser juiz."

Faculdades morais e intelectuais do homem

361. *Qual é a origem das qualidades morais, boas ou más, do homem?*

"São as do Espírito nele encarnado. Quanto mais puro é esse Espírito, tanto mais propenso ao bem é o homem."

a) *Seguir-se-á daí que o homem de bem é a encarnação de um bom Espírito e o homem vicioso a de um Espírito mau?*

"Sim, mas, dize antes que o homem vicioso é a encarnação de um Espírito imperfeito, pois, do contrário, poderias fazer crer na existência de Espíritos sempre maus, a que chamais demônios."

362. *Qual é o caráter dos indivíduos em que encarnam Espíritos zombeteiros e levianos?*

"São indivíduos estúrdios, maliciosos e, não raro, criaturas malfazejas."

363. *Têm os Espíritos paixões de que não partilhe a Humanidade?*

"Não, que, de outro modo, vós também as teriam."

364. *O mesmo Espírito dá ao homem as qualidades morais e as da inteligência?*

"Certamente e isso em virtude do grau de adiantamento a que se haja elevado. O homem não tem em si dois Espíritos."

365. Por que alguns homens muito inteligentes, o que indica acharem-se encarnados neles Espíritos Superiores, são ao mesmo tempo profundamente viciosos?

"É que não são ainda bastante puros os Espíritos encarnados nesses homens, que, então, e por isso, cedem à influência de outros Espíritos mais imperfeitos. O Espírito progride em insensível marcha ascendente, mas o progresso não se efetua simultaneamente em todos os sentidos. Durante um período da sua existência, ele se adianta em ciência; durante outro, em moralidade."

366. Que se deve pensar da opinião dos que pretendem que as diferentes faculdades intelectuais e morais do homem resultem da encarnação, nele, de outros tantos Espíritos, diferentes entre si, cada um com uma aptidão especial?

"Refletindo, conhecereis que é absurda. O Espírito tem que ter todas as aptidões. Para progredir, precisa de uma vontade única. Se o homem fosse um amálgama de Espíritos, essa vontade não existiria e ele careceria de individualidade, pois que, por sua morte, todos aqueles Espíritos formariam um bando de pássaros escapados da gaiola. Queixa-se, muitas vezes, o homem de não compreender certas coisas e, no entanto, curioso é ver-se como multiplica as dificuldades, quando tem ao seu alcance explicações muito simples e naturais. Ainda neste caso tomam o efeito pela causa. Fazem, com relação à criatura humana, o que, com relação a Deus, faziam os pagãos, que acreditavam em tantos deuses quantos eram os fenômenos no Universo, se bem que as pessoas sensatas, com eles coexistentes, apenas viam em tais fenômenos efeitos provindos de uma causa única Deus."

O mundo físico e o mundo moral nos oferecem, a este respeito, vários pontos de semelhança. Enquanto se detiveram na aparência dos fenômenos, os cientistas acreditaram fosse múltipla a matéria. Hoje, compreende-se ser bem possível que tão variados fenômenos consistam apenas em modificações da matéria elementar única. As diversas faculdades são manifestações de uma mesma causa, que é a alma, ou do Espírito encarnado, e não de muitas almas, exatamente como diferentes sons do órgão, os quais procedem todos do ar e não de tantas espécies de ar, quantos os sons. De semelhante sistema decorreria que, quando um homem perde ou adquire certas aptidões, certos pendores, isso significaria que outros tantos Espíritos teriam vindo habitá-lo ou o teriam deixado, o que o tornaria um ser múltiplo, sem individualidade e, por conseguinte, sem responsabilidade. Acresce que o contradizem numerosíssimos exemplos de manifestações de Espíritos, em que estes provam suas personalidades e identidade.

Influência do organismo

367. Unindo-se ao corpo, o Espírito se identifica com a matéria?

"A matéria é apenas o envoltório do Espírito, como o vestuário o é do corpo. Unindo-se a este, o Espírito conserva os atributos da natureza espiritual."

368. Após sua união com o corpo, exerce o Espírito, com liberdade plena, suas faculdades?

"O exercício das faculdades depende dos órgãos que lhes servem de instrumento. A grosseria da matéria as enfraquece."

a) *Assim, o invólucro material é obstáculo à livre manifestação das faculdades do Espírito, como um vidro opaco o é à livre irradiação da luz?*

"É, como vidro muito opaco."

Pode-se comparar a ação que a matéria grosseira exerce sobre o Espírito à de um charco lodoso sobre um corpo nele mergulhado, ao qual tira a liberdade dos movimentos.

369. *O livre exercício das faculdades da alma está subordinado ao desenvolvimento dos órgãos?*

"Os órgãos são os instrumentos da manifestação das faculdades da alma, manifestação que se acha subordinada ao desenvolvimento e ao grau de perfeição dos órgãos, como a excelência de um trabalho o está à da ferramenta própria à sua execução."

370. *Da influência dos órgãos se pode inferir a existência de uma relação entre o desenvolvimento dos órgãos cerebrais e o das faculdades morais e intelectuais?*

"Não confundais o efeito com a causa. O Espírito dispõe sempre das faculdades que lhe são próprias. Ora, não são os órgãos que dão as faculdades, e sim estas que impulsionam o desenvolvimento dos órgãos."

a) *Dever-se-á deduzir daí que a diversidade das aptidões entre os homens deriva unicamente do estado do Espírito?*

"O termo 'unicamente' não exprime com toda a exatidão o que ocorre. O princípio dessa diversidade reside nas qualidades do Espírito, que pode ser mais ou menos adiantado. É necessário, porém, que se leve em conta a influência da matéria, que mais ou menos lhe cerceia o exercício de suas faculdades."

Encarnado, traz o Espírito certas predisposições e, se admitirmos que a cada uma corresponda um órgão no cérebro, o desenvolvimento desses órgãos será efeito e não causa. Se nos órgãos estivesse o princípio das faculdades, o homem seria máquina sem livre-arbítrio e sem a responsabilidade de seus atos. Forçoso então seria admitir que os maiores gênios, os sábios, os poetas, os artistas, só o são porque o acaso lhes deu órgãos especiais, de onde se seguiria que, sem esses órgãos, não teriam sido gênios e que, assim, o maior dos imbecis teria podido ser um Newton[17], um Virgílio[18], ou um Rafael[19], desde que de certos órgãos se achassem providos. Ainda mais absurda se mostra semelhante hipótese, se a aplicarmos às qualidades morais. Efetivamente, segundo esse sistema, um Vicente de Paulo[20], se a Natureza o dotara de tal ou tal órgão, teria podido ser um perverso e o maior dos perversos não precisaria senão de um certo órgão para ser um Vicente de Paulo. Admita-se, ao contrário, que os órgãos especiais, se é que existem, são consequentes, que se desenvolvem por efeito do exercício das faculdades, como os músculos por efeito do movimento, e a nenhuma conclusão irracional se chegará. Sirvamo-nos de uma comparação trivial à força de ser verdadeira. Por alguns sinais fisionômicos se reconhece que um homem tem o vício da embriaguez. Serão esses sinais que fazem dele um alcoólatra, ou será a ebriedade

---

17 Isaac Newton (1643 - 1727), físico, astrônomo e matemático inglês cujas descobertas deixaram um legado singular na história da Humanidade. (N. do E.)
18 Virgílio (c. 70-19 a.C.), poeta romano cuja fama repousa no poema épico *Eneida*. (N. do E.)
19 Rafael Sanzio (1483 - 1520), pintor italiano tido como um dos maiores expoentes a arte renascentista. (N. do E.)
20 São Vicente de Paulo (1581 - 1660), sacerdote católico francês conhecido pelos exemplos de amor, caridade e devoção a Deus que praticou. (N. do E.)

que nele imprime aqueles sinais? Pode dizer-se que os órgãos recebem as marcas das faculdades.

Idiotismo, loucura

371. *Tem algum fundamento o pretender-se que a alma dos cretinos e dos idiotas é de natureza inferior?*

"Nenhum. Eles trazem almas humanas, não raro mais inteligentes do que supondes, mas que sofrem da insuficiência dos meios de que dispõem para se comunicar, da mesma forma que o mudo sofre da impossibilidade de falar."

372. *Que objetivo visa a providência criando seres desgraçados, como os cretinos e os idiotas?*

"Os que habitam corpos de idiotas são Espíritos sujeitos a uma punição. Sofrem por efeito do constrangimento que experimentam e da impossibilidade em que estão de se manifestarem mediante órgãos não desenvolvidos ou desmantelados."

a) *Não há, pois, fundamento para dizer-se que os órgãos nada influem sobre as faculdades?*

"Nunca dissemos que os órgãos não têm influência. Têm-na muito grande sobre a manifestação das faculdades, mas não são eles a origem destas. Aqui está a diferença. Um músico excelente, com um instrumento defeituoso, não dará a ouvir boa música, o que não fará que deixe de ser bom músico."

É necessário que se distinga o estado normal do estado patológico. No primeiro, o moral vence os obstáculos que a matéria lhe opõe. Há, porém, casos em que a matéria oferece tal resistência que as manifestações anímicas ficam impedidas ou alteradas, como nos de idiotismo e de loucura. São casos patológicos e, não gozando nesse estado a alma de toda a sua liberdade, a própria lei humana a isenta da responsabilidade de seus atos.

373. *Qual será o mérito da existência de seres que, como os cretinos e os idiotas, não podendo fazer o bem nem o mal, se acham incapacitados de progredir?*

"É uma expiação decorrente do abuso que fizeram de certas faculdades. É um estacionamento temporário."

a) *Pode assim o corpo de um idiota conter um Espírito que tenha animado um homem de gênio em precedente existência?*

"Sim. O gênio se torna por vezes um flagelo, quando dele abusa o homem."

A superioridade moral nem sempre guarda proporção com a superioridade intelectual e os grandes gênios podem ter muito que expiar. Daí, frequentemente, lhes resulta uma existência inferior à que tiveram e uma causa de sofrimentos. Os embaraços que o Espírito encontra para suas manifestações se lhe assemelham às algemas que tolhem os movimentos a um homem vigoroso. Pode dizer-se que os cretinos e os idiotas são aleijados do cérebro, como o coxo o é das pernas e dos olhos o cego.

374. *Na condição de Espírito livre, tem o idiota consciência do seu estado mental?*

"Frequentemente tem. Compreende que as cadeias que lhe impedem o voo são prova e expiação."

375. *Qual é a situação do Espírito na loucura?*

"O Espírito, quando em liberdade, recebe diretamente suas impressões e diretamente exerce sua ação sobre a matéria. Encarnado, porém, ele se encontra em condições muito diversas e na contingência de só o fazer com o auxílio de órgãos especiais. Altere-se uma parte ou o conjunto de tais órgãos e eis que se lhe interrompem, no que destes dependam, a ação ou as impressões. Se perde os olhos, fica cego; se o ouvido, torna-se surdo etc. Imagina agora que seja o órgão, que preside às manifestações da inteligência, o atacado ou modificado, parcial ou inteiramente, e fácil te será compreender que, só tendo o Espírito a seu serviço órgãos incompletos ou alterados, uma perturbação resultará de que ele, por si mesmo e no seu foro íntimo, tem perfeita consciência, mas cujo curso não lhe está nas mãos deter."

a) *Então, o desorganizado é sempre o corpo e não o Espírito?*

"Exatamente; mas, convém não perder de vista que, assim como o Espírito atua sobre a matéria, também esta reage sobre ele, dentro de certos limites, e que pode acontecer impressionar-se o Espírito temporariamente com a alteração dos órgãos pelos quais se manifesta e recebe as impressões. Pode mesmo suceder que, com a continuação, durante longo tempo a loucura, a repetição dos mesmos atos acabe por exercer sobre o Espírito uma influência, de que ele não se libertará senão depois de se haver libertado de toda impressão material."

376. *Por que razão a loucura leva o homem, algumas vezes, ao suicídio?*

"O Espírito sofre pelo constrangimento em que se acha e pela impossibilidade em que se vê de manifestar-se livremente, de maneira que procura na morte um meio de quebrar seus grilhões."

377. *Depois da morte, o Espírito do alienado se ressente do desarranjo de suas faculdades?*

"Pode ressentir-se, durante algum tempo após a morte, até que se desligue completamente da matéria, como o homem que desperta se ressente, por algum tempo, da perturbação em que o lançara o sono".

378. *De que modo a alteração do cérebro reage sobre o Espírito depois da morte?*

"Como uma recordação. Um peso oprime o Espírito e, como ele não teve a compreensão de tudo o que se passou durante a sua loucura, sempre se faz necessário um certo tempo, a fim de se por ao corrente de tudo. Por isso é que, quanto mais durar a loucura no curso da vida terrena, tanto mais lhe durará a incerteza, o constrangimento, depois da morte. Liberto do corpo, o Espírito se ressente, por certo tempo, da impressão dos laços que àquele o prendiam."

A infância

379. *É tão desenvolvido, quanto o de um adulto, o Espírito que anima o corpo de uma criança?*

"Pode até ser mais, se mais progrediu. Apenas a imperfeição dos órgãos infantis o impede de se manifestar. Age em conformidade com o instrumento de que dispõe."

380. *Abstraindo do obstáculo que a imperfeição dos órgãos opõe à sua livre manifestação, o Espírito, numa criancinha, pensa como criança ou como adulto?*

"Desde que se trate de uma criança, é claro que, não estando ainda nela desenvolvidos, não podem os órgãos da inteligência dar toda a intuição própria de um adulto ao Espírito que a anima. Este, pois, tem, efetivamente, limitada a inteligência, enquanto a idade não lhe amadurece a razão. A perturbação que o ato da encarnação produz no Espírito não cessa de súbito, por ocasião do nascimento. Só gradualmente se dissipa, com o desenvolvimento dos órgãos."

Há um fato de observação, que apoia esta resposta. Os sonhos, numa criança, não apresentam o caráter dos de um adulto. Quase sempre pueril é o objeto dos sonhos infantis, o que indica de que natureza são as preocupações do respectivo Espírito.

381. *Por morte da criança, readquire o Espírito, imediatamente, o seu precedente vigor?*

"Assim tem que ser, pois que se vê desembaraçado de seu invólucro corporal. Entretanto, não readquire a anterior lucidez, senão quando se tenha completamente separado daquele envoltório, isto é, quando mais nenhum laço exista entre ele e o corpo."

382. *Durante a infância sofre o Espírito encarnado, em consequência do constrangimento que a imperfeição dos órgãos lhe impõe?*

"Não. Esse estado corresponde a uma necessidade, está na ordem da Natureza e de acordo com as vistas da Providência. *É um período de repouso do Espírito.*"

383. *Qual, para este, é a utilidade de passar pelo estado de infância?*

"Encarnado, com o objetivo de se aperfeiçoar, o Espírito, durante esse período, é mais acessível às impressões que recebe, capazes de lhe auxiliarem o adiantamento, para o que devem contribuir os incumbidos de educá-lo."

384. *Por que é o choro a primeira manifestação da criança ao nascer?*

"Para estimular o interesse da genitora e provocar os cuidados que lhe são necessários. Não é evidente que, se suas manifestações fossem todas de alegria, quando ainda não sabe falar, pouco se inquietariam os que o cercam com os cuidados que lhe são indispensáveis? Admirai, pois, em tudo a sabedoria da Providência."

385. *Que é o que motiva a mudança que se opera no caráter do indivíduo em certa idade, especialmente ao sair da adolescência? É que o Espírito se modifica?*

"É que o Espírito retoma a natureza que lhe é própria e se mostra qual era.

"Não conheceis o que a inocência das crianças oculta. Não sabeis o que elas são, nem o que foram, nem o que serão. Contudo, afeição lhes tendes, as acaricias, como se fossem parcelas de vós mesmos, a tal ponto que se considera o amor que uma mãe consagra a seus filhos como o maior amor que um ser possa votar a outro. De onde nasce o meigo afeto, a terna benevolência que mesmo os estranhos sentem por uma criança? Sabeis? Não. Pois bem! Vou explicá-lo."

"As crianças são os seres que Deus manda a novas existências. Para que não lhe possam imputar excessiva severidade, dá-lhes Ele todos os aspectos da inocência. Ainda quando se trata de uma criança de maus pendores, cobrem-se-lhe as más ações com a capa da inconsciência. Essa inocência não constitui superioridade real com relação ao que eram antes, não. É a imagem do que deveriam ser e, se não o são, o consequente castigo exclusivamente sobre elas recai.

"Não foi, todavia, por elas somente que Deus lhes deu esse aspecto de inocência; foi também e sobretudo por seus pais, de cujo amor necessita a fraqueza que as caracteriza. Ora, esse amor se enfraqueceria grandemente à vista de um caráter áspero e intratável, ao passo que, julgando seus filhos bons e dóceis, os pais lhes dedicam toda a afeição e os cercam dos mais minuciosos cuidados. Desde que, porém, os filhos não mais precisam da proteção e assistência que lhes foram dispensadas durante quinze ou vinte anos, surge-lhes o caráter real e individual em toda a nudez. Conservam-se bons, se eram fundamentalmente bons; mas mostram as características que a primeira infância manteve ocultas.

Como vedes, os processos de Deus são sempre os melhores e, quando se tem o coração puro, facilmente se lhes apreende a explicação.

Com efeito, ponderai que nos vossos lares possivelmente nascem crianças cujos Espíritos vêm de mundos onde contraíram hábitos diferentes dos vossos e dizei-me como poderiam estar no vosso meio esses seres, trazendo paixões diversas das que nutris, inclinações e gostos inteiramente opostos aos vossos; como poderiam enfileirar-se entre vós, senão como Deus o determinou, isto é, passando pela preparação da infância? Nesta se vêm confundir todas as ideias, todas as características, todas as variedades de seres gerados pela infinidade dos mundos nos quais se desenvolvem as criaturas. E vós mesmos, ao morrerdes, vos achareis num estado que é uma espécie de infância, entre novos irmãos. Ao retornarem à existência extraterrena, ignorareis os hábitos, os costumes, as relações que se observam nesse mundo, para vós, novo. Manejareis com dificuldade uma linguagem que não estais acostumado a falar, linguagem mais vivaz do que o é agora o vosso pensamento. (Veja a questão 319.)

"A infância ainda tem outra utilidade. Os Espíritos só entram na vida corporal para se aperfeiçoarem, para se melhorarem. A delicadeza da idade infantil os torna brandos, acessíveis aos conselhos da experiência e dos que devam fazê-los progredir. Nessa fase é que se lhes pode reformar o caráter e reprimir as más inclinações. Tal é o dever que Deus impôs aos pais, missão sagrada de que terão de dar contas.

"Assim, portanto, a infância é não só útil, necessária, indispensável, mas também consequência natural das leis que Deus estabeleceu e que regem o Universo."

Simpatia e antipatia terrenas

386. *Podem dos seres, que se conheceram e estimaram, encontrar-se noutra existência corporal e reconhecer-se?*

"Reconhecer-se, não. Podem, porém, sentir-se atraídos um para o outro. E, frequentemente, diversa não é a causa de íntimas ligações fundadas em sincera afeição. Um do outro dois seres se aproximam devido a circunstâncias aparentemente fortuitas, mas que na realidade resultam da atração de dois Espíritos, que se *buscam reciprocamente por entre a multidão*."

a) *Não lhes seria agradável reconhecerem-se?*

"Nem sempre. A recordação das passadas existências teria inconvenientes maiores do que imaginais. Depois de mortos, eles se reconhecerão e saberão que tempo passaram juntos." (Veja a questão 392.)

387. *A simpatia tem sempre por princípio um anterior conhecimento?*

"Não. Dois Espíritos, que se ligam bem, naturalmente se procuram um ao outro, sem que se tenham conhecido como homens."

388. *Os encontros, que costumam dar-se, de algumas pessoas e que comumente se atribuem ao acaso, não serão efeito de uma certa relação de simpatia?*

"Entre os seres pensantes há ligação que ainda não conheceis. O magnetismo é o piloto desta ciência, que mais tarde compreendereis melhor."

389. *E a repulsão instintiva que se experimenta por algumas pessoas, de onde se origina?*

"São Espíritos antipáticos que se adivinham e reconhecem, sem se falarem."

390. *A antipatia instintiva é sempre sinal de natureza má?*

"De não simpatizarem um com o outro, não se segue que dois Espíritos sejam necessariamente maus. A antipatia, entre eles, pode derivar de diversidade no modo de pensar. À medida que se elevam, a antipatia desaparece até que deixe de existir."

391. *A antipatia entre duas pessoas nasce primeiro na que tem pior Espírito, ou na que o tem melhor?*

"Numa e noutra indiferentemente, mas distintas são as causas e os efeitos nas duas. Um Espírito mau antipatiza com quem quer que possa julgar e desmascarar. Ao ver pela primeira vez uma pessoa, logo sabe que vai ser censurado. Seu afastamento dessa pessoa se transforma em ódio, em inveja e lhe inspira o desejo de praticar o mal. O bom Espírito sente repulsão pelo mau, por saber que este o não compreenderá o porquê a diferentes dos dele são os seus sentimentos. Entretanto, consciente da sua superioridade, não alimenta ódio, nem inveja contra o outro. Limita-se a evitá-lo e a lastimá-lo."

Esquecimento do passado

392. *Por que perde o Espírito encarnado a lembrança do seu passado?*

"Não pode o homem, nem deve, saber tudo. Deus assim o quer em Sua sabedoria. Sem o véu que lhe oculta certas coisas, ficaria ofuscado, como quem, sem transição, saísse do escuro para o claro. Esquecido de seu passado ele é mais senhor de si."

393. *Como pode o homem ser responsável por atos e resgatar faltas de que se não lembra? Como pode aproveitar da experiência de vidas de que se esqueceu? Concebe-se que as tribulações da existência lhe servissem de lição, se se recordasse do que as tenha podido ocasionar. Desde que, porém, disso não se recorda, cada existência é, para ele, como se fosse a primeira, e eis que então está sempre a recomeçar. Como conciliar com a justiça de Deus?*

"Em cada nova existência, o homem dispõe de mais inteligência e melhor pode distinguir o bem do mal. Onde estaria o seu mérito se se lembrasse de todo o passado? Quando o Espírito volta à vida anterior (a vida espírita), diante dos olhos se lhe estende toda a sua vida pretérita. Vê as faltas que cometeu e que deram causa ao seu sofrer, assim como de que modo as teria evitado. Reconhece justa a situação em que se acha e busca então uma existência capaz de reparar a que acaba de transcorrer. Escolhe provas análogas às que não soube aproveitar, ou as lutas que considere apropriadas ao seu adiantamento e pede a Espíritos que lhe são superiores que o ajudem na nova tarefa que sobre si toma, ciente de que o Espírito que lhe for dado por guia nessa outra existência, se esforçará por reparar suas faltas, dando-lhe uma espécie de *intuição* das em que incorreu. Tendes essa intuição no pensamento, no desejo criminoso que frequentemente vos assalta e a que instintivamente resistis, atribuindo, na maior parte das vezes, essa resistência aos princípios que recebestes de vossos pais, quando é a voz da consciência que vos fala. Essa voz, que é a lembrança do passado, vos adverte para não recairdes nas faltas de que já vos fizestes culpados. Em a nova existência, se sofre com coragem aquelas provas e resiste, o Espírito se eleva e ascende na hierarquia dos Espíritos, ao voltar para o meio deles."

Não temos, é certo, durante a vida corpórea, lembrança exata do que fomos e do que fizemos em anteriores existências; mas temos de tudo isso a intuição, sendo as nossas tendências instintivas uma reminiscência do passado. E a nossa consciência, que é o desejo que experimentamos de não reincidir nas faltas já cometidas, nos estimula a resistir àquelas inclinações.

394. *Nos mundos mais elevados do que a Terra, onde os que os habitam não se veem comprimidos pelas necessidades físicas, pelas enfermidades que nos afligem, os homens compreendem que são mais felizes do que nós? Relativa é, em geral, a felicidade. Sentimo-la, mediante comparação com um estado menos feliz. Visto que, em suma, alguns desses mundos, se bem melhores do que o nosso, ainda não atingiram o estado de perfeição, seus habitantes devem ter motivos de desgostos, embora de gênero diverso dos nossos. Entre nós, o rico, conquanto não sofra as angústias das necessidades materiais, como o pobre, nem por isso se acha isento de tribulações, que lhe tornam amarga a vida. Pergunto então: Na situação em que se encontram, os habitantes desses mundos não se consideram tão infelizes quanto nós, na existência em que nos vemos, e não se lastimam da sorte, olvidados de existências inferiores que lhes sirvam de termos de comparação?*

"Cabem aqui duas respostas distintas. Há mundos, entre os de que falas, cujos habitantes guardam lembrança clara e exata de suas existências passadas. Esses, compreendes, pedem e sabem apreciar a felicidade de que Deus lhes permite fruir. Outros há, porém, cujos habitantes, achando-se, como dizes, em melhores condições do que vós na Terra, não deixam de experimentar grandes desgostos, até desgraças. Esses não apreciam a felicidade de que gozam, pela razão mesma de se não recordarem de um estado mais infeliz. Entretanto, se não a apreciam como homens, apreciam-na como Espíritos."

No esquecimento das existências anteriormente transcorridas, sobretudo quando foram amarguradas, não há qualquer coisa de providencial e que revela a sabedoria divina? Nos mundos superiores, quando o recordá-las já não constitui pesadelo, é que as vidas desgraçadas se apresentam à memória. Nos mundos inferiores, a lembrança de todas as que se tenham sofrido não agravaria as infelicidades presentes? Concluamos, pois, daí que tudo o que Deus fez é perfeito e que não nos toca criticar-lhe as obras, nem Lhe ensinar como deveria ter regulado o Universo.

Gravíssimos inconvenientes teria o nos lembrarmos das nossas individualidades anteriores. Em certos casos, humilharia-nos sobremaneira. Em outros nos exaltaria o orgulho, travando-no,s em consequência, o livre-arbítrio. Para nos melhorarmos, dá-nos Deus exatamente o que nos é necessário e basta: a voz da consciência e as tendências instintivas. Priva-nos do que nos prejudicaria. Acrescentemos que, se nos recordássemos dos nossos precedentes atos pessoais, igualmente nos recordaríamos dos outros homens, do que resultariam talvez os mais desastrosos efeitos para as relações sociais. Nem sempre podendo honrar-nos do nosso passado, melhor é que sobre ele um véu seja lançado. Isto concorda perfeitamente com a doutrina dos Espíritos acerca dos mundos superiores à Terra. Nesses mundos, onde só reina o bem, a reminiscência do passado nada tem de dolorosa. Tal é a razão por que neles as criaturas se lembram da sua antecedente existência, como nos lembramos do que fizemos na véspera. Quanto à estada em mundos inferiores, não passa então, como já dissemos, de mau sonho.

395. Podemos ter algumas revelações a respeito de nossas vidas anteriores?
"Nem sempre. Contudo, muitos sabem o que foram e o que faziam. Se se lhes permitisse dizê-lo abertamente, extraordinárias revelações fariam sobre o passado."

396. Algumas pessoas julgam ter vaga recordação de um passado desconhecido, que se lhes apresenta como a imagem fugitiva de um sonho, que em vão se tenta reter. Não há nisso simples ilusão?
"Algumas vezes, é uma impressão real; mas também, frequentemente, não passa de mera ilusão, contra a qual precisa o homem pôr-se em guarda, porquanto pode ser efeito de superexcitada imaginação."

397. Nas existências corpóreas de natureza mais elevada do que a nossa, é mais clara a lembrança das anteriores?
"Sim, à medida que o corpo se torna menos material, com mais exatidão o homem se lembra do seu passado. Esta lembrança, os que habitam os mundos de ordem superior a têm mais nítida."

398. Sendo as tendências instintivas uma reminiscência do seu passado, dar-se-á que, pelo estudo dessas tendências, seja possível ao homem conhecer as faltas que cometeu?
"Até certo ponto, assim é. Preciso se torna, porém, levar em conta a melhora que se possa ter operado no Espírito e as resoluções que ele haja tomado na erraticidade. Pode suceder que a existência atual seja muito melhor que a precedente."

a) *Poderá também ser pior, isto é, poderá o Espírito cometer, numa existência, faltas que não praticou na precedente?*
"Depende do seu adiantamento. Se não souber triunfar das provas, possivelmente será arrastado a novas faltas, consequentes, então, da posição que escolheu. Mas, em geral, estas faltas denotam mais um estacionamento que uma retrogradação, porquanto o Espírito é suscetível de se adiantar ou de parar, nunca, porém, de retroceder."

399. Sendo as vicissitudes da vida corporal expiação das faltas do passado e, ao mesmo tempo, provas com vistas ao futuro, seguir-se-á que da natureza de tais vicissitudes se possa deduzir de que gênero foi a existência anterior?
"Muitas vezes isso é possível, pois que cada um é punido naquilo por onde pecou. Entretanto, não há que tirar daí uma regra absoluta. As tendências instintivas constituem indício mais seguro, visto que as provas por que passa o Espírito o são, tanto pelo que respeita ao passado, quanto pelo que toca ao futuro."

Chegando ao termo que a Providência lhe assinou à vida na erraticidade, o próprio Espírito escolhe as provas a que deseja submeter-se para apressar o seu adiantamento, isto é, escolhe meios de adiantar-se e tais provas estão sempre em relação com as faltas que lhe cumpre expiar. Se delas triunfa, eleva-se; se sucumbe, tem que recomeçar.

O Espírito goza sempre do livre-arbítrio. Em virtude dessa liberdade é que escolhe, quando desencarnado, as provas da vida corporal e que, quando encarnado, decide o que fazer ou não, escolhendo entre o bem e o mal. Negar ao homem o livre-arbítrio seria reduzi-lo à condição de máquina.

Mergulhando na vida corpórea, perde o Espírito, momentaneamente, a lembrança de suas existências anteriores, como se um véu as cobrisse. Todavia, conserva algumas vezes vaga consciência que lhe pode ser revelada em alguns casos. Esta revelação, porém, só os Espíritos Superiores espontaneamente lhe fazem, com um fim útil, nunca para satisfazer a vã curiosidade.

As existências futuras, essas em nenhum caso podem ser reveladas, pela razão de que dependem do modo por que o Espírito se sairá da existência atual e da escolha que ulteriormente faça.

O esquecimento das faltas praticadas não constitui obstáculo à melhoria do Espírito, porquanto, se é certo que este não se lembra delas com precisão, não menos certo é que a circunstância de as ter conhecido na erraticidade e de haver desejado repará-las o guia por intuição e lhe dá a ideia de resistir ao mal, ideia que é a voz da consciência, tendo a secundá-la os Espíritos Superiores que o assistem, se atende às boas inspirações que lhe dão.

O homem não conhece os atos que praticou em suas existências pretéritas, mas pode sempre saber qual o gênero das faltas de que se tornou culpado e qual o cunho predominante do seu caráter. Bastará então julgar do que foi, não pelo que é, sim, pelas suas tendências.

As vicissitudes da vida corpórea constituem expiação das faltas do passado e, simultaneamente, provas com relação ao futuro. Depuram-nos e elevam-nos, se as suportamos resignados e sem murmurar.

A natureza dessas vicissitudes e das provas que sofremos também nos podem esclarecer acerca do que fomos e do que fizemos, do mesmo modo que neste mundo julgamos dos atos de um culpado pelo castigo que lhe inflige a lei.

Assim, o orgulhoso será castigado no seu orgulho, mediante a humilhação de uma existência subalterna; o mau rico, o avarento, pela miséria; o que foi cruel para os outros, pelas crueldades que sofrerá; o tirano, pela escravidão; o mau filho, pela ingratidão de seus filhos; o preguiçoso, por um trabalho forçado etc.

CAPÍTULO VIII

EMANCIPAÇÃO DA ALMA

O sono e os sonhos

400. *O Espírito encarnado permanece de bom grado no seu envoltório corporal?*

"É como se perguntasses se ao encarcerado agrada o cárcere. O Espírito encarnado aspira constantemente à sua libertação e tanto mais deseja ver-se livre do seu invólucro, quanto mais grosseiro é este."

401. *Durante o sono, a alma repousa como o corpo?*

"Não, o Espírito jamais está inativo. Durante o sono, afrouxam-se os laços que o prendem ao corpo e, não precisando este então da sua presença, ele se lança pelo espaço e *entra em relação mais direta com os outros Espíritos*."

402. *Como podemos julgar da liberdade do Espírito durante o sono?*

"Pelos sonhos, Quando o corpo repousa, acredita-o, tem o Espírito mais faculdades do que no estado de vigília. Lembra-se do passado e algumas vezes prevê o futuro. Adquire maior potencialidade e pode se comunicar com os demais Espíritos, *quer deste mundo, quer do outro.* Dizes frequentemente: Tive um sonho extravagante, um sonho horrível, mas absolutamente inverossímil. Enganaste. É, muitas vezes, uma recordação dos lugares e das coisas que viste ou que verás em outra existência e das coisas que viste ou que verás em outra ocasião. Estando entorpecido o corpo, o Espírito trata de quebrar seus grilhões e de investigar o passado ou o futuro.

Pobres homens, que mal conheceis os mais vulgares fenômenos da vida! Julgais-vos muito sábios e as coisas mais simples vos confundem. Nada sabeis responder a estas perguntas que todas as crianças formulam: Que fazemos quando dormimos? Que são os sonhos?

O sono liberta a alma parcialmente do corpo. Quando dorme, o homem se acha por algum tempo no estado em que fica permanentemente depois que morre. Tiveram sonos inteligentes os Espíritos que, desencarnando, logo se desligam da matéria. Esses Espíritos, quando dormem, vão para junto dos seres que lhes são superiores. Com estes viajam, conversam e se instruem. Trabalham mesmo em obras que se lhes deparam concluídas, no seu retorno à Terra. Ainda esta circunstância é de molde a vos ensinar que não deveis temer a morte, pois que todos os dias morreis, como disse um santo.

Isto pelo que concerne aos Espíritos elevados. No que diz respeito ao grande número de homens que, morrendo, têm que passar longas horas na perturbação, na incerteza de que tantos já vos falaram, esses vão, enquanto dormem, ou a mundos inferiores à Terra, onde os chamam velhas afeições, ou em busca de gozos quiçá mais baixos do que os em que aqui tanto se deleitam. Vão beber doutrinas ainda mais vis, mais ignóbeis, mais funestas do que as que professam entre vós. E o que gera a simpatia na Terra é o fato de sentir-se o homem, ao despertar, ligado pelo coração àqueles com quem acaba de passar oito ou nove horas de ventura ou de prazer. Também as antipatias invencíveis se explicam pelo fato de sentirmos em nosso íntimo que os entes com quem antipatizamos têm uma consciência diversa da nossa. Conhecemo-los sem nunca os termos visto com os olhos. É ainda o que explica a indiferença de muitos homens. Não cuidam de conquistar novos amigos, por saberem que muitos têm que os amam e lhes querem. Numa palavra: o sono influi mais do que supondes na vossa vida.

Graças ao sono, os Espíritos encarnados estão sempre em relação com o mundo dos Espíritos. Por isso é que os Espíritos Superiores assentem, sem grande repugnância, em encarnar entre vós. Deus quis que, tendo de estar em contato com o vício, pudessem eles ir retemperar-se na fonte do bem, a fim de igualmente não falirem, quando se propõem a instruir os outros. O sono é a porta que Deus lhes abriu, para que possam ir ter com seus amigos do céu; é o recreio depois do trabalho, enquanto esperam a grande libertação, a libertação final, que os restituirá ao meio que lhes é próprio.

O sonho é a lembrança do que o Espírito viu durante o sono. Notai, porém, que nem sempre sonhais. Que quer isso dizer? Que nem sempre vos lembrais do que vistes, ou de tudo o que haveis visto, enquanto dormíeis. É que não tendes então a alma no pleno desenvolvimento de suas faculdades. Muitas vezes, apenas vos fica a lembrança da perturbação que o vosso Espírito experimenta à sua partida ou no seu regresso, acrescida da que resulta do que fizestes ou do que vos preocupa quando despertos. A não ser assim, como explicaríeis os sonhos absurdos, que tanto os sábios quanto as mais humildes e simples criaturas têm? Acontece também que os maus Espíritos se aproveitam dos sonhos para atormentar as almas fracas e pusilânimes.

Em suma, dentro em pouco vereis vulgarizar-se outra espécie de sonhos. Conquanto tão antiga como a de que vimos falando, vós a desconheceis. Refiro-me aos sonhos de Joana, ao de Jacob, aos dos profetas judeus e aos de alguns adivinhos indianos. São recordações guardadas por almas que se desprendem quase inteiramente do corpo, recordações dessa segunda vida a que ainda há pouco aludíamos.

Tratai de distinguir essas duas espécies de sonhos nos de que vos lembrais, do contrário cairíeis em contradições e em erros funestos à vossa fé."

Os sonhos são efeito da emancipação da alma, que mais independente se torna pela suspensão da vida ativa e de relação. Daí uma espécie de clarividência indefinida que se alonga até aos mais afastados lugares e até mesmo a outros mundos. Daí também a lembrança que traz à memória acontecimentos da precedente existência ou das existências anteriores. As singulares imagens do que se passa ou se passou em mundos desconhecidos, entremeados de coisas do mundo atual, é que formam esses conjuntos estranhos e confusos, que nenhum sentido ou ligação parecem ter.

A incoerência dos sonhos ainda se explica pelas lacunas que apresenta a recordação incompleta que conservamos do que nos apareceu quando sonhávamos. É como se a uma narração se truncassem frases ou trechos ao acaso. Reunidos depois, os fragmentos restantes nenhuma significação racional teriam.

403. *Por que não nos lembramos sempre dos sonhos?*

"Em o que chamas sono, só há o repouso do corpo, visto que o Espírito está constantemente em atividade. Recobra, durante o sono, um pouco da sua liberdade e se corresponde com os que lhe são caros, quer neste mundo, quer em outros. Mas, como é pesada e grosseira a matéria que compõe, o corpo dificilmente conserva as impressões que o Espírito recebeu, porque a este não chegaram por intermédio dos órgãos corporais."

404. *Que se deve pensar das significações atribuídas aos sonhos?*

"Os sonhos não são verdadeiros como o entendem os ledores da sorte, pois seria absurdo crer-se que sonhar com tal coisa anuncia tal outra. São verdadeiros no sentido de que apresentam imagens que para o Espírito têm realidade, porém que, frequentemente, nenhuma relação guardam com o que se passa na vida corporal. São também, como atrás dissemos, um pressentimento do futuro, permitido por Deus, ou a visão do que no momento ocorre em outro lugar a que a alma se transporta. Não se contam por muitos os casos de pessoas que em sonho aparecem a seus parentes e amigos, a fim de avisá-los do que a elas está acontecendo? Que são essas aparições senão as almas ou Espíritos de tais pessoas a se comunicarem com entes caros? Quando tendes certeza de que o que vistes realmente se deu, não fica provado que a imaginação nenhuma parte tomou na ocorrência, sobretudo se o que se passou não estava na mente quando em vigília?"

405. *Acontece com frequência verem-se em sonho coisas que parecem um pressentimento, que, afinal, não se confirma. A que se deve atribuir isto?*

"Pode suceder que tais pressentimentos venham a confirmar-se apenas para o Espírito. Quer dizer que este viu aquilo que desejava, *foi ao seu encontro*. É preciso não esquecer que, durante o sono, a alma está mais ou menos sob a influência da matéria e que, por conseguinte, nunca se liberta completamente de suas ideias terrenas, de onde resulta que as preocupações do estado de vigília podem dar ao que se vê a aparência do que se deseja, ou do que se teme. A isto é que, em verdade, cabe chamar-se efeito da imaginação. Sempre que uma ideia nos preocupa fortemente, tudo o que vemos se nos mostra ligado a essa ideia."

406. *Quando em sonho vemos pessoas vivas, nossas conhecidas, a praticarem atos de que absolutamente não cogitam, não é isso puro efeito de imaginação?*

"De que absolutamente não cogitam, dizes. Que sabes a tal respeito? Os Espíritos dessas pessoas vêm visitar o teu como o teu os vai visitar, sem que saibas sempre em que eles pensam. Além disso, não é raro atribuirdes, de acordo com o que desejais, a pessoas que conheceis, o que se deu ou se está dando em outras existências."

407. *É necessário o sono completo para a emancipação do Espírito?*

"Não; basta que os sentidos entrem em torpor para que o Espírito recobre a sua liberdade. Para se emancipar, ele se aproveita de todos os instantes de trégua que o corpo lhe concede. Desde que haja prostração das forças vitais, o Espírito se desprende, tornando-se tanto mais livre quanto mais fraco for o corpo."

Assim se explica que imagens idênticas às que vemos, em sonho, vejamos estando apenas meio dormindo, ou em simples modorra.

408. *E qual é a razão de ouvirmos, algumas vezes em nós mesmos, palavras pronunciadas distintamente e que nenhum nexo têm com o que nos preocupa?*

"É fato: ouvis até mesmo frases inteiras, principalmente quando os sentidos começam a entorpecer-se. É quase sempre, fraco eco do que diz um Espírito que convosco se quer comunicar."

409. *Em outras vezes, num estado que ainda não é bem o do adormecimento, estando com os olhos fechados, vemos imagens distintas, figuras cujas mínimas particularidades percebemos. Que há aí, efeito de visão ou de imaginação?*

"Estando entorpecido o corpo, o Espírito trata de desprender-se. Transporta-se e vê. Se já fosse completo o sono, haveria sonho."

410. *Dá-se também que, durante o sono, ou quando nos achamos apenas ligeiramente adormecidos, acodem-nos ideias que nos parecem excelentes e que se nos apagam da memória, apesar dos esforços que façamos para retê-las. De onde vêm essas ideias?*

"Provêm da liberdade do Espírito que se emancipa e que, emancipado, goza de suas faculdades com maior amplitude. Também são, frequentemente, conselhos que outros Espíritos dão."

a) *De que servem essas ideias e esses conselhos, desde que, por serem esquecidos, não os podemos aproveitar?*

"Essas ideias, em regra, mais dizem respeito ao mundo dos Espíritos do que ao mundo corpóreo. Pouco importa que comumente o Espírito as esqueça, quando unido ao corpo. Na ocasião oportuna, voltar-lhe-ão como inspiração de momento."

411. *Estando desprendido da matéria e atuando como Espírito, sabe o Espírito encarnado qual será a época de sua morte?*

"Acontece pressenti-la. Também sucede ter plena consciência dessa época, o que dá lugar a que, em estado de vigília, tenha intuição do fato. Por isso é que algumas pessoas preveem com grande exatidão a data em que virão a morrer."

412. *Pode a atividade do Espírito, durante o repouso, ou o sono corporal, fatigar o corpo?*

"Pode, pois que o Espírito se acha preso ao corpo qual balão cativo ao poste. Assim como as sacudiduras do balão abalam o poste, a atividade do Espírito reage sobre o corpo e pode fatigá-lo."

Visitas espíritas entre pessoas vivas

413. *Do princípio da emancipação da alma parece decorrer que temos duas existências simultâneas: a do corpo, que nos permite a vida de relação exterior; e a da alma, que nos proporciona a vida de relação oculta. É assim?*

"No estado de emancipação, prima a vida da alma. Contudo, não há, verdadeiramente, duas existências. São antes duas fases de uma só existência, porquanto o homem não vive duplamente."

414. *Podem duas pessoas que se conhecem visitar-se durante o sono?*

"Sim, e muitos que julgam não se conhecerem costumam reunir-se e falar-se. Podes ter, sem que o suspeites, amigos em outro país. É tão habitual o fato de irdes encontrar-vos, durante o sono, com amigos e parentes, com os que conheceis e que vos podem ser úteis, que quase todas as noites fazeis essas visitas."

415. *Que utilidade podem elas ter, se as esquecemos?*

"De ordinário, ao despertardes, guardais a intuição desse fato, do qual se originam certas ideias que vos vêm espontaneamente, sem que possais explicar como vos acudiram. São ideias que adquiristes nessas confabulações."

416. *Pode o homem, pela sua vontade, provocar as visitas espíritas? Pode, por exemplo, dizer, quando está para dormir: Quero esta noite encontrar-me em Espírito com Fulano, quero falar-lhe para dizer isto?*

"O que se dá é o seguinte: Adormecendo o homem, seu Espírito desperta e, muitas vezes, nada disposto se mostra a fazer o que o homem resolvera, porque a vida deste pouco interessa ao seu Espírito, uma vez desprendido da matéria. Isto com relação a homens já bastante elevados espiritualmente. Os outros passam de modo muito diverso a fase espiritual de sua existência terrena. Entregam-se às paixões que os escravizaram, ou se mantêm inativos. Pode, pois, suceder, tais sejam os motivos que a isso o induzem, que o Espírito vá visitar aqueles com quem deseja encontrar-se. Mas, não constitui razão, para que semelhante coisa se verifique, o simples fato de ele o querer quando desperto."

417. *Podem Espíritos encarnados reunir-se em certo número e formar assembleias?*

"Sem dúvida alguma. Os laços, antigos ou recentes, da amizade costumam reunir desse modo diversos Espíritos, que se sentem felizes de estar juntos."

Pelo termo *antigos* se devem entender os laços de amizade contraída em existências anteriores. Ao despertar, guardamos intuição das ideias que extraímos nesses colóquios, mas ficamos na ignorância da fonte de onde vieram.

418. *Uma pessoa que julgasse morto um de seus amigos, sem que tal fosse a realidade, poderá encontrar-se com ele, em Espírito, e verificar que continuava vivo? E dado o fato, poderia, ao despertar, ter dele a intuição?*

"Como Espírito, a pessoa que figuras pode ver o seu amigo e conhecer-lhe a sorte. Se lhe não houver sido imposto, por prova, crer na morte desse amigo, poderá ter um pressentimento da sua existência, como poderá tê-lo de sua morte."

Transmissão oculta do pensamento

419. *Por qual motivo uma ideia, ou uma descoberta, por exemplo, surja em muitos pontos ao mesmo tempo?*

"Já dissemos que durante o sono os Espíritos se comunicam entre si. Ora bem! Quando se dá o despertar, o Espírito se lembra do que aprendeu e o homem julga ser isso um invento de sua autoria. Assim é que muitos podem simultaneamente descobrir a mesma coisa. Quando dizeis que uma ideia paira no ar, usais de uma figura de linguagem mais exata do que supondes. Todos, sem o suspeitarem, contribuem para propagá-la."

Desse modo, o nosso próprio Espírito revela muitas vezes, a outros Espíritos, mau grado nosso, o que constituía objeto de nossas preocupações no estado de vigília.

420. *Podem os Espíritos comunicar-se, estando completamente despertos os corpos?*

"O Espírito não se acha encerrado no corpo como numa caixa; irradia por todos os lados. Segue-se que pode comunicar-se com outros Espíritos, mesmo em estado de vigília, se bem que mais dificilmente."

421. *Como se explica que duas pessoas, perfeitamente acordadas, tenham instantaneamente a mesma ideia?*

"São dois Espíritos simpáticos que se comunicam e veem reciprocamente seus pensamentos respectivos, embora sem estarem adormecidos os corpos."

Há, entre os Espíritos que se encontram, uma comunicação de pensamento, que dá causa a que duas pessoas se vejam e compreendam, sem precisarem dos sinais ostensivos da linguagem. Poder-se-ia dizer que falam entre si a linguagem dos Espíritos.

Letargia, catalepsia, mortes aparentes

422. *Os letárgicos e os catalépticos, em geral, veem e ouvem o que em derredor se diz e faz, sem que possam exprimir que estão vendo e ouvindo. É pelos olhos e pelos ouvidos que têm essas percepções?*

"Não; pelo Espírito. O Espírito tem consciência de si, mas não pode comunicar-se."

a) *Por quê?*

"Porque a isso se opõe o estado do corpo. E esse estado especial dos órgãos vos prova que no homem há alguma coisa mais do que o corpo, pois que, então, o corpo já não funciona e, no entanto, o Espírito se mostra ativo."

423. *Na letargia, pode o Espírito separar-se inteiramente do corpo, de modo a imprimir-lhe todas as aparências da morte e voltar depois a habitá-lo?*

"Na letargia, o corpo não está morto, porquanto há funções que continuam a executar-se. Sua vitalidade se encontra em estado latente, como na crisálida, porém não aniquilada. Ora, enquanto o corpo vive, o Espírito se lhe acha ligado. Em se rompendo, por efeito da morte real e pela desagregação dos órgãos, os laços que prendem um ao outro, integral se torna a separação e o Espírito não volta mais ao seu envoltório. Desde que um homem, aparentemente morto, retorne à vida, é que não era completa a morte."

424. *Por meio de cuidados dispensados a tempo, podem reatar-se laços prestes a se desfazerem e restituir-se à vida um ser que definitivamente morreria se não fosse socorrido?*

"Sem dúvida e todos os dias tendes a prova disso. O magnetismo, em tais casos, constitui, muitas vezes, poderoso meio de ação, porque restitui ao corpo o fluido vital que lhe falta para manter o funcionamento dos órgãos."

A letargia e a catalepsia derivam do mesmo princípio, que é a perda temporária da sensibilidade e do movimento, por uma causa fisiológica ainda inexplicada. Diferem uma da outra em que, na letargia, a suspensão das forças vitais é geral e dá ao corpo todas as aparências da morte; na catalepsia, fica localizada, podendo atingir uma parte mais ou menos extensa do corpo, de sorte a permitir que a inteligência se manifeste livremente, o que a torna inconfundível com a morte. A letargia é sempre natural; a catalepsia é por vezes magnética.

Sonambulismo

425. *O sonambulismo natural tem alguma relação com os sonhos? Como explicá-lo?*

"É um estado de independência do Espírito, mais completo do que no sonho, estado em que maior amplitude adquirem suas faculdades. A alma tem então percepções de que não dispõe no sonho, que é um estado de sonambulismo imperfeito.

"No sonambulismo, o Espírito está na posse plena de si mesmo. Os órgãos materiais, achando-se de certa forma em estado de catalepsia, deixam de receber as impressões *exteriores*. Esse estado se apresenta principalmente durante o sono, ocasião em que o Espírito pode abandonar provisoriamente o corpo, por se encontrar este gozando do repouso indispensável à matéria. Quando se produzem os fatos do sonambulismo, é que o Espírito, preocupado com uma coisa ou outra, se aplica a uma ação qualquer, para cuja prática necessita de utilizar-se do corpo. Serve-se então deste, como se serve de uma mesa ou de outro objeto material no fenômeno das manifestações físicas, ou mesmo como se utiliza da mão do médium nas comunicações escritas. Nos sonhos de que se tem consciência, os órgãos, inclusive os da memória, começam a despertar. Recebem imperfeitamente as impressões produzidas por objetos ou causas externas e as comunicam ao Espírito, que, então, também em repouso, só experimenta, do que lhe é transmitido, sensações confusas e, muitas vezes, desordenadas, sem nenhuma aparente razão de ser, mescladas que se apresentam de vagas recordações, quer da existência atual, quer de anteriores. Facilmente, portanto, se compreende por que os sonâmbulos nenhuma lembrança guardam do que se passou enquanto estiveram no estado sonambúlico e por que os sonhos não têm sentido. Digo na maior parte das vezes, porque também sucede serem a consequência de lembrança exata de acontecimentos de uma vida anterior e até, não raro, uma espécie de intuição do futuro."

426. *O chamado sonambulismo magnético tem alguma relação com o sonambulismo natural?*

"É a mesma coisa, com a única diferença de ser provocado."

427. *De que natureza é o agente que se chama fluido magnético?*

"Fluido vital, eletricidade animalizada, que são modificações do fluido universal."

428. *Qual é a causa da clarividência sonambúlica?*

"Já o dissemos: é a alma que vê."

429. *Como pode o sonâmbulo ver através dos corpos opacos?*

"Não há corpos opacos senão para os vossos grosseiros órgãos. Já precedentemente não dissemos que a matéria nenhum obstáculo oferece ao Espírito, que livremente a atravessa? Frequentemente ouvis o sonâmbulo dizer que vê pela fronte, pelo punho etc., porque, achando-vos inteiramente presos à matéria, não compreendeis lhe seja possível ver sem o auxílio dos órgãos. Ele próprio, pelo desejo que manifestais, julga precisar dos órgãos. Se, porém, o deixásseis livre, compreenderia que vê por todas as partes do seu corpo, ou, melhor falando, que vê de fora do seu corpo."

430. *Pois que a sua clarividência é a de sua alma ou de seu Espírito, por que o sonâmbulo não vê tudo e tantas vezes se engana?*

"Primeiramente, aos Espíritos imperfeitos não é dado verem tudo e tudo saberem. Não ignoras que ainda partilham dos vossos erros e prejuízos. Depois, quando unidos à matéria, não gozam de todas as suas faculdades de Espírito. Deus outorgou ao homem a faculdade sonambúlica para fim útil e sério, não para que se informe do que não deva saber. Eis por que os sonâmbulos nem tudo podem dizer."

431. *Qual é a origem das ideias inatas do sonâmbulo e como pode falar com exatidão de coisas que ignora quando desperto, de coisas que estão mesmo acima de sua capacidade intelectual?*

"É que o sonâmbulo possui mais conhecimentos do que os que lhe supõe. Tais conhecimentos apenas estão adormecidos, porque, por demasiado imperfeito, seu invólucro corporal não lhe consente rememorá-lo. Que é, afinal, um sonâmbulo? Espírito, como nós, e que se encontra encarnado na matéria para cumprir a sua missão, despertando dessa letargia quando cai em estado sonambúlico. Já te temos dito, repetidamente, que vivemos muitas vezes. Esta mudança é que, ao sonâmbulo, como a qualquer Espírito ocasiona a perda material do que haja aprendido em precedente existência. Entrando no estado, a que chamas *crise*, lembra-se do que sabe, mas sempre de modo incompleto. Sabe, mas não poderia dizer de onde lhe vem o que sabe, nem como possui os conhecimentos que revela. Passada a crise, toda recordação se apaga e ele retorna à obscuridade."

Mostra a experiência que os sonâmbulos também recebem comunicações de outros Espíritos, que lhes transmitem o que devam dizer e suprem à incapacidade que denotam. Isto se verifica principalmente nas prescrições médicas. O Espírito do sonâmbulo vê o mal, outro lhe indica o remédio. Essa dupla ação é às vezes patente e se revela, além disso, por estas expressões muito frequentes: *dizem-me* que diga, ou *proíbem-me* que diga tal coisa. Neste último caso, há sempre perigo em insistir-se por uma revelação negada, porque se dá ocasião a que intervenham Espíritos levianos, que falam de tudo sem escrúpulo e sem se importarem com a verdade.

432. *Como se explica a visão à distância em certos sonâmbulos?*

"Durante o sono, a alma não se transporta? O mesmo se dá no sonambulismo."

433. *O desenvolvimento maior ou menor da clarividência sonambúlica depende da organização física, ou só da natureza do Espírito encarnado?*

"De uma e outra. Há disposições físicas que permitem ao Espírito desprender-se mais ou menos facilmente da matéria."

434. *As faculdades de que goza o sonâmbulo são as que tem o Espírito depois da morte?*

"Somente até certo ponto, pois é necessário que se atenda à influência da matéria a que ainda se acha ligado."

435. *Pode o sonâmbulo ver os outros Espíritos?*

"A maioria deles os vê muito bem, dependendo do grau e da natureza da lucidez de cada um. É muito comum, porém, não perceberem, no primeiro momento, que estão vendo Espíritos e os tomarem por seres corpóreos. Isso acontece principalmente aos que, nada conhecendo do Espiritismo, ainda não compreendem a essência dos Espíritos. O fato os espanta e fá-los supor que têm diante da vista seres terrenos."

O mesmo se dá com os que, tendo morrido, ainda se julgam vivos. Nenhuma alteração notando ao seu derredor e parecendo-lhes que os Espíritos têm corpos iguais aos nossos, tomam por corpos reais os corpos aparentes com que os mesmos Espíritos se lhes apresentam.

436. *O sonâmbulo que vê à distância, vê do ponto de onde se acha o seu corpo ou de onde está sua alma?*

"Por que esta pergunta, desde que sabes ser a alma quem vê e não o corpo?"

437. *Posto que o que se dá, nos fenômenos sonambúlicos, é que a alma se transporta, como pode o sonâmbulo experimentar no corpo as sensações do frio e do calor existentes no lugar onde se acha sua alma, muitas vezes bem distante do seu invólucro?*

"A alma, em tais casos, não tem deixado inteiramente o corpo; conserva-se-lhe presa pelo laço que os liga e que então desempenha o papel de condutor das sensações. Quando duas pessoas se comunicam de uma cidade para outra, por meio da eletricidade, esta constitui o laço que lhes liga os pensamentos. Daí vem que confabulam como se estivessem ao lado uma da outra."

438. *O uso que um sonâmbulo faz da sua faculdade influi no estado do seu Espírito depois da morte?*

"Muito, como o bom ou mau uso que o homem faz de todas as faculdades com que Deus o dotou."

Êxtase

439. *Que diferença há entre êxtase e o sonambulismo?*

"O êxtase é um sonambulismo mais apurado. A alma do extático ainda é mais independente."

440. *O Espírito do extático penetra realmente nos mundos superiores?*

"Vê esses mundos e compreende a felicidade dos que os habitam, de onde lhe nasce o desejo de lá permanecer. Há, porém, mundos inacessíveis aos Espíritos que ainda não estão bastante purificados."

441. *Quando o extático manifesta o desejo de deixar a Terra, fala sinceramente, não o retém o instinto de conservação?*

"Isso depende do grau de purificação do Espírito. Se verifica que a sua futura situação será melhor do que a sua vida presente, esforça-se por desatar os laços que o prendem à Terra."

442. *Se se deixasse o extático entregue a si mesmo, poderia sua alma abandonar definitivamente o corpo?*

"Perfeitamente, poderia morrer. Por isso é que preciso se torna chamá-lo a voltar, apelando para tudo o que o prende a este mundo, fazendo-lhe sobretudo compreender que a maneira mais certa de não ficar lá, onde vê que seria feliz, consistiria em partir a cadeia que o tem preso ao planeta terreno."

443. *Pretendendo que lhe é dado ver coisas que evidentemente são produto de uma imaginação que as crenças e prejuízos terrestres impressionaram, não será justo concluir-se que nem tudo o que o extático vê é real?*

"O que o extático vê é real para ele. Mas, como seu Espírito se conserva sempre debaixo da influência das ideias terrenas, pode acontecer que veja a seu modo, ou melhor, que exprima o que vê numa linguagem moldada pelos preconceitos e ideias de que se acha imbuído, ou, então, pelos vossos preconceitos e ideias, a fim de ser mais compreendido. Neste sentido, principalmente, é que lhe sucede errar."

444. *Que confiança se pode depositar nas revelações dos extáticos?*

"O extático está sujeito a enganar-se muito frequentemente, sobretudo quando pretende penetrar no que deva continuar a ser mistério para o homem, porque, então, se deixa levar pela corrente das suas próprias ideias, ou se torna joguete de Espíritos mistificadores, *que se aproveitam da sua exaltação* para fasciná-lo."

445. *Que deduções se podem tirar dos fenômenos do sonambulismo e do êxtase? Não constituirão uma espécie de iniciação na vida futura?*

"A bem dizer, mediante esses fenômenos, o homem entrevê a vida passada e a vida futura. Estude-os e achará o aclaramento de mais de um mistério, que a sua razão inutilmente procura devassar."

446. *Poderiam tais fenômenos adequar-se às ideias materialistas?*

"Aquele que os estudar de boa-fé e sem prevenções não poderá ser materialista, nem ateu."

Dupla vista

447. *O fenômeno a que se dá a designação de dupla vista tem alguma relação com o sonho e o sonambulismo?*

"Tudo isso é uma só coisa. O que se chama *dupla vista* é ainda resultado da libertação do Espírito, sem que o corpo seja adormecido. A *dupla vista* ou *segunda vista* é a vista da alma."

448. *É permanente a segunda vista?*

"A faculdade é, o exercício não. Nos mundos menos materiais do que o vosso, os Espíritos se desprendem mais facilmente e se põem em comunicação apenas pelo pensamento, sem que, todavia, fique abolida a linguagem articulada. Por isso mesmo, em tais mundos, a dupla vista é faculdade permanente, para a maioria de seus habitantes, cujo estado normal se pode comparar ao dos vossos sonâmbulos lúcidos. Essa também a razão por que esses Espíritos se vos manifestam com maior facilidade do que os encarnados em corpos mais grosseiros."

449. *A segunda vista aparece espontaneamente ou por efeito da vontade de quem a possui como faculdade?*

"Na maior parte das vezes é espontânea, porém a vontade também desempenha com grande frequência importante papel no seu aparecimento. Toma, para exemplo, de umas dessas pessoas a quem se dá o nome de ledoras de sorte, algumas das quais dispõem desta faculdade, e verás que é com o auxílio da própria vontade que se colocam no estado de terem a dupla vista e o que chamas visão."

450. *A dupla vista é suscetível de desenvolver-se pelo exercício?*

"Sim, do trabalho sempre resulta o progresso e a dissipação do véu que encobre as coisas."

a) *Esta faculdade tem qualquer ligação com a organização física?*

"Incontestavelmente, o organismo influi para a sua existência. Há organismos que lhe são refratários."

451. *Por que a segunda vista parece hereditária em algumas famílias?*

"Por semelhança da organização, que se transmite como as outras qualidades físicas. Depois, a faculdade se desenvolve por uma espécie de educação, que também se transmite de um a outro."

452. *É exato que certas circunstâncias desenvolvem a segunda vista?*

"A moléstia, a proximidade do perigo, uma grande comoção podem desenvolvê-la. O corpo, às vezes, vem a achar-se num estado especial que faculta ao Espírito ver o que não podeis ver com os olhos carnais."

Nas épocas de crises e de calamidades, as grandes emoções, todas as causas, enfim, de superexcitação do moral provocam não raro o desenvolvimento da dupla vista. Parece que a Providência, quando um perigo nos ameaça, nos dá o meio de conjurá-lo. Todas as seitas e partidos perseguidos oferecem múltiplos exemplos desse fato.

453. *As pessoas dotadas de dupla vista sempre têm consciência de que a possuem?*

"Nem sempre. Consideram isso coisa perfeitamente natural e muitos creem que, se cada um observasse o que se passa consigo, todos verificariam que são como eles."

454. *Poder-se-ia atribuir a uma espécie de segunda vista a perspicácia de algumas pessoas que, sem nada apresentarem de extraordinário, apreciam as coisas com mais precisão do que outras?*

"É sempre a alma a irradiar mais livremente e a apreciar melhor do que sob o véu da matéria."

a) *Pode esta faculdade, em alguns casos, dar a presciência das coisas?*

"Pode. Também dá os pressentimentos, pois que muitos são os graus em que ela existe, sendo possível que num mesmo indivíduo exista em todos os graus, ou em alguns somente."

Resumo teórico do sonambulismo, do êxtase e da dupla vista

455. Os fenômenos do sonambulismo natural se produzem espontaneamente e independem de qualquer causa exterior conhecida. Mas, em certas pessoas dotadas de especial organização, podem ser provocados artificialmente, pela ação do agente magnético.

O estado que se designa pelo nome de *sonambulismo magnético* apenas difere do sonambulismo natural em que um é provocado, enquanto o outro é espontâneo.

O sonambulismo natural constitui fato notório, que ninguém mais se lembra de colocar em dúvida, não obstante o aspecto maravilhoso dos fenômenos a que dá lugar. Por que seria, então, mais extraordinário ou irracional o sonambulismo magnético? Apenas por produzir-se artificialmente, como tantas outras coisas? Os charlatães o exploram, dizem. Razão de mais para que não lhes seja deixado nas mãos. Quando a Ciência se houver apropriado dele, muito menos crédito terão os charlatães junto às massas populares. Enquanto isso não se verifica, como o sonambulismo natural ou artificial é um fato, e como contra fatos não há raciocínio possível, vai ele ganhando terreno, apesar da má vontade de alguns, no seio da própria Ciência, onde penetra por uma imensidade de portinhas, em vez de entrar pela porta larga. Quando lá estiver totalmente, terão que lhe conceder direito de cidadania.

Para o Espiritismo, o sonambulismo é mais do que um fenômeno psicológico, é uma luz projetada sobre a psicologia. É aí que se pode estudar a alma, porque é onde esta se mostra a descoberto. Ora, um dos fenômenos que a caracterizam é o da clarividência independente dos órgãos comuns da vista. Fundam-se os que contestam este fato em que o sonâmbulo nem sempre vê, e à vontade do experimentador, como com os olhos. Será de admirar que difiram os efeitos, quando diferentes são os meios? Será racional que se pretenda obter os mesmos efeitos, quando há e quando não há o instrumento? A alma tem suas propriedades, como os olhos têm as suas. Cumpre julgá-las em si mesmas e não por analogia.

De uma causa única se originam a clarividência do sonâmbulo magnético e a do sonâmbulo natural. É *um atributo da alma*, uma faculdade inerente a todas as partes do ser incorpóreo que existe em nós e cujos limites não são outros senão os assinados à própria alma. O sonâmbulo vê em todos os lugares aonde sua alma possa transportar-se, qualquer que seja a longitude.

No caso de visão à distância, o sonâmbulo não vê as coisas de onde está o seu corpo, como por meio de um telescópio. Vê-as presentes, como se se achasse no lugar onde elas existem, porque sua alma, em realidade, lá está. Por isso é que seu corpo fica como que aniquilado e privado de sensação, até que a alma volte a habitá-lo novamente. Essa separação parcial da alma e do corpo constitui um estado anormal, suscetível de duração mais ou menos longa, porém não indefinida. Daí a fadiga que o corpo experimenta após certo tempo, principalmente quando aquela se entrega a um trabalho ativo.

A vista da alma ou do Espírito não é circunscrita e não tem sede determinada. Eis por que os sonâmbulos não lhe podem marcar órgão especial. Veem porque veem, sem saberem o motivo nem o modo, uma vez que, para eles, na condição de Espíritos, a vista carece de foco próprio. *Se se reportam ao corpo*, esse foco lhes parece estar nos centros onde maior é a atividade vital, principalmente no cérebro, na região do epigástrio, ou no órgão que considerem o ponto de ligação *mais forte* entre o Espírito e o corpo.

O poder da lucidez sonambúlica não é ilimitado. O Espírito, mesmo quando completamente livre, tem restringidos seus conhecimentos e faculdades conforme o grau de perfeição que haja alcançado. Ainda mais restringidos os tem quando ligado à matéria, a cuja influência está sujeito. É o que motiva não ser universal, nem infalível, a clarividência sonambúlica. E tanto menos se pode contar com a sua infalibilidade, quanto mais desviada seja do fim visado pela Natureza e transformada em objeto de curiosidade e de *experimentação*.

No estado de desprendimento em que fica colocado, o Espírito do sonâmbulo entra em comunicação mais fácil com os outros Espíritos *encarnados*, ou *não encarnados*, comunicação que se estabelece pelo contato dos fluidos, que compõem os perispíritos e servem de transmissão ao pensamento, como o fio elétrico. O sonâmbulo não precisa, portanto, que se lhe exprimam os pensamentos por meio da palavra articulada. Ele os sente e adivinha. É o que o torna eminentemente impressionável e sujeito às influências da atmosfera moral que o envolva. Essa também é a razão por que uma assistência muito numerosa e a presença de curiosos mais ou menos malevolentes lhe prejudicam de modo essencial o desenvolvimento das faculdades que, por assim dizer, se contraem, só se desdobrando com toda a liberdade num meio íntimo ou simpático. *A presença de pessoas mal-intencionadas ou antipáticas lhe produz efeito idêntico ao do contato da mão sobre a sensitiva.*

O sonâmbulo vê ao mesmo tempo o seu próprio Espírito e o seu corpo, os quais constituem, por assim dizer, dois seres que lhe representam a dupla existência corpórea e espiritual, existências que, entretanto, se confundem, mediante os laços que as unem. Nem sempre o sonâmbulo se apercebe de tal situação e essa *dualidade* faz que muitas vezes fale de si, como se falasse de outra pessoa. É que ora é o ser corpóreo que fala ao ser espiritual, ora é este que fala àquele.

Em cada uma de suas existências corporais, o Espírito adquire um acréscimo de conhecimentos e de experiência. Esquece-os parcialmente, quando encarnado em matéria por demais grosseira, *porém deles se recorda como Espírito.* Assim é que certos sonâmbulos revelam conhecimentos acima do grau da instrução que possuem e mesmo superiores às suas aparentes capacidades intelectuais. Portanto, da inferioridade intelectual e científica do sonâmbulo, quando desperto, nada se pode inferir com relação aos conhecimentos que porventura revele no estado de lucidez. Conforme as circunstâncias e o fim que se tenha em vista, ele os pode extrair da sua própria experiência, da sua clarividência relativa às coisas presentes, ou dos conselhos que receba de outros Espíritos. Mas, podendo o seu próprio Espírito ser mais ou menos adiantado, possível lhe é dizer coisas mais ou menos certas.

Pelos fenômenos do sonambulismo, quer natural, quer magnético, a Providência nos dá a prova irrecusável da existência e da independência da alma e nos faz assistir ao sublime espetáculo da sua emancipação. Abre-nos dessa maneira, o livro do nosso destino. Quando o sonâmbulo descreve o que se passa à distância, é evidente que vê, mas não com os olhos do corpo. Vê-se a si mesmo e se sente transportado ao lugar onde vê o que descreve. Lá se acha, pois, alguma coisa dele e, não podendo essa alguma coisa ser o seu corpo, necessariamente é sua alma, ou Espírito. Enquanto o homem se perde nas sutilezas de uma metafísica abstrata e ininteligível, em busca das causas da nossa existência moral, Deus cotidianamente nos põe sob os olhos e ao alcance da mão os mais simples e patentes meios de estudarmos a psicologia experimental.

O êxtase é o estado em que a independência da alma, com relação ao corpo, se manifesta de modo mais sensível e se torna, de certa forma, palpável.

No sonho e no sonambulismo, o Espírito anda em giro pelos mundos terrestres. No êxtase, penetra em um mundo desconhecido, o dos Espíritos etéreos, com os quais entra em comunicação, sem que, todavia, lhe seja lícito ultrapassar certos limites, porque, se os transpusesse, totalmente se partiriam os laços que o prendem ao corpo. Cerca-o então resplendente e desusado fulgor, inebriam-no harmonias que na Terra se desconhecem, indefinível bem-estar o invade: goza antecipadamente da beatitude celeste e *bem se pode dizer que pousa um pé no limiar da eternidade.*

No estado de êxtase, o aniquilamento do corpo é quase completo. Fica-lhe somente, pode-se dizer, a vida orgânica. Sente-se que a alma se lhe acha presa unicamente por um fio, que mais um pequenino esforço quebraria sem remissão.

Nesse estado, desaparecem todos os pensamentos terrestres, cedendo lugar ao sentimento apurado, que constitui a essência mesma do nosso ser imaterial. Inteiramente entregue a tão sublime contemplação, o extático encara a vida apenas como paragem momentânea. Considera os bens e os males, as alegrias grosseiras e as misérias deste mundo quais incidentes fúteis de uma viagem, cujo termo tem a dita de avistar.

Dá-se com os extáticos o que se dá com os sonâmbulos: mais ou menos perfeita podem ter a lucidez e o Espírito mais ou menos apto a conhecer e compreender as coisas, conforme seja mais ou menos elevado. Muitas vezes, porém, há neles mais excitação do que verdadeira lucidez, ou, melhor, muitas vezes a exaltação lhes prejudica a lucidez. Daí o serem, frequentemente, suas revelações um misto de verdades e erros, de coisas grandiosas e coisas absurdas, até ridículas. Dessa exaltação, que é sempre uma causa de fraqueza, quando o indivíduo não sabe reprimi-la, Espíritos inferiores costumam aproveitar-se para dominar o extático, tomando, com tal intuito, aos seus olhos, *aparências* que mais o aferram às ideias que nutre no estado de vigília. Há nisso um obstáculo, mas nem todos são assim. Cabe-nos tudo julgar friamente e pesar-lhes as revelações na balança da razão.

A emancipação da alma se verifica às vezes no estado de vigília e produz o fenômeno conhecido pelo nome de *segunda vista* ou *dupla vista*, que é a faculdade graças à qual quem a possui vê, ouve e sente *além dos limites dos sentidos humanos*. Percebe o que exista até onde estende a alma a sua ação. Vê, por assim dizer, através da vista comum, e como por uma espécie de miragem.

No momento em que o fenômeno da segunda vista se produz, o estado físico do indivíduo se acha sensivelmente modificado. O olhar apresenta alguma coisa de vago. Ele olha sem ver. Toda a sua fisionomia reflete uma como exaltação. Nota-se que os órgãos visuais se conservam alheios ao fenômeno, pelo fato de a visão persistir, mesmo com os olhos cerrados.

Aos dotados desta faculdade ela se afigura tão natural, como a que todos temos de ver. Consideram-na um atributo de seus próprios seres, que em nada lhes parecem excepcionais. Em geral, o esquecimento se segue a essa lucidez passageira, cuja lembrança, tornando-se cada vez mais vaga, acaba por desaparecer, como a de um sonho.

O poder da vista dupla varia, indo desde a sensação confusa até a percepção clara e nítida das coisas presentes ou ausentes. Quando rudimentar, confere a certas pessoas o tato, a perspicácia, uma certa segurança nos atos, a que se pode dar o qualificativo de *precisão de golpe de vista moral*. Um pouco desenvolvida, desperta os pressentimentos. Mais desenvolvida mostra os acontecimentos que deram ou estão para dar-se.

O sonambulismo natural e artificial, o êxtase e a dupla vista são efeitos vários, ou de modalidades diversas, de uma mesma causa. Esses fenômenos, como os sonhos, estão na ordem da Natureza. Tal é a razão por que hão existido em todos os tempos. A História mostra que foram sempre conhecidos e até explorados desde a mais remota Antiguidade e neles se nos depara a explicação de uma imensidade de fatos que os preconceitos classificaram como sobrenaturais.

CAPÍTULO IX

INTERVENÇÃO DOS ESPÍRITOS NO MUNDO CORPORAL

Faculdade, que têm os Espíritos, de penetrar os nossos pensamentos

456. *Veem os Espíritos tudo o que fazemos?*

"Podem ver, pois que constantemente vos rodeiam. Cada um, porém, só vê aquilo a que dá atenção. Não se ocupam com o que lhes é indiferente."

457. *Podem os Espíritos conhecer os nossos mais secretos pensamentos?*

"Muitas vezes chegam a conhecer o que desejaríeis ocultar de vós mesmos. Nem atos, nem pensamentos se lhes podem dissimular."

a) *Assim, mais fácil nos seria ocultar de uma pessoa viva qualquer coisa, do que a esconder dessa mesma pessoa depois de morta?*

"Certamente. Quando vos julgais muito ocultos, é comum terdes ao vosso lado uma multidão de Espíritos que vos observam."

458. *Que pensam de nós os Espíritos que nos cercam e observam?*

"Depende. Os levianos riem das pequenas travessuras que vos pregam e zombam das vossas impaciências. Os Espíritos sérios se condoem dos vossos reveses e procuram ajudar-vos."

Influência oculta dos Espíritos em nossos pensamentos e atos

459. *Influem os Espíritos em nossos pensamentos e em nossos atos?*

"Muito mais do que imaginais. Influem a tal ponto, que, muitas vezes, são eles que vos dirigem."

460. *De par com os pensamentos que nos são próprios, outros haverá que nos sejam sugeridos?*

"Vossa alma é um Espírito que pensa. Não ignorais que, frequentemente, muitos pensamentos vos acodem a um tempo sobre o mesmo assunto, não raro, contrários uns dos outros. Pois bem! No conjunto deles, estão sempre de mistura os vossos com os nossos. Daí a incerteza em que vos vedes. É que tendes em vós duas ideias a se combaterem."

461. *Como havemos de distinguir os pensamentos que nos são próprios dos que nos são sugeridos?*

"Quando um pensamento vos é sugerido, tendes a impressão de que alguém vos fala. Geralmente, os pensamentos próprios são os que acodem em primeiro lugar. Afinal, não vos é de grande interesse estabelecer essa distinção. Muitas vezes, é útil que não saibais fazê-la. Não a fazendo, age o homem com mais liberdade. Se se decide pelo bem, é voluntariamente que o pratica; se toma o mau caminho, maior será a sua responsabilidade."

462. *É sempre de dentro de si mesmos que os homens inteligentes e de gênio tiram suas ideias?*

"Algumas vezes, elas lhes vêm do seu próprio Espírito, porém, de outras muitas, lhes são sugeridas por Espíritos que os julgam capazes de compreendê-las e dignos de vulgarizá-las. Quando tais homens não as acham em si mesmos, apelam para a inspiração.

Fazem assim, sem o suspeitarem, uma verdadeira evocação."

Se fosse útil que pudéssemos distinguir claramente os nossos pensamentos próprios dos que nos são sugeridos, Deus nos teria proporcionado os meios de o conseguirmos, como nos concedeu o de diferenciarmos o dia da noite. Quando uma coisa se conserva imprecisa, é que convém que assim aconteça.

463. *Diz-se comumente ser sempre bom o primeiro impulso. É exato?*

"Pode ser bom, ou mau, conforme a natureza do Espírito encarnado. É sempre bom naquele que atende às boas inspirações."

464. *Como distinguirmos se um pensamento sugerido procede de um bom Espírito ou de um Espírito mau?*

"Estudai o caso. Os bons Espíritos só para o bem aconselham. Compete-vos discernir."

465. *Com que fim os Espíritos imperfeitos nos induzem ao mal?*

"Para que sofrais como eles sofrem."

a) *E isso lhes diminui os sofrimentos?*

"Não; mas fazem-no por inveja, por não poderem suportar que haja seres felizes."

b) *De que natureza é o sofrimento que procuram infligir aos outros?*

"Os que resultam de ser de ordem inferior à criatura e de estar afastada de Deus."

466. *Por que permite Deus que Espíritos nos excitem ao mal?*

"Os Espíritos imperfeitos são instrumentos próprios a pôr em prova a fé e a constância dos homens na prática do bem. Como Espírito que és, tens que progredir na ciência do infinito. Daí o passares pelas provas do mal, para chegares ao bem. A nossa missão consiste em te colocarmos no bom caminho. Desde que sobre ti atuam influências más, é que as atrais, desejando o mal; porquanto os Espíritos inferiores correm a te auxiliar no mal, logo que desejes praticá--lo. Só quando queiras o mal, podem eles ajudar-te para a prática do mal. Se fores propenso ao assassínio, terás em torno de ti uma nuvem de Espíritos a te alimentarem no íntimo essa inclinação. Mas outros também te cercarão, esforçando-se por te influenciarem para o bem, o que restabelece o equilíbrio da balança e te deixa senhor dos teus atos."

É assim que Deus confia à nossa consciência a escolha do caminho que devamos seguir e a liberdade de ceder a uma ou outra das influências contrárias que se exercem sobre nós.

467. *Pode o homem eximir-se da influência dos Espíritos que procuram arrastá-lo ao mal?*

"Pode, visto que tais Espíritos só se apegam aos que, pelos seus desejos, os chamam, ou aos que, pelos seus pensamentos, os atraem."

468. *Renunciam às suas tentativas os Espíritos cuja influência a vontade do homem repele?*

"Que querias que fizessem? Quando nada conseguem, abandonam o campo. Entretanto, ficam à espreita de um momento propício, como o gato que tocaia o rato."

469. *Por que meio podemos neutralizar a influência dos maus Espíritos?*

"Praticando o bem e pondo em Deus toda a vossa confiança, repelireis a influência dos Espíritos inferiores e aniquilareis o império que desejam ter sobre vós. Guardai-vos de atender às sugestões dos Espíritos que vos suscitam maus pensamentos, que sopram a discórdia entre vós outros e que vos insuflam as paixões más. Desconfiai especialmente dos que vos exaltam o orgulho, pois que esses vos assaltam pelo lado fraco. Essa é a razão por que Jesus, na oração dominical, vos ensinou a dizer: "Senhor! Não nos deixes cair em tentação, mas livra-nos do mal"."

470. *Os Espíritos, que ao mal procuram induzir-nos e que põem assim em prova a nossa firmeza no bem, procedem desse modo cumprindo missão? E, se assim é, cabe-lhes alguma responsabilidade?*

"A nenhum Espírito é dada a missão de praticar o mal. Aquele que o faz fá-lo por conta própria, sujeitando-se, portanto, às consequências. Pode Deus permitir-lhe que assim proceda, para vos experimentar; nunca, porém, lhe determina tal procedimento. Compete-vos, pois repeti-lo."

471. *Quando experimentamos uma sensação de angústia, de ansiedade indefinível, ou de íntima satisfação, sem que lhe conheçamos a causa, devemos atribuí-la unicamente a uma disposição física?*

"É quase sempre efeito das comunicações em que inconscientemente entrais com os Espíritos, ou da que com elas tiveste durante o sono."

472. *Os Espíritos que procuram atrair-nos para o mal se limitam a aproveitar as circunstâncias em que nos achamos, ou podem também criá-las?*

"Aproveitam as circunstâncias ocorrentes, mas também costumam criá-las, impelindo-vos, mau grado vosso, para aquilo que cobiçais. Assim, por exemplo, encontra um homem, no seu caminho, certa quantia. Não penses tenham sido os Espíritos que a trouxeram para ali. Mas, eles podem inspirar ao homem a ideia de tomar aquela direção e sugerir-lhe depois a de se apoderar da importância achada, enquanto outros lhe sugerem a de restituir o dinheiro ao seu legítimo dono. O mesmo se dá com relação a todas as demais tentações."

Possessos

473. *Pode um Espírito tomar temporariamente o invólucro corporal de uma pessoa viva, isto é, introduzir-se num corpo animado e agir no lugar do outro que se acha encarnado neste corpo?*

"O Espírito não entra em um corpo como entras numa casa. Identifica-se com um Espírito encarnado, cujos defeitos e qualidades sejam os mesmos que os seus, a fim de agir conjuntamente com ele. Mas, o encarnado é sempre quem atua, conforme quer, sobre a matéria de que se acha revestido. Um Espírito não pode substituir-se ao que está encarnado, por isso que este terá que permanecer ligado ao seu corpo até ao termo fixado para sua existência material."

474. *Desde que não há possessão propriamente dita, isto é, coabitação de dois Espíritos no mesmo corpo, pode a alma ficar na dependência de outro Espírito, de modo a se achar subjugada ou obsidiada ao ponto de a sua vontade vir a achar-se, de certa maneira, paralisada?*

"Sem dúvida, e são esses os verdadeiros possessos. Mas, é preciso que saibas que essa dominação não se efetua nunca sem que aquele que a sofre o consinta, *quer por sua fraqueza*, quer por desejá-la. Muitos epilépticos ou loucos, que mais necessitavam de médico que de exorcismos, têm sido tomados por possessos."

O vocábulo *possesso*, na sua acepção vulgar, supõe a existência de demônios, isto é, de uma categoria de seres maus por natureza, e a coabitação de um desses seres com a alma de um indivíduo, no seu corpo. Pois que, *nesse sentido*, não há demônios e que dois Espíritos não podem habitar simultaneamente o mesmo corpo, não há possessos na conformidade da ideia a que esta palavra se acha associada. O termo *possesso* só se deve admitir como exprimindo a dependência absoluta em que uma alma pode achar-se com relação a Espíritos imperfeitos que a subjuguem.

475. *Pode alguém por si mesmo afastar os maus Espíritos e libertar-se da dominação deles?*

"Sempre é possível, a quem quer que seja, subtrair-se a um jugo, desde que com vontade firme o queira."

476. *Mas, não pode acontecer que a fascinação exercida pelo mau Espírito seja de tal ordem que o subjugado não a perceba? Sendo assim, poderá uma terceira pessoa fazer que cesse a sujeição da outra? E, nesse caso, qual deve ser a condição dessa terceira pessoa?*

"Sendo ela um homem de bem, a sua vontade poderá ter eficácia, desde que apele para o concurso dos bons Espíritos, porque, quanto *mais digna* for a pessoa, tanto maior poder terá sobre os Espíritos imperfeitos, para afastá-los, e sobre os bons, para os atrair. Todavia, nada poderá, se o que estiver *subjugado* não lhe prestar o seu concurso. Há pessoas a quem agrada uma dependência que lhes lisonjeia os gostos e os desejos. Qualquer, porém, que seja o caso, aquele que não tiver puro o coração nenhuma influência exercerá. Os bons Espíritos não lhe atendem ao chamado e os maus não o temem."

477. *As fórmulas de exorcismo têm qualquer eficácia sobre os maus Espíritos?*

"Não. Estes últimos riem e se obstinam, quando veem alguém tomar isso a sério."

478. *Pessoas há, animadas de boas intenções e que, nada obstante, não deixam de ser obsidiadas. Qual, então, é o melhor meio de nos livrarmos dos Espíritos obsessores?*

"Cansar-lhes a paciência, nenhum valor lhes dar às sugestões, mostrar-lhes que perdem o tempo. Em vendo que nada conseguem, afastam-se."

479. *A prece é meio eficiente para a cura da obsessão?*

"A prece é em tudo um poderoso auxílio. Mas, crede que não basta que alguém murmure algumas palavras, para que obtenha o que deseja. Deus assiste os que agem, não os que se limitam a pedir. É, pois, indispensável que o obsidiado faça, por sua parte, o que se torne necessário para destruir em si mesmo a causa da atração dos maus Espíritos."

480. *Que se deve pensar da expulsão dos demônios, mencionada no Evangelho?*

"Depende da interpretação que se lhe dê. Se chamais *demônio* ao mau Espírito que subjugue um indivíduo, desde que se lhe destrua a influência, ele terá sido verdadeiramente expulso. Se ao demônio atribuirdes a causa de uma enfermidade, quando a houverdes curado direis com acerto que expulsastes o demônio. Uma coisa pode ser verdadeira ou falsa, conforme o sentido que empresteis às palavras. As maiores verdades estão sujeitas a parecer absurdos, uma vez que se atenda apenas à forma, ou que se considere como realidade a alegoria. Compreendei bem isto e não o esqueçais nunca, pois que se presta a uma aplicação geral."

Convulsionários

481. *Desempenham os Espíritos algum papel nos fenômenos que se dão com os indivíduos chamados convulsionários?*

"Sim e muito importante, bem como o magnetismo, que é a causa originária de tais fenômenos. O charlatanismo, porém, os tem muitas vezes explorado e exagerado, de sorte a lançá-los ao ridículo."

a) *De que natureza são, em geral, os Espíritos que concorrem para a produção desta espécie de fenômenos?*

"Pouco elevada. Supondes que Espíritos Superiores se deleitem com tais coisas?"

482. *Como é que sucede estender-se subitamente a toda uma população o estado anormal dos convulsionários e dos que sofrem de crises nervosas?*

"Efeito de simpatia. As disposições morais se comunicam muito facilmente, em certos casos. Não és tão alheio aos efeitos magnéticos que não compreendas isto e a parte que alguns Espíritos naturalmente tomam no fato, por simpatia com os que os provocam."

Entre as singulares faculdades que se notam nos convulsionários, algumas facilmente se reconhecem, de que numerosos exemplos oferecem o sonambulismo e o magnetismo, tais como, além de outras, a insensibilidade física, a leitura do pensamento, a transmissão das dores, por simpatia etc. Não há, pois, duvidar de que aqueles em quem tais crises se manifestam estejam numa espécie de sonambulismo desperto, provocado pela influência que exercem uns sobre os outros. Eles são ao mesmo tempo magnetizadores e magnetizados, inconscientemente.

483. *Qual é a causa da insensibilidade física que se observa em alguns convulsionários, assim como em outros indivíduos submetidos às mais atrozes torturas?*

"Em alguns é, exclusivamente, efeito do magnetismo que atua sobre o sistema nervoso, do mesmo modo que certas substâncias. Em outros, a exaltação do pensamento embota a sensibilidade. Dir-se-ia que nestes a vida se retirou do corpo, para se concentrar toda no Espírito. Não sabeis que, quando o Espírito está vivamente preocupado com uma coisa, o corpo nada sente, nada vê e nada ouve?"

A exaltação fanática e o entusiasmo hão proporcionado, em casos de suplícios, múltiplos exemplos de uma calma e de um sangue frio que não seriam capazes de triunfar de uma dor aguda, senão admitindo-se que a sensibilidade se acha neutralizada, como por efeito de um anestésico. Sabe-se que, no ardor da batalha, combatentes há que não se apercebem de que estão gravemente feridos, ao passo que, em circunstâncias comuns, uma simples arranhadura os poria trêmulos.

Visto que esses fenômenos dependem de uma causa física e da ação de certos Espíritos, lícito se torna perguntar como há podido uma autoridade pública fazê-los cessar em alguns casos. Simples a razão. Meramente secundária é aqui a ação dos Espíritos, que nada mais fazem do que aproveitar-se de uma disposição natural. A autoridade não suprimiu essa disposição, mas a causa que a entretinha e exaltava. De ativa que era, passou esta a ser latente. E a autoridade teve razão para assim proceder, porque do fato resultava abuso e escândalo. Sabe-se, além disso, que semelhante intervenção nenhum poder absolutamente tem, quando a ação dos Espíritos é direta e espontânea.

Afeição que os Espíritos votam a certas pessoas

484. *Os Espíritos se afeiçoam de preferência a certas pessoas?*

"Os bons Espíritos simpatizam com os homens de bem, ou suscetíveis de se melhorarem. Os Espíritos inferiores com os homens viciosos, ou que podem tornar-se tais. Daí suas afeições, como consequência da conformidade dos sentimentos."

485. *É exclusivamente moral a afeição que os Espíritos votam a certas pessoas?*

"A verdadeira afeição nada tem de carnal; mas, quando um Espírito se apega a uma pessoa, nem sempre o faz só por afeição. À estima que essa pessoa lhe inspira pode agregar-se das paixões humanas."

486. *Interessam-se os Espíritos pelas nossas desgraças e pela nossa prosperidade? Afligem-se os que nos querem bem com os males que padecemos durante a vida?*

"Os bons Espíritos fazem todo o bem que lhes é possível e se sentem felizes com as vossas alegrias. Afligem-se com os vossos males, quando os não suportais com resignação, porque nenhum benefício então tirais deles, assemelhando-vos, em tais casos, ao doente que rejeita a beberagem amarga que o há de curar."

487. *Dentre os nossos males, de que natureza são os de que mais se afligem os Espíritos por nossa causa? Serão os males físicos ou os morais?*

"O vosso egoísmo e a dureza dos vossos corações. Daí decorre tudo o mais. Riem-se de todos esses males imaginários que nascem do orgulho e da ambição. Rejubilam com os que redundam na abreviação do tempo das vossas provas."

Sabendo ser transitória a vida corporal e que as tribulações que lhe são inerentes constituem meios de alcançarmos melhor estado, os Espíritos mais se afligem pelos nossos males devidos a causas de ordem moral, do que pelos nossos sofrimentos físicos, todos passageiros.

Pouco se incomodam com as desgraças que apenas atingem as nossas ideias mundanas, tal qual fazemos com as mágoas pueris das crianças.

Vendo nas amarguras da vida um meio de nos adiantarmos, os Espíritos as consideram como a crise ocasional de que resultará a salvação do doente. Compadecem-se dos nossos sofrimentos, como nos compadecemos dos de um amigo. Porém, enxergando as coisas de um ponto de vista mais justo, os apreciam de um modo diverso do nosso. Então, ao passo que os bons nos levantam o ânimo no interesse do nosso futuro, os outros nos impelem ao desespero, objetivando comprometer-nos.

488. *Os parentes e amigos, que nos precederam na outra vida, maior simpatia nos votam do que os Espíritos que nos são estranhos?*
"Sem dúvida e quase sempre vos protegem como Espíritos, de acordo com o poder de que dispõem."
a) *São sensíveis à afeição que lhes conservamos?*
"Muito sensíveis, mas esquecem-se dos que os esquecem."

Anjos da guarda. Espíritos protetores, familiares ou simpáticos

489. *Há Espíritos que se liguem particularmente a um indivíduo para protegê-lo?*
"Há o *irmão espiritual*, o que chamais *o bom Espírito* ou *o bom gênio*."
490. *Que se deve entender por anjo da guarda ou anjo guardião?*
"O Espírito protetor, pertencente a uma ordem elevada."
491. *Qual é a missão do Espírito protetor?*
"A de um pai com relação aos filhos; a de guiar o seu protegido pela senda do bem, auxiliá-lo com seus conselhos, consolá-lo nas suas aflições, levantar-lhe o ânimo nas provas da vida."
492. *O Espírito protetor se dedica ao indivíduo desde o seu nascimento?*
"Desde o nascimento até a morte e muitas vezes o acompanha na vida espírita, depois da morte, e mesmo através de muitas existências corpóreas, que mais não são do que fases curtíssimas da vida do Espírito."
493. *É voluntária ou obrigatória a missão do Espírito protetor?*
"O Espírito fica obrigado a vos assistir, uma vez que aceitou esse encargo. Cabe-lhe, porém, o direito de escolher seres que lhe sejam simpáticos. Para alguns, é um prazer; para outros, missão ou dever."
a) *Dedicando-se a uma pessoa, renuncia o Espírito a proteger outros indivíduos?*
"Não; mas protege-os menos exclusivamente."
494. *O Espírito protetor fica fatalmente preso à criatura confiada à sua guarda?*
"Frequentemente sucede que alguns Espíritos deixam suas posições de protetores para desempenhar diversas missões. Mas, nesse caso, outros os substituem."
495. *Poderá dar-se que o Espírito protetor abandone o seu protegido, por se lhe mostrar este rebelde aos conselhos?*
"Afasta-se, quando vê que seus conselhos são inúteis e que mais forte é, no seu protegido, a decisão de submeter-se à influência dos Espíritos inferiores. Mas não o abandona completamente e sempre se faz ouvir. É então o homem quem tapa os ouvidos. O protetor volta desde que este o chame.

"É uma doutrina, esta, dos anjos guardiães, que, pelo seu encanto e doçura, devera converter os mais incrédulos.

Não vos parece grandemente consoladora a ideia de terdes sempre junto de vós seres que vos são superiores, prontos sempre a vos aconselhar e amparar, a vos ajudar na ascensão da abrupta montanha do bem; mais sinceros e dedicados amigos do que todos os que mais intimamente se vos liguem na Terra? Eles se acham ao vosso lado por ordem de Deus. Foi Deus quem aí os colocou e, aí permanecendo por amor de Deus, desempenham bela, porém penosa missão. Sim, onde quer que estejais, estarão convosco. Nem nos cárceres, nem nos hospitais, nem nos lugares de devassidão, nem na solidão, estais separados desses amigos a quem não podeis ver, mas cujo brando influxo vossa alma sente, ao mesmo tempo que lhes ouve os ponderados conselhos.

"Ah! se conhecêsseis bem esta verdade! Quanto vos ajudaria nos momentos de crise! Quanto vos livraria dos maus Espíritos! Mas, oh! Quantas vezes, no dia solene, não se verá esse anjo constrangido a vos observar: "Não te aconselhei isto? Entretanto, não o fizeste. Não te mostrei o abismo? Contudo, nele te precipitaste! Não fiz ecoar na tua consciência a voz da verdade? Preferiste, no entanto, seguir os conselhos da mentira!" Oh! Interrogai os vossos anjos guardiães; estabelecei entre eles e vós essa terna intimidade que reina entre os melhores amigos. Não penseis em lhes ocultar nada, pois que eles têm o olhar de Deus e não podeis enganá-los. Pensai no futuro; procurai adiantar-vos na vida presente. Assim fazendo, encurtareis vossas provas e mais felizes tornareis as vossas existências. Vamos, homens, coragem! De uma vez por todas, lançai para longe todos os preconceitos e ideias preconcebidas. Entrai na nova senda que diante dos passos se vos abre. Caminhai! Tendes guias, segui-los, que a meta não vos pode faltar, porquanto essa meta é o próprio Deus.

"Aos que considerem impossível que Espíritos verdadeiramente elevados se consagrem a tarefa tão laboriosa e de todos os instantes, diremos que nós vos influenciamos as almas, estando embora muitos milhões de léguas distantes de vós. O espaço, para nós, nada é, e não obstante viverem noutro mundo, os nossos Espíritos conservam suas ligações com os vossos. Gozamos de qualidades que não podeis compreender, mas ficai certos de que Deus não nos impôs tarefa superior às nossas forças e de que não vos deixou sós na Terra, sem amigos e sem amparo. Cada anjo de guarda tem o seu protegido, pelo qual vela, como o pai pelo filho. Alegra-se quando o vê no bom caminho; sofre quando ele lhe despreza os conselhos.

"Não receeis fatigar-nos com as vossas perguntas. Ao contrário, procurai estar sempre em relação conosco. Sereis assim mais fortes e mais felizes. São essas comunicações de cada um com o seu Espírito familiar que fazem sejam médiuns todos os homens, médiuns ignorados hoje, mas que se manifestarão mais tarde e se espalharão qual oceano sem margens, fazendo retroceder a incredulidade e a ignorância. Homens doutos, instruí os vossos semelhantes; homens de talento, educai os vossos irmãos. Não imaginais que obra fazeis desse modo: a do Cristo, a que Deus vos impõe. Para que vos outorgou Deus a inteligência e o saber, senão para o repartirdes com os vossos irmãos, senão para fazerdes que se adiantem pela senda que conduz à bem-aventurança, à felicidade eterna?"

São Luís, Santo Agostinho

Nada tem de surpreendente a doutrina dos anjos guardiães, a velarem pelos seus protegidos, mau grado à distância que separa os mundos. É, ao contrário, grandiosa e sublime. Não vemos na Terra o pai velar pelo filho, ainda que de muito longe, e auxiliá-lo com seus conselhos correspondendo-se com ele? Que motivo de espanto haverá, então, em que os Espíritos possam, de um outro mundo, guiar os que, habitantes da Terra, eles tomaram sob sua proteção, uma vez que, para eles, a distância que vai de um mundo a outro é menor do que a que, neste planeta, separa os continentes? Não dispõem, além disso, do fluido universal, que entrelaça todos os mundos, tornando-os solidários; veículo imenso da transmissão dos pensamentos, como o ar é, para nós, o da transmissão do som?

496. *O Espírito, que abandona o seu protegido, que deixa de lhe fazer bem, pode fazer--lhe mal?*

"Os bons Espíritos nunca fazem mal. Deixam que o façam aqueles que lhes tomam o lugar. Costumais então lançar à conta da sorte as desgraças que vos acabrunham, quando só as sofreis por culpa vossa."

497. *Pode um Espírito protetor deixar o seu protegido à mercê de outro Espírito que lhe queira fazer mal?*

"Os maus Espíritos se unem para neutralizar a ação dos bons. Mas, se o quiser, o protegido dará toda a força ao seu protetor. Pode acontecer que o bom Espírito encontre em outro lugar uma boa-vontade a ser auxiliada. Aplica-se então em auxiliá-la, aguardando que seu protegido lhe volte."

498. *Será por não poder lutar contra Espíritos maléficos que um Espírito protetor deixa que seu protegido se transvie na vida?*

"Não é porque não possa, mas porque não quer. E não quer porque das provas sai o seu protegido mais instruído e perfeito. Assiste-o sempre com seus conselhos, dando-os por meio dos bons pensamentos que lhe inspira, porém que quase nunca são atendidos. A fraqueza, o descuido ou o orgulho do homem são exclusivamente o que empresta força aos maus Espíritos, cujo poder todo advém do fato de lhes não opordes resistência."

499. *O Espírito protetor está constantemente com o seu protegido? Não haverá alguma circunstância em que, sem abandoná-lo, ele o perca de vista?*

"Há circunstâncias em que não é necessário que esteja o Espírito protetor junto do seu protegido."

500. *Momentos haverá em que o Espírito deixe de precisar do seu protetor?*

"Sim, quando ele atinge o ponto de poder guiar-se a si mesmo, como sucede ao estudante, para o qual um momento chega em que não mais precisa de mestre. Isso, porém, não se dá na Terra."

501. *Por que é oculta a ação dos Espíritos sobre a nossa existência e por que, quando nos protegem, não o fazem de modo ostensivo?*

"Se vos fosse dado contar sempre com a ação deles, não agiríeis por vós mesmos e o vosso Espírito não progrediria. Para que este possa adiantar-se, precisa de experiência, adquirindo-a frequentemente à sua custa. É necessário que exercite suas forças, sem o que seria como a criança a quem não consentem que ande sozinha. A ação dos Espíritos que vos querem bem é sempre regulada de maneira que não vos tolha o livre-arbítrio, porquanto, se não tivésseis responsabilidade, não avançaríeis na senda que vos há de conduzir a Deus. Não vendo quem o ampara, o homem se confia às suas próprias forças. Sobre ele, entretanto, vela o seu guia e, de tempos a tempos, lhe brada, advertindo-o do perigo."

502. *O Espírito protetor, que consegue trazer ao bom caminho o seu protegido, lucra algum bem para si?*

"Constitui isso um mérito que lhe é levado em conta, seja para seu progresso, seja para sua felicidade. Sente-se feliz quando vê bem-sucedidos os seus esforços, o que representa, para ele, um triunfo, como triunfo é, para um preceptor, os bons êxitos do seu educando."

a) *É responsável pelo mau resultado de seus esforços?*
"Não, pois que fez o que de si dependia."

503. *Sofre o Espírito protetor quando vê que seu protegido segue mau caminho, não obstante os avisos que dele recebe? Não há aí uma causa de turbação da sua felicidade?*
"Sofre os erros do seu protegido, a quem lastima. Tal aflição, porém, não tem analogia com as angústias da paternidade terrena, porque ele sabe que há remédio para o mal e que o que não se faz hoje, amanhã se fará."

504. *Poderemos sempre saber o nome do Espírito nosso protetor, ou anjo de guarda?*
"Como quereis saber nomes para vós inexistentes? Supondes que Espíritos só há os que conheceis?"

a) *Como então o podemos invocar, se o não conhecemos?*
"Dai-lhe o nome que quiserdes, o de um Espírito superior que vos inspire simpatia ou veneração. O vosso protetor acudirá ao apelo que com esse nome lhe dirigirdes, visto que todos os bons Espíritos são irmãos e se assistem mutuamente."

505. *Os protetores que tomam nomes conhecidos sempre são realmente os Espíritos das personalidades que tiveram esses nomes?*
"Não. Muitas vezes, os que os dão são Espíritos simpáticos aos que de tais nomes usaram na Terra e, a mando destes, respondem ao vosso chamamento. Fazeis questão de nomes; eles tomam um que vos inspire confiança. Quando não podeis desempenhar pessoalmente determinada missão, não costumais mandar que outro, por quem respondeis como por vós mesmos, aja em vosso nome?"

506. *Na vida espírita, reconheceremos o Espírito nosso protetor?*
"Decerto, pois não é raro que o tenhais conhecido antes de encarnardes."

507. *Pertencem todos os Espíritos protetores à classe dos Espíritos elevados? Podem contar-se entre os de classe média? Um pai, por exemplo, pode tornar-se o Espírito protetor de seu filho?*
"Pode, mas a proteção pressupõe certo grau de elevação e um poder ou uma virtude a mais, concedidos por Deus. O pai que protege seu filho também pode ser assistido por um Espírito mais elevado."

508. *Os Espíritos que se achavam em boas condições ao deixarem a Terra, sempre podem proteger os que lhes são caros e que lhes sobrevivem?*
"Mais ou menos restrito é o poder de que desfrutam. A situação em que se encontram nem sempre lhes permite inteira liberdade de ação."

509. *Quando em estado de selvageria ou de inferioridade moral, têm os homens, igualmente, seus Espíritos protetores? E, assim sendo, esses Espíritos são de ordem tão elevada quanto a dos Espíritos protetores de homens muito adiantados?*
"Todo homem tem um Espírito que por ele vela, mas as missões são relativas ao fim que visam. Não dais a uma criança, que está aprendendo a ler, um professor de filosofia. O progresso do Espírito familiar guarda relação com o do Espírito protegido. Tendo um Espírito que vela por vós, podeis tornar-vos, a vosso turno, o protetor de outro que vos seja inferior e os progressos que este realize, com o auxílio que lhe dispensardes, contribuirão para o vosso adiantamento. Deus não exige do Espírito mais do que comportem a sua natureza e o grau de elevação a que já chegou."

510. *Quando o pai, que vela pelo filho, reencarna, continua a velar por ele?*

"Isso é mais difícil. Contudo, de certo modo o faz, pedindo, num instante de desprendimento, a um Espírito simpático que o assista nessa missão. Além disso, os Espíritos só aceitam missões que possam desempenhar até ao fim.

"Encarnado, na maioria das vezes em mundo onde a existência é material, o Espírito se acha muito sujeito ao corpo para poder dedicar-se inteiramente a outro Espírito, isto é, para poder assisti-lo pessoalmente. Tanto é assim que os que ainda se não elevaram bastante são também assistidos por outros que lhes estão acima, de tal sorte que, se por qualquer circunstância um vem a faltar, outro lhe supre a falta."

511. *A cada indivíduo achar-se-á ligado, além do Espírito protetor, um mau Espírito, com o fim de impeli-lo ao erro e de lhe proporcionar ocasiões de lutar entre o bem e o mal?*

"Ligado não é o termo. É certo que os maus Espíritos procuram desviar do bom caminho o homem, quando se lhes depara ocasião. Sempre, porém, que um deles se liga a um indivíduo, fá-lo por si mesmo, porque conta ser atendido. Há então luta entre o bom e o mau, vencendo aquele por quem o homem se deixe influenciar."

512. *Podemos ter muitos Espíritos protetores?*

"Todo homem conta sempre Espíritos, mais ou menos elevados, que com ele simpatizam, que lhe dedicam afeto e por ele se interessam, como também tem junto de si outros que o assistem no mal."

513. *Os Espíritos que conosco simpatizam atuam em cumprimento de missão?*

"Não raro, desempenham missão temporária; porém, as mais das vezes, são apenas atraídos pela identidade de pensamentos e sentimentos, assim para o bem como para o mal."

a) *Parece lícito inferir-se daí que os Espíritos a quem somos simpáticos podem ser bons ou maus, não?*

"Sim, qualquer que seja o seu caráter, o homem sempre encontra Espíritos que com ele simpatizem."

514. *Os Espíritos familiares são os mesmos a quem chamamos Espíritos simpáticos ou Espíritos protetores?*

"Há gradações na proteção e na simpatia. Dai-lhes os nomes que quiserdes. O Espírito familiar é antes o amigo da casa."

Das explicações acima e das observações feitas sobre a natureza dos Espíritos que se afeiçoam ao homem, pode-se deduzir o seguinte:

O Espírito protetor, anjo de guarda, ou bom gênio é o que tem por missão acompanhar o homem na vida e ajudá-lo a progredir. É sempre de natureza superior, com relação ao protegido.

Os Espíritos familiares se ligam a certas pessoas por laços mais ou menos duráveis, com o fim de lhes serem úteis, dentro dos limites do poder, quase sempre muito restrito, de que dispõe. São bons, porém, muitas vezes pouco adiantados e mesmo um tanto levianos. Ocupam-se de boa mente com as particularidades da vida íntima e só atuam por ordem ou com permissão dos Espíritos protetores.

Os Espíritos simpáticos são os que se sentem atraídos para o nosso lado por afeições particulares e ainda por uma certa semelhança de gostos e de sentimentos, tanto para o bem como para o mal. Geralmente, a duração de suas relações se acha subordinada às circunstâncias.

O mau gênio é um Espírito imperfeito ou perverso, que se liga ao homem para desviá-lo do bem. Obra, porém, por impulso próprio e não no desempenho de missão. A tenacidade da sua ação está em relação direta com a maior ou menor facilidade de acesso que encontre por parte do homem, que goza sempre da liberdade de escutar-lhe a voz ou de lhe cerrar os ouvidos.

515. *Que se há de pensar dessas pessoas que se ligam a certos indivíduos para levá-los à perdição, ou para guiá-los pelo bom caminho?*

"Efetivamente, certas pessoas exercem sobre outras uma espécie de fascinação que parece irresistível. Quando isso se dá no sentido do mal, são maus Espíritos, de que outros Espíritos também maus se servem para subjugá-las. Deus permite que tal coisa ocorra para vos experimentar."

516. *Poderiam os nossos bom e mau gênios encarnar, a fim de mais perto nos acompanharem na vida?*

"Isso às vezes se dá. Porém, o que mais frequentemente se verifica é encarregarem dessa missão outros Espíritos encarnados que lhes são simpáticos."

517. *Haverá Espíritos que se liguem a uma família inteira para protegê-la?*

"Alguns Espíritos se ligam aos membros de uma determinada família, que vivem juntos e unidos pela afeição; mas não acrediteis em Espíritos protetores do orgulho das raças."

518. *Assim como são atraídos, pela simpatia, para certos indivíduos, são-no igualmente os Espíritos, por motivos particulares, para as reuniões de indivíduos?*

"Os Espíritos preferem estar no meio dos que se lhes assemelham. Acham-se aí mais à vontade e mais certos de serem ouvidos. É pelas suas tendências que o homem atrai os Espíritos e isso quer esteja só, quer faça parte de um todo coletivo, como uma sociedade, uma cidade, ou um povo. Portanto, as sociedades, as cidades e os povos são, de acordo com as paixões e o caráter neles predominantes, assistidos por Espíritos mais ou menos elevados. Os Espíritos imperfeitos se afastam dos que os repelem. Segue-se que o aperfeiçoamento moral das *coletividades,* como o dos indivíduos, tende a afastar os maus Espíritos e a atrair os bons, que estimulam e alimentam nelas o sentimento do bem, como outros lhes podem insuflar as paixões grosseiras."

519. *As aglomerações de indivíduos, como as sociedades, as cidades, as nações, têm Espíritos protetores especiais?*

"Têm, pela razão de que esses agregados são individualidades coletivas que, caminhando para um objetivo comum, precisam de uma direção superior."

520. *Os Espíritos protetores das coletividades são de natureza mais elevada do que os que se ligam aos indivíduos?*

"Tudo é relativo ao grau de adiantamento, quer se trate de coletividades, quer de indivíduos."

521. *Podem certos Espíritos auxiliar o progresso das artes, protegendo os que às artes se dedicam?*

"Há Espíritos protetores especiais e que assistem os que os invocam, quando dignos dessa assistência. Que queres, porém, que façam com os que julgam ser o que não são? Não lhes cabe fazer que os cegos vejam, nem que os surdos ouçam."

Os antigos fizeram, desses Espíritos, divindades especiais. As Musas não eram senão a personificação alegórica dos Espíritos protetores das ciências e das artes, como os deuses Lares e Penates simbolizavam os Espíritos protetores da família. Também modernamente, as artes, as diferentes indústrias, as cidades, os países têm seus patronos, que mais não são do que Espíritos Superiores, sob várias designações.

Tendo todo homem Espíritos que com ele simpatizam, claro é que, nos corpos coletivos, a generalidade dos Espíritos que lhes votam simpatia está em proporção com a generalidade dos indivíduos; que os Espíritos estranhos são atraídos para essas coletividades pela identidade dos gostos e das ideias; em suma, que esses agregados de pessoas, tanto quanto os indivíduos, são mais ou menos bem assistidos e influenciados, de acordo com a natureza dos sentimentos dominantes entre os elementos que os compõem.

Nos povos, determinam a atração dos Espíritos os costumes, os hábitos, o caráter dominante e as leis, as leis sobretudo, porque o caráter de uma nação se reflete nas suas leis. Fazendo reinar em seu seio a justiça, os homens combatem a influência dos maus Espíritos. Onde quer que as leis consagrem coisas injustas, contrárias à Humanidade, os bons Espíritos ficam em minoria e a multidão, que aflui, dos maus mantém a nação aferrada às suas ideias e paralisa as boas influências parciais, que ficam perdidas no conjunto, como insuladas espigas entre espinheiros. Estudando-se os costumes dos povos ou de qualquer reunião de homens, facilmente se forma ideia da população oculta que se lhes imiscui no modo de pensar e nos atos.

Pressentimentos

522. *O pressentimento é sempre um aviso do Espírito protetor?*

"É o conselho íntimo e oculto de um Espírito que vos quer bem. Também está na intuição da escolha que se haja feito. É a voz do instinto. Antes de encarnar, tem o Espírito conhecimento das fases principais de sua existência, isto é, do gênero das provas a que se submete. Tendo estas caráter assinalado, ele conserva, no seu foro íntimo, uma espécie de impressão de tais provas e esta impressão, que é a voz do instinto, fazendo-se ouvir quando lhe chega o momento de sofrê-las, se torna pressentimento."

523. *Acontecendo que os pressentimentos e a voz do instinto são sempre algum tanto vagos, que devemos fazer, na incerteza em que ficamos?*

"Quando te achares na incerteza, invoca o teu bom Espírito, ou *ora a Deus, soberano senhor de todos, e Ele te enviará um de seus mensageiros, um de nós*."

524. *Os avisos dos Espíritos protetores objetivam unicamente o nosso procedimento moral, ou também o proceder que devamos adotar nos assuntos da vida particular?*

"Tudo. Eles se esforçam para que vivais o melhor possível. Mas, quase sempre tapais os ouvidos aos avisos salutares e vos tornais desgraçados por culpa vossa."

Os Espíritos protetores nos ajudam com seus conselhos, mediante a voz da consciência que fazem ressoar em nosso íntimo. Como, porém, nem sempre ligamos a isso a devida importância, outros conselhos mais diretos eles nos dão, servindo-se das pessoas que nos cercam. Examine cada um as diversas circunstâncias felizes ou infelizes de sua vida e verá que em muitas ocasiões recebeu conselhos de que se não aproveitou e que lhe teriam poupado muitos desgostos, se os houvera escutado.

Influência dos Espíritos nos acontecimentos da vida

525. *Exercem os Espíritos alguma influência nos acontecimentos da vida?*

"Certamente, pois que vos aconselham."

a) *Exercem essa influência por outra forma que não apenas pelos pensamentos que sugerem, isto é, têm ação direta sobre o cumprimento das coisas?*

"Sim, mas nunca atuam fora das leis da Natureza."

Imaginamos erradamente que aos Espíritos só caiba manifestar sua ação por fenômenos extraordinários. Quiséramos que nos viessem auxiliar por meio de milagres e os figuramos sempre armados de uma varinha mágica. Por não ser assim é que oculta nos parece a intervenção que têm nas coisas deste mundo e muito natural o que se executa com o concurso deles.

Assim é que, provocado, por exemplo, o encontro de duas pessoas, que suporão encontrar-se por acaso; inspirando a alguém a ideia de passar por determinado lugar; chamando-lhe a atenção para certo ponto, se disso resulta o que tenham em vista, eles agem de tal maneira que o homem, crente de que obedece a um impulso próprio, conserva sempre o seu livre-arbítrio.

526. *Tendo, como têm, ação sobre a matéria, podem os Espíritos provocar certos efeitos, com o objetivo de que se dê um acontecimento? Por exemplo: um homem tem que morrer; sobe uma escada, a escada se quebra e ele morre da queda. Foram os Espíritos que quebraram a escada, para que o destino daquele homem se cumprisse?*

"É exato que os Espíritos têm ação sobre a matéria, mas para cumprimento das leis da Natureza, não para as derrogar, fazendo que, em dado momento, ocorra um sucesso inesperado e contrário àquelas leis. No exemplo que figuraste, a escada se quebrou porque se achava podre, ou por não ser bastante forte para suportar o peso de um homem. Se era destino daquele homem perecer de tal maneira, os Espíritos lhe inspirariam a ideia de subir a escada em questão, que teria de quebrar-se com o seu peso, resultando-lhe daí a morte por um efeito natural e sem que para isso fosse necessária a produção de um milagre."

527. *Tomemos outro exemplo, em que não entre a matéria em seu estado natural. Um homem tem que morrer fulminado pelo raio. Refugia-se debaixo de uma árvore. Estala o raio e o mata. Poderá considerar-se tenham sido os Espíritos que provocaram a produção do raio e que o dirigiram para o homem?*

"Dá-se o mesmo que anteriormente. O raio caiu sobre aquela árvore em tal momento, porque estava nas leis da Natureza que assim acontecesse. Não foi encaminhado para a árvore, por se achar debaixo dela o homem. A este, sim, foi inspirada a ideia de se abrigar debaixo de uma árvore sobre a qual cairia o raio, porquanto a árvore não deixaria de ser atingida, só por não lhe estar debaixo da fronde o homem."

528. *No caso de uma pessoa mal-intencionada disparar sobre outra um projétil que apenas lhe passe perto sem a atingir, poderá ter sucedido que um Espírito bondoso haja desviado o projétil?*

"Se o indivíduo alvejado não tem que perecer desse modo, o Espírito bondoso lhe inspirará a ideia de se desviar, ou então poderá ofuscar o que empunha a arma, de sorte a fazê-lo apontar mal, porquanto, uma vez disparada a arma, o projétil segue a linha que tem de percorrer."

529. *Que se deve pensar das balas encantadas, de que falam algumas lendas e que fatalmente atingem o alvo?*

"Pura imaginação. O homem gosta do maravilhoso e não se contenta com as maravilhas da Natureza."

a) *Podem os Espíritos que dirigem os acontecimentos terrenos ter impedida sua ação por Espíritos que queiram o contrário?*

"O que Deus quer se executa. Se houver demora na execução, ou se surgirem obstáculos, é porque Ele assim o quis."

530. *Não podem os Espíritos leviavos e zombeteiros criar pequenos embaraços à realização dos nossos projetos e transtornar as nossas previsões? Serão eles, numa palavra, os causadores do que chamamos pequenas misérias da vida humana?*

"Eles se comprazem em vos causar aborrecimentos que representam para vós provas destinadas a exercitar a vossa paciência. Cansam-se, porém, quando veem que nada conseguem. Entretanto, não seria justo, nem acertado, imputar-lhes todas as decepções que experimentais e de que sois os principais culpados pela vossa irreflexão. Fica certo de que, se a tua louça se quebra, é mais por falta de cuidado tua do que por culpa dos Espíritos."

a) *Destes, os que provocam contrariedades agem impelidos por animosidade pessoal, ou assim procedem contra qualquer um, sem motivo determinado, por pura malícia?*

"Por uma e outra coisa. Às vezes os que assim vos molestam são inimigos que granjeastes nesta ou em precedente existência. Outras vezes, nenhum motivo há."

531. *Extingue-se-lhes com a vida corpórea a malevolência dos seres que nos fizeram mal na Terra?*

"Muitas vezes reconhecem a injustiça com que procederam e o mal que causaram. Mas, também, não é raro que continuem a perseguir-vos, cheios de animosidade, se Deus o permitir, por ainda vos experimentar."

a) *Pode-se pôr termo a isso? Por que meio?*

"Podeis. Orando por eles e lhes retribuindo o mal com o bem, acabarão compreendendo a injustiça do proceder deles. Além disso, se souberdes colocar-vos acima de suas maquinações, deixar-vos-ão, por verificarem que nada lucram."

A experiência demonstra que alguns Espíritos continuam em outra existência a exercer as vinganças que vinham tomando e que assim, cedo ou tarde, o homem paga o mal que tenha feito a outrem.

532. *Têm os Espíritos o poder de afastar de certas pessoas os males e de favorecê-las com a prosperidade?*

"De todo, não; porquanto, há males que estão nos decretos da Providência. Amenizam-vos, porém, as dores, dando-vos paciência e resignação.

"Ficai igualmente sabendo que de vós depende muitas vezes poupar-vos os males, ou, quando menos, atenuá-los.

A inteligência, Deus vo-la outorgou para que dela vos sirvais e é principalmente por meio da vossa inteligência que os Espíritos vos auxiliam, sugerindo-vos ideias propícias ao vosso bem. Mas não assistem senão os que sabem assistir-se a si mesmos. Esse é o sentido destas palavras: "Pedi, e dar-se-vos-á; buscai, e achareis; batei, e abrir-se-vos-á"[21]

---

21   Lucas 11:9 (N. do E.)

"Sabei ainda que nem sempre é um mal o que vos parece sê-lo. Frequentemente, do que considerais um mal sairá um bem muito maior. Quase nunca compreendeis isso, porque só atentais no momento presente ou na vossa própria pessoa."

533. *Podem os Espíritos fazer que obtenham riquezas os que lhes pedem que assim aconteça?*

"Algumas vezes, como prova. Quase sempre, porém, recusam, como se recusa à criança a satisfação de um pedido inconsiderado."

a) *São os bons ou os maus Espíritos que concedem esses favores?*

"Uns e outros. Depende da intenção. Na maior parte das vezes, entretanto, os que concedem são os Espíritos que vos querem arrastar para o mal e que encontram meio fácil de o conseguirem, facilitando-vos os gozos que a riqueza proporciona."

534. *Será por influência de algum Espírito que, fatalmente, a realização dos nossos projetos parece encontrar obstáculos?*

"Algumas vezes é isso efeito da ação dos Espíritos; muito mais vezes, porém, é que andais errados na elaboração e na execução dos vossos projetos. Muito influem nesses casos a posição e o caráter do indivíduo. Se vos obstinais em ir por um caminho que não deveis seguir, os Espíritos nenhuma culpa têm dos vossos insucessos. Vós mesmos vos constituís em vossos maus gênios."

535. *Quando algum acontecimento feliz nos sucede é ao Espírito nosso protetor que devemos agradecer?*

"Agradecei primeiramente a Deus, sem cuja permissão nada se faz; depois aos bons Espíritos que foram os agentes da sua vontade."

a) *Que sucederia se nos esquecêssemos de agradecer?*

"O que sucede aos ingratos."

b) *No entanto, pessoas há que não pedem nem agradecem e às quais tudo sai bem!*

"Assim é, de fato, mas importa ver o fim. Pagarão bem caro essa felicidade de que não são merecedores, pois quanto mais houverem recebido, tanto maiores contas terão que prestar."

Ação dos Espíritos nos fenômenos da Natureza

536. *Podemos atribuir a causas fortuitas os grandes fenômenos da Natureza, ou têm todos um fim providencial?*

"Tudo tem uma razão de ser e nada acontece sem a permissão de Deus."

a) *Objetivam sempre o homem esses fenômenos?*

"Às vezes têm, como imediata razão de ser, o homem. Na maioria dos casos, entretanto, têm por único motivo o restabelecimento do equilíbrio e da harmonia das forças físicas da Natureza."

b) *Concebemos perfeitamente que a vontade de Deus seja a causa primária, nisto como em tudo; porém, sabendo que os Espíritos exercem ação sobre a matéria e que são os agentes da vontade de Deus, perguntamos se alguns dentre eles não exercerão certa influência sobre os elementos para os agitar, acalmar ou dirigir?*

"Mas evidentemente. Nem poderia ser de outro modo. Deus não exerce ação direta sobre a matéria. Ele encontra agentes dedicados em todos os graus da escala dos mundos."

537. *A mitologia dos antigos se fundava inteiramente em ideias espíritas, com a única diferença de que consideravam os Espíritos como divindades. Representavam esses*

deuses ou esses Espíritos com atribuições especiais. Assim, uns eram encarregados dos ventos, outros do raio, outros de presidir ao fenômeno da vegetação etc. Semelhante crença é totalmente destituída de fundamento?

"Tão pouco destituída é de fundamento, que ainda está muito aquém da verdade."

a) *Poderá então haver Espíritos que habitem o interior da Terra e presidam os fenômenos geológicos?*

"Tais Espíritos não habitam positivamente a Terra. Presidem os fenômenos e os dirigem de acordo com as atribuições que têm. Dia virá em que recebereis a explicação de todos esses fenômenos e os compreendereis melhor."

538. *Formam categoria especial no mundo espírita os Espíritos que presidem os fenômenos da Natureza? Serão seres à parte, ou Espíritos que foram encarnados como nós?*

"Que foram ou que o serão."

a) *Pertencem esses Espíritos às ordens superiores ou às inferiores da hierarquia espírita?*

"Isso é conforme seja mais ou menos material, mais ou menos inteligente o papel que desempenhem. Uns mandam, outros executam. Os que executam coisas materiais são sempre de ordem inferior, assim entre os Espíritos, como entre os homens."

539. *A produção de certos fenômenos, das tempestades, por exemplo, é obra de um só Espírito, ou muitos se reúnem, formando grandes massas, para produzi-los?*

"Reúnem-se em massas inumeráveis."

540. *Os Espíritos que exercem ação nos fenômenos da Natureza operam com conhecimento de causa, usando do livre-arbítrio, ou por efeito de instintivo ou irrefletido impulso?*

"Uns sim, outros não. Estabeleçamos uma comparação. Considera essas miríades de animais que, pouco a pouco, fazem emergir do mar ilhas e arquipélagos. Julgas que não há aí um fim providencial e que essa transformação da superfície do globo não seja necessária à harmonia geral? Entretanto, são animais de ínfima ordem que executam essas obras, provendo às suas necessidades e sem suspeitarem de que são instrumentos de Deus. Pois bem, do mesmo modo, os Espíritos mais atrasados oferecem utilidade ao conjunto. Enquanto *se ensaiam para a vida*, antes que tenham plena consciência de seus atos e estejam no gozo pleno do livre-arbítrio, atuam em certos fenômenos, de que inconscientemente se constituem os agentes. Primeiramente, executam. Mais tarde, quando suas inteligências já houverem alcançado um certo desenvolvimento, ordenarão e dirigirão as coisas do mundo material. Depois, poderão dirigir as do mundo moral. É assim que tudo serve, que tudo se encadeia na Natureza, desde o átomo primitivo até o arcanjo, que também começou por ser átomo. Admirável lei de harmonia, que o vosso acanhado espírito ainda não pode apreender em seu conjunto!"

Os Espíritos durante os combates

541. *Durante uma batalha, há Espíritos assistindo os combatentes e amparando cada um dos exércitos?*

"Sim, e que lhes estimulam a coragem."

Os antigos figuravam os deuses tomando o partido deste ou daquele povo. Esses deuses eram simplesmente Espíritos representados por alegorias.

542. *Estando, numa guerra, a justiça sempre de um dos lados, como pode haver Espíritos que tomem o partido dos que se batem por uma causa injusta?*

"Bem sabeis haver Espíritos que só se comprazem na discórdia e na destruição. Para esses, a guerra é a guerra. A justiça da causa pouco os preocupa."

543. *Podem alguns Espíritos influenciar o general na concepção de seus planos de campanha?*

"Sem dúvida alguma. Podem influenciá-lo nesse sentido, como com relação a todas as concepções."

544. *Poderiam maus Espíritos suscitar-lhe planos errôneos com o fim de levá-lo à derrota?*

"Podem; mas, não tem ele o livre-arbítrio? Se não tiver critério bastante para distinguir uma ideia falsa, sofrerá as consequências e melhor faria se obedecesse, em vez de comandar."

545. *Pode, alguma vez, o general ser guiado por uma espécie de dupla vista, por uma visão intuitiva, que lhe mostre de antemão o resultado de seus planos?*

"Isso se dá muitas vezes com o homem de gênio. É o que ele chama inspiração e o que faz que aja com uma espécie de certeza. Essa inspiração lhe vem dos Espíritos que o dirigem, os quais se aproveitam das faculdades de que o veem dotado."

546. *No tumulto dos combates, que se passa com os Espíritos dos que sucumbem? Continuam, após a morte, a interessar-se pela batalha?*

"Alguns continuam a interessar-se, outros se afastam."

Dá-se, nos combates, o que ocorre em todos os casos de morte violenta: no primeiro momento, o Espírito fica surpreendido e como que atordoado. Julga não estar morto. Parece-lhe que ainda toma parte na ação. Só pouco a pouco a realidade lhe surge.

547. *Após a morte, os Espíritos, que como vivos se guerreavam, continuam a considerar-se inimigos e se conservam encarniçados uns contra os outros?*

"Nessas ocasiões, o Espírito nunca está calmo. Pode acontecer que nos primeiros instantes depois da morte ainda odeie o seu inimigo e mesmo o persiga. Quando, porém, se lhe restabelece a serenidade nas ideias, vê que nenhum fundamento há mais para sua animosidade. Contudo, não é impossível que dela guarde vestígios mais ou menos fortes, conforme o seu caráter."

a) *Continua a ouvir o rumor da batalha?*

"Perfeitamente."

548. *O Espírito que, como espectador, assiste calmamente a um combate observa o ato de separar-se a alma do corpo? Como é que esse fenômeno se lhe apresenta à observação?*

"Raras são as mortes verdadeiramente instantâneas. Na maioria dos casos, o Espírito, cujo corpo acaba de ser mortalmente ferido, não tem consciência imediata desse fato. Somente quando ele começa a reconhecer a nova condição em que se acha, é que os assistentes podem distingui-lo, a mover-se ao lado do cadáver. Parece isso tão natural, que nenhum efeito desagradável lhe causa a vista do corpo morto. Tendo-se a vida toda concentrado no Espírito, só ele prende a atenção dos outros. É com ele que estes conversam, ou a ele é que fazem determinações."

Pactos

549. *Algo de verdade haverá nos pactos com os maus Espíritos?*

"Não, não há pactos. Há, porém, naturezas más que simpatizam com os maus Espíritos. Por exemplo: queres atormentar o teu vizinho e não sabes como hás de fazer. Chamas então por Espíritos inferiores que, como tu, só querem o mal e que, para te ajudarem, exigem que também os sirvas em seus maus desígnios. Mas, não se segue que o teu vizinho não possa livrar-se deles por meio de uma conjuração oposta e pela ação da sua vontade. Aquele que intenta praticar uma ação má, pelo simples fato de alimentar essa intenção, chama em seu auxílio maus Espíritos, aos quais fica então obrigado a servir, porque dele também precisam esses Espíritos, para o mal que queiram fazer. Nisto é que consiste o pacto."

O fato de o homem ficar, às vezes, na dependência dos Espíritos inferiores nasce de se entregar aos maus pensamentos que estes lhe sugerem e não de estipulação quaisquer que com eles faça. O pacto, no sentido vulgar do termo, é uma alegoria representativa da simpatia existente entre um indivíduo de natureza má e Espíritos malfazejos.

550. *Qual é o sentido das lendas fantásticas em que figuram indivíduos que teriam vendido suas almas a Satanás para obterem certos favores?*

"Todas as fábulas encerram um ensinamento e um sentido moral. O vosso erro consiste em tomá-las ao pé da letra. Isso a que te referes é uma alegoria, que se pode explicar desta maneira: aquele que chama em seu auxílio os Espíritos, para deles obter riquezas, ou qualquer outro favor, rebela-se contra a Providência; renuncia à missão que recebeu e às provas que lhe cumpre suportar neste mundo. Sofrerá na vida futura as consequências desse ato. Não quer isto dizer que sua alma fique para sempre condenada à desgraça. Mas, desde que, em lugar de se desprender da matéria, nela cada vez se enterra mais, não terá, no mundo dos Espíritos, a satisfação de que haja gozado na Terra, até que tenha resgatado a sua falta, por meio de novas provas, talvez maiores e mais penosas. Coloca-se, por amor dos gozos materiais, na dependência dos Espíritos impuros. Estabelece-se assim, tacitamente, entre estes e o delinquente, um pacto que o leva à sua perda, mas que lhe será sempre fácil romper, se o quiser firmemente, granjeando a assistência dos bons Espíritos."

Poder oculto. Talismãs. Feiticeiros

551. *Pode um homem mau, com o auxílio de um mau Espírito que lhe seja dedicado, fazer mal ao seu próximo?*

"Não; Deus não o permitiria."

552. *Que se deve pensar da crença no poder, que certas pessoas teriam, de enfeitiçar?*

"Algumas pessoas dispõem de grande força magnética, de que podem fazer mau uso, se maus forem seus próprios Espíritos, caso em que possível se torna serem secundados por outros Espíritos maus. Não creias, porém, num pretenso poder mágico, que só existe na imaginação de criaturas supersticiosas, ignorantes das verdadeiras leis da Natureza. Os fatos que citam, como prova da existência desse poder, são fatos naturais, mal observados e sobretudo mal compreendidos."

553. *Que efeito podem produzir as fórmulas e práticas mediante as quais pessoas há que pretendem dispor do concurso dos Espíritos?*

"O efeito de torná-las ridículas, se procedem de boa-fé. No caso contrário, são tratantes que merecem castigo. Todas as fórmulas são mera charlatanaria. Não há palavra sacramental nenhuma, nenhum sinal cabalístico, nem talismã, que tenha qualquer ação sobre os Espíritos, porquanto estes só são atraídos pelo pensamento e não pelas coisas materiais."

a) *Mas, não é exato que alguns Espíritos têm ditado, eles próprios, fórmulas cabalísticas?*

"Efetivamente, Espíritos há que indicam sinais, palavras estranhas, ou prescrevem a prática de atos, por meio dos quais se fazem os chamados conjuros. Mas, ficai certos de que são Espíritos que de vós outros escarnecem e zombam da vossa credulidade."

554. *Não pode aquele que, com ou sem razão, confia no que chama a virtude de um talismã, atrair um Espírito, por efeito mesmo dessa confiança, visto que, então, o que atua é o pensamento, não passando o talismã de um sinal que apenas lhe auxilia a concentração?*

"É verdade; mas, da pureza da intenção e da elevação dos sentimentos depende a natureza do Espírito que é atraído. Ora, muito raramente aquele que seja bastante simplório para acreditar na virtude de um talismã deixará de mirar um fim mais material do que moral. Qualquer, porém, que seja o caso, essa crença denuncia uma inferioridade e uma fraqueza de ideias que favorecem a ação dos Espíritos imperfeitos e escarninhos."

555. *Que sentido se deve dar ao qualificativo de feiticeiro?*

"Aqueles a quem chamais feiticeiros são pessoas que, quando de boa-fé, gozam de certas faculdades, como sejam a força magnética ou a dupla vista. Então, como fazem coisas geralmente incompreensíveis, são tidas por dotadas de um poder sobrenatural. Os vossos sábios não têm passado muitas vezes por feiticeiros aos olhos dos ignorantes?"

O Espiritismo e o magnetismo nos dão a chave de uma imensidade de fenômenos sobre os quais a ignorância teceu um sem-número de fábulas, em que os fatos se apresentam exagerados pela imaginação. O conhecimento lúcido dessas duas ciências que, a bem dizer, formam uma única, mostrando a realidade das coisas e suas verdadeiras causas, constitui o melhor preservativo contra as ideias supersticiosas, porque revela o que é possível e o que é impossível, o que está nas leis da Natureza e o que não passa de ridícula crendice.

556. *Têm algumas pessoas, verdadeiramente, o poder de curar pelo simples contato?*

"A força magnética pode chegar até aí, quando secundada pela pureza dos sentimentos e por um ardente desejo de fazer o bem, porque então os bons Espíritos lhe vêm em auxílio. Cumpre, porém, desconfiar da maneira pela qual contam as coisas pessoas muito crédulas e muito entusiastas, sempre dispostas a considerar maravilhoso o que há de mais simples e mais natural. Importa desconfiar também das narrativas interesseiras, que costumam fazer os que exploram, em seu proveito, a credulidade alheia."

Bênçãos e maldições

557. *Podem a bênção e a maldição atrair o bem e o mal para aquele sobre quem são lançados?*

"Deus não escuta a maldição injusta e culpado perante ele se torna o que a profere. Como temos os dois gênios opostos, o bem e o mal, pode a maldição exercer momentaneamente influência, mesmo sobre a matéria. Tal influência, porém, só se verifica por vontade de Deus como aumento de prova para aquele que é dela objeto. Além disso, o que é comum é serem amaldiçoados os maus e abençoados os bons. Jamais a bênção e a maldição podem desviar da senda da justiça a Providência, que nunca fere o maldito, senão quando mau, e cuja proteção não acoberta senão aquele que a merece."

CAPÍTULO X

OCUPAÇÕES E MISSÕES DOS ESPÍRITOS

558. *Alguma outra coisa incumbe aos Espíritos fazer, que não seja melhorarem-se pessoalmente?*

"Concorrem para a harmonia do Universo, executando as vontades de Deus, cujos ministros eles são. A vida espírita é uma ocupação contínua, mas que nada tem de penosa, como a vida na Terra, porque não há a fadiga corporal, nem as angústias das necessidades."

559. *Também desempenham função útil no Universo os Espíritos inferiores e imperfeitos?*

"Todos têm deveres a cumprir. Para a construção de um edifício, não concorre tanto o último dos serventes de pedreiro, como o arquiteto?"

560. *Tem atribuições especiais cada Espírito?*

"Todos temos que habitar em toda parte e adquirir o conhecimento de todas as coisas, presidindo sucessivamente ao que se efetua em todos os pontos do Universo. Mas, como diz o livro de Eclesiastes, há tempo para tudo[22]. Assim, tal Espírito cumpre hoje neste mundo o seu destino, tal outro cumprirá ou já cumpriu o seu, em época diversa, na terra, na água, no ar etc."

561. *São permanentes para cada um e estão nas atribuições exclusivas de certas classes as funções que os Espíritos desempenham na ordem das coisas?*

"Todos têm que percorrer os diferentes graus da escala, para se aperfeiçoarem. Deus, que é justo, não poderia ter dado a uns a ciência sem trabalho, destinando outros a só a adquirirem com esforço."

É o que sucede entre os homens, onde ninguém chega ao supremo grau de perfeição numa arte qualquer, sem que tenha adquirido os conhecimentos necessários, praticando os rudimentos dessa arte.

562. *Já não tendo o que adquirir, os Espíritos da ordem mais elevada se acham em repouso absoluto, ou também lhes tocam ocupações?*

---

22 "Há tempo de nascer, e tempo de morrer; tempo de plantar, e tempo de arrancar o que se plantou." (Eclesiastes 3:2) (N. do E.)

"Que quererias que fizessem na eternidade? A ociosidade eterna seria um eterno suplício."

a) *De que natureza são as suas ocupações?*

"Receber diretamente as ordens de Deus, transmiti-las ao universo inteiro e velar para que sejam cumpridas."

563. *São incessantes as ocupações dos Espíritos?*

"Incessantes, sim, atendendo-se a que sempre ativos são os seus pensamentos, porquanto vivem pelo pensamento. Importa, porém, que não identifiqueis as ocupações dos Espíritos com as ocupações materiais dos homens. Essa mesma atividade lhes constitui um gozo, pela consciência que têm de ser úteis."

a) *Concebe-se isto com relação aos bons Espíritos. Dar-se-á, entretanto, o mesmo com os Espíritos inferiores?*

"A estes cabem ocupações apropriadas à sua natureza. Confiais, porventura, ao obreiro manual e ao ignorante trabalhos que só o homem instruído pode executar?"

564. *Haverá Espíritos que se conservem ociosos, que em coisa alguma útil se ocupem?*

"Há, mas esse estado é temporário e depende do desenvolvimento de suas inteligências. Há, certamente, como há homens que só para si mesmos vivem. Pesa-lhes, porém, essa ociosidade e, cedo ou tarde, o desejo de progredir lhes faz necessária a atividade e felizes se sentirão por poderem tornar-se úteis. Referimo-nos aos Espíritos que hão chegado ao ponto de terem consciência de si mesmos e do seu livre-arbítrio; porquanto, em sua origem, todos são quais crianças que acabam de nascer e que agem mais por instinto que por vontade expressa."

565. *Atentam os Espíritos em nossos trabalhos de arte e por eles se interessam?*

"Atentam no que diz respeito à elevação dos Espíritos e seus progressos."

566. *Um Espírito, que haja cultivado na Terra uma especialidade artística, que tenha sido, por exemplo, pintor, ou arquiteto, se interessa de preferência pelos trabalhos que constituíram objeto de sua predileção durante a vida?*

"Tudo se confunde num objetivo geral; Se for um Espírito bom, esses trabalhos o interessarão na medida do ensejo que lhe proporcionem de auxiliar as almas a se elevarem para Deus. Além disso, esqueceis que um Espírito que cultivou certa arte, na existência em que o conhecestes, pode ter cultivado outra em anterior existência, pois que lhe cumpre saber tudo para ser perfeito. Assim, conforme o grau do seu adiantamento, pode suceder que nada seja para ele uma especialidade. Foi o que eu quis significar, dizendo que tudo se confunde num objetivo geral. Notai ainda o seguinte: o que, no vosso mundo atrasado, considerais sublime, não passa de infantilidade, comparado ao que há em mundos mais adiantados. Como pretenderíeis que os Espíritos que habitam esses mundos, onde existem artes que desconheceis, admirem o que, aos seus olhos, corresponde a trabalhos de colegiais? Por isso disse eu: atentam no que demonstre progresso."

a) *Concebemos que seja assim, em se tratando de Espíritos muito adiantados. Referimo-nos, porém, a Espíritos mais vulgares, que ainda se não elevaram acima das ideias terrenas.*

"Com relação a esses, o caso é diferente. Mais restrito é o ponto de vista de onde observam as coisas. Podem, portanto, admirar o que vos cause admiração."

567. *Costumam os Espíritos intrometerem-se em nossos prazeres e ocupações?*

"Os Espíritos vulgares, como dizes, costumam. Esses vos rodeiam constantemente e com frequência tomam parte muito ativa no que fazeis, de conformidade com suas naturezas. Cumpre assim aconteça, porque, para serem os homens impelidos pelas diversas veredas da vida, necessário é que se lhes excitem ou moderem as paixões."

Com as coisas deste mundo os Espíritos se ocupam conforme o grau de elevação ou de inferioridade em que se achem. Os Espíritos Superiores dispõem, sem dúvida, da faculdade de examiná-las nas suas mínimas particularidades, mas só o fazem na medida em que isso seja útil ao progresso. Unicamente os Espíritos inferiores ligam a essas coisas uma importância relativa às reminiscências que ainda conservam e às ideias materiais que ainda se não extinguiram neles.

568. *Os Espíritos, que têm missões a cumprir, as cumprem na erraticidade, ou encarnados?*

"Podem tê-las em um e em outro estado. Para certos Espíritos errantes, é uma grande ocupação."

569. *Em que consistem as missões de que podem ser encarregados os Espíritos errantes?*

"São tão variadas que impossível seria descrevê-las. Muitas há mesmo que não podeis compreender. Os Espíritos executam as vontades de Deus e não vos é dado penetrar-lhe todos os desígnios."

As missões dos Espíritos têm sempre por objeto o bem. Quer como Espíritos, quer como homens, são incumbidos de auxiliar o progresso da Humanidade, dos povos ou dos indivíduos, dentro de um círculo de ideias mais ou menos amplas, mais ou menos especiais e de velar pela execução de determinadas coisas. Alguns desempenham missões mais restritas e, de certo modo, pessoais ou inteiramente locais, como sejam assistir os enfermos, os agonizantes, os aflitos, velar por aqueles de quem se constituíram guias e protetores, dirigi-los, dando-lhes conselhos ou inspirando-lhes bons pensamentos. Pode dizer-se que há tantos gêneros de missões quantas as espécies de interesses a resguardar, assim no mundo físico, como no moral. O Espírito se adianta conforme a maneira pela qual desempenha a sua tarefa.

570. *Os Espíritos percebem sempre os desígnios que lhes compete executar?*

"Não. Muitos há que são instrumentos cegos. Outros, porém, sabem muito bem com que fim atuam."

571. *Só os Espíritos elevados desempenham missões?*

"A importância das missões corresponde às capacidades e à elevação do Espírito. O mensageiro que leva um telegrama ao seu destinatário também desempenha uma perfeita missão, se bem que diversa da de um general."

572. *A missão de um Espírito lhe é imposta, ou depende da sua vontade?*

"Ele a pede e feliz se considera se a obtém."

a) *Pode uma igual missão ser pedida por muitos Espíritos?*

"Sim, é frequente apresentarem-se muitos candidatos, mas nem todos são aceitos."

573. *Em que consiste a missão dos Espíritos encarnados?*

"Em instruir os homens, em lhes auxiliar o progresso; em lhes melhorar as instituições, por meios diretos e materiais. As missões, porém, são mais ou menos gerais e importantes. O que cultiva a terra desempenha tão nobre missão como o que governa ou o que instrui. Tudo na Natureza se encadeia. Ao mesmo tempo que o Espírito se depura pela encarnação, concorre, dessa forma, para a execução dos desígnios da Providência. Cada um tem neste mundo a sua missão, porque todos podem ter alguma utilidade."

574. *Qual pode ser, na Terra, a missão das criaturas voluntariamente inúteis?*

"Há efetivamente pessoas que só para si mesmas vivem e que não sabem tornar-se úteis ao que quer que seja. São pobres seres dignos de compaixão, porquanto expiarão duramente sua voluntária inutilidade, começando-lhes muitas vezes, já nesse mundo, o castigo, pelo aborrecimento e pelo desgosto que a vida lhes causa."

a) *Pois que lhes era facultada a escolha, por que preferiram uma existência que nenhum proveito lhes traria?*

"Entre os Espíritos também há preguiçosos que recuam diante de uma vida de labor. Deus consente que assim procedam. Mais tarde compreenderão, à própria custa, os inconvenientes da inutilidade a que se votaram e serão os primeiros a pedir que se lhes conceda recuperar o tempo perdido. Pode também acontecer que tenham escolhido uma vida útil e que hajam recuado diante da execução da obra, deixando-se levar pelas sugestões dos Espíritos que os induzem a permanecer na ociosidade."

575. *As ocupações comuns mais nos parecem deveres do que missões propriamente ditas. A missão, de acordo com a ideia a que esta palavra está associada, tem um caráter menos exclusivo, de importância sobretudo menos pessoal. Deste ponto de vista, como se pode reconhecer que um homem tem realmente na Terra uma determinada missão?*

"Pelas grandes coisas que opera, pelos progressos a cuja realização conduz seus semelhantes."

576. *Foram predestinados a isso, antes de nascerem, os homens que trazem uma importante missão e dela têm conhecimento?*

"Algumas vezes, assim é. Quase sempre, porém, o ignoram. Baixando à Terra, possuem um vago sentimento a esse respeito. Depois do nascimento e de acordo com as circunstâncias é que suas missões se lhes desenham às vistas. Deus os impele para a senda onde devam executar-lhe os desígnios."

577. *Quando um homem faz alguma coisa útil, ages empre em virtude da missão em que foi anteriormente investido e a que vem predestinado, ou pode suceder que haja recebido missão não prevista?*

"Nem tudo o que o homem faz resulta de missão a que tenha sido predestinado. Muitas vezes é o instrumento de que se serve um Espírito para fazer que se execute uma coisa que julga útil. Por exemplo, entende um Espírito ser útil que se escreva um livro, que ele próprio escreveria se estivesse encarnado. Procura então o escritor mais apto a lhe compreender e executar o pensamento. Transmite-lhe a ideia do livro e o dirige na execução. Ora, esse escritor não veio à Terra com a missão de publicar tal obra. O mesmo ocorre com diversos trabalhos artísticos e muitas descobertas. Devemos acrescentar que, durante o sono corporal, o Espírito encarnado se comunica diretamente com o Espírito errante, entendendo-se os dois acerca da execução."

578. *Poderá o Espírito, por própria culpa, falir na sua missão?*

"Sim, se não for um Espírito superior."

a) *Que consequências lhe advirão da sua falência?*

"Terá que retomar a tarefa; essa é a sua punição. Também sofrerá as consequências do mal que haja causado."

579. Pois se é de Deus que o Espírito recebe a sua missão, como se há de compreender que Deus confie missão importante e de interesse geral a um Espírito capaz de falir?

"Não sabe Deus se o seu general obterá a vitória ou se será vencido? Sabe-o, crede, e seus planos, *quando importantes*, não se apoiam nos que hajam de abandonar em meio a obra. Toda a questão, para vós, está no conhecimento que Deus tem do futuro, mas que não vos é concedido."

580. *O Espírito, que encarna para desempenhar determinada missão, tem apreensões idênticas às de outro que o faz por provação?*

"Não, porque traz a experiência adquirida."

581. *Certamente desempenha missão os homens que servem de faróis ao gênero humano, que o iluminam com a luz do gênio. Entre eles, porém, alguns há que se enganam, que, de par com grandes verdades, propagam grandes erros. Como se deve considerar a missão desses homens?*

"Como falseadas por eles próprios. Estão abaixo da tarefa que tomaram sobre os ombros. Contudo, necessário se faz levar em conta as circunstâncias. Os homens de gênio têm que falar de acordo com as épocas em que vivem e assim, um ensinamento que pareceu errôneo ou pueril, numa época adiantada, pode ter sido o que convinha no século em que foi divulgado."

582. *Pode-se considerar como missão a paternidade?*

"É, sem contestação possível, uma verdadeira missão. É ao mesmo tempo grandíssimo dever e que envolve, mais do que o pensa o homem, a sua responsabilidade quanto ao futuro. Deus colocou o filho sob a tutela dos pais, a fim de que estes o dirijam pela senda do bem, e lhes facilitou a tarefa dando àquele uma organização débil e delicada, que o torna propício a todas as impressões. Muitos há, no entanto, que mais cuidam de aprumar as árvores do seu jardim e de fazê-las dar bons frutos em abundância, do que de formar o caráter de seu filho. Se este vier a sucumbir por culpa deles, suportarão os desgostos resultantes dessa queda e partilharão dos sofrimentos do filho na vida futura, por não terem feito o que lhes estava ao alcance para que ele avançasse na estrada do bem."

583. *São responsáveis os pais pelo transviamento de um filho que envereda pelo caminho do mal, apesar dos cuidados que lhe dispensaram?*

"Não; porém, quanto piores forem as propensões do filho, tanto mais pesada é a tarefa e tanto maior o mérito dos pais, se conseguirem desviá-lo do mau caminho."

a) *Se um filho se torna homem de bem, não obstante a negligência ou os maus exemplos de seus pais, tiram estes daí algum proveito?*

"Deus é justo."

584. *De que natureza será a missão do conquistador que apenas visa satisfazer à sua ambição e que, para alcançar esse objetivo, não vacila ante nenhuma das calamidades que vai espalhando?*

"Na maioria das vezes, não passa de um instrumento de que se serve Deus para cumprimento de seus desígnios, representando essas calamidades um meio de que ele se utiliza para fazer que um povo progrida mais rapidamente."

a) *Nenhuma parte tendo na produção do bem que dessas calamidades passageiras possa resultar, pois que visava um fim todo pessoal, aquele que delas se constitui instrumento tirará, não obstante, proveito desse bem?*

"Cada um é recompensado de acordo com as suas obras, de acordo com o bem que *intentou* fazer e com a retidão de suas intenções."

Os Espíritos encarnados têm ocupações inerentes às suas existências corpóreas. No estado de erraticidade, ou de desmaterialização, tais ocupações são adequadas ao grau de adiantamento deles.

Uns percorrem os mundos, ocupam-se com o progresso, dirigindo os acontecimentos e sugerindo ideias que lhe sejam propícias. Assistem os homens de gênio que concorrem para o adiantamento da Humanidade.

Outros encarnam com determinada missão de progresso.

Outros tomam sob sua tutela os indivíduos, as famílias, as reuniões, as cidades e os povos, dos quais se constituem os anjos guardiães, os gênios protetores e os Espíritos familiares.

Outros, finalmente, presidem aos fenômenos da Natureza, de que se fazem os agentes diretos.

Os Espíritos vulgares se imiscuem em nossas ocupações e diversões.

Os impuros ou imperfeitos aguardam, em sofrimentos e angústias, o momento em que praza a Deus proporcionar-lhes meios de se adiantarem. Se praticam o mal, é pelo despeito de ainda não poderem gozar do bem.

CAPÍTULO XI

TRÊS REINOS

Os minerais e as plantas

585. *Que pensais da divisão da Natureza em três reinos, ou melhor, em duas classes: a dos seres orgânicos e a dos inorgânicos? Segundo alguns, a espécie humana forma uma quarta classe. Qual destas divisões é preferível?*

"Todas são boas, conforme o ponto de vista. Do ponto de vista material, apenas há seres orgânicos e inorgânicos. Do ponto de vista moral, há evidentemente quatro graus."

Esses quatro graus apresentam, com efeito, características determinadas, muito embora pareçam confundir-se nos seus limites extremos. A matéria inerte, que constitui o reino mineral, só tem em si uma força mecânica. As plantas, ainda que compostas de matéria inerte, são dotadas de vitalidade. Os animais, também compostos de matéria inerte e igualmente dotados de vitalidade, possuem, além disso, uma espécie de inteligência instintiva, limitada, e a consciência de sua existência e de suas individualidades. O homem, tendo tudo o que há nas plantas e nos animais, domina todas as outras classes por uma inteligência especial, indefinida, que lhe dá a consciência do seu futuro, a percepção das coisas extramateriais e o conhecimento de Deus.

586. *Têm as plantas consciência de que existem?*

"Não, pois que não pensam; só têm vida orgânica."

587. *Experimentam sensações? Sofrem quando as mutilam?*

"Recebem impressões físicas que atuam sobre a matéria, mas não têm percepções. Por conseguinte, não têm a sensação da dor."

588. *É independente da vontade delas a força que as atrai umas para as outras?*

"Sim, porquanto não pensam. É uma força mecânica da matéria, que atua sobre a matéria, sem que elas possam a isso opor-se."

589. *Algumas plantas, como a sensitiva e a dioneia, por exemplo, executam movimentos que denotam grande sensibilidade e, em certos casos, uma espécie de vontade, conforme se observa na segunda, cujos lóbulos apanham a mosca que sobre ela pousa para sugá-la, parecendo que urde uma armadilha com o fim de capturar e matar aquele inseto. São dotadas essas plantas da faculdade de pensar? Têm vontade e formam uma* *classe intermediária entre a natureza vegetal e natureza animal? Constituem a transição de uma para a outra?*

"Tudo na Natureza é transição, por isso mesmo que uma coisa não se assemelha a outra e, no entanto, todas se prendem umas às outras. As plantas não pensam; por conseguinte carecem de vontade. Nem a ostra que se abre, nem os zoófitos pensam: têm apenas um instinto cego e natural."

O organismo humano nos proporciona exemplo de movimentos análogos, sem participação da vontade, nas funções digestivas e circulatórias. O piloro[23] se contrai, ao contato de certos corpos, para lhes negar passagem. O mesmo provavelmente se dá na sensitiva, cujos movimentos de nenhum modo implicam a necessidade de percepção e, ainda menos, da vontade.

590. *Não haverá nas plantas, como nos animais, um instinto de conservação que as induza a procurar o que lhes possa ser útil e a evitar o que lhes possa ser nocivo?*

"Há, se quiserdes, uma espécie de instinto, dependendo isso da extensão que se dê ao significado desta palavra. É, porém, um instinto puramente mecânico. Quando, nas operações químicas, observais que dois corpos se reúnem, é que um ao outro convém; quer dizer: é que há entre eles afinidade. Ora, a isto não dais o nome de instinto."

591. *Nos mundos superiores, as plantas são de natureza mais perfeita, como os outros seres?*

"Tudo é mais perfeito. As plantas, porém, são sempre plantas, como os animais sempre animais e os homens sempre homens."

Os animais e o homem

592. *Se, pelo que toca à inteligência, comparamos o homem e os animais, parece difícil estabelecer-se uma linha de demarcação entre aquele e estes, porquanto alguns animais mostram, sob esse aspecto, notória superioridade sobre certos homens. Pode essa linha de demarcação ser estabelecida de modo preciso?*

"A este respeito é completo o desacordo entre os vossos filósofos. Querem uns que o homem seja um animal e outros que o animal seja um homem. Estão todos em erro. O homem é um ser à parte, que desce muito baixo algumas vezes e que pode também elevar-se muito alto. Pelo físico, é como os animais e menos bem-dotado do que muitos destes. A Natureza lhes deu tudo o que o homem é obrigado a *inventar com a sua inteligência*, para satisfação de suas necessidades e para sua conservação. Seu corpo se destrói, como o dos animais, é certo, mas ao seu Espírito está assinado um destino que só ele pode compreender, porque só ele é inteiramente livre. Pobres homens, que vos rebaixais mais do que os brutos! Não sabeis distinguir-vos deles? Reconhecei o homem pela faculdade de pensar em Deus."

593. *Pode-se dizer que os animais só agem por instinto?*

"Ainda aí há um sistema. É verdade que na maioria dos animais domina o instinto. Mas não vês que muitos agem denotando acentuada vontade? É que têm inteligência, porém limitada."

---

23   Válvula muscular que estabelece a comunicação do estômago com o duodeno. (N. do E.)

Não se poderia negar que, além de possuírem o instinto, alguns animais praticam atos combinados, que denunciam vontade de operar em determinado sentido e de acordo com as circunstâncias. Há, pois, neles, uma espécie de inteligência, mas cujo exercício quase que se circunscreve à utilização dos meios de satisfazerem às suas necessidades físicas e de proverem à conservação própria. Nada, porém, criam, nem melhora alguma realizam. Qualquer que seja a arte com que executem seus trabalhos, fazem hoje o que faziam outrora e o fazem, nem melhor, nem pior, segundo formas e proporções constantes e invariáveis. A cria, separada dos de sua espécie, não deixa por isso de construir o seu ninho de perfeita conformidade com os seus maiores, sem que tenha recebido nenhum ensino. O desenvolvimento intelectual de alguns, que se mostram suscetíveis de certa educação, desenvolvimento, aliás, que não pode ultrapassar acanhados limites, é devido à ação do homem sobre uma natureza maleável, porquanto não há aí progresso que lhe seja próprio. Mesmo o progresso que realizam pela ação do homem é efêmero e puramente individual, visto que, entregue a si mesmo, não tarda que o animal volte a encerrar-se nos limites que lhe traçou a Natureza.

594. *Têm os animais alguma linguagem?*

"Se vos referis a uma linguagem formada de sílabas e palavras, não. Meio, porém, de se comunicarem entre si, têm. Dizem uns aos outros muito mais coisas do que imaginais, mas essa mesma linguagem de que dispõem é restrita às necessidades, como restritas também são as ideias que podem ter."

a) *Há, entretanto, animais que carecem de voz. Esses parece que nenhuma linguagem usam, não?*

"Compreendem-se por outros meios. Para vos comunicardes reciprocamente, vós outros, homens, só dispondes da palavra? E os mudos? Facultada lhes sendo a vida de relação, os animais possuem meios de se prevenirem e de exprimirem as sensações que experimentam. Pensais que os peixes não se entendem entre si? O homem não goza do privilégio exclusivo da linguagem. Porém, a dos animais é instintiva e circunscrita pelas suas necessidades e ideias, ao passo que a do homem é perfectível e se presta a todas as concepções da sua inteligência."

Efetivamente, os peixes que, como as andorinhas, emigram em cardumes, obedientes ao guia que os conduz, devem ter meios de se advertirem, de se entenderem e combinarem. É possível que disponham de uma vista mais penetrante e esta lhes permita perceber os sinais que mutuamente façam. Pode ser também que tenham na água um veículo próprio para a transmissão de certas vibrações. Como quer que seja, o que é incontestável é que lhes não faltam meios de se entenderem, do mesmo modo que a todos os animais carentes de voz e que, não obstante, trabalham em comum. Diante disso, que admiração pode causar que os Espíritos entre si se comuniquem sem o auxílio da palavra articulada?

595. *Gozam de livre-arbítrio os animais, para a prática dos seus atos?*

"Os animais não são simples máquinas, como supondes. Contudo, a liberdade de ação de que desfrutam é limitada pelas suas necessidades e não se pode comparar à do homem. Sendo muitíssimo inferiores a este, não têm os mesmos deveres que ele. A liberdade, possuem-na restrita aos atos da vida material."

596. *De onde procede a aptidão que certos animais denotam para imitar a linguagem do homem e por que essa aptidão se revela mais nas aves do que no macaco, por exemplo, cuja conformação apresenta mais analogia com a humana?*

"Origina-se de uma particular conformação dos órgãos vocais, reforçada pelo instinto de imitação. O macaco imita os gestos; algumas aves imitam a voz."

597. *Pois que os animais possuem uma inteligência que lhes faculta certa liberdade de ação, haverá neles algum princípio independente da matéria?*

"Há e que sobrevive ao corpo."

a) *Será esse princípio uma alma semelhante à do homem?*

"É também uma alma, se quiserdes, *dependendo isto do sentido que se der a esta palavra*. É, porém, inferior à do homem. Há entre a alma dos animais e a do homem distância equivalente à que medeia entre a alma do homem e Deus."

598. *Após a morte, conserva a alma dos animais a sua individualidade e a consciência de si mesma?*

"Conserva sua individualidade; quanto à consciência do seu *eu*, não. A vida inteligente lhe permanece em estado latente."

599. *À alma dos animais é dado escolher a espécie de animal em que encarne?*

"Não, pois que lhe falta livre-arbítrio."

600. *Sobrevivendo ao corpo em que habitou, a alma do animal vem a achar-se, depois da morte, em estado de erraticidade, como a do homem?*

"Fica numa espécie de erraticidade, pois que não mais se acha unida ao corpo, mas não é um *Espírito errante*. O Espírito errante é um ser que pensa e obra por sua livre vontade. De idêntica faculdade não dispõe o dos animais. A consciência de si mesmo é o que constitui o principal atributo do Espírito. O do animal, depois da morte, é classificado pelos Espíritos a quem incumbe essa tarefa e utilizado quase imediatamente. Não lhe é dado tempo de entrar em relação com outras criaturas."

601. *Os animais estão sujeitos, como o homem, a uma lei progressiva?*

"Sim; e daí vem que nos mundos superiores, onde os homens são mais adiantados, os animais também o são, dispondo de meios mais amplos de comunicação. São sempre, porém, inferiores ao homem e se lhe acham submetidos, tendo neles o homem servidores inteligentes."

Nada há nisso de extraordinário, tomemos os nossos mais inteligentes animais, o cão, o elefante, o cavalo, e imaginemo-los dotados de uma conformação apropriada a trabalhos manuais. Que não fariam sob a direção do homem?

602. *Os animais progridem, como o homem, por ato da própria vontade, ou pela força das coisas?*

"Pela força das coisas, razão por que não estão sujeitos à expiação."

603. *Nos mundos superiores, os animais conhecem a Deus?*

"Não. Para eles o homem é um deus, como outrora os Espíritos eram deuses para o homem."

604. *Pois que os animais, mesmo os aperfeiçoados, existentes nos mundos superiores, são sempre inferiores ao homem, segue-se que Deus criou seres intelectuais perpetuamente destinados à inferioridade, o que parece em desacordo com a unidade de vistas e de progresso que todas as suas obras revelam.*

"Tudo na Natureza se encadeia por elos que ainda não podeis apreender. Assim, as coisas aparentemente mais díspares têm pontos de contato que o homem, no seu estado atual, nunca chegará a compreender. Por um esforço da inteligência poderá entrevê-los; mas somente quando essa inteligência estiver no máximo grau de desenvolvimento e liberta dos preconceitos do orgulho e da ignorância, logrará ver claro na obra de Deus. Até lá, suas muito restritas ideias lhe farão observar as coisas por um mesquinho e acanhado prisma. Sabei não ser possível que Deus se contradiga e que, na Natureza, tudo se harmoniza mediante leis gerais, que por nenhum de seus pontos deixam de corresponder à sublime sabedoria do Criador."

a) *A inteligência é então uma propriedade comum, um ponto de contato entre a alma dos animais e a do homem?*

"É, porém os animais só possuem a inteligência da vida material. No homem, a inteligência proporciona a vida moral."

605. *Considerando-se todos os pontos de contato que existem entre o homem e os animais, não seria lícito pensar que o homem possui duas almas: a alma animal e a alma espírita e que, se esta última não existisse, só como o bruto poderia ele viver? Logo, que o animal é um ser semelhante ao homem, sem a alma espírita? Dessa maneira de ver resultaria serem os bons e os maus instintos do homem o efeito da predominância de uma ou outra dessas almas?*

"Não, o homem não tem duas almas. O corpo, porém, tem seus instintos, resultantes da sensação peculiar aos órgãos. Dupla, no homem, só é a Natureza. Há nele a natureza animal e a natureza espiritual. Participa, pelo seu corpo, da natureza dos animais e de seus instintos. Por sua alma, participa da dos Espíritos."

a) *De modo que, além de suas próprias imperfeições de que cumpre ao Espírito despojar-se, tem ainda o homem que lutar contra a influência da matéria?*

"Quanto mais inferior é o Espírito, tanto mais apertados são os laços que o ligam à matéria. Não o vedes? O homem não tem duas almas; a alma é sempre única em cada ser. São distintas uma da outra a alma do animal e a do homem, a tal ponto que a de um não pode animar o corpo criado para o outro. Mas, conquanto não tenha alma animal, que, por suas paixões, o nivele aos animais, o homem tem o corpo que, às vezes, o rebaixa até ao nível deles, por isso que o corpo é um ser dotado de vitalidade e de instintos, porém ininteligentes estes e restritos ao cuidado que a sua conservação requer."

Encarnado no corpo do homem, o Espírito lhe traz o princípio intelectual e moral, que o torna superior aos animais. As duas naturezas nele existentes dão às suas paixões duas origens diferentes: umas provêm dos instintos da natureza animal, provindo as outras das impurezas do Espírito, de cuja encarnação é ele a imagem e que mais ou menos simpatiza com a grosseria dos apetites animais. Purificando-se, o Espírito se liberta pouco a pouco da influência da matéria. Sob essa influência, aproxima-se do bruto. Isento dela, eleva-se à sua verdadeira destinação.

606. *De onde tiram os animais o princípio inteligente que constitui a alma de natureza especial de que são dotados?*

"Do elemento inteligente universal."

a) *Então, emanam de um único princípio a inteligência do homem e a dos animais?*

"Sem dúvida alguma, porém, no homem, passou por uma elaboração que a coloca acima da que existe no animal."

607. *Foi dito que o estado da alma do homem, na sua origem, corresponde ao estado da infância na vida corporal, que sua inteligência apenas desabrocha e se ensaia para a vida. Onde passa o Espírito essa primeira fase do seu desenvolvimento?*

"Numa série de existências que precedem o período a que chamais Humanidade."

a) *Parece que assim se pode considerar a alma como tendo sido o princípio inteligente dos seres inferiores da criação, não?*

"Já não dissemos que tudo na Natureza se encadeia e tende para a unidade? Nesses seres, cuja totalidade estais longe de conhecer, é que o princípio inteligente se elabora, se individualiza pouco a pouco e se ensaia para a vida, conforme acabamos de dizer. É, de certo modo, um trabalho preparatório, como o da germinação, por efeito do qual o princípio inteligente sofre uma transformação e se torna *Espírito*. Entra então no período da humanização, começando a ter consciência do seu futuro, capacidade de distinguir o bem do mal e a responsabilidade dos seus atos. Assim, à fase da infância se segue a da adolescência, vindo depois a da juventude e da madureza. Nessa origem, coisa alguma há de humilhante para o homem. Sentir-se-ão humilhados os grandes gênios por terem sido fetos informes nas entranhas que os geraram? Se alguma coisa há que lhe seja humilhante, é a sua inferioridade perante Deus e sua impotência para lhe sondar a profundeza dos desígnios e para apreciar a sabedoria das leis que regem a harmonia do Universo. Reconhecei a grandeza de Deus nessa admirável harmonia, mediante a qual tudo é solidário na Natureza. Acreditar que Deus haja feito, seja o que for, sem um fim, e criado seres inteligentes sem futuro, seria blasfemar da Sua bondade, que se estende por sobre todas as suas criaturas."

b) *Esse período de humanização principia na Terra?*

"A Terra não é o ponto de partida da primeira encarnação humana. O período da humanização começa, geralmente, em mundos ainda inferiores à Terra. Isto, entretanto, não constitui regra absoluta, pois pode suceder que um Espírito, desde o seu início humano, esteja apto a viver na Terra. Não é frequente o caso; constitui antes uma exceção."

608. *O Espírito do homem tem, após a morte, consciência de suas existências ao período de humanidade?*

"Não, pois não é desse período que começa a sua vida de Espírito. Difícil é mesmo que se lembre de suas primeiras existências humanas, como difícil é que o homem se lembre dos primeiros tempos de sua infância e ainda menos do tempo que passou no seio materno. Essa é a razão por que os Espíritos dizem que não sabem como começaram."

609. *Uma vez no período da Humanidade, conserva o Espírito traços do que o precedeu, quer dizer: do estado em que se achava no período a que se poderia chamar anti-humano?*

"Conforme a distância que medeie entre os dois períodos e o progresso realizado. Durante algumas gerações, pode ele conservar vestígios mais ou menos pronunciados do estado primitivo, porquanto nada se opera na Natureza por brusca transição. Há sempre anéis que ligam as extremidades da cadeia dos seres e dos acontecimentos. Aqueles vestígios, porém, se apagam com o desenvolvimento do livre-arbítrio. Os primeiros progressos só muito lentamente se efetuam, porque ainda não têm a secundá-los a vontade. Vão em progressão mais rápida à medida que o Espírito adquire perfeita consciência de si mesmo."

610. *Ter-se-ão enganado os Espíritos que disseram constituir o homem um ser à parte na ordem da Criação?*

"Não, mas a questão não fora desenvolvida. Além disso, há coisas que só a seu tempo podem ser esclarecidas. O homem é, com efeito, um ser à parte, visto possuir faculdades que o distinguem de todos os outros e ter outro destino. A espécie humana é a que Deus escolheu para a encarnação do seres *que podem conhecê-lo*."

Metempsicose

611. *O fato de terem os seres vivos uma origem comum no princípio inteligente não é a consagração da doutrina da metempsicose?*

"Duas coisas podem ter a mesma origem e absolutamente não se assemelharem mais tarde. Quem reconheceria a árvore, com suas folhas, flores e frutos, do germe informe que se contém na semente de onde ela surge? Desde que o princípio inteligente atinge o grau necessário para ser Espírito e entrar no período da humanização, já não guarda relação com o seu estado primitivo e já não é a alma dos animais, como a árvore já não é a semente. De animal só há no homem o corpo e as paixões que nascem da influência do corpo e do instinto de conservação inerente à matéria. Não se pode, pois, dizer que tal homem é a encarnação do Espírito de tal animal. Por conseguinte, a metempsicose, como a entendem, não é verdadeira."

612. *Poderia encarnar num animal o Espírito que animou o corpo de um homem?*

"Isso seria retroceder e o Espírito não retrocede. O rio não remonta à sua nascente."

613. *Embora de todo errônea, a ideia ligada à metempsicose não terá resultado do sentimento intuitivo que o homem possui de suas diferentes existências?*

"Nessa, como em muitas outras crenças, se depara esse sentimento intuitivo. O homem, porém, modificou sua natureza, como costuma fazer com a maioria de suas ideias intuitivas."

Seria verdadeira a metempsicose, se indicasse a progressão da alma, passando de um estado a outro superior, onde adquirisse desenvolvimentos que lhe transformassem a natureza. É, porém, falsa no sentido de transmigração direta da alma do animal para o homem e reciprocamente, o que implicaria a ideia de um retrocesso, ou de fusão. Ora, o fato de não poder semelhante fusão operar-se entre os seres corporais das duas espécies, mostra que estas são de graus inassimiláveis, devendo dar-se o mesmo com relação aos Espíritos que as animam. Se um mesmo Espírito as pudesse animar alternativamente, haveria, como consequência, uma identidade de natureza, traduzindo-se pela possibilidade da reprodução material.

A reencarnação, como os Espíritos a ensinam, se funda, ao contrário, na marcha ascendente da Natureza e na progressão do homem, dentro da sua própria espécie, o que em nada lhe diminui a dignidade. O que o rebaixa é o mau uso que ele faz das faculdades que Deus lhe outorgou para que progrida. Seja como for, a antiguidade e a universalidade da doutrina da metempsicose e, bem assim, a circunstância de a terem professado homens eminentes provam que o princípio da reencarnação se radica na própria Natureza. Antes, pois, constituem argumentos a seu favor do que contrários a esse princípio.

O ponto inicial do Espírito é uma dessas questões que se prendem à origem das coisas e de que Deus guarda o segredo. Dado não é ao homem conhecê-las de modo absoluto, nada mais lhe sendo possível a tal respeito do que fazer suposições, criar sistemas mais ou menos prováveis. Os próprios Espíritos longe estão de tudo saberem e, acerca do que não sabem, também podem ter opiniões pessoais mais ou menos sensatas.

É assim, por exemplo, que nem todos pensam da mesma forma quanto às relações existentes entre o homem e os animais. Segundo uns, o Espírito não chega ao período humano senão depois de se haver elaborado e individualizado nos diversos graus dos seres inferiores da Criação. Segundo outros, o Espírito do homem teria pertencido sempre à raça humana, sem passar pela fieira animal. O primeiro desses sistemas apresenta a vantagem de assinar um alvo ao futuro dos animais, que formariam então os primeiros elos da cadeia dos seres pensantes. O segundo é mais conforme a dignidade do homem e pode resumir-se da maneira seguinte:

As diferentes espécies de animais não procedem *intelectualmente* umas das outras mediante progressão. Assim, o espírito da ostra não se torna sucessivamente o do peixe, do pássaro, do quadrúpede e do quadrúmano. Cada espécie constitui, física e moralmente, um tipo *absoluto*, cada um de cujos indivíduos extrai na fonte universal a quantidade do princípio inteligente que lhe seja necessário, de acordo com a perfeição de seus órgãos e com o trabalho que tenha de executar nos fenômenos da Natureza, quantidade que ele, por sua morte, restitui ao reservatório de onde a tirou. Os dos mundos mais adiantados que o nosso (ver a questão n° 188) constituem igualmente raças distintas, apropriadas às necessidades desses mundos e ao grau de adiantamento dos homens, cujos auxiliares eles são, mas de modo nenhum procedem dos da Terra, espiritualmente falando. Outro tanto não se dá com o homem. Do ponto de vista físico, este forma evidentemente um elo da cadeia dos seres vivos: porém, do ponto de vista moral, há, entre o animal e o homem, solução de continuidade. O homem possui, como propriedade sua, a alma ou Espírito, centelha divina que lhe confere o senso moral e um alcance intelectual de que carecem os animais e que é nele o ser principal, que preexiste e sobrevive ao corpo, conservando sua individualidade. Qual é a origem do Espírito? Onde está o seu ponto inicial? Forma-se do princípio inteligente individualizado? Tudo isso são mistérios que seria inútil querer devassar e sobre os quais, como dissemos, nada mais se pode fazer do que construir sistemas. O que é constante, o que ressalta do raciocínio e da experiência é a sobrevivência do Espírito, a conservação de sua individualidade após a morte, a progressividade de suas faculdades, seu estado feliz ou desgraçado de acordo com o seu adiantamento na senda do bem e todas as verdades morais decorrentes deste princípio.

Quanto às relações misteriosas que existem entre o homem e os animais, isso, repetimos, está nos segredos de Deus, como muitas outras coisas, cujo conhecimento *atual* nada importa ao nosso progresso e sobre as quais seria inútil determo-nos.

TERCEIRA PARTE

LEIS MORAIS

CAPÍTULO I

LEI DIVINA OU NATURAL

Características da lei natural

614. *O que se deve entender por lei natural?*

"A lei natural é a lei de Deus. É a única verdadeira para a felicidade do homem. Indica-lhe o que deve fazer ou deixar de fazer e ele só é infeliz quando dela se afasta."

615. *É eterna a lei de Deus?*

"Eterna e imutável como o próprio Deus."

616. *Será possível que Deus, em certa época, haja prescrito aos homens o que em outra época lhes proibiu?*

"Deus não se engana. Os homens é que são obrigados a modificar suas leis, por serem imperfeitas. As de Deus, essas são perfeitas. A harmonia que reina no universo material, como no universo moral, se funda em leis estabelecidas por Deus desde toda a eternidade."

617. *O que compreendem as leis divinas? Concernem a alguma outra coisa, que não somente ao procedimento moral?*

"Todas as da Natureza são leis divinas, pois que Deus é o autor de tudo. O sábio estuda as leis da matéria, o homem de bem estuda e pratica as da alma."

a) *Dado é ao homem aprofundar tanto uma quanto a outra?*

"Sim, *mas uma única existência não lhe basta para isso.*"

Efetivamente, que são alguns anos para a aquisição de tudo de que precisa o ser, a fim de se considerar perfeito, embora apenas se tenha em conta a distância que vai do selvagem ao homem civilizado? Insuficiente seria, para tanto, a existência mais longa que se possa imaginar. Ainda com mais forte razão o será quando curta, como é para a maior parte dos homens.

Entre as leis divinas, umas regulam o movimento e as relações da matéria bruta: são as leis físicas, cujo estudo pertence ao domínio da Ciência.

As outras dizem respeito especialmente ao homem considerado em si mesmo e nas suas relações com Deus e com seus semelhantes. Contém as regras da vida do corpo, bem como as da vida da alma: são as leis morais.

618. *São as mesmas, para todos os mundos, as leis divinas?*

"A razão está a dizer que devem ser apropriadas à natureza de cada mundo e adequadas ao grau de progresso dos seres que os habitam."

Conhecimento da lei natural

619. *A todos os homens facultou Deus os meios de conhecerem Sua lei?*

"Todos podem conhecê-la, mas nem todos a compreendem. Os homens de bem e os que se decidem a investigá-la são os que melhor a compreendem. Todos, entretanto, a compreenderão um dia, porquanto forçoso é que o progresso se efetue."

A justiça das diversas encarnações do homem é uma consequência deste princípio, pois que, em cada nova existência, sua inteligência se acha mais desenvolvida e ele compreende melhor o que é bem e o que é mal. Se numa só existência tudo lhe devesse ficar ultimado, qual seria a sorte de tantos milhões de seres que morrem todos os dias no embrutecimento da selvageria, ou nas trevas da ignorância, sem que deles tenha dependido o se instruírem?

620. *Antes de se unir ao corpo, a alma compreende melhor a lei de Deus do que depois de encarnada?*

"Compreende-a de acordo com o grau de perfeição que tenha atingido e dela guarda a intuição quando unida ao corpo. Os maus instintos, porém, fazem ordinariamente que o homem a esqueça."

621. *Onde está escrita a lei de Deus?*

"Na consciência."

a) *Visto que o homem traz em sua consciência a lei de Deus, que necessidade havia de lhe ser ela revelada?*

"Ele a esquecera e desprezara. Quis então Deus lhe fosse lembrada."

622. *Confiou Deus a certos homens a missão de revelarem a Sua lei?*

"Indubitavelmente. Em todos os tempos houve homens que tiveram essa missão. São Espíritos Superiores, que encarnam com o fim de fazer progredir a Humanidade."

623. *Os que hão pretendido instruir os homens na lei de Deus não se têm enganado algumas vezes, fazendo-os transviar-se por meio de falsos princípios?*

"Certamente hão dado causa a que os homens se transviassem aqueles que não eram inspirados por Deus e que, por ambição, tomaram sobre si um encargo que não lhes fora cometido. Todavia, como eram, afinal, homens de gênio, mesmo entre os erros que ensinaram, grandes verdades muitas vezes se encontram."

624. *Qual é o caráter do verdadeiro profeta?*

"O verdadeiro profeta é um homem de bem, inspirado por Deus. Podeis reconhecê-lo pelas suas palavras e pelos seus atos. Impossível é que Deus se sirva da boca do mentiroso para ensinar a verdade."

625. *Qual é o tipo mais perfeito que Deus tem oferecido ao homem, para lhe servir de guia e modelo?*

"Jesus."

Para o homem, Jesus constitui o tipo da perfeição moral a que a Humanidade pode aspirar na Terra. Deus no-Lo ofereceu como o mais perfeito modelo e a doutrina que ensinou é a expressão mais pura da lei do Senhor, porque, sendo ele o mais puro de quantos têm aparecido na Terra, o Espírito Divino o animava.

Quanto aos que, pretendendo instruir o homem na lei de Deus, o têm transviado, ensinando-lhes falsos princípios, isso aconteceu por haverem deixado que os dominassem sentimentos demasiado terrenos e por terem confundido as leis que regulam as condições da vida da alma, com as que regem a vida do corpo. Muitos hão apresentado como leis divinas simples leis humanas estabelecidas para servir às paixões e dominar os homens.

626. *Só por Jesus foram reveladas as leis divinas e naturais? Antes do seu aparecimento, o conhecimento dessas leis só por intuição os homens o tiveram?*

"Já não dissemos que elas estão escritas por toda parte? Desde os séculos mais longínquos, todos os que meditaram sobre a sabedoria hão podido compreendê-las e ensiná-las. Pelos ensinos, mesmo incompletos, que espalharam, prepararam o terreno para receber a semente. Estando as leis divinas escritas no livro da Natureza, possível foi ao homem conhecê-las, logo que as quis procurar. Por isso é que os preceitos que consagram foram, desde todos os tempos, proclamados pelos homens de bem; e também por isso é que elementos delas se encontram, se bem que incompletos ou adulterados pela ignorância, na doutrina moral de todos os povos saídos da barbárie."

627. *Uma vez que Jesus ensinou as verdadeiras leis de Deus, qual é a utilidade do ensino que os Espíritos dão? Terão que nos ensinar mais alguma coisa?*

"Jesus empregava, muitas vezes, na sua linguagem, alegorias e parábolas, porque falava de conformidade com os tempos e os lugares. Faz-se necessário agora que a verdade se torne inteligível para todo mundo. Muito necessário é que aquelas leis sejam explicadas e desenvolvidas, tão poucos são os que as compreendem e ainda menos os que as praticam. A nossa missão consiste em abrir os olhos e os ouvidos a todos, confundindo os orgulhosos e desmascarando os hipócritas: os que vestem a capa da virtude e da religião, a fim de ocultarem suas torpezas. O ensino dos Espíritos tem que ser claro e sem equívocos, para que ninguém possa tomar como pretexto a ignorância e para que todos o possam julgar e apreciar com a razão. Estamos incumbidos de preparar o reino do bem que Jesus anunciou. Daí a necessidade de que a ninguém seja possível interpretar a lei de Deus ao sabor de suas paixões, nem falsear o sentido de uma lei toda de amor e de caridade."

628. *Por que a verdade não foi sempre posta ao alcance de toda gente?*

"Importa que cada coisa venha a seu tempo. A verdade é como a luz: o homem precisa habituar-se a ela, pouco a pouco; do contrário, fica deslumbrado.

"Jamais permitiu Deus que o homem recebesse comunicações tão completas e instrutivas como as que hoje lhe são dadas. Havia, como sabeis, na Antiguidade alguns indivíduos possuidores do que eles próprios consideravam uma ciência sagrada e da qual faziam mistério para os que, aos seus olhos, eram tidos por profanos. Pelo que conheceis das leis que regem estes fenômenos, deveis compreender que esses indivíduos apenas recebiam algumas verdades esparsas, dentro de um conjunto equívoco e, na maioria dos casos, emblemático. Entretanto, para o estudioso, não há nenhum sistema antigo de filosofia, nenhuma tradição, nenhuma religião, que seja desprezível, pois em tudo há germes de grandes verdades que, se bem pareçam contraditórias entre si, dispersas que se acham em meio de acessórios sem fundamento, facilmente coordenáveis se vos apresentam, graças à explicação que o Espiritismo dá de uma imensidade de coisas que até agora se vos afiguraram sem razão alguma e cuja realidade está hoje irrecusavelmente demonstrada. Não desprezeis, portanto, os objetos de estudo que esses materiais oferecem. Ricos eles são de tais objetos e podem contribuir grandemente para vossa instrução."

O bem e o mal

629. *Que definição se pode dar da moral?*

"A moral é a regra de bem proceder, isto é, de distinguir o bem do mal. Funda-se na observação da lei de Deus. O homem procede bem quando tudo faz pelo bem de todos, porque então cumpre a lei de Deus."

630. *Como se pode distinguir o bem do mal?*

"O bem é tudo o que é conforme a lei de Deus; o mal, tudo o que lhe é contrário. Assim, fazer o bem é proceder de acordo com a lei de Deus. Fazer o mal é infringi-la."

631. *O homem tem meios de distinguir por si mesmo o que é bem do que é mal?*

"Sim, quando crê em Deus e o quer saber. Deus lhe deu inteligência para distinguir um do outro."

632. *Estando sujeito ao erro, não pode o homem enganar-se na apreciação do bem e do mal e crer que pratica o bem quando na realidade pratica o mal?*

"Jesus disse: Portanto, tudo o que vós quereis que os homens vos façam, fazei-lho também vós, porque esta é a lei dos profetas."[24]

633. *A regra do bem e do mal, que se poderia chamar de* reciprocidade *ou de* solidariedade, *é inaplicável ao proceder pessoal do homem para consigo mesmo. Achará ele, na lei natural, a regra desse proceder e um guia seguro?*

"Quando comeis em excesso, verificais que isso vos faz mal. Pois bem, é Deus quem vos dá a medida daquilo de que necessitais. Quando excedeis dessa medida, sois punidos. Em tudo é assim. A lei natural traça para o homem o limite das suas necessidades. Se ele ultrapassa esse limite, é punido pelo sofrimento. Se atendesse sempre à voz que lhe diz - basta, evitaria a maior parte dos males, cuja culpa lança à Natureza."

634. *Por que está o mal na natureza das coisas? Falo do mal moral. Não podia Deus ter criado a Humanidade em melhores condições?*

"Já te dissemos: os Espíritos foram criados simples e ignorantes. Deus deixa que o homem escolha o caminho. Tanto pior para ele, se toma o caminho mau: mais longa será sua peregrinação. Se não existissem montanhas, não compreenderia o homem que se pode subir e descer; se não existissem rochas, não compreenderia que há corpos duros. É preciso que o Espírito ganhe experiência; é preciso, portanto, que conheça o bem e o mau. Eis por que se une ao corpo."

635. *Das diferentes posições sociais nascem necessidades que não são idênticas para todos os homens. Não parece poder inferir-se daí que a lei natural não constitui regra uniforme?*

"Essas diferentes posições são da natureza das coisas e conformes à lei do progresso. Isso não infirma a unidade da lei natural, que se aplica a tudo."

As condições de existência do homem mudam de acordo com os tempos e os lugares, do que lhe resultam necessidades diferentes e posições sociais apropriadas a essas necessi-

---

24   Mateus, 7:12 (N. do E.)

dades. Pois que está na ordem das coisas, tal diversidade é conforme à lei de Deus, lei que não deixa de ser una quanto ao seu princípio. À razão cabe distinguir as necessidades reais das fictícias ou convencionais.

636. *São absolutos, para todos os homens, o bem e o mal?*

"A lei de Deus é a mesma para todos; porém, o mal depende principalmente da vontade que se tenha de o praticar. O bem é sempre o bem e o mal sempre o mal, qualquer que seja a posição do homem. Diferença só há quanto ao grau da responsabilidade."

637. *Será culpado o selvagem que, cedendo ao seu instinto, se nutre de carne humana?*

"Eu disse que o mal depende da vontade. Pois bem! Tanto mais culpado é o homem, quanto melhor sabe o que faz."

As circunstâncias dão relativa gravidade ao bem e ao mal. Muitas vezes, comete o homem faltas, que, nem por serem consequência da posição em que a sociedade o colocou, se tornam menos repreensíveis. Mas a sua responsabilidade é proporcionada aos meios de que ele dispõe para compreender o bem e o mal. Assim, mais culpado é, aos olhos de Deus, o homem instruído que pratica uma simples injustiça, do que o selvagem ignorante que se entrega aos seus instintos.

638. *Parece, às vezes, que o mal é uma consequência da força das coisas. Tal, por exemplo, a necessidade em que o homem se vê, em alguns casos, de destruir, até mesmo o seu semelhante. Há, então, infração da lei de Deus?*

"Embora necessário, o mal não deixa de ser o mal. Essa necessidade desaparece, entretanto, à medida que a alma se depura, passando de uma a outra existência. Então, mais culpado é o homem quando o pratica, porque melhor o compreende."

639. *Não sucede frequentemente resultar o mal que o homem pratica da posição em que os outros homens o colocam? Quais, nesse caso, são os culpados?*

"O mal recai sobre quem lhe foi o causador. Nessas condições, aquele que é levado a praticar o mal pela posição em que seus semelhantes o colocam tem menos culpa do que os que, assim procedendo, o ocasionaram. Porque, cada um será punido, não só pelo mal que haja feito, mas também pelo mal a que tenha dado lugar."

640. *Aquele que não pratica o mal, mas que se aproveita do mal praticado por outrem, é tão culpado quanto este?*

"É como se o houvera praticado. Aproveitar do mal é participar dele. Talvez não fosse capaz de praticá-lo; mas, desde que, achando-o feito, dele tira partido, é que o aprova; é que o teria praticado, se pudesse ou se tivesse ousado."

641. *Desejar o mal é tão repreensível quanto fazê-lo?*

"Depende. Há virtude em resistir-se voluntariamente ao mal que se deseja praticar, sobretudo quando há possibilidade de satisfazer-se a esse desejo. Se apenas não o pratica por falta de ocasião, é culpado quem o deseja."

642. *Para agradar a Deus e assegurar a sua posição futura, bastará que o homem não pratique o mal?*

"Não; cumpre-lhe fazer o bem no limite de suas forças, porquanto responderá por todo mal *que haja resultado de não haver praticado o bem*."

643. *Haverá quem, pela sua posição, não tenha possibilidade de fazer o bem?*

"Não há quem não possa fazer o bem. Somente o egoísta nunca encontra ensejo de o praticar. Basta que se esteja em relações com outros homens para que se tenha ocasião de fazer o bem, e não há dia da existência que não ofereça, a quem não se ache cego pelo egoísmo, oportunidade de praticá-lo. Porque fazer o bem não consiste, para o homem, apenas em ser caridoso, mas em ser útil, na medida do possível, todas as vezes que o seu concurso venha a ser necessário."

644. *Para certos homens, o meio onde se acham colocados não representa a causa primária de muitos vícios e crimes?*

"Sim, mas ainda aí há uma prova que o Espírito escolheu, quando em liberdade, levado pelo desejo de expor-se à tentação para ter o mérito da resistência."

645. *Quando o homem se acha, de certo modo, mergulhado na atmosfera do vício, o mal não se lhe torna um arrastamento quase irresistível?*

"Arrastamento, sim; irresistível, não; porquanto, mesmo dentro da atmosfera do vício, com grandes virtudes às vezes deparas. São Espíritos que tiveram a força de resistir e que, ao mesmo tempo, receberam a missão de exercer boa influência sobre os seus semelhantes."

646. *Estará subordinado a determinadas condições o mérito do bem que se pratique? Por outra: Será de diferentes graus o mérito que resulta da prática do bem?*

"O mérito do bem está na dificuldade em praticá-lo. Nenhum merecimento há em fazê-lo sem esforço e quando nada custe. Em melhor conta tem Deus o pobre que divide com outro o seu único pedaço de pão do que o rico que apenas dá do que lhe sobra, disse-o Jesus, a propósito do óbolo da viúva."[25]

Divisão da lei natural

647. *A lei de Deus se acha contida toda no preceito do amor ao próximo, ensinado por Jesus?*

"Certamente esse preceito encerra todos os deveres dos homens uns para com os outros. É necessário, porém, que se lhes mostre a aplicação que comporta, do contrário deixarão de cumpri-lo, como o fazem presentemente. Além disso, a lei natural abrange todas as circunstâncias da vida e esse preceito compreende só uma parte da lei. Aos homens são necessárias regras precisas; os preceitos gerais e muito vagos deixam grande número de portas abertas à interpretação."

648. *Que pensais da divisão da lei natural em dez partes, compreendendo as leis de adoração, trabalho, reprodução, conservação, destruição, sociedade, progresso, igualdade, liberdade e, por fim, a de justiça, amor e caridade?*

"Essa divisão da lei de Deus em dez partes é a de Moisés e de natureza a abranger todas as circunstâncias da vida, o que é essencial. Podes, pois, adotá-la, sem que, por isso, tenha qualquer coisa de absoluta, como não o tem nenhum dos outros sistemas de classificação, que todos dependem do prisma pelo qual se considere o que quer que seja. A última lei é a mais importante, por ser a que faculta ao homem adiantar-se mais na vida espiritual, visto que resume todas as outras."

---

25 "Porque todos aqueles deitaram para as ofertas de Deus do que lhes sobeja; mas esta, da sua pobreza, deitou todo o sustento que tinha." (Lucas 21:4) (N. do E.)

CAPÍTULO II

LEI DE ADORAÇÃO

Objetivo da adoração

649. *Em que consiste a adoração?*

"Na elevação do pensamento a Deus. Deste, pela adoração, aproxima o homem sua alma."

650. *Origina-se de um sentimento inato a adoração, ou é fruto de ensino?*

"Sentimento inato, como o da existência de Deus. A consciência da sua fraqueza leva o homem a curvar-se diante daquele que o pode proteger."

651. *Terá havido povos destituídos de todo sentimento de adoração?*

"Não, que nunca houve povos de ateus. Todos compreendem que acima de tudo há um Ser Supremo."

652. *Pode-se considerar a lei natural como fonte originária da adoração?*

"A adoração está na lei natural, pois resulta de um sentimento inato no homem. Por essa razão é que existe entre todos os povos, se bem que sob formas diferentes."

Adoração exterior

653. *Precisa de manifestações exteriores a adoração?*

"A adoração verdadeira é do coração. Em todas as vossas ações, lembrai-vos sempre de que o Senhor tem sobre vós o seu olhar."

a) *Será útil a adoração exterior?*

"Sim, se não consistir num vão simulacro. É sempre útil dar um bom exemplo. Mas os que somente por afetação e amor-próprio o fazem, desmentindo com o proceder a aparente piedade, mau exemplo dão e não imaginam o mal que causam."

654. *Tem Deus preferência pelos que O adoram desta ou daquela maneira?*

"Deus prefere os que O adoram do fundo do coração, com sinceridade, fazendo o bem e evitando o mal, aos que julgam honrá-Lo com cerimônias que não os tornam melhores para com os seus semelhantes.

"Todos os homens são irmãos e filhos de Deus. Ele atrai a Si todos os que lhe obedecem às leis, qualquer que seja a forma sob que as exprimam.

"É hipócrita aquele cuja piedade se cifra nos atos exteriores. Mau exemplo dá todo aquele cuja adoração é afetada e contradiz o seu procedimento.

"Declaro-vos que somente nos lábios e não na alma tem religião aquele que professa adorar o Cristo, mas que é orgulhoso, invejoso e ciumento, duro e implacável para com outrem, ou ambicioso dos bens deste mundo. Deus, que tudo vê, dirá: o que conhece a verdade é cem vezes mais culpado do mal que faz, do que o selvagem ignorante que vive no deserto. E como tal será tratado no dia da justiça. Se um cego, ao passar, vos derrubar, será perdoado; se for um homem que enxerga perfeitamente bem, levará a queixa, e com razão.

"Não pergunteis, pois, se alguma forma de adoração há que mais convenha, porque equivaleria a perguntardes se mais agrada a Deus ser adorado num idioma do que noutro. Ainda uma vez vos digo: até Ele não chegam os cânticos, senão quando passam pela porta do coração."

655. *Merece censura aquele que pratica uma religião em que não crê do fundo da alma, fazendo-o apenas pelo respeito humano e para não escandalizar os que pensam de modo diverso?*

"Nisto, como em muitas outras coisas, a intenção constitui a regra. Não procede mal aquele que, assim fazendo, só tenha em vista respeitar as crenças de outrem. Procede melhor do que um que as ridicularize, porque, então, falta à caridade. Aquele, porém, que a pratique por interesse e por ambição se torna desprezível aos olhos de Deus e dos homens. A Deus não podem agradar os que fingem humilhar-se diante d'Ele tão somente para granjear o aplauso dos homens."

656. *A adoração em comum é preferível a adoração individual?*

"Reunidos pela comunhão dos pensamentos e dos sentimentos, mais força têm os homens para atrair a si os bons Espíritos. O mesmo se dá quando se reúnem para adorar a Deus. Não creias, todavia, que menos valiosa seja a adoração particular, pois que cada um pode adorar a Deus pensando n'Ele."

Vida contemplativa

657. *Têm, perante Deus, algum mérito os que se consagram à vida contemplativa, uma vez que nenhum mal fazem e só em Deus pensam?*

"Não, porquanto, se é certo que não fazem o mal, também o é que não fazem o bem e são inúteis. Além disso, não fazer o bem já é um mal. Deus quer que o homem pense n'Ele, mas não quer que só n'Ele pense, pois que lhe impôs deveres a cumprir na Terra. Quem passa todo o tempo na meditação e na contemplação nada faz de meritório aos olhos de Deus, porque vive uma vida toda pessoal e inútil à Humanidade e Deus lhe pedirá contas do bem que não houver feito."

A Prece

658. *Agrada a Deus a prece?*

"A prece é sempre agradável a Deus, quando ditada pelo coração, pois, para Ele, a intenção é tudo. Assim, preferível lhe é a prece do íntimo à prece lida, por muito bela que seja, se for lida mais com os lábios do que com o coração. Agrada-Lhe a prece quando dita com fé, com fervor e sinceridade. Mas, não creias que O toque a do homem fútil, orgulhoso e egoísta, a menos que signifique, de sua parte, um ato de sincero arrependimento e de verdadeira humildade."

659. *Qual é o caráter geral da prece?*

"A prece é um ato de adoração. Orar a Deus é pensar n'Ele; é aproximar-se d'Ele; é pôr-se em comunicação com Ele. A três coisas podemos propor-nos por meio da prece: louvar, pedir, agradecer."

660. *A prece torna o homem melhor?*

"Sim, porquanto aquele que ora com fervor e confiança se faz mais forte contra as tentações do mal e Deus lhe envia bons Espíritos para assisti-lo. É este um socorro que jamais se lhe recusa, quando pedido com sinceridade."

a) *Como é que certas pessoas, que oram muito, são, não obstante, de mau caráter, ciumentas, invejosas, impertinentes, carentes de benevolência e de indulgência e até, algumas vezes, viciosas?*

"O essencial não é orar muito, mas orar bem. Essas pessoas supõem que todo o mérito está na duração da prece e fecham os olhos para os seus próprios defeitos. Fazem da prece uma ocupação, um emprego do tempo, nunca, porém, *um estudo de si mesmas.* A ineficácia, em tais casos, não é do remédio, sim da maneira como o aplicam."

661. *Poderemos utilmente pedir a Deus que perdoe as nossas faltas?*

"Deus sabe discernir o bem do mal; a prece não esconde as faltas. Aquele que a Deus pede perdão de suas faltas só o obtém mudando de proceder. As boas ações são a melhor prece, por isso que os atos valem mais que as palavras."

662. *Pode-se, com utilidade, orar por outrem?*

"O Espírito de quem ora atua pela sua vontade de praticar o bem. Atrai a si, mediante a prece, os bons Espíritos e estes se associam ao bem que deseje fazer."

O pensamento e a vontade representam em nós um poder de ação que alcança muito além dos limites da nossa esfera corporal. A prece que façamos por outrem é um ato dessa vontade. Se for ardente e sincera, pode chamar, em auxílio daquele por quem oramos, os bons Espíritos, que lhe virão sugerir bons pensamentos e dar a força de que necessitem seu corpo e sua alma. Mas, ainda aqui, a prece do coração é tudo, a dos lábios nada vale.

663. *Podem as preces, que por nós mesmos fizermos, mudar a natureza das nossas provas e desviar-lhes o curso?*

"As vossas provas estão nas mãos de Deus e algumas há que têm de ser suportadas até ao fim; mas Deus sempre leva em conta a resignação. A prece traz para junto de vós os bons Espíritos e, dando-vos estes a força de suportá-las corajosamente, menos rudes elas vos parecem. Temos dito que a prece nunca é inútil, quando bem-feita, porque fortalece aquele que ora, o que já constitui grande resultado. Ajuda-te a ti mesmo e o céu te ajudará, bem o sabes. Além disso, não é possível que Deus mude a ordem da Natureza ao sabor de cada um, porquanto o que, do vosso ponto de vista mesquinho e do da vossa vida efêmera, vos parece um grande mal é quase sempre um grande bem na ordem geral do Universo. Além disso, de quantos males não se constitui o homem o próprio autor, pela sua imprevidência ou pelas suas faltas? Ele é punido naquilo em que pecou. Todavia, as súplicas justas são atendidas mais vezes do que supondes. Julgais, de ordinário, que Deus não vos ouviu, porque não fez a vosso favor um milagre, enquanto que vos assiste por meios tão naturais que vos parecem obra do acaso ou da força das coisas. Muitas vezes também, ele vos sugere a ideia que vos fará sair da dificuldade pelo vosso próprio esforço."

664. *Será útil que oremos pelos mortos e pelos Espíritos sofredores? E, neste caso, como lhes podem as nossas preces proporcionar alívio e abreviar os sofrimentos? Têm elas o poder de abrandar a justiça de Deus?*

"A prece não pode ter por efeito mudar os desígnios de Deus, mas a alma por quem se ora experimenta alívio, porque recebe assim um testemunho do interesse que inspira àquele que por ela pede e também porque o desgraçado sente sempre um consolo, quando encontra almas caridosas que se compadecem de suas dores. Por outro lado, mediante a prece, aquele que ora concita o desgraçado ao arrependimento e ao desejo de fazer o que é necessário para ser feliz. Neste sentido é que se lhe pode abreviar a pena, se, por sua parte, ele colaborar com a boa vontade. O desejo de melhorar-se, despertado pela prece, atrai para junto do Espírito sofredor Espíritos melhores, que o vão esclarecer, consolar e dar-lhe esperanças. Jesus orava pelas ovelhas desgarradas, mostrando-vos, desse modo, que culpados vos tornaríeis, se não fizésseis o mesmo pelos que mais necessitam das vossas preces."

665. *Que se deve pensar da opinião dos que rejeitam a prece em favor dos mortos, por não se achar prescrita no Evangelho?*

"Aos homens disse o Cristo: "Que vos ameis uns aos outros."[26] Esta recomendação indica empregar o homem todos os meios possíveis para testemunhar aos outros homens afeição, sem haver entrado em minúcias quanto à maneira de atingir ele esse fim. Se é certo que nada pode fazer que o Criador, imagem da justiça perfeita, deixe de aplicá-la a todas as ações do Espírito, não menos certo é que a prece que lhe diriges por aquele que vos inspira afeição constitui, para este, um testemunho de que dele vos lembrais, testemunho que forçosamente contribuirá para lhe suavizar os sofrimentos e consolá-lo. Desde que ele manifeste o mais ligeiro arrependimento, mas só então, é socorrido. Nunca, porém, será deixado na ignorância de que uma alma simpática com ele se ocupou. Ao contrário, será deixado na doce crença de que a intercessão dessa alma lhe foi útil. Daí resulta necessariamente, de sua parte, um sentimento de gratidão e afeto pelo que lhe deu essa prova de amizade ou de piedade. Em consequência, crescerá num e noutro, reciprocamente, o amor que o Cristo recomendava aos homens. Ambos, pois, se fizeram assim obedientes à lei de amor e de união de todos os seres, lei divina, de que resultará a unidade, objetivo e finalidade do Espírito."

666. *Pode-se orar aos Espíritos?*

"Pode-se orar aos bons Espíritos, como sendo os mensageiros de Deus e os executores de Suas vontades. O poder deles, porém, está em relação com a superioridade que tenham alcançado e deriva sempre do Senhor de todas as coisas, sem cuja permissão nada se faz. Eis por que as preces que se lhes dirigem só são eficazes, se bem aceitas por Deus."

---

26   João 13:34 (N. do E.)

Politeísmo

667. *Por que razão, não obstante ser falsa, a crença politeísta é uma das mais antigas e espalhadas?*

"A concepção de um Deus único não poderia existir no homem, senão como resultado do desenvolvimento de suas ideias. Incapaz, pela sua ignorância, de conceber um ser imaterial, sem forma determinada, atuando sobre a matéria, conferiu-Lhe o homem atributos da natureza corpórea, isto é, uma forma e um aspecto e, desde então, tudo o que parecia ultrapassar os limites da inteligência comum era, para ele, uma divindade. Tudo o que não compreendia devia ser obra de uma potência sobrenatural. Daí a crer em tantas potências distintas quantos os efeitos que observava, não havia mais que um passo. Em todos os tempos, porém, houve homens instruídos, que compreenderam ser impossível a existência desses poderes múltiplos a governarem o mundo, sem uma direção superior, e que, em consequência, se elevaram à concepção de um Deus único."

668. *Tendo-se produzido em todos os tempos e sendo conhecidos desde as primeiras idades do mundo, não haverão os fenômenos espíritas contribuído para a difusão da crença na pluralidade dos deuses?*

"Sem dúvida, porquanto, chamando *deus* a tudo o que era sobre-humano, os homens tinham por deuses os Espíritos. Daí veio que, quando um homem, pelas suas ações, pelo seu gênio, ou por um poder oculto que o vulgo não lograva compreender, se distinguia dos demais, faziam dele um deus e, por sua morte, lhe rendiam culto."

A palavra deus tinha, entre os antigos, acepção muito ampla. Não indicava, como presentemente, uma personificação do Senhor da Natureza. Era uma qualificação genérica, que se dava a todo ser existente fora das condições da Humanidade. Ora, tendo-lhes as manifestações espíritas revelado a existência de seres incorpóreos a atuarem como potência da Natureza, a esses seres deram eles o nome de *deuses*, como lhes damos atualmente o de *Espíritos*. Pura questão de palavras, com a única diferença de que, na ignorância em que se achavam, mantida intencionalmente pelos que nisso tinham interesse, eles erigiram templos e altares muito lucrativos a tais deuses, ao passo que hoje os consideramos simples criaturas como nós, mais ou menos perfeitas e despidas de seus invólucros terrestres. Se estudarmos atentamente os diversos atributos das divindades pagãs, reconheceremos, sem esforço, todos os de que vemos dotados os Espíritos nos diferentes graus da escala espírita, o estado físico em que se encontram nos mundos superiores, todas as propriedades do perispírito e os papéis que desempenham nas coisas da Terra.

Vindo iluminar o mundo com a sua divina luz, o Cristianismo não se propôs destruir uma coisa que está na Natureza. Orientou, porém, a adoração para aquele a quem é devida. Quanto aos Espíritos, a lembrança deles se há perpetuado, conforme os povos, sob diversos nomes, e suas manifestações, que nunca deixaram de produzir-se, foram interpretadas de maneiras diferentes e muitas vezes exploradas sob o prestígio do mistério. Enquanto para a religião essas manifestações eram fenômenos miraculosos, para os incrédulos sempre foram embustes. Hoje, graças a um estudo mais sério, feito à luz meridiana, o Espiritismo, livre das ideias supersticiosas que o ofuscaram durante séculos, nos revela um dos maiores e mais sublimes princípios da Natureza.

Sacrifícios

669. *Remonta à mais alta Antiguidade o uso dos sacrifícios humanos. Como se explica que o homem tenha sido levado a crer que tais coisas pudessem agradar a Deus?*

"Principalmente porque não compreendia Deus como sendo a fonte da bondade. Nos povos primitivos a matéria sobrepuja o Espírito; eles se entregam aos instintos do animal selvagem. Por isso é que, em geral, são cruéis; é que neles o senso moral ainda não se acha desenvolvido. Em segundo lugar, é natural que os homens primitivos acreditassem ter uma criatura animada muito mais valor, aos olhos de Deus, do que um corpo material. Foi isto que os levou a imolarem, primeiro, animais e, mais tarde, homens. De conformidade com a falsa crença que possuíam, pensavam que o valor do sacrifício era proporcional à importância da vítima. Na vida material, como geralmente a praticais, se houverdes de oferecer a alguém um presente, escolhê-lo-eis sempre de tanto maior valor quanto mais afeto e consideração quiserdes testemunhar a esse alguém. Assim tinha que ser, com relação a Deus, entre homens ignorantes."

a) *De modo que os sacrifícios de animais precederam os sacrifícios humanos?*

"Sobre isso não pode haver a menor dúvida."

b) *Então, de acordo com a explicação que vindes de dar, não foi de um sentimento de crueldade que se originaram os sacrifícios humanos?*

"Não; originaram-se de uma ideia errônea quanto à maneira de agradar a Deus. Considerai o que se deu com Abraão. Com o correr dos tempos, os homens entraram a abusar dessas práticas, imolando seus inimigos comuns, até mesmo seus inimigos particulares. Deus, entretanto, nunca exigiu sacrifícios, nem de homens, nem, sequer, de animais. Não há como imaginar-se que se lhe possa prestar culto, mediante a destruição inútil de Suas criaturas."

670. *Dar-se-á que alguma vez possam ter sido agradáveis a Deus os sacrifícios humanos praticados com piedosa intenção?*

"Não, nunca. Deus, porém, julga pela intenção. Sendo ignorantes os homens, natural era que supusessem praticar ato louvável imolando seus semelhantes. Nesses casos, Deus atentava unicamente na ideia que presidia ao ato e não neste. À medida que foram-se melhorando, os homens tiveram que reconhecer o erro em que laboravam e reprovar tais sacrifícios, com que não podiam conformar-se as ideias de Espíritos esclarecidos. Digo esclarecidos porque os Espíritos tinham então a envolvê-los o véu material; mas, por meio do livre-arbítrio, possível lhes era vislumbrar suas origens e fim, e muitos, por intuição, já compreendiam o mal que praticavam, se bem que nem por isso deixassem de praticá-lo, para satisfazer às suas paixões."

671. *Que devemos pensar das chamadas guerras santas? O sentimento que impele os povos fanáticos, tendo em vista agradar a Deus, a exterminarem o máximo possível os que não partilham de suas crenças, poderá equiparar-se, quanto à origem, ao sentimento que os excitava outrora a sacrificarem seus semelhantes?*

"São impelidos pelos maus Espíritos e, fazendo a guerra aos seus semelhantes, opõem-se à vontade de Deus, que manda amar cada um o seu irmão, como a si mesmo. Todas as religiões, ou, antes, todos os povos adoram um mesmo Deus, qualquer que seja o nome que lhe deem. Por que então há de um fazer guerra a outro, sob o fundamento de ser a religião deste diferente da sua, ou por não ter ainda atingido o grau de progresso da dos povos cultos? Se são desculpáveis os povos de não crerem na palavra daquele que o Espírito de Deus animava e que Deus enviou, sobretudo os que não o viram e não lhe testemunharam os atos, como pretenderdes que creiam nessa palavra de paz, quando lhes ides levá-la de espada em punho? Eles têm que ser esclarecidos e devemos esforçar-nos por fazê-los conhecer a doutrina do Salvador, mediante a persuasão e com brandura, nunca a ferro e fogo. Em vossa maioria, não acreditais nas comunicações que temos com certos mortais; como quereríeis que estranhos acreditassem na vossa palavra, quando desmentis com os atos a doutrina que pregais?"

672. *A oferenda feita a Deus, de frutos da terra, tinha a Seus olhos mais mérito do que o sacrifício dos animais?*

"Já vos respondi, declarando que Deus julga segundo a intenção e que para Ele pouca importância tinha o fato. Mais agradável evidentemente era a Deus que Lhe oferecessem frutos da terra, em vez do sangue das vítimas. Como temos dito e sempre repetiremos, a prece proferida do fundo da alma é cem vezes mais agradável a Deus do que todas as oferendas que lhe possais fazer. Repito que a intenção é tudo, que o fato nada vale."

673. *Não seria um meio de tornar essas oferendas agradáveis a Deus consagrá-las a minorar os sofrimentos daqueles a quem falta o necessário e, neste caso, o sacrifício dos animais, praticado com fim útil, não se tornaria meritório, ao passo que era abusivo quando para nada servia, ou só aproveitava aos que de nada precisavam? Não haveria qualquer coisa de verdadeiramente piedoso em consagrar-se aos pobres as primícias dos bens que Deus nos concede na Terra?*

"Deus abençoa sempre os que fazem o bem. O melhor meio de honrá-lo consiste em diminuir os sofrimentos dos pobres e dos aflitos. Não quero dizer com isto que Ele desaprove as cerimônias que praticais para Lhe dirigirdes as vossas preces. Muito dinheiro, porém, aí se gasta que poderia ser empregado mais utilmente do que o é. Deus ama a simplicidade em tudo. O homem que se atém às exterioridades e não ao coração é um Espírito de vistas acanhadas. Dizei, em consciência, se Deus deve atender mais à forma do que ao fundo."

CAPÍTULO III

LEI DO TRABALHO

Necessidade do trabalho

674. *A necessidade do trabalho é uma lei da Natureza?*
"O trabalho é uma lei da Natureza, por isso mesmo que constitui uma necessidade, e a civilização obriga o homem a trabalhar mais, porque lhe aumenta as necessidades e os gozos."

675. *Por trabalho só se devem entender as ocupações materiais?*
"Não; o Espírito trabalha, assim como o corpo. Toda ocupação útil é trabalho."

676. *Por que o trabalho se impõe ao homem?*
"Por ser uma consequência da sua natureza corpórea. É expiação e, ao mesmo tempo, meio de aperfeiçoamento da sua inteligência. Sem o trabalho, o homem permaneceria sempre na infância quanto à inteligência. Por isso é que seu alimento, sua segurança e seu bem-estar dependem do seu trabalho e da sua atividade. Ao extremamente fraco de corpo outorgou Deus a inteligência, em compensação. Mas é sempre um trabalho."

677. *Por que provê a Natureza, por si mesma, a todas as necessidades dos animais?*
"Tudo na Natureza trabalha. Como tu, trabalham os animais, mas o trabalho deles, de acordo com a inteligência de que dispõem, se limita a cuidarem da própria conservação. Daí vem que o do homem visa duplo fim: a conservação do corpo e o desenvolvimento da faculdade de pensar, o que também é uma necessidade e o eleva acima de si mesmo. Quando digo que o trabalho dos animais se cifra no cuidarem da própria conservação, refiro-me ao objetivo com que trabalham. Entretanto, provendo às suas necessidades materiais, eles se constituem, inconscientemente, executores dos desígnios do Criador e, assim, o trabalho que executam também concorre para a realização do objetivo final da Natureza, se bem quase nunca lhe descubrais o resultado imediato."

678. *Nos mundos mais aperfeiçoados, os homens se acham submetidos à mesma necessidade de trabalhar?*
"A natureza do trabalho está em relação com a natureza das necessidades. Quanto menos materiais são estas, menos material é o trabalho. Mas, não deduzais daí que o homem se conserve inativo e inútil. A ociosidade seria um suplício, em vez de ser um benefício."

679. *Achar-se-á isento da lei do trabalho o homem que possua bens suficientes para lhe assegurarem a existência?*

"Do trabalho material, talvez; não, porém, da obrigação de tornar-se útil, conforme os meios de que disponha, nem de aperfeiçoar a sua inteligência ou a dos outros, o que também é trabalho. Aquele a quem Deus facultou a posse de bens suficientes a lhe garantirem a existência não está, é certo, constrangido a alimentar-se com o suor do seu rosto, mas tanto maior lhe é a obrigação de ser útil aos seus semelhantes, quanto mais ocasiões de praticar o bem lhe proporciona o adiantamento que lhe foi feito."

680. *Não há homens que se encontram impossibilitados de trabalhar no que quer que seja e cuja existência é, portanto, inútil?*

"Deus é justo e, pois, só condena aquele que voluntariamente tornou inútil a sua existência, porquanto esse vive na dependência do trabalho dos outros. Ele quer que cada um seja útil, de acordo com as suas faculdades." (Veja a questão 643.)

681. *A lei da Natureza impõe aos filhos a obrigação de trabalharem para seus pais?*

"Certamente, do mesmo modo que os pais têm que trabalhar para seus filhos. Foi por isso que Deus fez do amor filial e do amor paterno um sentimento natural. Foi para que, por essa afeição recíproca, os membros de uma família se sentissem impelidos a ajudarem-se mutuamente, o que, aliás, com muita frequência se esquece na vossa sociedade atual."

Limite do trabalho. Repouso

682. *Sendo uma necessidade para todo aquele que trabalha, o repouso não é também uma lei da Natureza?*

"Sem dúvida. O repouso serve para a reparação das forças do corpo e também é necessário para dar um pouco mais de liberdade à inteligência, a fim de que se eleve acima da matéria."

683. *Qual é o limite do trabalho?*

"O das forças. Em suma, a esse respeito Deus deixa inteiramente livre o homem."

684. *Que se deve pensar dos que abusam de sua autoridade, impondo a seus inferiores excessivo trabalho?*

"É uma das piores ações. Todo aquele que tem o poder de mandar é responsável pelo excesso de trabalho que imponha a seus inferiores, porquanto, assim fazendo, transgride a lei de Deus."

685. *Tem o homem o direito de repousar na velhice?*

"Sim, que a nada é obrigado, senão de acordo com as suas forças."

a) *Mas, que há de fazer o velho que precisa trabalhar para viver e não pode?*

"O forte deve trabalhar para o fraco. Não tendo este família, a sociedade deve fazer as vezes desta. É a lei de caridade."

Não basta que se diga ao homem que lhe corre o dever de trabalhar. É preciso que aquele que tem de prover sua existência por meio do trabalho encontre em que se ocupar, o que nem sempre acontece. Quando se generaliza, a suspensão do trabalho assume as proporções de um flagelo, qual a miséria. A ciência econômica procura remédio para isso no equilíbrio entre a produção e o consumo. Mas esse equilíbrio, dado seja possível estabelecer-se, sofrerá sempre intermitências, durante as quais não deixa o trabalhador de ter que viver. Há um elemento, que se não costuma fazer pesar na balança e sem o qual a ciência econômica não passa de simples teoria. Esse elemento é a *educação*, não a educação intelectual, mas a educação moral. Não nos referimos, porém, à educação moral pelos livros e sim à que consiste na arte de *formar o caráter*, à que *incute hábitos*, porquanto *a educação é o conjunto dos hábitos adquiridos*. Considerando-se a massa de indivíduos que todos os dias são lançados na torrente da população, sem princípios, sem freio e entregues a seus próprios instintos, serão de espantar as consequências desastrosas que daí decorrem? Quando essa arte for conhecida, compreendida e praticada, o homem terá no mundo hábitos de *ordem e de previdência* para consigo mesmo e para com os seus, *de respeito a tudo o que é respeitável*, hábitos que lhe permitirão atravessar menos penosamente os maus dias inevitáveis. A desordem e a imprevidência são duas chagas que só uma educação bem entendida pode curar. Esse é o ponto de partida, o elemento real do bem-estar, o penhor da segurança de todos.

CAPÍTULO IV

LEI DE REPRODUÇÃO

População do globo

686. *É lei da Natureza a reprodução dos seres vivos?*
"Evidentemente. Sem a reprodução, o mundo corporal pereceria."

687. *Indo sempre a população na progressão crescente que vemos, chegará tempo em que seja excessiva na Terra?*
"Não, Deus a isso provê e mantém sempre o equilíbrio. Ele coisa alguma inútil faz. O homem, que apenas vê um canto do quadro da Natureza, não pode julgar da harmonia do conjunto."

Sucessão e aperfeiçoamento das raças

688. *Há, neste momento, raças humanas que evidentemente decrescem. Virá momento em que terão desaparecido da Terra?*
"Assim acontecerá, de fato. É que outras lhes terão tomado o lugar, como outras um dia tomarão o da vossa."

689. *Os homens atuais formam uma criação nova, ou são descendentes aperfeiçoados dos seres primitivos?*
"São os mesmos Espíritos que voltaram para se aperfeiçoar em novos corpos, mas que ainda estão longe da perfeição. Assim, a atual raça humana, que, pelo seu crescimento, tende a invadir toda a Terra e a substituir as raças que se extinguem, terá sua fase de crescimento e de desaparição. Outras raças mais aperfeiçoadas vão substituí-la, que descenderão da atual, como os homens civilizados de hoje descendem dos seres brutos e selvagens dos tempos primitivos."

690. *Do ponto de vista físico, são de criação especial os corpos da raça atual, ou procedem dos corpos primitivos, mediante reprodução?*

"A origem das raças se perde na noite dos tempos. Mas, como pertencem todas à grande família humana, qualquer que tenha sido o tronco de cada uma, elas puderam aliar-se entre si e produzir tipos novos."

691. *Qual, do ponto de vista físico, é o caráter distintivo e dominante das raças primitivas?*

"Desenvolvimento da força bruta, à custa da força intelectual. Agora, dá-se o contrário: o homem faz mais pela inteligência do que pela força do corpo. Todavia, faz cem vezes mais, porque soube tirar proveito das forças da Natureza, o que não conseguem os animais."

692. *Será contrário à lei da Natureza o aperfeiçoamento das raças animais e vegetais pela Ciência? Seria mais conforme a essa lei deixar que as coisas seguissem seu curso normal?*

"Tudo se deve fazer para chegar à perfeição e o próprio homem é um instrumento de que Deus se serve para atingir Seus fins. Sendo a perfeição a meta para que tende a Natureza, favorecer essa perfeição é corresponder às vistas de Deus."

a) *Mas, geralmente, os esforços que o homem emprega para conseguir a melhoria das raças nascem de um sentimento pessoal e não objetivam senão o acréscimo de seus gozos. Isto não lhe diminui o mérito?*

"Que importa que seja nulo o seu merecimento, desde que o progresso se realize? Cabe-lhe tornar meritório, pela intenção, o seu trabalho. Além disso, mediante esse trabalho, ele exercita e desenvolve a inteligência e sob este aspecto é que maior proveito tira."

Obstáculos à reprodução

693. *São contrários à lei da Natureza as leis e os costumes humanos que têm por fim ou por efeito criar obstáculos à reprodução?*

"Tudo o que embaraça a Natureza em sua marcha é contrário à lei geral."

a) *Entretanto, há espécies de seres vivos, animais e plantas, cuja reprodução indefinida seria nociva a outras espécies e das quais o próprio homem acabaria por ser vítima. Pratica ele ato repreensível, impedindo essa reprodução?*

"Deus concedeu ao homem, sobre todos os seres vivos, um poder de que ele deve usar, sem abusar. Pode, pois, regular a reprodução, de acordo com as necessidades. A ação inteligente do homem é um contrapeso que Deus dispôs para restabelecer o equilíbrio entre as forças da Natureza e é ainda isso o que o distingue dos animais, porque ele age com conhecimento de causa. Mas, os mesmos animais também concorrem para a existência desse equilíbrio, porquanto o instinto de destruição que lhes foi dado faz com que, provendo à própria conservação, interrompem o desenvolvimento excessivo, talvez perigoso, das espécies animais e vegetais de que se alimentam."

694. *Que se deve pensar dos usos, cujo efeito consiste em impedir a reprodução, para satisfação da sensualidade?*

"Isso prova a predominância do corpo sobre a alma e quanto o homem é material."

Casamento e celibato

695. *Será contrário à lei da Natureza o casamento, isto é, a união permanente de dois seres?*

"É um progresso na marcha da Humanidade."

696. Que efeito teria sobre a sociedade humana a abolição do casamento?
"Seria uma regressão à vida dos animais."

O estado de natureza é o da união livre e fortuita dos sexos. O casamento constitui um dos primeiros atos de progresso nas sociedades humanas, porque estabelece a solidariedade fraterna e se observa entre todos os povos, se bem que em condições diversas. A abolição do casamento seria, pois, regredir à infância da Humanidade e colocaria o homem abaixo mesmo de certos animais que lhe dão o exemplo de uniões constantes.

697. *Está na lei da Natureza, ou somente na lei humana, a indissolubilidade absoluta do casamento?*
"É uma lei humana muito contrária à da Natureza. Mas os homens podem modificar suas leis; só as da Natureza são imutáveis."

698. *O celibato voluntário representa um estado de perfeição meritório aos olhos de Deus?*
"Não, e os que assim vivem, por egoísmo, desagradam a Deus e enganam o mundo."

699. *Da parte de certas pessoas, o celibato não será um sacrifício que fazem com o fim de se votarem, de modo mais completo, ao serviço da Humanidade?*
"Isso é muito diferente. Eu disse: por egoísmo. Todo sacrifício pessoal é meritório, quando feito para o bem. Quanto maior o sacrifício, tanto maior o mérito."

Não é possível que Deus se contradiga, nem que ache mau o que Ele próprio fez. Nenhum mérito, portanto, pode haver na violação da Sua lei. Mas, se o celibato, em si mesmo, não é um estado meritório, outro tanto não se dá quando constitui, pela renúncia às alegrias da família, um sacrifício praticado em prol da Humanidade. Todo sacrifício pessoal, tendo em vista o bem *e sem qualquer ideia egoísta*, eleva o homem acima da sua condição material.

Poligamia

700. *A igualdade numérica, que mais ou menos existe entre os sexos, constitui indício da proporção em que devam unir-se?*
"Sim, porquanto tudo, na Natureza, tem um fim."

701. *Qual das duas, a poligamia ou a monogamia, é mais conforme à lei da Natureza?*
"A poligamia é lei humana cuja abolição marca um progresso social. O casamento, segundo as vistas de Deus, tem que se fundar na afeição dos seres que se unem. Na poligamia não há afeição real: há apenas sensualidade."

Se a poligamia fosse conforme a lei da Natureza, deveria ter possibilidade de tornar-se universal, o que seria materialmente impossível, dada a igualdade numérica dos sexos.

Deve ser considerada como um uso ou legislação especial apropriada a certos costumes e que o aperfeiçoamento social fez que desaparecesse pouco a pouco.

CAPÍTULO V

LEI DE CONSERVAÇÃO

Instinto de Conservação

702. *É uma lei da Natureza o instinto de conservação?*

"Sem dúvida. Todos os seres vivos o possuem, qualquer que seja o grau de sua inteligência. Em uns é puramente maquinal, raciocinado em outros."

703. *Com que fim outorgou Deus a todos os seres vivos o instinto de conservação?*

"Porque todos têm que concorrer para cumprimento dos desígnios da Providência. Por isso Deus lhes deu a necessidade de viver. Acresce que a vida é necessária ao aperfeiçoamento dos seres. Eles o sentem instintivamente, sem disso se aperceberem."

Meios de conservação

704. *Tendo dado ao homem a necessidade de viver, Deus lhe facultou, em todos os tempos, os meios de o conseguir?*

"Sim, e se ele não os encontra, é que não os compreende. Não fora possível que Deus criasse para o homem a necessidade de viver, sem lhe dar os meios de consegui-lo.

Essa é a razão por que faz que a Terra produza de modo a proporcionar o necessário aos que a habitam, visto que só o necessário é útil. O supérfluo nunca o é."

705. *Por que nem sempre a terra produz bastante para fornecer ao homem o necessário?*

"É que, ingrato, o homem a despreza! Ela, no entanto, é excelente mãe. Muitas vezes, também, ele acusa a Natureza do que só é resultado da sua imperícia ou da sua imprevidência. A terra produziria sempre o necessário, se com o necessário soubesse o homem contentar-se. Se o que ela produz não lhe basta a todas as necessidades, é que ele emprega no supérfluo o que poderia ser aplicado no necessário. Olha o árabe no deserto. Acha sempre de que viver, porque não cria para si necessidades factícias. Desde que haja desperdiçado a metade dos produtos em satisfazer a fantasias, que motivos tem o homem para se espantar de nada encontrar no dia seguinte e para se queixar de estar desprovido de tudo, quando chegam os dias de penúria? Em verdade vos digo, imprevidente não é a Natureza, é o homem, que não sabe regrar o seu viver."

706. *Por bens da Terra unicamente se devem entender os produtos do solo?*

"O solo é a fonte originária de onde dimanam todos os outros recursos, pois que, em definitivo, estes recursos são simples transformações dos produtos do solo. Por bens da Terra se deve, pois, entender tudo de que o homem pode gozar neste mundo."

707. *É frequente a certos indivíduos faltarem os meios de subsistência, ainda quando os cerca a abundância. A que se deve atribuir isso?*

"Ao egoísmo dos homens, que nem sempre fazem o que lhes cumpre. Depois e na maior parte das vezes, devem-no a si mesmos. Buscai e achareis; estas palavras não querem dizer que, para achar o que deseje, basta que o homem olhe para a terra, mas que lhe é preciso procurá-lo, não com indolência, e sim com ardor e perseverança, sem desanimar ante os obstáculos, que muitas vezes são simples meios de que se utiliza a Providência, para lhe experimentar a constância, a paciência e a firmeza." (Veja a questão 534.)

Se é certo que a civilização multiplica as necessidades, também o é que multiplica as fontes de trabalho e os meios de viver. Forçoso, porém, é convir em que, a tal respeito, muito ainda lhe resta fazer. Quando ela houver concluído a sua obra, ninguém deverá haver que possa queixar-se de lhe faltar o necessário, a não ser por própria culpa. A desgraça, para muitos, provém de enveredarem por uma senda diversa da que a Natureza lhes traça. É então que lhes falece a inteligência para o bom êxito. Para todos há lugar ao Sol, mas com a condição de que cada um ocupe o seu e não o dos outros. A Natureza não pode ser responsável pelos defeitos da organização social, nem pelas consequências da ambição e do amor-próprio.

Seria preciso, entretanto, ser cego para se não reconhecer o progresso que, por esse lado, têm feito os povos mais adiantados. Graças aos louváveis esforços que, juntas, a Filantropia e a Ciência não cessam de despender para melhorar a condição material dos homens e, mau grado o crescimento incessante das populações, a insuficiência da produção se acha atenuada, pelo menos em grande parte, e os anos mais calamitosos do presente não se podem de modo algum comparar aos de outrora. A higiene pública, elemento tão essencial da força e da saúde, aquela que nossos pais não conheceram, é objeto de atenção especial. O infortúnio e o sofrimento encontram espaço para refúgio. Por toda parte a Ciência contribui para melhorar o bem-estar. Será possível dizer que já se haja chegado à perfeição? Oh! Não, certamente; mas, o que já se fez deixa prever o que, com perseverança, se logrará conseguir, se o homem se mostrar bastante avisado para procurar a sua felicidade nas coisas positivas e sérias e não em utopias que o levam a recuar em vez de fazê-lo avançar.

708. *Não há situações nas quais os meios de subsistência de maneira alguma dependem da vontade do homem, sendo-lhe a privação do que mais imperiosamente necessita uma consequência da força dos acontecimentos?*

"É isso uma prova, muitas vezes cruel, que lhe compete sofrer e à qual sabia ele de antemão que viria a estar exposto. Seu mérito então consiste em submeter-se à vontade de Deus, desde que a sua inteligência nenhum meio lhe faculta de sair da dificuldade. Se a morte vier colhê-lo, cumpre-lhe recebê-la sem murmurar, ponderando que a hora da verdadeira libertação soou *e que o desespero no derradeiro momento pode ocasionar-lhe a perda do fruto de toda a sua resignação.*"

709. *Terão cometido crime os que, em certas situações críticas, se viram na contingência de sacrificar seus semelhantes para matar a fome? Se houve crime, há de ser este atenuado por conta da necessidade de viver, que resulta do instinto de conservação?*

"Já respondi quando disse que há mais merecimento em sofrer todas as provações da vida com coragem e abnegação. Em tal caso, há homicídio e crime de lesa-natureza, falta que é duplamente punida."

710. *Nos mundos de mais apurada organização, têm os seres vivos necessidade de alimentar-se?*

"Têm, mas seus alimentos têm relação com a sua natureza. Tais alimentos não seriam bastante substanciosos para os vossos estômagos grosseiros; assim como os deles não poderiam digerir os vossos alimentos."

Gozo dos bens terrenos

711. *O uso dos bens da Terra é um direito de todos os homens?*

"Esse direito é consequente da necessidade de viver. Deus não imporia um dever sem dar ao homem o meio de cumpri-lo."

712. *Com que fim pôs Deus atrativos no gozo dos bens materiais?*

"Para instigar o homem ao cumprimento da sua missão e para experimentá-lo por meio da tentação."

a) *Qual é o objetivo dessa tentação?*

"Desenvolver-lhe a razão, que deve preservá-lo dos excessos."

Se o homem só fosse instigado a usar dos bens terrenos pela utilidade que têm, sua indiferença poderia talvez comprometer a harmonia do Universo. Deus imprimiu a esse uso o atrativo do prazer, porque assim é o homem impelido ao cumprimento dos desígnios providenciais. Mas, além disso, dando àquele uso esse atrativo, quis Deus também experimentar o homem por meio da tentação, que o arrasta para o abuso, de que deve a razão defendê-lo.

713. *Traçou a Natureza limites aos gozos?*

"Traçou, para vos indicar o limite do necessário. Mas, pelos vossos excessos, chegais à saciedade e vos punis a vós mesmos."

714. *Que se deve pensar do homem que procura nos excessos de todo gênero o requinte dos gozos?*

"Pobre criatura! Mais digna é de lástima que de inveja, pois bem perto está da morte!"

a) *Perto da morte física, ou da morte moral?*

"De ambas."

O homem, que procura nos excessos de todo gênero o requinte do gozo, coloca-se abaixo do bruto, pois que este sabe deter-se, quando satisfeita a sua necessidade, abdica da razão que Deus lhe deu por guia e quanto maiores forem seus excessos, tanto maior preponderância confere ele à sua natureza animal sobre a sua natureza espiritual. As doenças são, ao mesmo tempo, o castigo à transgressão da lei de Deus.

Necessário e supérfluo

715. *Como pode o homem conhecer o limite do necessário?*

"Aquele que é ponderado o conhece por intuição. Muitos só chegam a conhecê-lo por experiência e à sua própria custa."

716. *Mediante a organização que nos deu, não traçou a Natureza o limite das nossas necessidades?*

"Sem dúvida, mas o homem é insaciável. Por meio da organização que lhe deu, a Natureza lhe traçou o limite das necessidades; porém, os vícios lhe alteraram a constituição e lhe criaram necessidades que não são reais."

717. *Que se há de pensar dos que monopolizam os bens da Terra para se proporcionarem o supérfluo, com prejuízo daqueles a quem falta o necessário?*

"Olvidam a lei de Deus e terão que responder pelas privações que houverem causado aos outros."

Nada tem de absoluto o limite entre o necessário e o supérfluo. A civilização criou necessidades que o selvagem desconhece e os Espíritos que ditaram os preceitos acima não pretendem que o homem civilizado deva viver como o selvagem. Tudo é relativo, cabendo à razão regrar as coisas. A civilização desenvolve o senso moral e, ao mesmo tempo, o sentimento de caridade, que leva os homens a se prestarem mútuo apoio. Os que vivem à custa das privações dos outros exploram, em seu proveito, os benefícios da civilização. Desta têm apenas o verniz, como muitos há que da religião só têm a máscara.

Privações voluntárias e mortificações

718. *A lei de conservação obriga o homem a prover as necessidades do corpo?*

"Sim, porque, sem força e saúde, impossível é o trabalho."

719. *Merece censura o homem, por procurar o bem-estar?*

"É natural o desejo do bem-estar. Deus só proíbe o abuso, por ser contrário à conservação. Ele não condena a procura do bem-estar, desde que não seja conseguido à custa de outrem e não venha a diminuir-vos nem as forças físicas, nem as forças morais."

720. *São meritórias aos olhos de Deus as privações voluntárias, com o objetivo de uma expiação igualmente voluntária?*

"Fazei o bem aos vossos semelhantes e mais mérito tereis."

a) *Haverá privações voluntárias que sejam meritórias?*

"Há: a privação dos gozos inúteis, porque desprende da matéria o homem e lhe eleva a alma. Meritório é resistir à tentação que arrasta ao excesso ou ao gozo das coisas inúteis; é o homem tirar do que lhe é necessário para dar aos que carecem do bastante. Se a privação não passar de simulacro, será um escárnio."

721. *É meritória, de qualquer ponto de vista, a vida de mortificações ascéticas que desde a mais remota Antiguidade teve praticantes no seio de diversos povos?*

"Procurai saber a quem ela serve e tereis a resposta. Se somente serve para quem a pratica e o impede de fazer o bem, é egoísmo, seja qual for o pretexto com que entendam de colori-la. Privar-se a si mesmo e trabalhar para os outros, tal é a verdadeira mortificação, segundo a caridade cristã."

722. *Será racional a abstenção de certos alimentos, prescrita a diversos povos?*

"Permitido é ao homem alimentar-se de tudo o que lhe não prejudique a saúde. Alguns legisladores, porém, com um fim útil, entenderam de interdizer o uso de certos alimentos e, para maior autoridade imprimirem às suas leis, apresentaram-nas como emanadas de Deus."

723. *A alimentação animal é, com relação ao homem, contrária à lei da Natureza?*

"Dada a vossa constituição física, a carne alimenta a carne, do contrário o homem perece. A lei de conservação lhe prescreve, como um dever, que mantenha suas forças e sua saúde, para cumprir a lei do trabalho. Ele, pois, tem que se alimentar conforme o reclame a sua organização."

724. *Será meritório abster-se o homem da alimentação animal, ou de outra qualquer, por expiação?*

"Sim, se praticar essa privação em benefício dos outros. Aos olhos de Deus, porém, só há mortificação havendo privação *séria e útil*. Por isso é que qualificamos de hipócritas os que apenas aparentemente se privam de alguma coisa."

725. *Que se deve pensar das mutilações operadas no corpo do homem ou dos animais?*

"A que propósito, semelhante questão? Ainda uma vez: inquiri sempre vós mesmos se é útil aquilo de que porventura se trate. A Deus não pode agradar o que seja inútil e o que for nocivo lhe será sempre desagradável. Porque, ficai sabendo, Deus só é sensível aos sentimentos que elevam para Ele a alma. Obedecendo-lhe a lei e não a violando é que podereis forrar-vos ao jugo da vossa matéria terrestre."

726. *Visto que os sofrimentos deste mundo nos elevam, se os suportarmos devidamente, dar-se-á que também nos elevam os que nós mesmos nos criamos?*

"Os sofrimentos naturais são os únicos que elevam porque vêm de Deus. Os sofrimentos voluntários de nada servem, quando não concorrem para o bem de outrem. Supões que se adiantam no caminho do progresso os que abreviam a vida, mediante rigores sobre-humanos, como o fazem os bonzos, os faquires e alguns fanáticos de muitas seitas? Por que de preferência não trabalham pelo bem de seus semelhantes? Vistam o indigente; consolem o que chora; trabalhem pelo que está enfermo; sofram privações para alívio dos infelizes e então suas vidas serão úteis e, portanto, agradáveis a Deus. Sofrer alguém voluntariamente, apenas por seu próprio bem, é egoísmo; sofrer pelos outros é caridade: tais os preceitos do Cristo."

727. *Uma vez que não devemos criar sofrimentos voluntários, que nenhuma utilidade tenham para outrem, deveremos cuidar de preservar-nos dos que prevejamos ou nos ameacem?*

"Contra os perigos e os sofrimentos é que o instinto de conservação foi dado a todos os seres. Fustigai o vosso espírito e não o vosso corpo, mortificai o vosso orgulho, sufocai o vosso egoísmo, que se assemelha a uma serpente a vos roer o coração, e fareis muito mais pelo vosso adiantamento do que infligindo-vos rigores que já não são deste século."

CAPÍTULO VI

LEI DE DESTRUIÇÃO

Destruição necessária e destruição abusiva

728. *É uma lei da Natureza a destruição?*
"Preciso é que tudo se destrua para renascer e se regenerar. Porque, o que chamais destruição não passa de uma transformação, que tem por fim a renovação e melhoria dos seres vivos."

a) *O instinto de destruição teria sido dado aos seres vivos por desígnios providências?*
"As criaturas são instrumentos de que Deus se serve para chegar aos fins que objetiva. Para se alimentarem, os seres vivos reciprocamente se destroem, destruição esta que obedece a um duplo fim: manutenção do equilíbrio na reprodução, que poderia tornar-se excessiva, e utilização dos despojos do invólucro exterior que sofre a destruição. Esse invólucro é simples acessório e não a parte essencial do ser pensante. A parte essencial é o princípio inteligente, que não se pode destruir e se elabora nas metamorfoses diversas por que passa."

729. *Se a regeneração dos seres faz necessária a destruição, por que os cerca a Natureza de meios de preservação e conservação?*
"A fim de que a destruição não se dê antes de tempo. Toda destruição antecipada impede o desenvolvimento do princípio inteligente. Por isso foi que Deus fez que cada ser experimentasse a necessidade de viver e de se reproduzir."

730. *Uma vez que a morte nos faz passar a uma vida melhor, nos livra dos males desta, sendo, pois, mais de desejar do que de temer, por que lhe tem o homem, instintivamente, tal horror, que ela lhe é sempre motivo de apreensão?*
"Já dissemos que o homem deve procurar prolongar a vida, para cumprir a sua tarefa. Tal é o motivo por que Deus lhe deu o instinto de conservação, instinto que o sustenta nas provas. Se não fosse assim, ele muito frequentemente se entregaria ao desânimo. A voz íntima, que o induz a repelir a morte, lhe diz que ainda pode realizar alguma coisa pelo seu progresso. A ameaça de um perigo constitui aviso, para que se aproveite

da dilação que Deus lhe concede. Mas, ingrato, o homem rende graças mais vezes à sua estrela do que ao seu Criador."

731. *Por que, ao lado dos meios de conservação, colocou a Natureza os agentes de destruição?*

"É o remédio ao lado do mal. Já dissemos: para manter o equilíbrio e servir de contrapeso."

732. *Será idêntica, em todos os mundos, a necessidade de destruição?*

"Guarda proporções com o estado mais ou menos material dos mundos. Cessa quando o físico e o moral se acham mais depurados. Muito diversas são as condições de existência nos mundos mais adiantados do que o vosso."

733. *Entre os homens da Terra existirá sempre a necessidade da destruição?*

"Essa necessidade se enfraquece no homem à medida que o Espírito sobrepuja a matéria. Assim é que, como podeis observar, ao horror à destruição cresce o desenvolvimento intelectual e moral."

734. *Em seu estado atual, tem o homem direito ilimitado de destruição sobre os animais?*

"Tal direito se acha regulado pela necessidade que ele tem de prover o seu sustento e a sua segurança. O abuso jamais constitui direito."

735. *Que se deve pensar da destruição quando ultrapassa os limites que as necessidades e a segurança traçam? Da caça, por exemplo, quando não objetiva senão o prazer de destruir sem utilidade?*

"Predominância da bestialidade sobre a natureza espiritual. Toda destruição que excede os limites da necessidade é uma violação da lei de Deus. Os animais só destroem para satisfação de suas necessidades; enquanto que o homem, dotado de livre-arbítrio, destrói sem necessidade. Terá que prestar contas do abuso da liberdade que lhe foi concedida, pois isso significa que cede aos maus instintos."

736. *Especial merecimento terão os povos que levam ao excesso o escrúpulo, quanto à destruição dos animais?*

"Esse excesso, no tocante a um sentimento louvável em si mesmo, se torna abusivo e o seu merecimento fica neutralizado por abusos de muitas outras espécies. Entre tais povos, há mais temor supersticioso do que verdadeira bondade."

Flagelos destruidores

737. *Com que fim fere Deus a Humanidade por meio de flagelos destruidores?*

"Para fazê-la progredir mais depressa. Já não dissemos ser a destruição uma necessidade para a regeneração moral dos Espíritos, que, em cada nova existência, sobem um degrau na escala do aperfeiçoamento? Preciso é que se veja o objetivo, para que os resultados possam ser apreciados. Somente do vosso ponto de vista pessoal os apreciais; daí vem que os qualificais de flagelos, por efeito do prejuízo que vos causam. Essas subversões, porém, são frequentemente necessárias para que mais pronto se dê o advento de uma melhor ordem de coisas e para que se realize em alguns anos o que teria exigido muitos séculos."

738. *Para conseguir a melhora da Humanidade, não podia Deus empregar outros meios que não os flagelos destruidores?*

"Pode e os emprega todos os dias, pois que deu a cada um os meios de progredir pelo conhecimento do bem e do mal. O homem, porém, não se aproveita desses meios. Necessário, portanto, se torna que seja castigado no seu orgulho e que se lhe faça sentir a sua fraqueza."

a) *Mas, nesses flagelos, tanto sucumbe o homem de bem como o perverso. Será justo isso?*

"Durante a vida, o homem tudo refere ao seu corpo; entretanto, de maneira diversa pensa depois da morte. Ora, conforme temos dito, a vida do corpo bem pouca coisa é. Um século no vosso mundo não passa de *um relâmpago na eternidade*. Logo, nada são os sofrimentos de alguns dias ou de alguns meses, de que tanto vos queixais. Representam um ensino que se vos dá e que vos servirá no futuro. Os Espíritos, que preexistem e sobrevivem a tudo formam o mundo real (veja a questão 85). Esses são os filhos de Deus e o objeto de toda a Sua solicitude. Os corpos são meros disfarces com que eles aparecem no mundo. Por ocasião das grandes calamidades que dizimam os homens, o espetáculo é semelhante ao de um exército cujos soldados, durante a guerra, ficassem com seus uniformes estragados, rotos ou perdidos. O general se preocupa mais com seus soldados do que com os uniformes deles."

b) *Mas nem por isso as vítimas desses flagelos deixam de o ser.*

"Se considerásseis a vida qual ela é e quão pouca coisa representa com relação ao infinito, menos importância lhe daríeis. Em outra vida, essas vítimas acharão ampla compensação aos seus sofrimentos, se souberem suportá-los sem murmurar."

Venha por um flagelo a morte, ou por uma causa comum, ninguém deixa por isso de morrer, desde que haja soado a hora da partida. A única diferença, em caso de flagelo, é que maior número parte ao mesmo tempo.

Se, pelo pensamento, pudéssemos elevar-nos de maneira a dominar a Humanidade e abrangê-la em seu conjunto, esses tão terríveis flagelos não nos pareceriam mais do que passageiras tempestades no destino do mundo.

739. *Têm os flagelos destruidores utilidade, do ponto de vista físico, não obstante os males que ocasionam?*

"Têm. Muitas vezes mudam as condições de uma região. Mas, o bem que deles resulta só as gerações vindouras o experimentam."

740. *Não serão os flagelos, igualmente, provas morais para o homem, por submeterem esta às mais aflitivas necessidades?*

"Os flagelos são provas que dão ao homem ocasião de exercitar a sua inteligência, de demonstrar sua paciência e resignação ante a vontade de Deus e que lhe oferecem ensejo de manifestar seus sentimentos de abnegação, de desinteresse e de amor ao próximo, se o não domina o egoísmo."

741. *Dado é ao homem impedir os flagelos que o afligem?*

"Em parte, é; não, porém, como geralmente o entendem. Muitos flagelos resultam da imprevidência do homem. À medida que adquire conhecimentos e experiência, ele os vai podendo evitar, isto é, prevenir, se lhes sabe pesquisar as causas. Contudo, entre os males que afligem a Humanidade, alguns há de caráter geral, que estão nos decretos da Providência e dos quais cada indivíduo recebe, mais ou menos, o contragolpe. A esses nada pode o homem opor, a não ser sua submissão à vontade de Deus. Esses mesmos males, entretanto, ele muitas vezes os agrava pela sua negligência."

Na primeira linha dos flagelos destruidores, naturais e independentes do homem, devem ser colocados a peste, a fome, as inundações, as intempéries fatais às produções da terra. Não tem, porém, o homem encontrado na Ciência, nas obras de arte, no aperfeiçoamento da agricultura, nos afolhamentos e nas irrigações, no estudo das condições higiênicas, meios de impedir, ou, quando menos, de atenuar muitos desastres? Certas regiões, outrora assoladas por terríveis flagelos, não estão hoje preservadas deles? Que não fará, portanto, o homem pelo seu bem-estar material quando souber aproveitar-se de todos os recursos da sua inteligência e quando aos cuidados da sua conservação pessoal, souber aliar o sentimento de verdadeira caridade para com os seus semelhantes?

Guerras

742. *O que impele o homem à guerra?*
"Predominância da natureza animal sobre a natureza espiritual e transbordamento das paixões. No estado de barbárie, os povos um só direito conhecem: o do mais forte. Por isso é que, para tais povos, o de guerra é um estado normal. À medida que o homem progride, menos frequente se torna a guerra, porque ele lhe evita as causas, fazendo-a com humanidade, quando a sente necessária."

743. *Da face da Terra, algum dia, a guerra desaparecerá?*
"Sim, quando os homens compreenderem a justiça e praticarem a lei de Deus. Nessa época, todos os povos serão irmãos."

744. *Que objetivou a Providência, tornando necessária a guerra?*
"A liberdade e o progresso."

a) *Desde que a guerra deve ter por efeito produzir o advento da liberdade, como pode frequentemente ter por objetivo e resultado a escravização?*
"Escravização temporária, para esmagar os povos, a fim de fazê-los progredir mais depressa."

745. *Que se deve pensar daquele que suscita a guerra para proveito seu?*
"Grande culpado é esse e *muitas existências* lhe serão necessárias para expiar todos os assassínios de que haja sido causa, porquanto responderá por todos os homens cuja morte tenha causado para satisfazer a sua ambição."

Assassínio

746. *É crime aos olhos de Deus o assassínio?*
"Grande crime, pois que aquele que tira a vida ao seu semelhante corta o fio de *uma existência de expiação ou de missão*. Aí é que está o mal."

747. *É sempre do mesmo grau a culpabilidade em todos os casos de assassínio?*
"Já o temos dito: Deus é justo, julga mais pela intenção do que pelo fato."

748. *Em caso de legítima defesa, escusa Deus o assassínio?*
"Só a necessidade o pode escusar. Mas, desde que o agredido possa preservar sua vida, sem atentar contra a de seu agressor, deve fazê-lo."

749. *Tem o homem culpa dos assassínios que pratica durante a guerra?*
"Não, quando constrangido pela força; mas é culpado das crueldades que cometa, sendo-lhe também levado em conta o sentimento de humanidade com que proceda."

750. *Qual é o mais condenável aos olhos de Deus, o parricídio ou o infanticídio?*
"Ambos o são igualmente, porque todo crime é um crime."

751. *Como se explica que entre alguns povos, já adiantados sob o ponto de vista intelectual, o infanticídio seja um costume e esteja consagrado pela legislação?*
"O desenvolvimento intelectual não implica a necessidade do bem. Um Espírito, superior em inteligência, pode ser mau. Isso se dá com aquele que muito tem vivido sem se melhorar: apenas sabe."

Crueldade

752. *Pode-se ligar o sentimento de crueldade ao instinto de destruição?*
"É o instinto de destruição no que tem de pior, porquanto, se, algumas vezes, a destruição constitui uma necessidade, com a crueldade jamais se dá o mesmo. Ela resulta sempre de uma natureza má."

753. *Por que razão a crueldade forma o caráter predominante dos povos primitivos?*
"Nos povos primitivos, como lhes chamas, a matéria prepondera sobre o Espírito. Eles se entregam aos instintos do bruto e, como não experimentam outras necessidades além das da vida do corpo, só da conservação pessoal cogitam e é o que os torna, em geral, cruéis. Além disso, os povos de imperfeito desenvolvimento se conservam sob o império de Espíritos também imperfeitos, que lhes são simpáticos, até que povos mais adiantados venham destruir ou enfraquecer essa influência."

754. *A crueldade não derivará da carência de senso moral?*
"Dize da falta de desenvolvimento do senso moral; não digas da carência, porquanto o senso moral existe, como princípio, em todos os homens. É esse senso moral que dos seres cruéis fará mais tarde seres bons e humanos. Ele, pois, existe no selvagem, mas como o princípio do perfume no germe da flor que ainda não desabrochou."

Em estado rudimentar ou latente, todas as faculdades existem no homem. Desenvolvem-se conforme lhes sejam mais ou menos favoráveis as circunstâncias. O desenvolvimento excessivo de uma detém ou neutraliza o das outras. A sobre-excitação dos instintos materiais abafa, por assim dizer, o senso moral, como o desenvolvimento do senso moral enfraquece pouco a pouco as faculdades puramente animais.

755. *Como pode dar-se que, no seio da mais adiantada civilização, se encontrem seres às vezes cruéis quanto os selvagens?*
"Do mesmo modo que numa árvore carregada de bons frutos se encontram verdadeiros abortos. São, se quiseres, selvagens que da civilização só têm o exterior, lobos extraviados em meio de cordeiros. Espíritos de ordem inferior e muito atrasados podem encarnar entre homens adiantados, na esperança de também se adiantarem, se a prova for por demais pesada, predomina a natureza primitiva."

756. *A sociedade dos homens de bem se verá algum dia expurgada dos seres malfazejos?*
"A Humanidade progride. Esses homens, em quem o instinto do mal domina e que se acham deslocados entre pessoas de bem, desaparecerão gradualmente, como o mau grão

se separa do bom, quando este é joeirado. Mas desaparecerão para renascer sob outros invólucros. Como então terão mais experiência, compreenderão melhor o bem e o mal. Tens disso um exemplo nas plantas e nos animais que o homem há conseguido aperfeiçoar, desenvolvendo neles qualidades novas. Pois bem, só ao cabo de muitas gerações o desenvolvimento se torna completo. É a imagem das diversas existências do homem."

Duelo

757. *Pode-se considerar o duelo como um caso de legítima defesa?*

"Não; é um assassínio e um costume absurdo, digno dos bárbaros. Com uma civilização mais adiantada e *mais moral*, o homem compreenderá que o duelo é tão ridículo quanto os combates que outrora se consideravam como o juízo de Deus."

758. *Pode-se considerar o duelo como um assassínio por parte daquele que, conhecendo a sua própria fraqueza, tem a quase certeza de que sucumbirá?*

"É um suicídio."

a) *E quando as probabilidades são as mesmas para ambos os duelistas, haverá assassínio ou suicídio?*

"Um e outro."

Em todos os casos, mesmo quando as probabilidades são idênticas para ambos os combatentes, o duelista incorre em culpa, primeiro, porque atenta friamente e de propósito deliberado contra a vida de seu semelhante; depois, porque expõe inutilmente a sua própria vida, sem proveito para ninguém."

759. *Que valor tem o que se chama* ponto de honra, *em matéria de duelo?*

"Orgulho e vaidade: dupla chaga da Humanidade."

a) *Mas, não há casos em que a honra se acha verdadeiramente empenhada e em que uma recusa seria covardia?*

"Isso depende dos usos e costumes. Cada país e cada século tem a esse respeito um modo de ver diferente. Quando os homens forem melhores e estiverem mais adiantados em moral, compreenderão que o verdadeiro ponto de honra está acima das paixões terrenas e que não é matando, nem se deixando matar, que repararão agravos."

Há mais grandeza e verdadeira honra em confessar-se culpado o homem, se cometeu falta, ou em perdoar, se de seu lado esteja a razão, e, qualquer que seja o caso, em desprezar os insultos, que não o podem atingir.

Pena de morte

760. *Desaparecerá algum dia, da legislação humana, a pena de morte?*

"Incontestavelmente desaparecerá e a sua supressão assinalará um progresso da Humanidade. Quando os homens estiverem mais esclarecidos, a pena de morte será completamente abolida na Terra. Não mais precisarão os homens de ser julgados pelos homens. Refiro-me a uma época ainda muito distante de vós."

Sem dúvida, o progresso social ainda muito deixa a desejar. Mas seria injusto para com a sociedade moderna quem não visse um progresso nas restrições postas à pena de morte, no seio dos povos mais adiantados, e à natureza dos crimes a que a sua aplicação se acha limitada. Se compararmos as garantias de que, entre esses mesmos povos, a justiça procura cercar o acusado, a humanidade de que usa para com ele, mesmo quando o reconhece culpado, com o que se praticava em tempos que ainda não vão muito longe, não poderemos negar o avanço do gênero humano na senda do progresso.

761. *A lei de conservação dá ao homem o direito de preservar sua vida. Não usará ele desse direito quando elimina da sociedade um membro perigoso?*

"Há outros meios de ele se preservar do perigo, que não matando. Além disso, é preciso abrir e não fechar ao criminoso a porta do arrependimento."

762. *A pena de morte, que pode vir a ser banida das sociedades civilizadas, não terá sido de necessidade em épocas menos adiantadas?*

"Necessidade não é o termo. O homem julga necessária uma coisa sempre que não descobre outra melhor. À proporção que se instrui, vai compreendendo melhor o que é justo e o que é injusto e repudia os excessos cometidos, nos tempos de ignorância, em nome da justiça."

763. *Será um indício de progresso da civilização a restrição dos casos em que se aplica a pena de morte?*

"Podes duvidar disso? Não se revolta o teu Espírito quando lês a narrativa das carnificinas humanas que outrora se faziam em nome da justiça e, não raro, em honra da Divindade; das torturas que se infligiam ao condenado e até ao simples acusado, para lhe arrancar, pela agudeza do sofrimento, a confissão de um crime que muitas vezes não cometera? Pois bem! Se houvesses vivido nessas épocas, terias achado tudo isso natural e talvez mesmo, se foras juiz, fizesses outro tanto. Assim é que o que pareceu justo, numa época, parece bárbaro em outra. Só as leis divinas são eternas; as humanas mudam com o progresso e continuarão a mudar, até que tenham sido postas de acordo com aquelas."

764. *Disse Jesus: Quem matou com a espada, pela espada perecerá. Estas palavras não consagram a pena de talião e, assim a morte dada ao assassino não constitui uma aplicação dessa pena?*

"Tomai cuidado! Muito vos tendes enganado a respeito dessas palavras, *como acerca de outras*. A pena de talião é a justiça de Deus. É Deus quem a aplica. Todos vós sofreis essa pena a cada instante, pois que sois punidos naquilo em que haveis pecado, *nesta existência ou em outra*. Aquele que foi causa do sofrimento para seus semelhantes virá a achar-se numa condição em que sofrerá o que tenha feito sofrer. Este é o sentido das palavras de Jesus. Mas, não vos disse ele também: 'Perdoai aos vossos inimigos?' E não vos ensinou a pedir a Deus que vos perdoe as ofensas como houverdes vós mesmos perdoado, isto é, *na mesma proporção* em que houverdes perdoado, compreendei-o bem?"

765. *Que se deve pensar da pena de morte imposta em nome de Deus?*

"É tomar o homem o lugar de Deus na distribuição da justiça. Os que assim procedem mostram quão longe estão de compreender Deus e que muito ainda têm que expiar. A pena de morte é um crime quando aplicada em nome de Deus, e os que a impõem se sobrecarregam de outros tantos assassínios."

CAPÍTULO VII

LEI DE SOCIEDADE

Necessidade da vida social

766. *A vida social está na Natureza?*

"Certamente. Deus fez o homem para viver em sociedade. Não lhe deu inutilmente a palavra e todas as outras faculdades necessárias à vida de relação."

767. *É contrário à lei da Natureza o isolamento absoluto?*

"Sem dúvida, pois que por instinto os homens buscam a sociedade e todos devem concorrer para o progresso, auxiliando-se mutuamente."

768. *Procurando a sociedade, não fará o homem mais do que obedecer a um sentimento pessoal, ou há nesse sentimento algum providencial objetivo de ordem mais geral?*

"O homem tem que progredir. Isolado, não lhe é isso possível, por não dispor de todas as faculdades. Falta-lhe o contato com os outros homens. No isolamento, ele se embrutece e se enfraquece."

Homem nenhum possui faculdades completas. Mediante a união social é que elas umas às outras se completam, para lhe assegurarem o bem-estar e o progresso. Por isso é que, precisando uns dos outros, os homens foram feitos para viver em sociedade e não isolados.

Vida de isolamento. Voto de silêncio

769. *Concebe-se que, como princípio geral, a vida social esteja na Natureza. Mas uma vez que também todos os gostos estão na Natureza, por que será condenável o do isolamento absoluto, desde que cause satisfação ao homem?*

"Satisfação egoísta. Também há homens que experimentam satisfação na embriaguez. Merece-te isso aprovação? Não pode agradar a Deus uma vida pela qual o homem se condena a não ser útil a ninguém."

770. *Que se deve pensar dos que vivem em absoluta reclusão, fugindo ao pernicioso contato do mundo?*

"Duplo egoísmo."

a) *Mas, não será meritório esse retraimento se tiver por fim uma expiação, impondo-se aquele que o busca uma privação penosa?*

"Fazer maior soma de bem do que de mal constitui a melhor expiação. Evitando um mal, aquele que por tal motivo se isola cai em outro, pois esquece a lei de amor e de caridade."

771. *Que pensar dos que fogem do mundo para se votarem à necessidade de socorrer os desgraçados?*

"Esses se elevam, rebaixando-se. Têm o duplo mérito de se colocarem acima dos gozos materiais e de fazerem o bem, obedecendo à lei do trabalho."

a) *E dos que buscam no retiro a tranquilidade que certos trabalhos reclamam?*

"Isso não é retraimento absoluto do egoísta. Esses não se isolam da sociedade, porquanto para ela trabalham."

772. *Que pensar do voto de silêncio prescrito por algumas seitas, desde a mais remota Antiguidade?*

"Perguntai, antes, a vós mesmos se a palavra é faculdade natural e por que Deus a concedeu ao homem. Deus condena o abuso e não o uso das faculdades que lhe outorgou.

Entretanto, o silêncio é útil, pois no silêncio pões em prática o recolhimento; teu espírito se torna mais livre e pode entrar em comunicação conosco. Mas o *voto* de silêncio é uma tolice. Sem dúvida obedecem a boa intenção os que consideram essas privações como atos de virtude. Enganam-se, no entanto, porque não compreendem suficientemente as verdadeiras leis de Deus."

O voto de silêncio absoluto, do mesmo modo que o voto de isolamento, priva o homem das relações sociais que lhe podem facultar ocasiões de fazer o bem e de cumprir a lei do progresso.

Laços de família

773. *Por que, entre os animais, os pais e os filhos deixam de reconhecer-se, desde que estes não mais precisam de cuidados?*

"Os animais vivem vida material e não vida moral. A ternura da mãe pelos filhos tem por princípio o instinto de conservação dos seres que ela deu à luz. Logo que esses seres podem cuidar de si mesmos, está ela com a sua tarefa concluída; nada mais lhe exige a Natureza. Por isso é que os abandona, a fim de se ocupar com os recém-vindos."

774. *Há pessoas que, do fato de os animais ao cabo de certo tempo abandonarem suas crias, deduzem não serem os laços de família, entre os homens, mais do que resultado dos costumes sociais e não efeito de uma lei da Natureza. Que devemos pensar a esse respeito?*

"Diverso do dos animais é o destino do homem. Por que, então, quererem identificá-lo com estes? Há no homem alguma coisa mais, além das necessidades físicas: há a necessidade de progredir. Os laços sociais são necessários ao progresso e os de família mais apertados tornam os primeiros. Eis por que os segundos constituem uma lei da Natureza. Quis Deus que, por essa forma, os homens aprendessem a amar-se como irmãos."

775. *Qual seria, para a sociedade, o resultado do relaxamento dos laços de família?*

"Uma recrudescência do egoísmo."

CAPÍTULO VI

LEI DO PROGRESSO

Estado da natureza

776. *Serão coisas idênticas o estado de natureza e a lei natural?*

"Não, o estado de natureza é o estado primitivo. A civilização é incompatível com o estado de natureza, ao passo que a lei natural contribui para o progresso da Humanidade."

O estado de natureza é a infância da Humanidade e o ponto de partida do seu desenvolvimento intelectual e moral. Sendo perfectível e trazendo em si o germe do seu aperfeiçoamento, o homem não foi destinado a viver perpetuamente no estado de natureza, como eternamente na infância. Aquele estado é transitório para o homem, que dele sai por virtude do progresso e da civilização. A lei natural, ao contrário, rege a Humanidade inteira e o homem se melhora à medida que melhor a compreende e pratica.

777. *Tendo o homem, no estado de natureza, menos necessidades, isento se acha das tribulações que para si mesmo cria, quando num estado de maior adiantamento. Diante disso, que se deve pensar da opinião dos que consideram aquele estado como o da mais perfeita felicidade na Terra?*

"Que queres! É a felicidade do bruto. Há pessoas que não compreendem outra. É ser feliz à maneira dos animais. As crianças também são mais felizes do que os homens feitos."

778. *Pode o homem regredir para o estado de natureza?*

"Não, o homem tem que progredir incessantemente e não pode voltar ao estado de infância. Desde que progride, é porque Deus assim o quer. Pensar que possa retroceder à sua primitiva condição seria negar a lei do progresso."

Marcha do progresso

779. *A força para progredir, o homem a extrai em si mesmo, ou o progresso é apenas fruto de um ensinamento?*

"O homem se desenvolve por si mesmo, naturalmente. Mas nem todos progridem simultaneamente e do mesmo modo. Dá-se então que os mais adiantados auxiliam o progresso dos outros, por meio do contato social."

780. *O progresso moral acompanha sempre o progresso intelectual?*

"Decorre deste, mas nem sempre o segue imediatamente."

a) *Como pode o progresso intelectual engendrar o progresso moral?*

"Fazendo compreensíveis o bem e o mal. O homem, desde então, pode escolher. O desenvolvimento do livre-arbítrio acompanha o da inteligência e aumenta a responsabilidade dos atos."

b) *Como é, nesse caso, que, muitas vezes, sucede serem os povos mais instruídos os mais pervertidos também?*

"O progresso completo constitui o objetivo. Os povos, porém, como os indivíduos, só passo a passo o atingem. Enquanto não se lhes haja desenvolvido o senso moral, pode mesmo acontecer que se sirvam da inteligência para a prática do mal. O moral e a inteligência são duas forças que só com o tempo chegam a equilibrar-se."

781. *Tem o homem o poder de paralisar a marcha do progresso?*

"Não, mas tem, às vezes, o de embaraçá-la."

a) *Que se deve pensar dos que tentam deter a marcha do progresso e fazer que a Humanidade retroceda?*

"Pobres seres, que Deus castigará! Serão levados de roldão pela torrente que procuram deter."

Sendo o progresso uma condição da natureza humana, não está no poder do homem se opor a ele. É uma *força viva*, cuja ação pode ser retardada, porém não anulada, por leis humanas más. Quando estas se tornam incompatíveis com ele, despedaça-as juntamente aos que se esforcem por mantê-las. Assim será, até que o homem tenha posto suas leis em concordância com a justiça divina, que quer que todos participem do bem e não a vigência de leis feitas pelo forte em detrimento do fraco.

782. *Não há homens que de boa-fé dificultam o progresso, acreditando favorecê-lo, porque, do ponto de vista em que se colocam, o veem onde ele não existe?*

"Assemelham-se a pequeninas pedras que, colocadas debaixo da roda de uma grande viatura, não a impedem de avançar."

783. *Segue sempre marcha progressiva e lenta o aperfeiçoamento da Humanidade?*

"Há o progresso regular e lento, que resulta da força das coisas. Quando, porém, um povo não progride tão depressa quanto deveria, Deus o sujeita, de tempos a tempos, a um abalo físico ou moral que o transforma."

O homem não pode conservar-se indefinidamente na ignorância, porque tem de atingir a finalidade que a Providência lhe assinou. Ele se instrui pela força das coisas. As revoluções morais, como as revoluções sociais, se infiltram nas ideias pouco a pouco; germinam durante séculos; depois, irrompem subitamente e produzem o desmoronamento do deteriorado edifício do passado, que deixou de estar em harmonia com as necessidades novas e com as novas aspirações.

Nessas comoções, o homem quase nunca percebe senão a desordem e a confusão momentâneas que o ferem nos seus interesses materiais. Aquele, porém, que eleva o pensamento acima da sua própria personalidade, admira os desígnios da Providência, que do mal faz sair o bem. São a procela, a tempestade que saneiam a atmosfera, depois de a terem agitado violentamente.

784. *Bastante grande é a perversidade do homem. Não parece que, pelo menos do ponto de vista moral, ele, em vez de avançar, caminha aos recuos?*

"Enganas-te. Observa bem o conjunto e verás que o homem se adianta, pois que melhor compreende o que é mal, e vai dia a dia reprimindo os abusos. Faz-se necessário que o mal chegue ao excesso, para tornar compreensível a necessidade do bem e das reformas."

785. *Qual é o maior obstáculo ao progresso?*

"O orgulho e o egoísmo. Refiro-me ao progresso moral, porquanto o intelectual se efetua sempre. À primeira vista, parece mesmo que o progresso intelectual reduplica a atividade daqueles vícios, desenvolvendo a ambição e o gosto das riquezas, que, a seu turno, incitam o homem a empreender pesquisas que lhe esclareçam o Espírito. Assim é que tudo se prende, no mundo moral, como no mundo físico, e que do próprio mal pode nascer o bem. Curta, porém, é a duração desse estado de coisas, que mudará à proporção que o homem compreender melhor que, além da que o gozo dos bens terrenos proporciona, uma felicidade existe maior e infinitamente mais duradoura." (Veja "O *egoísmo*", no capítulo XII.)

Há duas espécies de progresso, que uma a outra se prestam mútuo apoio, mas que, no entanto, não marcham lado a lado: o progresso intelectual e o progresso moral. Entre os povos civilizados, o primeiro tem recebido, no correr deste século, todos os incentivos. Por isso mesmo atingiu um grau a que ainda não chegara antes da época atual. Muito falta para que o segundo se ache no mesmo nível. Entretanto, comparando-se os costumes sociais de hoje com os de alguns séculos atrás, só um cego negaria o progresso realizado. Ora, sendo assim, por que haveria essa marcha ascendente de parar, com relação, de preferência, ao moral, do que com relação ao intelectual? Por que será impossível que entre o dezenove e o vigésimo quarto século haja, a esse respeito, tanta diferença quanta entre o décimo quarto século e o século dezenove? Duvidar seria pretender que a Humanidade esteja no apogeu da perfeição, o que seria absurdo, ou que ela não é perfectível moralmente, o que a experiência desmente.

Povos degenerados

786. *Mostra-nos a História que muitos povos, depois de abalos que os revolveram profundamente, recaíram na barbárie. Onde está, neste caso, o progresso?*

"Quando tua casa ameaça ruína, mandas demoli-la e constróis outra mais sólida e mais cômoda. Mas, enquanto esta não se apronta, há perturbação e confusão na tua morada.

"Compreende mais o seguinte: eras pobre e habitavas um casebre; tornando-te rico, deixaste-o para habitar um palácio. Então, um pobre diabo, como eras antes, vem tomar o lugar que ocupavas e fica muito contente, porque estava sem ter onde se abrigar. Pois bem! Aprende que os Espíritos que, encarnados, constituem o povo degenerado não são os que o constituíam ao tempo do seu esplendor. Os de então, tendo-se adiantado, passaram para habitações mais perfeitas e progrediram, enquanto os outros, menos adiantados, tomaram o lugar que ficara vago e que também, a seu turno, terão um dia que deixar."

787. *Não há raças rebeldes, por sua natureza, ao progresso?*

"Há, mas vão aniquilando-se corporalmente, todos os dias."

a) *Qual será a sorte futura das almas que animam essas raças?*

"Chegarão, como todas as demais, à perfeição, passando por outras existências. Deus a ninguém deserda."

b) *Assim, pode dar-se que os homens mais civilizados tenham sido selvagens e antropófagos?*

"Tu mesmo o foste mais de uma vez, antes de seres o que és."

788. *Os povos são individualidades coletivas que como os indivíduos, passam pela infância, pela idade da madureza e pela decrepitude. Esta verdade, que a História comprova, não será de molde a fazer supor que os povos mais adiantados deste século terão seu declínio e sua extinção, como os da Antiguidade?*

"Os povos, que apenas vivem a vida do corpo, aqueles cuja grandeza unicamente assenta na força e na extensão territorial, nascem, crescem e morrem, porque a força de um povo se exaure, como a de um homem. Aqueles, cujas leis egoísticas dificultam o progresso das luzes e da caridade, morrem, porque a luz mata as trevas e a caridade mata o egoísmo. Mas, para os povos, como para os indivíduos, há a vida da alma. Aqueles cujas leis se harmonizam com as leis eternas do Criador viverão e servirão de farol aos outros povos."

789. *O progresso fará que todos os povos da Terra se achem um dia reunidos, formando uma só nação?*

"Uma nação única, não; seria impossível, visto que da diversidade dos climas se originam costumes e necessidades diferentes, que constituem as nacionalidades, tornando indispensáveis sempre leis apropriadas a esses costumes e necessidades. A caridade, porém, desconhece latitudes e não distingue a cor dos homens. Quando, por toda parte, a lei de Deus servir de base à lei humana, os povos praticarão entre si a caridade, como os indivíduos. Então, viverão felizes e em paz, porque nenhum cuidará de causar dano ao seu vizinho, nem de viver às custas dele."

A Humanidade progride por meio dos indivíduos que pouco a pouco se melhoram e instruem. Quando estes preponderam pelo número, tomam a dianteira e arrastam os outros. De tempos a tempos, surgem no seio dela homens de gênio que lhe dão um impulso; vêm depois, como instrumentos de Deus, os que têm autoridade e, em alguns anos, fazem-na adiantar-se de muitos séculos.

O progresso dos povos também realça a justiça da reencarnação. Louváveis esforços empregam os homens de bem para conseguir que uma nação se adiante, moral e intelectualmente. Transformada, a nação será mais ditosa neste mundo e no outro, concebe-se. Mas, durante a sua marcha lenta através dos séculos, milhares de indivíduos morrem todos os dias. Qual a sorte de todos os que sucumbem ao longo do trajeto? A sua relativa inferioridade os privará da felicidade reservada aos que chegam por último? Ou também relativa será a felicidade que lhes cabe? Não é possível que a justiça divina haja consagrado semelhante injustiça. Com a pluralidade das existências, é igual para todos o direito à felicidade, porque ninguém fica privado do progresso. Podendo os que viveram ao tempo da barbárie voltar, na época da civilização, a viver no seio do mesmo povo, ou de outro, é claro que todos tiram proveito da marcha ascensional.

Outra dificuldade, no entanto, apresenta aqui o sistema da unicidade das existências. Segundo este sistema, a alma é criada no momento em que nasce o ser humano. Então, se um homem é mais adiantado do que outro, é que Deus criou para ele uma alma mais adiantada. Por que esse favor? Que merecimento tem esse homem, que não viveu mais do que outro, que talvez haja vivido menos, para ser dotado de uma alma superior? Esta, porém, não é a dificuldade principal. Se os homens vivessem um milênio, poderia se imaginar que, nesse período milenar, tivessem tempo de progredir. Mas, diariamente morrem criaturas em todas as idades; incessantemente se renovam na face do planeta, de tal sorte que todos os dias aparece uma multidão delas e outra desaparece. Ao cabo de mil anos, já não há naquela nação vestígio de seus antigos habitantes. Contudo, de bárbara, que era, ela se tornou policiada. Que foi o que progrediu? Foram os indivíduos outrora bárbaros? Mas, esses morreram há muito tempo. Teriam sido os recém-chegados? Mas, se suas almas foram criadas no momento em que eles nasceram, essas almas não existiam na época da barbárie e forçoso será então admitir-se que *os esforços que se despendem para civilizar um povo têm o poder, não de melhorar almas imperfeitas, porém de fazer que Deus crie almas mais perfeitas.*

Comparemos esta teoria do progresso com a que os Espíritos apresentaram. As almas vindas no tempo da civilização tiveram sua infância, como todas as outras, *mas já tinham vivido antes* e vêm adiantadas por efeito do progresso realizado anteriormente. Vêm atraídas por meio que lhes é simpático e que se acha em relação com o estado em que atualmente se encontram. De sorte que os cuidados dispensados à civilização de um povo não têm como consequência fazer que, de futuro, se criem almas mais perfeitas; têm sim, o de atrair as que já progrediram, quer tenham vivido no seio do povo que se figura, ao tempo da sua barbárie, quer venham de outra parte. Aqui se nos depara igualmente a chave do progresso da Humanidade inteira. Quando todos os povos estiverem no mesmo nível, no tocante ao sentimento do bem, a Terra será ponto de reunião exclusivamente de bons Espíritos, que viverão fraternalmente unidos. Os maus, sentindo-se aí repelidos e deslocados, irão procurar, em mundos inferiores, o meio que lhes convém, até que sejam dignos de retornar ao nosso, então transformados. Da teoria vulgar ainda resulta que os trabalhos de melhoria social só as gerações presentes e futuras aproveitam, sendo de resultados nulos para as gerações passadas, que cometeram o erro de vir muito cedo e que ficam sendo o que podem ser, sobrecarregadas com o peso de seus atos de barbárie. Segundo a doutrina dos Espíritos, os progressos ulteriores aproveitam igualmente as gerações pretéritas, que voltam a viver em melhores condições e podem assim aperfeiçoar-se no foco da civilização.

Civilização

790. *É um progresso a civilização ou, como o entendem alguns filósofos, uma decadência da Humanidade?*

"Progresso incompleto. O homem não passa subitamente da infância à madureza."

a) *Será racional condenar-se a civilização?*

"Condenai antes os que dela abusam e não a obra de Deus."

791. *A civilização se depurará algum dia, de modo a fazer que desapareçam os males que haja produzido?*

"Sim, quando o moral estiver tão desenvolvido quanto a inteligência. O fruto não pode surgir antes da flor."

792. *Por que não efetua a civilização, imediatamente, todo o bem que poderia produzir?*
"Porque os homens ainda não estão aptos nem dispostos a alcançá-lo."

a) *Não será também porque, criando novas necessidades, suscita paixões novas?*
"É, e ainda porque não progridem simultaneamente todas as faculdades do Espírito. Tempo é preciso para tudo. De uma civilização incompleta não podeis esperar frutos perfeitos."

793. *Por quais indícios se pode reconhecer uma civilização completa?*
"Pelo desenvolvimento moral. Credes que estais muito adiantados porque tendes feito grandes descobertas e obtido maravilhosas invenções; porque vos alojais e vestis melhor do que os selvagens. Todavia, não tereis verdadeiramente o direito de dizer-vos civilizados, senão quando de vossa sociedade houverdes banido os vícios que a desonram e quando viverdes como irmãos, praticando a caridade cristã. Até então, sereis apenas povos esclarecidos, que hão percorrido a primeira fase da civilização."

A civilização, como todas as coisas, apresenta gradações diversas. Uma civilização incompleta é um estado transitório, que gera males especiais, desconhecidos do homem no estado primitivo. Nem por isso, entretanto, constitui menos um progresso natural necessário, que traz consigo o remédio para o mal que causa. À medida que a civilização se aperfeiçoa, faz cessar alguns dos males que gerou, males que desaparecerão todos com o progresso moral.

De duas nações que tenham chegado ao ápice da escala social, somente pode considerar-se a mais civilizada, na legítima acepção do termo, aquela onde exista menos egoísmo, menos cobiça e menos orgulho; onde os hábitos sejam mais intelectuais e morais do que materiais; onde a inteligência se puder desenvolver com maior liberdade; onde haja mais bondade, boa-fé, benevolência e generosidade recíprocas; onde menos enraizados se mostrem os preconceitos de casta e de nascimento, por isso que tais preconceitos são incompatíveis com o verdadeiro amor do próximo; onde as leis nenhum privilégio consagrem e sejam as mesmas, assim para o último, como para o primeiro; onde com menos parcialidade se exerça a justiça; onde o fraco encontre sempre amparo contra o forte; onde a vida do homem, suas crenças e opiniões sejam melhormente respeitadas; onde exista menor número de desgraçados; enfim, onde todo homem de boa-vontade esteja certo de lhe não faltar o necessário.

Progresso da legislação humana

794. *Poderia a sociedade reger-se unicamente pelas leis naturais, sem o concurso das leis humanas?*
"Poderia, se todos as compreendessem bem. Se os homens as quisessem praticar, elas bastariam. A sociedade, porém, tem suas exigências. São-lhe necessárias leis especiais."

795. *Qual é a causa da instabilidade das leis humanas?*
"Nas épocas de barbárie, são os mais fortes, que fazem as leis e eles as fizeram para si. À proporção que os homens foram compreendendo melhor a justiça, indispensável se tornou a modificação delas. Quanto mais se aproximam da verdadeira justiça, tanto menos

instáveis são as leis humanas, isto é, tanto mais estáveis se vão tornando conforme vão sendo feitas para todos e se identificam com a lei natural."

A civilização criou necessidades novas para o homem, necessidades relativas à posição social que ele ocupe. Tem-se então que regular, por meio de leis humanas, os direitos e deveres dessa posição. Mas, influenciado pelas suas paixões, ele não raro há criado direitos e deveres imaginários, que a lei natural condena e que os povos riscam de seus códigos à medida que progridem. A lei natural é imutável e a mesma para todos; a lei humana é variável e progressiva. Na infância das sociedades, só esta pode consagrar o direito do mais forte.

796. *No estado atual da sociedade, a severidade das leis penais não constitui uma necessidade?*

"Uma sociedade depravada certamente precisa de leis severas. Infelizmente, essas leis mais se destinam a punir o mal depois de feito, do que a lhe secar a fonte. Só a educação poderá reformar os homens, que, então, não precisarão mais de leis tão rigorosas."

797. *Como poderá o homem ser levado a reformar suas leis?*

"Isso ocorre naturalmente, pela força mesma das coisas e da influência das pessoas que o guiam na senda do progresso. Muitas já ele reformou e muitas outras reformará. Espera!"

Influência do Espiritismo no progresso

798. *O Espiritismo se tornará crença comum, ou ficará sendo partilhado, como crença, apenas por algumas pessoas?*

"Certamente que se tornará crença geral e marcará nova era na história da Humanidade, porque está na Natureza e chegou o tempo em que ocupará lugar entre os conhecimentos humanos. Terá, no entanto, que sustentar grandes lutas, mais contra o interesse do que contra a convicção, porquanto não há como dissimular a existência de pessoas interessadas em combatê-lo, umas por amor-próprio, outras por causas inteiramente materiais. Porém, como virão a ficar isolados, seus contraditores se sentirão forçados a pensar como os demais, sob pena de se tornarem ridículos."

As ideias só com o tempo se transformam; nunca de súbito. De geração em geração, elas se enfraquecem e acabam por desaparecer, paulatinamente, com os que as professavam, os quais vêm a ser substituídos por outros indivíduos imbuídos de novos princípios, como sucede com as ideias políticas. Vede o paganismo. Não há hoje mais quem professe as ideias religiosas dos tempos pagãos. Todavia, muitos séculos após o advento do Cristianismo, delas ainda restavam vestígios, que somente a completa renovação das raças conseguiu apagar. Assim será com o Espiritismo. Ele progride muito; mas, durante duas ou três gerações, ainda haverá um fermento de incredulidade, que unicamente o tempo aniquilará. Sua marcha, porém, será mais célere que a do Cristianismo, porque o próprio Cristianismo é quem lhe abre o caminho e serve de apoio. O Cristianismo tinha que destruir; o Espiritismo só tem que edificar.

799. *De que maneira pode o Espiritismo contribuir para o progresso?*

"Destruindo o materialismo, que é uma das chagas da sociedade, ele faz que os homens compreendam onde se encontram seus verdadeiros interesses. Deixando a vida futura de estar velada pela dúvida, o homem perceberá melhor que, por meio do presente, lhe é dado preparar o seu futuro. Abolindo os prejuízos de seitas, castas e cores, ensina aos homens a grande solidariedade que os há de unir como irmãos."

800. *Não será de temer que o Espiritismo não consiga triunfar da negligência dos homens e do seu apego às coisas materiais?*

"Conhece bem pouco os homens quem imagine que uma causa qualquer os possa transformar como que por encanto. As ideias só pouco a pouco se modificam, conforme os indivíduos, e preciso é que algumas gerações passem, para que se apaguem totalmente os vestígios dos velhos hábitos. A transformação, pois, somente com o tempo, gradual e progressivamente, se pode operar. Para cada geração uma parte do véu se dissipa. O Espiritismo vem rasgá-lo de alto a baixo. Entretanto, conseguisse ele unicamente corrigir num homem um único defeito que fosse e já o haveria forçado a dar um passo. Teria feito a ele, só com isso, grande bem, pois esse primeiro passo lhe facilitará os outros."

801. *Por que não ensinaram os Espíritos, em todos os tempos, o que ensinam hoje?*

"Não ensinais às crianças o que ensinais aos adultos e não dais ao recém-nascido um alimento que ele não possa digerir. Cada coisa tem seu tempo. Eles ensinaram muitas coisas que os homens não compreenderam ou adulteraram, mas que podem compreender agora. Com seus ensinos, embora incompletos, prepararam o terreno para receber a semente que vai frutificar."

802. *Visto que o Espiritismo tem que marcar um progresso da Humanidade, por que não apressam os Espíritos esse progresso, por meio de manifestações tão generalizadas e patentes, que a convicção penetre até nos mais incrédulos?*

"Desejaríeis milagres; mas Deus os espalha em abundância diante dos vossos passos e, no entanto, ainda há homens que o negam. Conseguiu, porventura, o próprio Cristo convencer os seus contemporâneos, mediante os prodígios que operou? Não conheceis presentemente alguns que negam os fatos mais patentes, ocorridos às suas vistas? Não há os que dizem que não acreditariam, mesmo que vissem? Não; não é por meio de prodígios que Deus quer encaminhar os homens. Em Sua bondade, Ele lhes deixa o mérito de se convencerem pela razão."

CAPÍTULO IX

LEI DE IGUALDADE

Igualdade natural

803. *Perante Deus, são iguais todos os homens?*

"Sim, todos tendem para o mesmo fim e Deus fez Suas leis para todos. Dizeis frequentemente: 'O Sol traz luz para todos' e enunciais assim uma verdade maior e mais geral do que pensais."

Todos os homens estão submetidos às mesmas leis da Natureza. Todos nascem igualmente fracos, acham-se sujeitos às mesmas dores e o corpo do rico se destrói como o do pobre. Deus a nenhum homem concedeu superioridade natural, nem pelo nascimento, nem pela morte: todos, aos Seus olhos, são iguais.

Desigualdade das aptidões

804. *Por que não outorgou Deus as mesmas aptidões a todos os homens?*

"Deus criou iguais todos os Espíritos, mas cada um destes vive há mais ou menos tempo, e, por conseguinte, tem feito maior ou menor soma de aquisições. A diferença entre eles está na diversidade dos graus da experiência alcançada e da vontade com que agem, vontade que é o livre-arbítrio. Daí o se aperfeiçoarem uns mais rapidamente do que outros, o que lhes dá aptidões diversas. Necessária é a variedade das aptidões, a fim de que cada um possa concorrer para a execução dos desígnios da Providência, no limite do desenvolvimento de suas forças físicas e intelectuais. O que um não faz, fá-lo outro. Assim é que cada qual tem seu papel útil a desempenhar. Além disso, sendo *solidários entre si todos os mundos*, necessário se torna que os habitantes dos mundos superiores, que, na sua maioria, foram criados antes do vosso, venham habitá-lo, para vos dar o exemplo."

805. *Passando de um mundo superior a outro inferior, conserva o Espírito, integralmente, as faculdades adquiridas?*

"Sim, já temos dito que o Espírito que progrediu não retrocede. Poderá escolher, no estado de Espírito livre, um invólucro mais grosseiro, ou posição mais precária do que as que já teve, porém tudo isso para lhe servir de ensinamento e ajudá-lo a progredir."

Assim, a diversidade das aptidões entre os homens não deriva da natureza íntima da sua criação, mas do grau de aperfeiçoamento a que tenham chegado os Espíritos encarnados neles. Deus, portanto, não criou faculdades desiguais; permitiu, porém, que os Espíritos em graus diversos de desenvolvimento estivessem em contato, para que os mais adiantados pudessem auxiliar o progresso dos mais atrasados e também para que os homens, necessitando uns dos outros, compreendessem a lei de caridade que os deve unir.

Desigualdades sociais

806. *É lei da Natureza a desigualdade das condições sociais?*
"Não; é obra do homem e não de Deus."
a) *Algum dia essa desigualdade desaparecerá?*
"Eternas somente as leis de Deus o são. Não vês que dia a dia ela gradualmente se apaga? Desaparecerá quando o egoísmo e o orgulho deixarem de predominar. Restará apenas a desigualdade do merecimento. Dia virá em que os membros da grande família dos filhos de Deus deixarão de considerar-se como de sangue mais ou menos puro. Só o Espírito é mais ou menos puro e isso não depende da posição social."

807. *Que se deve pensar dos que abusam da superioridade de suas posições sociais, para, em proveito próprio, oprimir os fracos?*
"Merecem anátema! Ai deles! Serão, a seu turno, oprimidos: *renascerão* numa existência em que terão de sofrer tudo o que tiverem feito sofrer aos outros."

Desigualdade das riquezas

808. *A desigualdade das riquezas não se originará da das faculdades, em virtude da qual uns dispõem de mais meios de adquirir bens do que outros?*
"Sim e não. Da velhacaria e do roubo, que dizeis?"
a) *Mas, a riqueza herdada, essa não é fruto de paixões más.*
"Que sabes a esse respeito? Busca a fonte de tal riqueza e verás que nem sempre é pura. Sabes, porventura, se não se originou de uma espoliação ou de uma injustiça? Mesmo, porém, sem falar da origem, que pode ser má, acreditas que a cobiça da riqueza, ainda quando bem adquirida, os desejos secretos de possuí-la o mais depressa possível, sejam sentimentos louváveis? Isso o que Deus julga e eu te asseguro que o Seu juízo é mais severo que o dos homens."

809. *Aos que, mais tarde, herdam uma riqueza inicialmente mal adquirida, alguma responsabilidade cabe por esse fato?*
"É fora de dúvida que não são responsáveis pelo mal que outros hajam feito, sobretudo se o ignoram, como é possível que aconteça. Mas, fica sabendo que, muitas vezes, a riqueza só vem ter às mãos de um homem, para lhe proporcionar ensejo de reparar uma injustiça. Feliz dele, se assim o compreende! Se a fizer em nome daquele que cometeu a

injustiça, a ambos será a reparação levada em conta, porquanto, não raro, é este último quem a provoca."

810. *Sem quebra da legalidade, quem quer que seja pode dispor de seus bens de modo mais ou menos equitativo. Aquele que assim proceder será responsável, depois da morte, pelas disposições que haja tomado?*

"Toda ação produz seus frutos; os frutos das boas ações são doces, os das más ações são amargos[27]. *Sempre*, entendei-o bem."

811. *Será possível e já terá existido a igualdade absoluta das riquezas?*

"Não; nem é possível. A isso se opõe a diversidade das faculdades e das características."

a) *Há, no entanto, homens que julgam ser esse o remédio aos males da sociedade. Que pensais a respeito?*

"São sistemáticos esses tais, ou ambiciosos cheios de inveja. Não compreendem que a igualdade com que sonham seria a curto prazo desfeita pela força das coisas. Combatei o egoísmo, que é a vossa chaga social, e não corrais atrás de futilidades."

812. *Por não ser possível a igualdade das riquezas, o mesmo se dará com o bem-estar?*

"Não, mas o bem-estar é relativo e todos poderiam dele gozar, se se entendessem convenientemente porque o verdadeiro bem-estar consiste em cada um empregar o seu tempo como lhe apraza e não na execução de trabalhos pelos quais nenhum gosto sente. Como cada um tem aptidões diferentes, nenhum trabalho útil ficaria por fazer. Em tudo existe o equilíbrio; o homem é quem o perturba."

a) *Será possível que todos se entendam?*

"Os homens se entenderão quando praticarem a lei de justiça."

813. *Há pessoas que, por culpa sua, caem na miséria. Nenhuma responsabilidade caberá disso à sociedade?*

"Mas, certamente. Já dissemos que a sociedade é muitas vezes a principal culpada de semelhante coisa. Além disso, não tem ela que velar pela educação moral dos seus membros? Quase sempre é a má educação que lhes falseia o critério, em vez de de sufocar-lhes as tendências perniciosas."

As provas de riqueza e de miséria

814. *Por que Deus a uns concedeu as riquezas e o poder, e a outros, a miséria?*

"Para experimentá-los de modos diferentes. Além disso, como sabeis, essas provas foram escolhidas pelos próprios Espíritos, que nelas, entretanto, sucumbem com frequência."

815. *Qual das duas provas é mais terrível para o homem, a da desgraça ou a da riqueza?*

"São-no tanto uma quanto outra. A miséria provoca as *queixas* contra a Providência, a riqueza incita a todos os excessos."

816. *Estando o rico sujeito a maiores tentações, também não dispõe, por outro lado, de mais meios de fazer o bem?*

---

27 "Assim, toda árvore boa produz bons frutos, e toda árvore má produz frutos maus. (Mateus 7:17)." (N. do E.)

"Mas é justamente o que nem sempre faz. Torna-se egoísta, orgulhoso e insaciável. Com a riqueza, suas necessidades aumentam e ele nunca julga possuir o bastante para si unicamente."

A alta posição do homem neste mundo e o ter autoridade sobre os seus semelhantes são provas tão grandes e tão escorregadias como a desgraça porque, quanto mais rico e poderoso é ele, *tanto mais obrigações tem que cumprir* e tanto mais abundantes são os meios de que dispõe para fazer o bem e o mal. Deus experimenta o pobre pela resignação e o rico pelo emprego que dá aos seus bens e ao seu poder.

A riqueza e o poder fazem nascer todas as paixões que nos prendem à matéria e nos afastam da perfeição espiritual. Por isso foi que Jesus disse: "Em verdade vos digo que mais fácil é passar um camelo por um fundo de agulha do que entrar um rico no reino dos céus."

Igualdade dos direitos do homem e da mulher

817. *São iguais perante Deus o homem e a mulher e têm os mesmos direitos?*
"Não outorgou Deus a ambos a inteligência do bem e do mal e a faculdade de progredir?"

818. *De onde provém a inferioridade moral da mulher em certos países?*
"Do predomínio injusto e cruel que sobre ela assumiu o homem. É resultado das instituições sociais e do abuso da força sobre a fraqueza. Entre homens moralmente pouco adiantados, a força faz o direito."

819. *Com que fim mais fraca fisicamente do que o homem é a mulher?*
"Para lhe determinar funções especiais. Ao homem, por ser o mais forte, os trabalhos rudes; à mulher, os trabalhos leves; a ambos o dever de se ajudarem mutuamente a suportar as provas de uma vida cheia de amargor."

820. *A fraqueza física da mulher não a coloca naturalmente sob a dependência do homem?*
"Deus a uns deu a força para protegerem o fraco e não para o escravizarem."

Deus apropriou a organização de cada ser às funções que lhe cumpre desempenhar.

Tendo dado à mulher menor força física, deu-lhe ao mesmo tempo maior sensibilidade em relação à delicadeza das funções maternais e com a fraqueza dos seres confiados aos seus cuidados.

821. *As funções a que a mulher é destinada pela Natureza terão importância tão grande quanto as deferidas ao homem?*
"Sim, maior até. É ela quem lhe dá as primeiras noções da vida."

822. *Sendo iguais perante a lei de Deus, devem os homens ser iguais também perante as leis humanas?*
"O primeiro princípio de justiça é este: Não façais aos outros o que não quereríeis que vos fizessem."

a) *Assim sendo, uma legislação, para ser perfeitamente justa, deve consagrar a igualdade dos direitos do homem e da mulher?*

"Dos direitos, sim; das funções, não. Preciso é que cada um esteja no lugar que lhe compete. Ocupe-se do exterior o homem e do interior a mulher, cada um de acordo com a sua aptidão. A lei humana, para ser equitativa, deve consagrar a igualdade dos direitos do homem e da mulher. Todo privilégio a um ou a outro *concedido é contrário à justiça. A emancipação da mulher acompanha o progresso da civilização.* Sua escravização marcha de par com a barbárie. Os sexos, além disso, só existem na organização física. Visto que os Espíritos podem encarnar em um e em outro, sob esse aspecto nenhuma diferença há entre eles. Devem, por conseguinte, gozar dos mesmos direitos."

Igualdade perante o túmulo

823. *De onde nasce o desejo que o homem sente de perpetuar sua memória por meio de monumentos fúnebres?*

"Último ato de orgulho."

a) *Mas a suntuosidade dos monumentos fúnebres não é antes devida, na maior parte das vezes, aos parentes do defunto, que lhe querem honrar a memória, do que ao próprio defunto?*

"Orgulho dos parentes, desejosos de se glorificarem a si mesmos. Oh! Sim, nem sempre é pelo morto que se fazem todas essas demonstrações. Elas são feitas por amor-próprio e para o mundo, bem como por ostentação de riqueza. Supões, porventura, que a lembrança de um ser querido dure menos no coração do pobre, que não lhe pode colocar sobre o túmulo senão uma singela flor? Supões que o mármore salva do esquecimento aquele que na Terra foi inútil?"

824. *Reprovais então, de modo absoluto, a pompa dos funerais?*

"Não; quando se tenha em vista honrar a memória de um homem de bem, é justo e de bom exemplo."

O túmulo é o ponto de reunião de todos os homens. Aí terminam inelutavelmente todas as distinções humanas. Em vão tenta o rico perpetuar a sua memória, mandando erigir faustosos monumentos. O tempo os destruirá, como lhe consumirá o corpo. Assim o quer a Natureza. Menos perecível do que o seu túmulo será a lembrança de suas ações boas e más. A pompa dos funerais não o limpará das suas torpezas, nem o fará subir um degrau que seja na hierarquia espiritual.

CAPÍTULO X

LEI DE LIBERDADE

Liberdade natural

825. *Haverá no mundo posições em que o homem possa orgulhar-se de gozar de absoluta liberdade?*

"Não, porque todos precisais uns dos outros, assim os pequenos como os grandes."

826. *Em que condições poderia o homem gozar de absoluta liberdade?*

"Nas do eremita no deserto. Desde que *juntos estejam dois homens, há entre eles direitos recíprocos que lhes cumpre respeitar; não mais, portanto, qualquer deles goza de liberdade absoluta.*"

827. *A obrigação de respeitar os direitos alheios tira ao homem o de pertencer-se a si mesmo?*

"De modo algum, porquanto este é um direito que lhe vem da Natureza."

828. *Como se podem conciliar as opiniões liberais de certos homens com o despotismo que costumam exercer no seu lar e sobre os seus subordinados?*

"Eles têm a compreensão da lei natural, mas contrabalançada pelo orgulho e pelo egoísmo. Quando não representam calculadamente uma comédia, sustentando princípios liberais, compreendem como as coisas devem ser, mas não as fazem assim."

a) *Serão, na outra vida, levados em conta os princípios que professaram neste mundo?*

"Quanto mais inteligência tem o homem para compreender um princípio, tanto menos escusável é de o não aplicar a si mesmo. Em verdade vos digo que o homem simples, porém sincero, está mais adiantado no caminho de Deus, do que um que pretenda parecer o que não é."

Escravidão

829. *Haverá homens que estejam, por natureza, destinados a ser propriedades de outros homens?*

"É contrária à lei de Deus toda sujeição absoluta de um homem a outro homem. A escravidão é um abuso da força. Desaparece com o progresso, como gradativamente desaparecerão todos os abusos."

É contrária à Natureza a lei humana que consagra a escravidão, pois que assemelha o homem ao irracional e o degrada física e moralmente.

830. *Quando a escravidão faz parte dos costumes de um povo, são censuráveis os que dela aproveitam, embora só o façam conformando-se com um uso que lhes parece natural?*

"O mal é sempre o mal e não há sofisma que faça com que se torne boa uma ação má. A responsabilidade do mal, porém, é relativa aos meios de que o homem disponha para compreendê-lo. Aquele que tira proveito da lei da escravidão é sempre culpado de violação da lei da Natureza. Mas, aí, como em tudo, a culpabilidade é relativa. Tendo-se a escravidão introduzido nos costumes de certos povos, possível se tornou que, de boa-fé, o homem se aproveitasse dela como de uma coisa que lhe parecia natural. Entretanto, desde que, mais desenvolvida e, sobretudo, esclarecida pelas luzes do Cristianismo, sua razão lhe mostrou que o escravo era um seu igual perante Deus, nenhuma desculpa mais ele tem."

831. *A desigualdade natural das aptidões não coloca certas raças humanas sob a dependência das raças mais inteligentes?*

"Sim, mas para que estas as elevem, não para embrutecê-las ainda mais pela escravização. Durante longo tempo, os homens consideram certas raças humanas como animais de trabalho, munidos de braços e mãos, e se julgaram com o direito de vender os dessas raças como bestas de carga. Consideram-se de sangue mais puro os que assim procedem. Insensatos! Nada veem senão a matéria. Mais ou menos puro não é o sangue, porém o Espírito."

832. *Há, no entanto, homens que tratam seus escravos com humanidade; que não deixam que lhes falte nada e acreditam que a liberdade os exporia a maiores privações. Que dizeis disso?*

"Digo que esses compreendem melhor os seus interesses. Igual cuidado dispensam aos seus bois e cavalos, para que obtenham bom preço no mercado. Não são tão culpados como os que maltratam os escravos, mas, nem por isso deixam de dispor deles como de uma mercadoria, privando-os do direito de se pertencerem a si mesmos."

Liberdade de pensar

833. *Haverá no homem alguma coisa que escape a todo constrangimento e pela qual goze ele de absoluta liberdade?*

"No pensamento goza o homem de ilimitada liberdade, pois que não há como pôr-lhe obstáculos. Pode deter-se o voo, porém, não o aniquilar."

834. *É responsável o homem pelo seu pensamento?*

"Perante Deus, é. Somente a Deus sendo possível conhecê-lo, Ele o condena ou absolve, segundo a Sua justiça."

Liberdade de consciência

835. *Será a liberdade de consciência uma consequência da de pensar?*

"A consciência é um pensamento íntimo, que pertence ao homem, como todos os outros pensamentos."

836. *Tem o homem direito de pôr embaraços à liberdade de consciência?*

"Falece-lhe tanto esse direito quanto com referência à liberdade de pensar, por isso que só a Deus cabe o de julgar a consciência. Assim como os homens, pelas suas leis, regulam as relações de homem para homem, Deus, pelas leis da Natureza, regula as relações entre Ele e o homem."

837. *O que resulta dos embaraços que se oponham à liberdade de consciência?*

"Constranger os homens a procederem em desacordo com o seu modo de pensar, fazê-los hipócritas. A liberdade de consciência é uma das características da verdadeira civilização e do progresso."

838. *Será respeitável toda e qualquer crença, ainda quando notoriamente falsa?*

"Toda crença é respeitável, quando sincera e conducente à prática do bem. Condenáveis são as crenças que conduzam ao mal."

839. *Será repreensível aquele que escandalize com a sua crença um outro que não pensa como ele?*

"Isso é faltar com a caridade e atentar contra a liberdade de pensamento."

840. *Será atentar contra a liberdade de consciência pôr empecilhos a crenças capazes de causar perturbações à sociedade?*

"Podem reprimir-se os atos, mas a crença íntima é inacessível."

Reprimir os atos exteriores de uma crença, quando acarretam qualquer prejuízo a terceiros, não é atentar contra a liberdade de consciência, pois que essa repressão em nada tira à crença a liberdade, que ela conserva integral.

841. *Para respeitar a liberdade de consciência, deve-se deixar que se propaguem doutrinas perniciosas, ou pode-se, sem atentar contra aquela liberdade, procurar trazer ao caminho da verdade os que se transviaram obedecendo a falsos princípios?*

"Certamente que podeis e até deveis; mas, ensinai, a exemplo de Jesus, *servindo-vos da brandura e da persuasão* e não da força, o que seria pior do que a crença daquele a quem desejaríeis convencer. Se alguma coisa se pode impor, é o bem e a fraternidade. Mas não cremos que o melhor meio de fazê-los admitidos seja agir com violência. A convicção não se impõe."

842. *Por quais indícios se poderá reconhecer, entre todas as doutrinas que alimentam a pretensão de ser a expressão única da verdade, a que tem o direito de se apresentar como tal?*

"Será aquela que mais homens de bem e menos hipócritas fizer, isto é, pela prática da lei de amor na sua maior pureza e na sua mais ampla aplicação. Esse é o sinal por que reconhecereis que uma doutrina é boa, visto que toda doutrina que tiver por efeito semear a desunião e estabelecer uma linha de separação entre os filhos de Deus não pode deixar de ser falsa e perniciosa."

Livre-arbítrio

843. *Tem o homem o livre-arbítrio de seus atos?*

"Pois que tem a liberdade de pensar, tem igualmente a de agir. Sem o livre-arbítrio, o homem seria máquina."

844. *Do livre-arbítrio goza o homem desde o seu nascimento?*

"Há liberdade de agir, desde que haja vontade de fazê-lo. Nas primeiras fases da vida, quase nula é a liberdade, que se desenvolve e muda de objeto com o desenvolvimento das faculdades. Estando seus pensamentos em concordância com o que a sua idade reclama, a criança aplica o seu livre-arbítrio àquilo que lhe é necessário."

845. *Não constituem obstáculos ao exercício do livre-arbítrio as predisposições instintivas que o homem já traz consigo ao nascer?*

"As predisposições instintivas são as do Espírito antes de encarnar. Conforme seja este mais ou menos adiantado, elas podem arrastá-las à prática de atos repreensíveis, no que será secundado pelos Espíritos que simpatizam com essas disposições. Não há, porém, arrastamento irresistível, uma vez que se tenha a vontade de resistir. Lembrai-vos de que querer é poder."

846. *Sobre os atos da vida nenhuma influência exerce o organismo? E, se essa influência existe, não será exercida com prejuízo do livre-arbítrio?*

"É inegável que sobre o Espírito exerce influência a matéria, que pode embaraçar-lhe as manifestações. Daí vem que, nos mundos onde os corpos são menos materiais do que na Terra, as faculdades se desdobram mais livremente. Porém, o instrumento não dá a faculdade. Além disso, é necessário que se distingam as faculdades morais das intelectuais. Tendo um homem o instinto do assassínio, seu próprio Espírito é, indubitavelmente, quem possui esse instinto e quem lhe dá; não são seus órgãos que lhe dão. Semelhante ao bruto, e ainda pior do que este, se torna aquele que nulifica o seu pensamento, para só se ocupar com a matéria, pois que não cuida mais de se premunir contra o mal. Nisto é que incorre em falta, porquanto assim procede por vontade sua."

847. *A alteração das faculdades tira ao homem o livre-arbítrio?*

"Já não é senhor do seu pensamento aquele cuja inteligência se ache turbada por uma causa qualquer e, desde então, já não tem liberdade. Essa alteração constitui muitas vezes uma punição para o Espírito que, porventura, tenha sido, noutra existência, fútil e orgulhoso, ou tenha feito mau uso de suas faculdades. Pode esse Espírito, em tal caso, renascer no corpo de um idiota, como o déspota no de um escravo e o mau rico no de um mendigo. O Espírito, porém, sofre por efeito desse constrangimento, de que tem perfeita consciência. Está aí a ação da matéria."

848. *A alteração das faculdades intelectuais devido à embriaguez serve de desculpa para atos repreensíveis?*

"Não, porque foi voluntariamente que o ébrio se privou da sua razão, para satisfazer a paixões brutais. Em vez de uma falta, comete duas."

849. *Qual é a faculdade predominante no homem em estado de selvageria: o instinto ou o livre-arbítrio?*

"O instinto, o que não o impede de agir com inteira liberdade, no tocante a certas coisas. Mas aplica, como a criança, essa liberdade às suas necessidades e ela se amplia com a inteligência. Por conseguinte, tu, que és mais esclarecido do que um selvagem, também és mais responsável pelo que fazes do que um selvagem o é pelos seus atos."

850. *A posição social não constitui às vezes, para o homem, obstáculo à inteira liberdade de seus atos?*

"É fora de dúvida que o mundo tem suas exigências. Deus é justo e tudo leva em conta. Deixa-vos, entretanto, a responsabilidade por nenhum esforço empregardes para vencer os obstáculos."

Fatalidade

851. *Haverá fatalidade nos acontecimentos da vida, conforme ao sentido que se dá a este vocábulo? Quer dizer: todos os acontecimentos são predeterminados? E, neste caso, que vem a ser do livre-arbítrio?*

"A fatalidade existe unicamente pela escolha que o Espírito fez, ao encarnar, desta ou daquela prova para sofrer. Escolhendo-a, institui para si uma espécie de destino, que é a consequência mesma da posição em que vem a achar-se colocado. Falo das provas físicas, pois, pelo que toca às provas morais e às tentações, o Espírito, conservando o livre-arbítrio quanto ao bem e ao mal, é sempre senhor de ceder ou de resistir. Ao vê-lo fraquejar, um bom Espírito pode vir-lhe em auxílio, mas não pode influir sobre ele de maneira a dominar-lhe a vontade. Um Espírito mau, isto é, inferior, mostrando-lhe, exagerando aos seus olhos um perigo físico, o poderá abalar e amedrontar. Nem por isso, entretanto, a vontade do Espírito encarnado deixa de se conservar livre de quaisquer obstáculos."

852. *Há pessoas que parecem perseguidas por uma fatalidade, independentemente da maneira por que procedem. Não lhes estará no destino o infortúnio?*

"São, talvez, provas que lhe caiba sofrer e que elas escolheram. Porém, ainda aqui lançais à conta do destino o que na maioria das vezes é apenas consequência de vossas próprias faltas. Trata de ter pura a consciência em meio dos males que te afligem e já bastante consolado te sentirás."

As ideias exatas ou falsas que fazemos das coisas nos levam a ser bem ou malsucedidos, de acordo com o nosso caráter e a nossa posição social. Achamos mais simples e menos humilhante para o nosso amor-próprio atribuir antes à sorte ou ao destino os insucessos que experimentamos, do que à nossa própria falta. É certo que para isso contribui algumas vezes a influência dos Espíritos, mas também o é que podemos sempre forrar-nos a essa influência, repelindo as ideias que eles nos sugerem, quando más.

853. *Algumas pessoas só escapam de um perigo mortal para cair em outro. Parece que não podem escapar da morte. Não há nisso fatalidade?*

"Fatal, no verdadeiro sentido da palavra, só o instante da morte o é. Chegado esse momento, de uma forma ou de outra, a ele não podeis furtar-vos."

a) *Assim, qualquer que seja o perigo que nos ameace, se a hora da morte ainda não chegou, não morreremos?*

"Não; não perecerás e tens disso milhares de exemplos. Quando, porém, soe a hora da tua partida, nada poderá impedir que partas. Deus sabe de antemão de que gênero será a morte do homem e muitas vezes seu Espírito também o sabe, por lhe ter sido isso revelado, quando escolheu tal ou qual existência."

854. *Do fato de ser infalível a hora da morte, poder-se-á deduzir que sejam inúteis as precauções para evitá-la?*

"Não, visto que as precauções que tomais vos são sugeridas com o fito de evitardes a morte que vos ameaça. São um dos meios empregados para que ela não se dê."

855. *Com que fim nos faz a Providência correr perigos que nenhuma consequência devem ter?*

"O fato de ser a tua vida posta em perigo constitui um aviso que tu mesmo desejaste, a fim de te desviares do mal e te tornares melhor. Se escapas desse perigo, quando ainda sob a impressão do risco que correste, de te melhorares, conforme seja mais ou menos forte sobre ti a influência dos Espíritos bons. Sobrevindo o mau Espírito (digo mau, subentendendo o mal que ainda existe nele), entras a pensar que do mesmo modo escaparás a outros perigos e deixas que de novo tuas paixões se desencadeiem. Por meio dos perigos que correis, Deus vos lembra a vossa fraqueza e a fragilidade da vossa existência. Se examinardes a causa e a natureza do perigo, verificareis que, quase sempre, suas consequências teriam sido a punição de uma falta cometida ou da *negligência no cumprimento de um dever*. Deus, por essa forma, exorta o Espírito a cair em si e a se emendar." (Veja as questões 526 a 532.)

856. *Sabe o Espírito antecipadamente de que gênero será sua morte?*

"Sabe que o gênero de vida que escolheu o expõe mais a morrer desta do que daquela maneira. Sabe igualmente quais a lutas que terá de sustentar para evitá-lo e que, se Deus o permitir, não sucumbirá."

857. *Há homens que afrontam os perigos dos combates, persuadidos, de certo modo, de que a hora não lhes chegou. Haverá algum fundamento para essa confiança?*

"Muito frequentemente tem o homem o pressentimento do seu fim, como pode ter o de que ainda não morrerá. Esse pressentimento lhe vem dos Espíritos seus protetores, que assim o advertem para que esteja pronto a partir, ou lhe fortalecem a coragem nos momentos em que mais dela necessita. Pode vir-lhe também da intuição que tem da existência que escolheu, ou da missão que aceitou e que sabe ter que cumprir."

858. *Por que razão os que pressentem a morte a temem geralmente menos do que os outros?*

"Quem teme a morte é o homem, não o Espírito. Aquele que a pressente pensa mais como Espírito do que como homem. Compreende ser ela a sua libertação e espera-a."

859. *Com todos os acidentes que nos sobrevêm no curso da vida, se dá o mesmo que com a morte, que não pode ser evitada, quando tem que ocorrer?*

"São de ordinário coisas muito insignificantes, de sorte que vos podeis prevenir delas e fazer que as eviteis algumas vezes, dirigindo o vosso pensamento, pois nos desagradam os sofrimentos materiais. Isso, porém, nenhuma importância tem na vida que escolhestes. A fatalidade, verdadeiramente, só existe quanto ao momento em que deveis aparecer e desaparecer deste mundo."

a) *Haverá fatos que forçosamente devam dar-se e que os Espíritos não possam evitar, embora o queiram?*

"Há, mas que tu viste e pressentiste quando, no estado de Espírito, fizeste a tua escolha. Não creias, entretanto, que tudo o que sucede esteja escrito, como costumam dizer. Um acontecimento qualquer pode ser a consequência de um ato que praticaste por tua livre vontade, de tal sorte que, se não o houvesses praticado, o acontecimento não seria dado. Imagina que queimas o dedo. Isso nada mais é senão resultado da tua imprudência e efeito da matéria. Só as grandes dores, os fatos importantes e capazes de influir no moral, Deus os prevê, porque são úteis à tua depuração e à tua instrução."

860. *Pode o homem, pela sua vontade e por seus atos, fazer que se não deem acontecimentos que deveriam verificar-se e vice-versa?*

"Pode-o, se essa aparente mudança na ordem dos fatos tiver cabimento na sequência da vida que ele escolheu. Acresce que, para fazer o bem, como lhe cumpre, pois que isso constitui o objetivo único da vida, facultado lhe é impedir o mal, sobretudo aquele que possa concorrer para a produção de um mal maior."

861. *Ao escolher a sua existência, o Espírito daquele que comete um assassínio sabia que viria a ser assassino?*

"Não. Escolhendo uma vida de lutas, sabe que terá ensejo de matar um de seus semelhantes, mas não sabe se o fará, visto que ao crime precederá quase sempre, de sua parte, a deliberação de praticá-lo. Ora, aquele que delibera sobre uma coisa é sempre livre de fazê-la, ou não. Se soubesse previamente que, como homem, teria que cometer um crime, o Espírito estaria a isso predestinado. Ficai, porém, sabendo que a ninguém é predestinado ao crime e que todo crime, como qualquer outro ato, resulta sempre da vontade e do livre-arbítrio.

"Além disso, sempre confundis duas coisas muito distintas: os sucessos materiais e os atos da vida moral. A fatalidade, que por algumas vezes há, só existe com relação àqueles sucessos materiais, cuja causa reside fora de vós e que independem da vossa vontade. Quanto aos da vida moral esses emanam sempre do próprio homem que, por conseguinte, tem sempre a liberdade de escolher. No tocante, pois, a esses atos, *nunca* há fatalidade."

862. *Pessoas existem que nunca logram bom êxito em coisa alguma, que parecem perseguidas por um mau gênio em todos os seus empreendimentos. Não se pode chamar a isso fatalidade?*

"Será uma fatalidade, se lhe quiseres dar esse nome, mas que decorre do gênero da existência escolhida. É que essas pessoas quiseram ser provadas por uma vida de decepções, a fim de exercitarem a paciência e a resignação. Entretanto, não creias que seja absoluta essa fatalidade. Resulta muitas vezes do caminho falso que tais pessoas tomam, em discordância com suas inteligências e aptidões. Grandes probabilidades têm de se afogar quem pretender atravessar a nado um rio, sem saber nadar. O mesmo se dá relativamente à maioria dos acontecimentos da vida. Quase sempre obteria o homem bom êxito, se só tentasse o que estivesse em relação com as suas faculdades. O que o perde são o seu amor-próprio e a sua ambição, que o desviam da senda que lhe é própria e o fazem considerar vocação o que não passa de desejo de satisfazer a certas paixões. Fracassa por sua culpa. Mas, em vez de culpar-se a si mesmo, prefere queixar-se da sua estrela. Um, por exemplo, que seria bom operário e ganharia honestamente a vida, mete-se a ser mau poeta e morre de fome. Para todos haveria lugar no mundo, desde que cada um soubesse colocar-se no lugar que lhe compete."

863. *Os costumes sociais não obrigam muitas vezes o homem a enveredar por um caminho de preferência a outro e não se acha ele submetido à direção da opinião geral, quanto à escolha de suas ocupações? O que se chama respeito humano não constitui obstáculo ao exercício do livre-arbítrio?*

"São os homens e não Deus que fazem os costumes sociais. Se eles a estes se submetem, é porque lhes convêm. Tal submissão, portanto, representa um ato de livre arbítrio, pois que, se o quisessem, poderiam libertar-se de semelhante jugo. Por que, então, se queixam? Falece-lhes razão para acusarem os costumes sociais. A culpa de tudo devem lançá-la ao tolo amor-próprio de que vivem cheios e que os faz preferirem morrer de fome a infringi-los. Ninguém lhes leva em conta esse sacrifício feito à opinião pública, ao passo que Deus lhes levará em conta o sacrifício que fizerem de suas vaidades. Não quer isto dizer que o homem deva afrontar sem necessidade aquela opinião, como fazem alguns em que há mais originalidade do que verdadeira filosofia. Tanto desatino há em procurar alguém ser apontado a dedo, ou considerado animal curioso, quanto acerto em descer voluntariamente e sem murmurar, desde que não possa manter-se no alto da escala."

864. *Assim como há pessoas a quem a sorte em tudo é contrária, outras parecem favorecidas por ela, pois que tudo lhes sai bem. A que atribuir isso?*

"Em geral, é que essas pessoas sabem conduzir-se melhor nas suas empresas. Mas, também pode ser um gênero de prova. O bom êxito as embriaga; fiam-se no seu destino e muitas vezes pagam mais tarde esse bom êxito, mediante reveses cruéis, que a prudência as teria feito evitar."

865. *Como se explica que a boa sorte favoreça a algumas pessoas em circunstâncias com as quais nada têm que ver a vontade, nem a inteligência: no jogo, por exemplo?*

"Alguns Espíritos hão escolhido previamente certas espécies de prazer. A fortuna que os favorece é uma tentação. Aquele que, como homem, ganha, perde como Espírito. É uma prova para o seu orgulho e para a sua cupidez."

866. *Então, a faculdade que favorece presidir aos destinos materiais de nossa vida também é resultante do nosso livre-arbítrio?*

"Tu mesmo escolheste a tua prova. Quanto mais rude ela for e melhor a suportares, tanto mais te elevarás. Os que passam a vida na abundância e na ventura humana são Espíritos covardes, que permanecem estacionários. Assim, o número dos desafortunados é muito superior ao dos felizes deste mundo, atento que os Espíritos, na sua maioria, procuram as provas que lhes sejam mais proveitosas. Eles veem perfeitamente bem a futilidade das vossas grandezas e gozos. Acresce que a mais ditosa existência é sempre agitada, sempre perturbada, quando mais não seja, pela ausência da dor." (Veja a questão 525 e as seguintes.)

867. *De onde vem a expressão: Nascer sob uma boa estrela?*

"Antiga superstição, que prendia às estrelas os destinos dos homens. Alegoria que algumas pessoas fazem a tolice de tomar ao pé da letra."

Conhecimento do futuro

868. *Pode o futuro ser revelado ao homem?*

"Em princípio, o futuro lhe é oculto e só em casos raros e excepcionais permite Deus que seja revelado."

869. *Com que fim o futuro se conserva oculto ao homem?*

"Se o homem conhecesse o futuro, negligenciaria do presente e não agiria com a liberdade com que o faz, porque o dominaria a ideia de que, se uma coisa tem que acontecer, inútil será ocupar-se com ela, ou então procuraria dificuldade a que acontecesse. Não quis Deus que assim fosse, a fim de que cada um concorra para a realização das coisas, *até daquelas a que desejaria opor-se*. Assim é que tu mesmo preparas muitas vezes os acontecimentos que hão de sobrevir no curso da tua existência."

870. *Mas, se convém que o futuro permaneça oculto, por que permite Deus que seja revelado algumas vezes?*

"Permite-o quando o conhecimento prévio do futuro facilite a execução de uma coisa, em vez de a embaraçá-la, obrigando o homem a agir diversamente do modo que agiria se lhe não fosse feita a revelação. Não raro, também é uma prova. A perspectiva de um acontecimento pode sugerir pensamentos mais ou menos bons. Se um homem vem a saber, por exemplo, que vai receber uma herança, com que não conta, pode dar-se que a revelação desse fato desperte nele o sentimento da cobiça, pela perspectiva de se lhe tornarem possíveis maiores gozos terrenos, pela ânsia de possuir mais depressa a herança, desejando, talvez, para que tal se dê, a morte daquele de quem herdará. Ou, então, essa perspectiva lhe inspirará bons sentimentos e pensamentos generosos. Se a predição não se cumpre, aí está outra prova, consistente na maneira por que suportará a decepção. Nem por isso, entretanto, lhe caberá menos o mérito ou o demérito dos pensamentos bons ou maus que a crença na ocorrência daquele fato lhe fez nascer no íntimo."

871. *Pois que Deus tudo sabe, não ignora se um homem sucumbirá ou não em determinada prova. Assim sendo, qual é a necessidade dessa prova, uma vez que nada acrescentará ao que Deus já sabe a respeito desse homem?*

"Isso equivale a perguntar por que não criou Deus o homem perfeito e acabado; por que passa o homem pela infância, antes de chegar à condição de adulto.

A prova não tem por fim dar a Deus esclarecimentos sobre o homem, pois que Deus sabe perfeitamente o que ele vale, mas dar ao homem toda a responsabilidade de sua ação, uma vez que tem a liberdade de fazer ou não fazer. Dotado da faculdade de escolher entre o bem e o mal, a prova tem por efeito pô-lo em luta com as tentações do mal e conferir-lhe todo o mérito da resistência. Ora, conquanto saiba de antemão se ele se sairá bem ou não, Deus não o pode, em Sua justiça, punir, nem recompensar, por um ato ainda não praticado."

Assim sucede entre os homens. Por muito capaz que seja um estudante, por grande que seja a certeza que se tenha de que alcançará bom êxito, ninguém lhe confere grau algum sem exame, isto é, sem prova. Do mesmo modo, o juiz não condena um acusado, senão com fundamento num ato consumado e não na previsão de que ele possa ou deva consumar esse fato.

Quanto mais se reflete nas consequências que teria para o homem o conhecimento do futuro, melhor se vê quanto foi sábia a Providência em lhe ocultar. A certeza de um acontecimento venturoso o lançaria na inação. A de um acontecimento infeliz o encheria de desânimo. Em ambos os casos, suas forças ficariam paralisadas. Daí o não lhe ser mostrado o futuro, senão como *meta* que lhe cumpre atingir por seus esforços, mas ignorando os trâmites por que terá de passar para alcançá-la. O conhecimento de todos os incidentes da jornada lhe tolheria a iniciativa e o uso do livre-arbítrio. Ele se deixaria resvalar pelo declive fatal dos acontecimentos sem exercer suas faculdades. Quando o feliz êxito de uma coisa está assegurado, ninguém mais com ela se preocupa.

Resumo teórico da motivação das ações humanas

872. A questão do livre-arbítrio se pode resumir assim: O homem não é fatalmente levado ao mal; os atos que pratica não foram previamente determinados; os crimes que comete não resultam de uma sentença do destino. Ele pode, por prova e por expiação, escolher uma existência em que seja arrastado ao crime, quer pelo meio onde se ache colocado, quer pelas circunstâncias que sobrevenham, mas será sempre livre de agir ou não agir. Assim, o livre-

-arbítrio existe para ele, quando no estado de Espírito, ao fazer a escolha da existência e das provas e, como encarnado, na faculdade de ceder ou de resistir aos arrastamentos a que todos nos temos voluntariamente submetido. Cabe à educação combater essas más tendências. Fá-lo-á utilmente quando se basear no estudo aprofundado da natureza moral do homem. Pelo conhecimento das leis que regem essa natureza moral, chegar-se-á a modificá-la, como se modifica a inteligência pela instrução e as condições físicas pela higiene.

Desprendido da matéria e no estado de erraticidade, o Espírito procede à escolha de suas futuras existências corporais, de acordo com o grau de perfeição a que haja chegado e é nisso, como temos dito, que consiste sobretudo o seu livre-arbítrio. Esta liberdade, a encarnação não a anula. Se ele cede à influência da matéria, é que sucumbe nas provas que por si mesmo escolheu. Para ter quem o ajude a vencê-las, concedido lhe é invocar a assistência de Deus e dos bons Espíritos.

Sem o livre-arbítrio, o homem não teria nem culpa por praticar o mal, nem mérito em praticar o bem. E isto a tal ponto está reconhecido que, no mundo, a censura ou o elogio são feitos à intenção, isto é, à vontade. Ora, quem diz vontade diz liberdade. Nenhuma desculpa poderá, portanto, o homem buscar, para os seus delitos, na sua organização física, sem abdicar da razão e da sua condição de ser humano, para se equiparar ao bruto. Se fora assim quanto ao mal, assim não poderia deixar de ser relativamente ao bem. Mas, quando o homem pratica o bem, tem grande cuidado de averbar o fato à sua conta, como mérito, e não cogita de por ele gratificar os seus órgãos, o que prova que, por instinto, não renuncia, mau grado à opinião de alguns sistemáticos, ao mais belo privilégio de sua espécie: a liberdade de pensar.

A fatalidade, como vulgarmente é entendida, supõe a decisão prévia e irrevogável de todos os sucessos da vida, qualquer que seja a importância deles. Se tal fosse a ordem das coisas, o homem seria qual máquina sem vontade. De que lhe serviria a inteligência, desde que houvesse de estar invariavelmente dominado, em todos os seus atos, pela força do destino? Semelhante doutrina, se verdadeira, conteria a destruição de toda liberdade moral; já não haveria para o homem responsabilidade, nem, por conseguinte, bem, nem mal, crimes ou virtudes. Não seria possível que Deus, soberanamente justo, castigasse suas criaturas por faltas cujo cometimento não dependera delas, nem que as recompensasse por virtudes de que nenhum mérito teriam. Além disso, tal lei seria a negação da do progresso, porquanto o homem, tudo esperando da sorte, nada tentaria para melhorar a sua posição, visto que não conseguiria ser mais nem menos.

Contudo, a fatalidade não é uma palavra vã. Existe na posição que o homem ocupa na Terra e nas funções que aí desempenha, em consequência do gênero de vida que seu Espírito escolheu como *prova, expiação* ou *missão*. Ele sofre fatalmente todas as vicissitudes dessa existência e todas as *tendências* boas ou más que lhe são inerentes. Aí, porém, acaba a fatalidade, pois da sua vontade depende ceder ou não a essas tendências. Os *pormenores dos acontecimentos, esses ficam subordinados às circunstâncias que ele próprio cria pelos seus atos*, sendo que nessas circunstâncias podem os Espíritos influir pelos pensamentos que sugiram.

Há fatalidade, portanto, nos acontecimentos que se apresentam, por serem estes consequência da escolha que o Espírito fez da sua existência de homem. Pode deixar de haver fatalidade no resultado de tais acontecimentos, visto ser possível ao homem, pela sua prudência, modificar-lhes o curso. *Nunca há fatalidade nos atos da vida moral.*

No que concerne à morte é que o homem se acha submetido, em absoluto, à inexorável lei da fatalidade, por isso que não pode escapar à sentença que lhe marca o termo da existência, nem ao gênero de morte que haja de cortar a esta o fio.

Segundo a doutrina vulgar, de si mesmo tiraria o homem todos os seus instintos que, então, proviriam, ou da sua organização física, pela qual nenhuma responsabilidade lhe toca, ou da sua própria natureza, caso em que lícito lhe seria procurar desculpar-se consigo mesmo, dizendo não lhe pertencer a culpa de ser feito como é. Muito mais moral se mostra, indiscutivelmente, na Doutrina Espírita. Ela admite no homem o livre-arbítrio em toda a sua plenitude e, se lhe diz que, praticando o mal, ele cede a uma sugestão estranha e má, em nada lhe diminui a responsabilidade, pois lhe reconhece o poder de resistir, o que evidentemente lhe é muito mais fácil do que lutar contra a sua própria natureza. Assim, de acordo com a Doutrina Espírita, não há arrastamento irresistível: o homem pode sempre cerrar ouvidos à voz oculta que lhe fala no íntimo, induzindo-o ao mal, como pode cerrá-los à voz material daquele que lhe fale ostensivamente. Pode-o pela ação da sua vontade, pedindo a Deus a força necessária e reclamando, para tal fim, a assistência dos bons Espíritos. Foi o que Jesus nos ensinou por meio da sublime prece que é a *oração dominical*, quando manda que digamos: "Não nos deixes sucumbir à tentação, mas livra-nos do mal."

Essa teoria da causa determinante dos nossos atos ressalta com evidência de todo o ensino que os Espíritos hão dado. Não só é sublime de moralidade, mas também, acrescentaremos, eleva o homem aos seus próprios olhos. Mostra-o livre de subtrair-se a um jugo obsessor, como livre é de fechar sua casa aos importunos. Ele deixa de ser simples máquina, atuando por efeito de uma impulsão independente da sua vontade, para ser um ente racional, que ouve, julga e escolhe livremente de dois conselhos um. Aditemos que, apesar disto, o homem não se acha privado de iniciativa, não deixa de agir por impulso próprio, pois que, em definitivo, ele é apenas um Espírito encarnado que conserva, sob o envoltório corporal, as qualidades e os defeitos que tinha como Espírito.

Por conseguinte, as faltas que cometemos têm por fonte primária a imperfeição do nosso próprio Espírito, que ainda não conquistou a superioridade moral que um dia alcançará, mas que, nem por isso, carece de livre-arbítrio. A vida corpórea lhe é dada para se expungir de suas imperfeições, mediante as provas por que passa, imperfeições que, precisamente, o tornam mais fraco e mais acessível às sugestões de outros Espíritos imperfeitos, que delas se aproveitam para tentar fazê-lo sucumbir na luta em que se empenhou. Se dessa luta sai vencedor ele se eleva; se fracassa, permanece o que era, nem pior, nem melhor. Será uma prova que lhe cumpre recomeçar, podendo suceder que longo tempo gaste nessa alternativa. Quanto mais se depura, tanto mais diminuem os seus pontos fracos e tanto menos acesso oferece aos que procurem atraí-lo para o mal. Na razão de sua elevação, cresce-lhe a força moral, fazendo que dele se afastem os maus Espíritos.

Todos os Espíritos, mais ou menos bons, quando encarnados, constituem a espécie humana e, como o nosso mundo é um dos menos adiantados, nele se conta maior número de Espíritos maus do que de bons. Tal é a razão por que aí vemos perversidade. Façamos, pois, todos os esforços para a este planeta não voltarmos, após a presente estada, e para merecermos ir repousar em mundo melhor, em um desses mundos privilegiados, onde não nos lembraremos da nossa passagem por aqui, senão como de um exílio temporário.

CAPÍTULO XI

LEI DE JUSTIÇA, DE AMOR E DE CARIDADE

Justiça e direitos naturais

873. *O sentimento da justiça está na Natureza ou é resultado de ideias adquiridas?*
"Está de tal modo na Natureza, que vos revoltais à simples ideia de uma injustiça. É fora de dúvida que o progresso moral desenvolve esse sentimento, mas não o dá. Deus o pôs no coração do homem. Daí vem que, frequentemente, em homens simples e incultos se vos deparam noções mais exatas da justiça do que nos que possuem grande aber."

874. *Sendo a justiça uma lei da Natureza, como se explica que os homens a entendam de modos tão diferentes, considerando uns justo o que a outros parece injusto?*
"É porque a esse sentimento se misturam paixões que o alteram, como sucede à maior parte dos outros sentimentos naturais, fazendo que os homens vejam as coisas por um prisma falso."

875. *Como se pode definir a justiça?*
"A justiça consiste em cada um respeitar os direitos dos demais."
a) *O que determina esses direitos?*
"Duas coisas: a lei humana e a lei natural. Tendo os homens formulado leis apropriadas a seus costumes e caráter, elas estabeleceram direitos mutáveis com o progresso das luzes. Vede se hoje as vossas leis, aliás imperfeitas, consagram os mesmos direitos que as da Idade Média. Entretanto, esses direitos antiquados, que agora se vos afiguram monstruosos, pareciam justos e naturais naquela época. Nem sempre, pois, é de acordo com a justiça o direito que os homens prescrevem. Além disso, este direito regula apenas algumas relações sociais, quando é certo que, na vida particular, há uma imensidade de atos unicamente da alçada do tribunal da consciência."

876. *Posto de parte o direito que a lei humana consagra, qual é a base da justiça, segundo a lei natural?*

"Disse o Cristo: *'E como vós quereis que os homens vos façam, da mesma maneira lhe fazei vós, também'*.[28] No coração do homem imprimiu Deus a regra da verdadeira justiça, fazendo que cada um deseje ver respeitados os seus direitos. Na incerteza de como deva proceder com o seu semelhante, em dada circunstância, trate o homem de saber como quereria que com ele procedessem, em circunstância idêntica. Guia mais seguro do que a própria consciência não lhe podia Deus haver dado."

Efetivamente, o critério da verdadeira justiça está em querer cada um para os outros o que para si mesmo quereria e não em querer para si o que quereria para os outros, o que absolutamente não é a mesma coisa. Não sendo natural que haja quem deseje o mal para si, desde que cada um tome por modelo o seu desejo pessoal, é evidente que nunca ninguém desejará para o seu semelhante senão o bem. Em todos os tempos e sob o império de todas as crenças, sempre o homem se esforçou para que prevalecesse o seu direito pessoal. *A sublimidade da religião cristã está em que ela tomou o direito pessoal por base do direito do próximo.*

877. *Da necessidade que o homem tem de viver em sociedade, nascem-lhe obrigações especiais?*

"Sim e a primeira de todas é a de respeitar os direitos de seus semelhantes. Aquele que respeitar esses direitos procederá sempre com justiça. No vosso mundo, porque a maioria dos homens não pratica a lei de justiça, cada um usa de represálias. Essa é a causa da perturbação e da confusão em que vivem as sociedades humanas. A vida social outorga direitos e impõe deveres recíprocos."

878. *Podendo o homem enganar-se quanto à extensão do seu direito, o que lhe fará conhecer o limite desse direito?*

"O limite do direito que, com relação a si mesmo, reconhecer ao seu semelhante, em idênticas circunstâncias e reciprocamente."

a) *Mas, se cada um atribuir a si mesmo direitos iguais aos de seu semelhante, que virá a ser da subordinação aos superiores? Não será isso a anarquia de todos os poderes?*

"Os direitos naturais são os mesmos para todos os homens, desde os de condição mais humilde até os de posição mais elevada. Deus não fez uns de limo mais puro do que o de que se serviu para fazer os outros, e todos, aos Seus olhos, são iguais. Esses direitos são eternos. Os que o homem estabeleceu perecem com as suas instituições. Além disso, cada um sente bem a sua força ou a sua fraqueza e saberá sempre ter uma certa deferência para com os que o mereçam por suas virtudes e sabedoria. É importante acentuar isto, para que os que se julgam superiores conheçam seus deveres, a fim de merecer essas deferências. A subordinação não se achará comprometida quando a autoridade for deferida à sabedoria."

879. *Qual seria o caráter do homem que praticasse a justiça em toda a sua pureza?*

"O do verdadeiro justo, a exemplo de Jesus, porquanto praticaria também o amor do próximo e a caridade, sem os quais não há verdadeira justiça."

Direito de propriedade. Roubo

880. *Qual é o primeiro de todos os direitos naturais do homem?*

---

28 Lucas 6:31 (N. do E.)

"O de viver. Por isso é que ninguém tem o de atentar contra a vida de seu semelhante, nem de fazer o que quer que possa comprometer-lhe a existência corporal."

881. *O direito de viver dá ao homem o de acumular bens que lhe permitam repousar quando não mais possa trabalhar?*

"Dá, mas ele deve fazê-lo em família, como a abelha, por meio de um trabalho honesto, e não como egoísta. Há mesmo animais que lhe dão o exemplo de previdência."

882. *Tem o homem o direito de defender os bens que haja conseguido juntar pelo seu trabalho?*

"Não disse Deus: "Não roubarás?" E Jesus não disse: "Dai a César o que é de César?"

O que, por meio do trabalho *honesto*, o homem junta constitui legítima propriedade sua, que ele tem o direito de defender, porque a propriedade que resulta do trabalho é um direito natural, tão sagrado quando o de trabalhar e de viver.

883. *É natural o desejo de possuir?*

"Sim, mas quando o homem deseja possuir para si somente e para sua satisfação pessoal, o que há é egoísmo."

a) *Não será, entretanto, legítimo o desejo de possuir, uma vez que aquele que tem de que viver a ninguém é pesado?*

"Há homens insaciáveis, que acumulam bens sem utilidade para ninguém, ou apenas para saciar suas paixões. Julgas que Deus vê isso com bons olhos? Aquele que, ao contrário, junta pelo trabalho, tendo em vista socorrer os seus semelhantes, pratica a lei de amor e caridade, e Deus abençoa o seu trabalho."

884. *Qual é o caráter da legítima propriedade?*

"Propriedade legítima só é a que foi adquirida sem prejuízo de outrem."

Proibindo-nos que façamos aos outros o que não desejáramos que nos fizessem, a lei de amor e de justiça nos proíbe, *ipso facto*[29], a aquisição de bens por quaisquer meios que lhe sejam contrários.

885. *Será ilimitado o direito de propriedade?*

"É fora de dúvida que tudo o que legitimamente se adquire constitui uma propriedade. Mas, como havemos dito, a legislação dos homens, por ser imperfeita, consagra muitos direitos convencionais que a lei de justiça reprova. Essa é a razão por que eles reformam suas leis, à medida que o progresso se efetua e que melhor compreendem a justiça. O que num século parece perfeito, afigura-se bárbaro no século seguinte." (Veja a questão 795.)

Caridade e amor do próximo

886. *Qual é o verdadeiro sentido da palavra caridade, como a entendia Jesus?*

"Benevolência para com todos, indulgência para as imperfeições dos outros, perdão das ofensas."

O amor e a caridade são o complemento da lei de justiça, pois amar o próximo é fazer-lhe todo o bem que nos seja possível e que desejáramos nos fosse feito. Tal é o sentido destas palavras de Jesus: *Amai-vos uns aos outros como irmãos.*

---

29 Expressão latina cujo significado é "pelo próprio fato". (N. do E.)

A caridade, segundo Jesus, não se restringe à esmola, abrange todas as relações em que nos achamos com os nossos semelhantes, sejam eles nossos inferiores, nossos iguais ou nossos superiores. Ela nos prescreve a indulgência, porque da indulgência precisamos nós mesmos, e nos proíbe que humilhemos os desafortunados, contrariamente ao que se costuma fazer. Apresente-se uma pessoa rica e todas as atenções e deferências lhe são dispensadas. Se for pobre, toda gente como que entende que não precisa preocupar-se com ela. No entanto, quanto mais lastimosa seja a sua posição, tanto maior cuidado devemos pôr em lhe não aumentarmos o infortúnio pela humilhação. O homem verdadeiramente bom procura elevar, aos seus próprios olhos, aquele que lhe é inferior, diminuindo a distância que os separa.

887. *Jesus também disse:* Amai mesmo os vossos inimigos. *Ora, o amor aos inimigos não será contrário às nossas tendências naturais e a inimizade não provirá de uma falta de simpatia entre os Espíritos?*

"É certo que ninguém pode votar aos seus inimigos um amor terno e apaixonado. Não foi isso o que Jesus quis dizer. Amar os inimigos é perdoar-lhes e lhes retribuir o mal com o bem. O que assim procede se torna superior aos seus inimigos, ao passo que abaixo deles se coloca, se procura tomar vingança."

888. *Que se deve pensar da esmola?*

"Condenando-se a pedir esmola, o homem se degrada física e moralmente: embrutece-se. Uma sociedade que se baseia na lei de Deus e na justiça deve prover à vida do *fraco*, sem que haja para ele humilhação. Deve assegurar a existência dos que não podem trabalhar, sem lhes deixar a vida *à mercê do acaso* e da boa vontade de alguns."

a) *É a esmola reprovada pelos Espíritos?*

"Não; o que merece reprovação não é a esmola, mas a maneira como habitualmente é dada. O homem de bem, que compreende a caridade de acordo com Jesus, vai ao encontro do desgraçado, sem esperar que este lhe estenda a mão.

"A verdadeira caridade é sempre bondosa e benévola; está tanto no ato, como na maneira como é praticado. Duplo valor tem um serviço prestado com delicadeza. Se o for com altivez, pode ser que a necessidade obrigue quem o recebe a aceitá-lo, mas o seu coração pouco se comoverá.

"Lembrai-vos também de que, aos olhos de Deus, a ostentação tira o mérito ao benefício. Disse Jesus: 'Mas, quando tu deres esmola, não saiba a tua mão esquerda o que faz a tua direita.'[30] Por essa forma, ele vos ensinou a não manchar a caridade com o orgulho.

"Deve-se distinguir a esmola, propriamente dita, da beneficência. Nem sempre o mais necessitado é o que pede. O temor de uma humilhação detém o verdadeiro pobre, que muitas vezes sofre sem se queixar. A esse é que o homem verdadeiramente humano sabe ir procurar, sem ostentação.

"Amai-vos uns aos outros, eis toda a lei, lei divina, mediante a qual governa Deus os mundos. O amor é a lei de atração para os seres vivos e organizados. A atração é a lei de amor para a matéria inorgânica.

"Não esqueçais nunca que o Espírito, qualquer que seja o grau de seu adiantamento, sua situação como encarnado, ou na erraticidade, está sempre colocado entre um superior,

---

30 Mateus 6:3 (N. do E.)

que o guia e aperfeiçoa, e um inferior, para com o qual tem que cumprir esses mesmos deveres. Sede, pois, caridosos, praticando, não só a caridade que vos faz dar friamente o óbolo que tirais do bolso ao que vo-lo ousa pedir, mas a que vos leve ao encontro das misérias ocultas. Sede indulgentes com os defeitos dos vossos semelhantes. Em vez de votardes desprezo à ignorância e ao vício, instruí os ignorantes e moralizai os viciados. Sede brandos e benevolentes para com tudo o que vos seja inferior. Sede-o para com os seres mais ínfimos da criação e tereis obedecido à lei de Deus."
São Vicente de Paulo

889. *Não há homens que se veem condenados a mendigar por culpa sua?*
"Sem dúvida; mas, se uma boa educação moral lhes houvesse ensinado a praticar a lei de Deus, não teriam caído nos excessos causadores da sua perdição. Disso, sobretudo, é que depende a melhoria do vosso planeta."

Amor materno e filial

890. *Será uma virtude o amor materno, ou um sentimento instintivo, comum aos homens e aos animais?*
"Uma e outra coisa. A Natureza deu à mãe o amor a seus filhos no interesse da conservação deles. No animal, porém, esse amor se limita às necessidades materiais; cessa quando desnecessários se tornam os cuidados. No homem, persiste pela vida inteira e comporta um devotamento e uma abnegação que são virtudes. Sobrevive mesmo à morte e acompanha o filho até no além-túmulo. Bem vedes que há nele coisa diversa do que há no amor do animal."

891. *Estando na Natureza o amor materno, como é que há mães que odeiam os filhos e, não raro, desde a infância destes?*
"Às vezes, é uma prova que o Espírito do filho escolheu, ou uma expiação, se aconteceu ter sido mau pai, ou mãe perversa, ou mau filho, em outra existência. Em todos os casos, a mãe má não pode deixar de ser animada por um mau Espírito que procura criar embaraços ao filho, a fim de que sucumba na prova que buscou. Mas essa violação das leis da Natureza não ficará impune e o Espírito do filho será recompensado pelos obstáculos de que haja triunfado."

892. *Quando os filhos causam desgostos aos pais, não têm estes desculpa para o fato de lhes não dispensarem a ternura de que os fariam objeto, em caso contrário?*
"Não porque isso representa um encargo que lhes é confiado e a missão deles consiste em se esforçarem por encaminhar os filhos para o bem (veja as questões 582 e 583). Além disso, esses desgostos são, muitas vezes, a consequência do mau feitio que os pais deixaram que seus filhos tomassem desde o berço. Colhem o que semearam."

CAPÍTULO XII

PERFEIÇÃO MORAL

As virtudes e os vícios

893. *Qual é a mais meritória de todas as virtudes?*

"Toda virtude tem seu mérito próprio porque todas indicam progresso na senda do bem. Há virtudes sempre que há resistência voluntária ao arrastamento dos maus pendores. A sublimidade da virtude, porém, está no sacrifício do interesse pessoal, pelo bem do próximo, sem pensamento oculto. A mais meritória é a que assenta na mais desinteressada caridade."

894. *Há pessoas que fazem o bem espontaneamente, sem que precisem vencer quaisquer sentimentos que lhes sejam opostos. Terão tanto mérito, quanto as que se veem na contingência de lutar contra a natureza que lhes é própria e a vencem?*

"Só não têm que lutar aqueles em quem já há progresso realizado. Esses lutaram outrora e triunfaram. Por isso é que os bons sentimentos nenhum esforço lhes custam e suas ações lhes parecem simplíssimas. O bem se lhes tornou um hábito. Devidas lhes são as honras que se costumam tributar a velhos guerreiros que conquistaram seus altos postos.

"Como ainda estais longe da perfeição, tais exemplos vos espantam pelo contraste com o que tendes à vista e tanto mais os admirais, quanto mais raros são. Ficai sabendo, porém, que, nos mundos mais adiantados do que o vosso, constitui a regra o que entre vós representa a exceção. Em todos os pontos desses mundos, o sentimento do bem é espontâneo, porque somente bons Espíritos os habitam. Lá, uma só intenção maligna seria monstruosa exceção. Eis por que neles os homens são felizes. O mesmo se dará na Terra, quando a Humanidade se houver transformado, quando compreender e praticar a caridade na sua verdadeira acepção."

895. *Postos de lado os defeitos e os vícios acerca dos quais ninguém se pode equivocar, qual seria o sinal mais característico da imperfeição?*

"O interesse pessoal. Frequentemente, as qualidades morais são como, num objeto de cobre, a douradura que não resiste à pedra de toque. Pode um homem possuir qualidades reais, que levem o mundo a considerá-lo homem de bem. Mas essas qualidades, conquanto assinalem um progresso, nem sempre suportam certas provas e às vezes basta que se fira a corda do interesse pessoal para que o fundo fique a descoberto. O verdadeiro desinteresse é coisa ainda tão rara na Terra que, quando se patenteia todos o admiram como se fosse um fenômeno.

"O apego às coisas materiais constitui sinal notório de inferioridade porque, quanto mais se aferrar aos bens deste mundo, tanto menos compreende o homem o seu destino. Pelo desinteresse, ao contrário, demonstra que encara de um ponto mais elevado o futuro."

896. *Há pessoas desinteressadas, mas sem discernimento, que prodigalizam seus haveres sem utilidade real, por lhes não saberem dar emprego criterioso. Têm algum merecimento essas pessoas?*

"Têm o do desinteresse, porém não o do bem que poderiam fazer. O desinteresse é uma virtude, mas a prodigalidade irrefletida constitui sempre, pelo menos, falta de juízo. A riqueza, assim como não é dada a uns para ser aferrolhada num cofre forte, também não o é a outros para ser dispersada ao vento. Representa um depósito de que uns e outros terão de prestar contas, porque terão de responder por todo o bem que podiam fazer e não fizeram, por todas as lágrimas que podiam ter estancado com o dinheiro que deram aos que dele não precisavam."

897. *Merecerá reprovação aquele que faz o bem, sem visar a qualquer recompensa na Terra, mas esperando que lhe seja levado em conta na outra vida e que lá venha a ser melhor a sua situação? E essa preocupação lhe prejudicará o progresso?*

"O bem deve ser feito caritativamente, isto é, com desinteresse."

a) *Contudo, todos alimentam o desejo muito natural de progredir, para forrar-se à penosa condição desta vida. Os próprios Espíritos nos ensinam a praticar o bem com esse objetivo. Será, então, um mal pensarmos que, praticando o bem, podemos esperar coisa melhor do que temos na Terra?*

"Não, certamente; mas aquele que faz o bem, sem ideia preconcebida, pelo só prazer de ser agradável a Deus e ao seu próximo que sofre, já se acha num certo grau de progresso, que lhe permitirá alcançar a felicidade muito mais depressa do que seu irmão que, mais positivo, faz o bem por cálculo e não impelido pelo ardor natural do seu coração."

b) *Não haverá aqui uma distinção a estabelecer-se entre o bem que podemos fazer ao nosso próximo e o cuidado que pomos em corrigir-nos dos nossos defeitos? Concebemos que seja pouco meritório fazermos o bem com a ideia de que nos seja levado em conta na outra vida; mas será igualmente indício de inferioridade emendarmo-nos, vencermos as nossas paixões, corrigirmos o nosso caráter, com o propósito de nos aproximarmos dos bons Espíritos e de nos elevarmos?*

"Não, não. Quando dizemos fazer o bem, queremos dizer ser caridoso. Procede como egoísta todo aquele que calcula o que lhe possa cada uma de suas boas ações render na vida futura, tanto quanto na vida terrena. Nenhum egoísmo, porém, há em querer o homem melhorar-se, para se aproximar de Deus, pois que é o fim para o qual devem todos tender."

898. *Sendo a vida corpórea apenas uma estada temporária neste mundo e devendo o futuro constituir objeto da nossa principal preocupação, será útil que nos esforcemos por adquirir conhecimentos científicos que só digam respeito às coisas e às necessidades materiais?*

"Sem dúvida. Primeiramente, isso vos põe em condições de auxiliar os vossos irmãos; depois, o vosso Espírito subirá mais depressa, se já houver progredido em inteligência. Nos intervalos das encarnações, aprendereis numa hora o que na Terra vos exigiria anos de aprendizado. Nenhum conhecimento é inútil; todos mais ou menos contribuem para o progresso, porque o Espírito, para ser perfeito, tem que saber tudo, e porque, cumprindo que o progresso se efetue em todos os sentidos, todas as ideias adquiridas ajudam o desenvolvimento do Espírito."

899. *Qual é o mais culpado de dois homens ricos que empregam exclusivamente em gozos pessoais suas riquezas, tendo um nascido na opulência e desconhecido sempre a necessidade, devendo o outro ao seu trabalho os bens que possui?*

"Aquele que conheceu os sofrimentos porque sabe o que é sofrer. A dor, a que nenhum alívio procura dar, ele a conhece; porém, como frequentemente sucede, já dela se não lembra."

900. *Aquele que incessantemente acumula haveres, sem fazer o bem a quem quer que seja, achará desculpa que valha, na circunstância de acumular com o propósito de maior soma legar aos seus herdeiros?*

"É um compromisso com a consciência má."

901. *Figuremos dois avarentos, um dos quais nega a si mesmo o necessário e morre de miséria sobre o seu tesouro, ao passo que o segundo só o é para os outros, mostrando-se pródigo para consigo mesmo; enquanto recua ante o mais ligeiro sacrifício para prestar um serviço ou fazer qualquer coisa útil, nunca julga demasiado o que dependa para satisfazer aos seus gostos ou às suas paixões. Peça-se-lhe um favor e estará sempre em dificuldade para fazê-lo; imagine, porém, realizar uma fantasia e terá sempre o bastante para isso. Qual é o mais culpado e qual o que se achará em pior situação no mundo dos Espíritos?*

"O que goza, porque é mais egoísta do que avarento. O outro já recebeu parte do seu castigo."

902. *Será reprovável que cobicemos a riqueza quando nos anime o desejo de fazer o bem?*

"Tal sentimento é, não há dúvida, louvável, quando puro. Mas, será sempre bastante desinteressado esse desejo? Não ocultará nenhum intuito de ordem pessoal? Não será de fazer o bem a si mesmo, em primeiro lugar, que cogita aquele, em quem tal desejo se manifesta?"

903. *Incorre em culpa o homem por estudar os defeitos alheios?*

"Incorrerá em grande culpa, se o fizer para os criticar e divulgar, porque será faltar com a caridade. Se o fizer, para tirar daí proveito, para evitá-los, tal estudo poderá ser-lhe de alguma utilidade. Importa, porém, não esquecer que a indulgência para com os defeitos de outrem é uma das virtudes contidas na caridade. Antes de censurardes as imperfeições dos outros, vede se de vós não poderão dizer o mesmo. Tratai, pois, de possuir as qualidades opostas aos defeitos que criticais no vosso semelhante. Esse é o meio de vos tornardes superiores a ele. Se lhe censurais por ser avaro, sede generosos; se por ser orgulhoso, sede humildes e modestos; se por ser áspero, sede brandos; se por proceder com pequenez, sede grandes em todas as vossas ações. Numa palavra, fazei por maneira que se não vos possam aplicar estas palavras de Jesus: "Tira primeiro a trave do teu olho, e então cuidarás em tirar o argueiro do olho do teu irmão".[31]

904. *Incorrerá em culpa aquele que sonda as chagas da sociedade e as expõe em público?*

"Depende do sentimento que o mova. Se o escritor apenas visa produzir escândalo, não faz mais do que proporcionar a si mesmo um gozo pessoal, apresentando quadros que constituem antes mau do que bom exemplo. O Espírito aprecia isso, mas pode vir a ser punido por essa espécie de prazer que encontra em revelar o mal."

a) *Como, em tal caso, julgar da pureza das intenções e da sinceridade do escritor?*

"Nem sempre há nisso utilidade. Se ele escrever boas coisas, aproveitai-as. Se proceder mal, é uma questão de consciência que lhe diz respeito, exclusivamente. Além disso, se o escritor tem empenho em provar a sua sinceridade, apoie o que disser nos exemplos que dê."

905. *Alguns autores hão publicado belíssimas obras de grande moral, que auxiliam o progresso da Humanidade, das quais, porém, nenhum proveito tiraram eles. Enquanto espíritos lhes será levado em conta o bem a que suas obras hajam dado lugar?*

"A moral sem as ações é o mesmo que a semente sem o trabalho. De que vos serve a semente se não a fazeis dar frutos que vos alimentem? Grave é a culpa desses homens porque dispunham de inteligência para compreender. Não praticando as máximas que ofereciam aos outros, renunciaram a colher-lhes os frutos."

906. *Será passível de censura o homem, por ter consciência do bem que faz e por confessá-lo a si mesmo?*

"Pois que pode ter consciência do mal que pratica, do bem igualmente deve tê-la, a fim de saber se andou bem ou mal. Pesando todos os seus atos na balança da lei de Deus e, sobretudo, na lei de justiça, amor e caridade, é que poderá dizer a si mesmo se suas obras são boas ou más, que as poderá aprovar ou desaprovar. Não se lhe pode, portanto, censurar que reconheça haver triunfado dos maus pendores e que se sinta satisfeito, desde que de tal não se envaideça, porque então cairia em outra falta."

Paixões

907. *Será substancialmente mau o princípio originário das paixões, embora esteja na Natureza?*

"Não; a paixão está no excesso de que se acresceu a vontade, visto que o princípio que lhe dá origem foi posto no homem para o bem, tanto que as paixões podem levá-lo à realização de grandes coisas. O abuso que delas se faz é que causa o mal."

908. *Como se poderá determinar o limite onde as paixões deixam de ser boas para se tornarem más?*

"As paixões são como um corcel, que só tem utilidade quando governado e que se torna perigoso desde que passe a governar. Uma paixão se torna perigosa a partir do momento em que deixais de poder governá-la e que dá em resultado um prejuízo qualquer para vós mesmos ou para outrem."

---

31   Mateus, 7:5. (N. do E.)

As paixões são alavancas que decuplicam as forças do homem e o auxiliam na execução dos desígnios da Providência. Mas, se, em vez de as dirigir, deixa que elas o dirijam, cai o homem nos excessos e a própria força que, manejada pelas suas mãos, poderia produzir o bem, contra ele se volta e o esmaga.

Todas as paixões têm seu princípio em um sentimento, ou em uma necessidade natural. O princípio das paixões não é, assim, um mal, pois que assenta numa das condições providenciais da nossa existência. A paixão propriamente dita é o exagero de uma necessidade ou de um sentimento. Está no excesso e não na causa e este excesso se torna um mal, quando tem como consequência um mal qualquer.

Toda paixão que aproxima o homem da natureza animal afasta-o da natureza espiritual. Todo sentimento que eleva o homem acima da natureza animal denota predominância do Espírito sobre a matéria e o aproxima da perfeição.

909. *Poderia sempre o homem, pelos seus esforços, vencer as suas más inclinações?*
"Sim, e, frequentemente, fazendo esforços muito insignificantes. O que lhe falta é a vontade. Ah! Quão poucos dentre vós fazem esforços!"

910. *Pode o homem achar nos Espíritos eficaz assistência para triunfar de suas paixões?*
"Se o pedir a Deus e ao seu bom gênio, com sinceridade, os bons Espíritos lhe virão certamente em auxílio, porquanto é essa a missão deles."

911. *Não haverá paixões tão vivas e irresistíveis que a vontade seja impotente para dominá-las?*
"Há muitas pessoas que dizem: *Quero*, mas a vontade só lhes está nos lábios. Querem, porém muito satisfeitas ficam que não seja como "querem". Quando o homem crê que não pode vencer as suas paixões, é que seu Espírito se compraz nelas, em consequência da sua inferioridade. Compreende a sua natureza espiritual aquele que as procura reprimir. Vencê-las é, para ele, uma vitória do Espírito sobre a matéria."

912. *Qual é o meio mais eficiente de combater o predomínio da natureza corpórea?*
"Praticar a abnegação."

O egoísmo

913. *Dentre os vícios, qual se pode considerar o pior?*
"Temo-lo dito muitas vezes: o *egoísmo*. Daí deriva todo mal. Estudai todos os vícios e vereis que no fundo de todos há egoísmo. Por mais que lhes deis combate, não chegareis a extirpá-los, enquanto não atacardes o mal pela raiz, enquanto não lhe houverdes destruído a causa. Tendam, pois, todos os esforços para esse efeito, porquanto aí é que está a verdadeira chaga da sociedade. Quem quiser, desde esta vida, ir aproximando-se da perfeição moral, deve expurgar o seu coração de todo sentimento de egoísmo, visto ser o egoísmo incompatível com a justiça, o amor e a caridade. Ele neutraliza todas as outras qualidades."

914. *Fundando-se o egoísmo no sentimento do interesse pessoal, bem difícil parece extirpá-lo inteiramente do coração humano. Será possível consegui-lo?*
"À medida que os homens se instruem acerca das coisas espirituais, menos valor dão às coisas materiais. Depois, necessário é que se reformem as instituições humanas que o entretêm e excitam. Isso depende da educação."

915. *Por ser inerente à espécie humana, o egoísmo não constituirá sempre um obstáculo ao reinado do bem absoluto na Terra?*

"É exato que no egoísmo tendes o vosso maior mal, porém, ele se prende à inferioridade dos Espíritos encarnados na Terra e não à Humanidade em si. Ora, depurando-se por encarnações sucessivas, os Espíritos se despojam do egoísmo, como de suas outras impurezas. Não existirá na Terra nenhum homem isento de egoísmo e praticante da caridade? Há muito mais homens assim do que supondes. Apenas, não os conheceis, porque a virtude foge à viva claridade do dia. Desde que haja um, por que não haverá dez? Havendo dez, por que não haverá mil e assim por diante?

916. *Longe de diminuir, o egoísmo cresce com a civilização, que parece até mesmo excitar e manter o homem. Como poderá a causa destruir o efeito?*

"Quanto maior é o mal, mais hediondo se torna. Seria preciso que o egoísmo produzisse muito mal, para que compreensível se fizesse a necessidade de extirpá-lo. Os homens, quando se houverem despojado do egoísmo que os domina, viverão como irmãos, sem se fazerem mal algum, auxiliando-se reciprocamente, impelidos pelo sentimento mútuo da *solidariedade*. Então, o forte será o amparo e não o opressor do fraco e não mais serão vistos homens a quem falte o indispensável, porque todos praticarão a lei de justiça. Esse é o reinado do bem que os Espíritos estão incumbidos de preparar."

917. *Qual é o meio de destruir-se o egoísmo?*

"De todas as imperfeições humanas, o egoísmo é a mais difícil de desenraizar-se porque deriva da influência da matéria, influência de que o homem, *ainda muito próximo de sua origem*, não pôde libertar-se e para cujo entretenimento tudo concorre: suas leis, sua organização social, sua educação. O egoísmo se enfraquecerá à proporção que a vida moral for predominante sobre a vida material e, sobretudo, com a compreensão, que o Espiritismo vos faculta, do vosso estado futuro, *real* e não desfigurado por ficções alegóricas. Quando, bem compreendido, se houver identificado com os costumes e as crenças, o Espiritismo transformará os hábitos, os usos e as relações sociais. O egoísmo assenta na importância da personalidade. Ora, o Espiritismo, bem compreendido, repito, mostra as coisas de tão alto que o sentimento da personalidade desaparece, de certo modo, diante da imensidão. Destruindo essa importância, ou, pelo menos, reduzindo-a às suas legítimas proporções, ele necessariamente combate o egoísmo.

"O convívio que o homem experimenta do egoísmo dos outros é o que muitas vezes o faz egoísta, por sentir a necessidade de colocar-se na defensiva. Notando que os outros pensam em si próprios e não nele, é levado a ocupar-se consigo mais do que com os outros. Sirva de base as instituições sociais, as relações legais de povo a povo e de homem a homem, o princípio da caridade e da fraternidade, e cada um pensará menos na sua pessoa, quando perceber que os outros assim o fazem. Todos experimentarão a influência moralizadora do exemplo e do contato. Em face do atual extravasamento do egoísmo, grande virtude é verdadeiramente necessária, para que alguém renuncie à sua personalidade em proveito dos outros, que, em geral, não o reconhecem. Principalmente para os que possuem essa virtude é que o reino dos céus se acha aberto. A esses, sobretudo, é que está reservada a felicidade dos eleitos, pois em verdade vos digo que, no dia da justiça, será posto de lado e sofrerá pelo abandono, em que se há de ver, todo aquele que em si somente houver pensado."

– *Fénelon*

Louváveis esforços indubitavelmente se empregam para fazer que a Humanidade progrida. Os bons sentimentos são encorajados, estimulados e honrados mais do que em qualquer outra época. Entretanto, o egoísmo, verme roedor, continua a ser a chaga social. É um mal real, que se alastra por todo o mundo e do qual cada homem é mais ou menos vítima. Cumpre, pois, combatê-lo, como se combate uma enfermidade epidêmica. Para isso, deve-se proceder como procedem os médicos: ir à origem do mal. Procurem-se em todas as partes do organismo social, da família aos povos, da choupana ao palácio, todas as causas, todas as influências que, ostensiva ou ocultamente, excitam, alimentam e desenvolvem o sentimento do egoísmo. Conhecidas as causas, o remédio se apresentará por si mesmo. Só restará então destruí-las, senão totalmente, de uma só vez, ao menos parcialmente, e o veneno pouco a pouco será eliminado. Poderá ser longa a cura, porque numerosas são as causas, mas não é impossível. Contudo, ela só se obterá se o mal for atacado em sua raiz, isto é, pela educação, não por essa educação que tende a fazer homens instruídos, mas pela que tende a fazer homens de bem. A educação, convenientemente entendida, constitui a chave do progresso moral. Quando se conhecer a arte de manejar as características, como se conhece a de manejar as inteligências, será possível corrigi-las, do mesmo modo que se aprumam plantas novas. Essa arte, porém, exige muito tato, muita experiência e profunda observação. É grave erro pensar que, para exercê-la com proveito baste o conhecimento da Ciência. Quem acompanhar, assim o filho do rico, como o do pobre, desde o instante do nascimento, observar todas as influências perniciosas que sobre eles atuam, em consequência da fraqueza, da incúria e da ignorância dos que os dirigem, observando igualmente com quanta frequência falham os meios empregados para moralizá-los, não poderá espantar-se de encontrar pelo mundo tantas esquisitices. Faça-se com o moral o que se faz com a inteligência e se perceberá que, se há naturezas refratárias, muito maior do que se julga é o número das que apenas reclamam boa cultura para produzir bons frutos.

O homem deseja ser feliz e natural, esse sentimento lhe é natural. Por isso é que trabalha incessantemente para melhorar a sua posição na Terra que pesquisa as causas de seus males, para remediá-los. Quando compreender bem que no egoísmo reside uma dessas causas, a que gera o orgulho, a ambição, a cupidez, a inveja, o ódio, o ciúme, que a cada momento o magoam, a que perturba todas as relações sociais, provoca as dissensões, aniquila a confiança, a que o obriga a se manter constantemente na defensiva contra o seu vizinho, enfim, a que do amigo faz inimigo, ele compreenderá também que esse vício é incompatível com a sua felicidade e, podemos mesmo acrescentar, com a sua própria segurança. E quanto mais haja sofrido por efeito desse vício, mais sentirá a necessidade de combatê-lo, como se combatem a peste, os animais nocivos e todos os outros flagelos. O seu próprio interesse a isso o induzirá.

O egoísmo é a fonte de todos os vícios, como a caridade o é de todas as virtudes. Destruir um e desenvolver a outra, tal deve ser o alvo de todos os esforços do homem, se quiser assegurar a sua felicidade neste mundo, tanto quanto no futuro.

Características do homem de bem

918. *Por quais indícios se pode reconhecer em um homem o progresso real que lhe elevará o Espírito na hierarquia espírita?*

"O espírito prova a sua elevação quando todos os atos de sua vida corporal representam a prática da lei de Deus e quando antecipadamente compreende a vida espiritual."

Verdadeiramente, homem de bem é o que pratica a lei da justiça, do amor e da caridade, na sua maior pureza. Se interrogar a própria consciência sobre os atos que praticou, perguntará se não transgrediu essa lei, se não fez o mal, se fez todo o bem *que podia*, se ninguém tem motivos para dele se queixar, enfim, se fez aos outros o que desejara que lhe fizessem.

Possuído do sentimento de caridade e de amor ao próximo, faz o bem pelo bem, sem contar com qualquer retribuição, e sacrifica seus interesses à justiça.

É bondoso, humanitário e benevolente para com todos porque vê irmãos em todos os homens, sem distinção de raças nem de crenças.

Se Deus lhe outorgou o poder e a riqueza, considera essas coisas como *um depósito*, de que lhe cumpre usar para o bem. Delas não se envaidece, por saber que Deus, que as deu a ele, também pode retirá-las.

Se sob a sua dependência a ordem social colocou outros homens, trata-os com bondade e complacência, porque são seus iguais perante Deus. Usa da sua autoridade para lhes levantar o moral e não para os esmagar com seu orgulho.

É indulgente para com as fraquezas alheias, porque sabe que também precisa da indulgência dos outros e se lembra destas palavras do Cristo: *Atire a primeira pedra aquele que estiver sem pecado.*

Não é vingativo. A exemplo de Jesus, perdoa as ofensas, para só se lembrar dos benefícios, pois não ignora que, *como houver perdoado, assim perdoado lhe será.*

Respeita, enfim, em seus semelhantes, todos os direitos que as leis da Natureza lhes concedem, como quer que os mesmos direitos lhe sejam respeitados.

Conhecimento de si mesmo

919. *Qual é o meio prático mais eficaz que tem o homem de se melhorar nesta vida e de resistir à atração do mal?*

"Um sábio da Antiguidade vo-lo disse: *Conhece-te a ti mesmo.*"

a) *Conhecemos toda a sabedoria desta máxima, porém a dificuldade está precisamente em cada um conhecer-se a si mesmo. Qual é o meio de consegui-lo?*

"Fazei o que eu fazia quando vivi na Terra: ao fim do dia, interrogava a minha consciência, passava revista ao que fizera e perguntava a mim mesmo se não faltara a algum dever, se ninguém tivera motivo para de mim se queixar. Foi assim que cheguei a me conhecer e a ver o que em mim precisava de reforma. Aquele que, todas as noites, evocasse todas as ações que praticara durante o dia e inquirisse de si mesmo o bem ou o mal que houvera feito, rogando a Deus e ao seu anjo de guarda que o esclarecessem, grande força adquiriria para se aperfeiçoar, porque, crede-me, Deus o assistiria. Dirigi, pois, a vós mesmos perguntas, interrogai-vos sobre o que tendes feito e com que objetivo procedestes em tal ou tal circunstância, sobre se fizestes alguma coisa que, feita por outrem, censuraríeis, sobre se fizestes alguma ação que não ousaríeis confessar. Perguntai ainda mais: "Se aprouvesse a Deus chamar-me neste momento, teria que temer o olhar de alguém, ao entrar de novo no mundo dos Espíritos, onde nada pode ser ocultado?"

"Examinai o que pudestes ter feito contra Deus, depois contra o vosso próximo e, finalmente, contra vós mesmos. As respostas vos darão, ou o descanso para a vossa consciência, ou a indicação de um mal que precise ser curado.

"O conhecimento de si mesmo é, portanto, a chave do progresso individual. Mas, direis, como há de alguém julgar-se a si mesmo? Não está aí a ilusão do amor-próprio para atenuar as faltas e torná-las desculpáveis? O avarento se considera apenas econômico e previdente; o orgulhoso julga que em si só há dignidade. Isto é muito real, mas tendes um meio de verificação que não pode iludir-vos. Quando estiverdes indecisos sobre o valor de uma de vossas ações, inquiri como a qualificaríeis, se praticada por outra pessoa. Se a censurais nos outros, não a poderia ter por legítima quando fordes o seu autor, pois que Deus não usa de duas medidas na aplicação de Sua justiça. Procurai também saber o que dela pensam os vossos semelhantes e não desprezeis a opinião dos vossos inimigos, porquanto esses nenhum interesse têm em mascarar a verdade e Deus muitas vezes os coloca ao vosso lado como um espelho, a fim de que sejais advertidos com mais franqueza do que o faria um amigo. Investigue, por conseguinte, a sua consciência aquele que se sinta possuído do desejo sério de melhorar-se, a fim de extirpar de si os maus pendores, como do seu jardim arranca as ervas daninhas; dê balanço no seu dia moral para, a exemplo do comerciante, avaliar suas perdas e seus lucros e eu vos asseguro que a conta destes será mais avultada que a daquelas. Se puder dizer que foi bom o seu dia, poderá dormir em paz e aguardar sem receio o despertar na outra vida.

"Formulai, pois, de vós para convosco, questões nítidas e precisas e não temais multiplicá-las. Justo é que se gastem alguns minutos para conquistar uma felicidade eterna. Não trabalhais todos os dias com o fito de juntar haveres que vos garantam repouso na velhice? Não constitui esse repouso o objeto de todos os vossos desejos, o fim que vos faz suportar fadigas e privações temporárias? Pois bem! Que é esse descanso de alguns dias, turbado sempre pelas enfermidades do corpo, em comparação com o que espera o homem de bem? Não valerá este outro a pena de alguns esforços? Sei haver muitos que dizem ser positivo o presente e incerto o futuro. Ora, esta é exatamente a ideia que estamos encarregados de eliminar do vosso íntimo, visto desejarmos fazer que compreendais esse futuro, de modo a não restar nenhuma dúvida em vossa alma. Por isso foi que primeiro chamamos a vossa atenção por meio de fenômenos capazes de ferir-vos os sentidos e que agora vos damos instruções, que cada um de vós se acha encarregado de espalhar. Com este objetivo é que ditamos *O Livro dos Espíritos*."
Santo Agostinho

Muitas faltas que cometemos nos passam despercebidas. Se, efetivamente, seguindo o conselho de Santo Agostinho, interrogássemos com mais frequência a nossa consciência, veríamos quantas vezes falimos sem que o suspeitemos, unicamente por não investigarmos a natureza e o móvel dos nossos atos.

A forma interrogativa tem alguma coisa de mais preciso do que qualquer máxima, que muitas vezes deixamos de aplicar a nós mesmos. Ela exige respostas categóricas, por um sim ou não, que não abrem lugar para qualquer alternativa, respostas que são igualmente argumentos pessoais. E, pela soma que derem as respostas, poderemos computar a soma de bem ou de mal que existe em nós.

QUARTA PARTE

ESPERANÇAS E CONSOLAÇÕES

CAPÍTULO I

PENAS E GOZOS TERRESTRES

Felicidade e infelicidade relativas

920. *Pode o homem gozar de completa felicidade na Terra?*

"Não, por isso que a vida lhe foi dada como prova ou expiação. Dele, porém, depende a suavização de seus males e o ser tão feliz quanto possível na Terra."

921. *Concebe-se que o homem será feliz na Terra quando a Humanidade estiver transformada. Mas, enquanto isso se não verifica, poderá conseguir uma felicidade relativa?*

"O homem é quase sempre o obreiro da sua própria infelicidade. Praticando a lei de Deus, a muitos males se forrará e proporcionará a si mesmo felicidade tão grande quanto o comporte a sua existência grosseira."

Aquele que se acha bem compenetrado de seu destino futuro não vê na vida corporal mais do que uma estação temporária, como uma parada momentânea em péssima hospedaria. Facilmente se consola de alguns aborrecimentos passageiros de uma viagem que o levará a uma melhor posição, quanto melhor tenha cuidado dos preparativos para empreendê-la.

Já nesta vida somos punidos pelas infrações que cometemos, das leis que regem a existência corpórea, sofrendo os males consequentes dessas mesmas infrações e dos nossos próprios excessos. Se, gradativamente, remontarmos à origem do que chamamos nossas desgraças terrenas, veremos que, na maioria dos casos, elas são a consequência de um primeiro afastamento nosso do caminho reto. Desviando-nos deste, enveredamos por outro, mau, e, de consequência em consequência, caímos na desgraça.

922. *A felicidade terrestre é relativa à posição de cada um. O que basta para a felicidade de um constitui a desgraça de outro. Haverá, contudo, alguma soma de felicidade comum a todos os homens?*

"Com relação à vida material, é a posse do necessário. Com relação à vida moral, a consciência tranquila e a fé no futuro."

923. *O que para um é supérfluo não representará para outro, o necessário, e reciprocamente, de acordo com as posições respectivas?*

"Sim, conformemente às vossas ideias materiais, aos vossos preconceitos, à vossa ambição e às vossas ridículas extravagâncias, a que o futuro fará justiça, quando compreenderdes a verdade. Não há dúvida de que aquele que tinha cinquenta mil libras de renda, vendo-se reduzido a só ter dez mil, se considera muito desgraçado, por não mais poder fazer a mesma figura, conservar o que chama a sua posição, ter cavalos, lacaios, satisfazer a todas as paixões etc. Acredita que lhe falta o necessário. Mas, francamente, achas que seja digno de lástima quando ao seu lado muitos há, morrendo de fome e frio, sem um abrigo onde repousem a cabeça? O homem criterioso, a fim de ser feliz, olha sempre para baixo e não para cima, a não ser para elevar sua alma ao infinito."

924. *Há males que independem da maneira de proceder do homem e que atingem mesmo os mais justos. Nenhum meio terá ele de os evitar?*

"Deve resignar-se e sofrê-los *sem murmurar*, se quer progredir. Sempre, porém, lhe é dado extrair consolação na própria consciência, que lhe proporciona a esperança de melhor futuro, se fizer o que é preciso para obtê-lo."

925. *Por que favorece Deus, com os dons da riqueza, a certos homens que não parecem tê-las merecido?*

"Isso significa um favor aos olhos dos que apenas veem o presente. Mas, ficai sabendo, a riqueza é, em geral, uma prova mais perigosa do que a miséria." (Veja a questão 814 e as seguintes)

926. *Criando novas necessidades, a civilização não constitui uma fonte de novas aflições?*

"Os males deste mundo estão na razão das necessidades *factícias* que vos criais. De muitos desenganos se poupa nesta vida aquele que sabe restringir seus desejos e olha sem inveja para o que esteja acima de si. O que menos necessidades tem, esse é o mais rico.

"Invejais os gozos dos que vos parecem os felizes do mundo. Sabeis, porventura, o que lhes está reservado? Se os seus gozos são todos pessoais, pertencem eles ao número dos egoístas: o reverso então virá. Deveis, de preferência, lastimá-los. Deus algumas vezes permite que o mau prospere, mas a sua felicidade não é de causar inveja, porque com lágrimas amargas a pagará. Quando um justo é infeliz, isso representa uma prova que lhe será levada em conta, se a suportar com coragem. Lembrai-vos destas palavras de Jesus: "Bem-aventurados os que choram, porque eles serão consolados"[32].

927. *Não há dúvida de que, à felicidade, o supérfluo não é forçosamente indispensável, porém o mesmo não se dá com o necessário. Ora, não será real a infelicidade daqueles a quem falta o necessário?*

"Verdadeiramente infeliz o homem só o é quando sofre a falta do necessário à vida e à saúde do corpo. Todavia, pode acontecer que essa privação seja de sua culpa. Então, só tem que se queixar de si mesmo. Se for ocasionada por outrem, a responsabilidade recairá sobre aquele que lhe houver dado causa."

---

32   Mateus 5:4 (N. do E.)

928. *Evidentemente, por meio da especialidade das aptidões naturais, Deus indica a nossa vocação neste mundo. Muitos dos nossos males não advirão de não seguirmos essa vocação?*

"Assim é, de fato, e muitas vezes são os pais que, por orgulho ou avareza, desviam seus filhos da senda que a Natureza lhes traçou, comprometendo-lhes a felicidade, por efeito desse desvio. Responderão por ele."

a) *Seria então justo que o filho de um homem altamente colocado na sociedade fabricasse tamancos, por exemplo, desde que para isso tivesse aptidão?*

"Cumpre não cair no absurdo, nem exagerar coisa alguma: a civilização tem suas exigências. Por que haveria de fabricar tamancos o filho de um homem altamente colocado, como dizes, se pode fazer outra coisa? Poderá sempre tornar-se útil na medida de suas faculdades, desde que não as aplique às avessas. Assim, por exemplo, em vez de mau advogado, talvez desse bom mecânico etc."

No afastarem-se os homens da sua esfera intelectual reside indubitavelmente uma das mais frequentes causas de decepção. A inaptidão para a carreira abraçada constitui fonte inesgotável de reveses. Depois, o amor-próprio, sobrevindo a tudo isso, impede que o que fracassou recorra a uma profissão mais humilde e lhe mostra o suicídio como remédio para escapar ao que se lhe afigura humilhação. *Se uma educação moral o houvesse colocado acima dos tolos preconceitos do orgulho, jamais se teria deixado apanhar desprevenido.*

929. *Pessoas há que, privadas de todos os recursos, embora no seu derredor reine a abundância, só têm diante de si a perspectiva da morte. Que partido devem tomar? Devem deixar-se morrer de fome?*

"Nunca ninguém deve ter a ideia de deixar-se morrer de fome. O homem acharia sempre meio de se alimentar, se o orgulho não se colocasse entre a necessidade e o trabalho. Costuma-se dizer: 'Não há ofício desprezível; o seu estado não é o que desonra o homem.' Isso, porém, cada um diz para os outros e não para si."

930. *É evidente que, se não fossem os preconceitos sociais pelos quais se deixa o homem dominar, ele sempre acharia um trabalho qualquer, que lhe proporcionasse meio de viver, embora deslocando-se da sua posição. Mas, entre os que não têm preconceitos ou os põem de lado, não há pessoas que se veem na impossibilidade de prover as suas necessidades, em consequência de moléstias ou outras causas independentes da vontade delas?*

"Numa sociedade organizada segundo a lei do Cristo, ninguém deve morrer de fome."

Com uma organização social criteriosa e previdente, ao homem só por culpa sua pode faltar o necessário. Porém, suas próprias faltas são frequentemente resultado do meio onde se acha colocado. Quando praticar a lei de Deus, terá uma ordem social fundada na justiça e na solidariedade e ele próprio também será melhor."

931. *Por que são mais numerosas, na sociedade, as classes sofredoras do que as felizes?*

"Nenhuma é perfeitamente feliz e o que julgais ser a felicidade muitas vezes oculta pungentes aflições. O sofrimento está por toda parte. Entretanto, para responder ao teu pensamento, direi que as classes a que chamas sofredoras são mais numerosas, por ser a Terra lugar de expiação. Quando a houver transformado em morada do bem e de Espíritos bons, o homem deixará de ser infeliz aí e ela lhe será o paraíso terrestre."

932. *Por que, no mundo, tão frequentemente, a influência dos maus sobrepuja a dos bons?*

"Por fraqueza destes. Os maus são intrigantes e audaciosos, os bons são tímidos. Quando estes o quiserem, preponderarão."

933. Assim como, quase sempre, é o homem o causador de seus sofrimentos materiais, também o será de seus sofrimentos morais?

"Mais ainda, porque os sofrimentos materiais algumas vezes independem da vontade; mas, o orgulho ferido, a ambição frustrada, a ansiedade da avareza, a inveja, o ciúme, todas as paixões, numa palavra, são torturas da alma.

"A inveja e o ciúme! Felizes os que desconhecem estes dois vermes roedores! Para aquele que a inveja e o ciúme atacam, não há calma, nem repouso possíveis. À sua frente, como fantasmas que lhe não dão tréguas e o perseguem até durante o sono, se levantam os objetos de sua cobiça, do seu ódio, do seu despeito. O invejoso e o ciumento vivem ardendo em contínua febre. Será essa uma situação desejável e não compreendeis que, com as suas paixões, o homem cria para si mesmo suplícios voluntários, tornando-se-lhe a Terra verdadeiro inferno?"

Muitas expressões pintam energicamente o efeito de certas paixões. Diz-se: ímpar de orgulho, morrer de inveja, secar de ciúme ou de despeito, não comer nem beber de ciúmes etc. Este quadro é sumamente real. Acontece até não ter o ciúme objeto determinado. Há pessoas ciumentas, por natureza, de tudo o que se eleva, de tudo o que sai da craveira vulgar, embora nenhum interesse direto tenham, mas unicamente porque não podem conseguir outro tanto. Ofusca-as tudo o que lhes parece estar acima do horizonte e, se constituíssem maioria na sociedade, trabalhariam para reduzir tudo ao nível em que se acham. É o ciúme aliado à mediocridade.

Em geral, o homem só é infeliz pela importância que liga às coisas deste mundo. Fazem-lhe a infelicidade a vaidade, a ambição e a cobiça desiludidas. Se ele se colocar fora do círculo acanhado da vida material, se elevar seus pensamentos para o infinito, que é seu destino, mesquinhas e pueris lhe parecerão as vicissitudes da Humanidade, como o são as tristezas da criança que se aflige pela perda de um brinquedo, que resumia a sua felicidade suprema.

Aquele que só vê felicidade na satisfação do orgulho e dos apetites grosseiros é infeliz, desde que não os pode satisfazer, ao passo que aquele que nada pede ao supérfluo é feliz com os que outros consideram calamidades.

Referimo-nos ao homem civilizado, porquanto, o selvagem, sendo mais limitadas as suas necessidades, não tem os mesmos motivos de cobiça e de angústias. Diversa é a sua maneira de ver as coisas. Como civilizado, o homem raciocina sobre a sua infelicidade e a analisa. Por isso é que esta o fere. Mas também lhe é facultado raciocinar sobre os meios de obter consolação e de analisá-los. Essa consolação ele encontra no *sentimento cristão, que lhe dá a esperança de melhor futuro, e no Espiritismo que lhe dá a certeza desse futuro.*

Perdas dos entes queridos

934. *A perda dos entes que nos são caros não constitui para nós legítima causa de dor, tanto mais legítima quanto é irreparável e independente da nossa vontade?*

"Essa causa de dor atinge assim o rico, como o pobre: representa uma prova, ou expiação, e comum é a lei. Tendes, porém, uma consolação em poderdes comunicar-vos com os vossos amigos pelos meios que vos estão ao alcance, *enquanto não dispondes de outros mais diretos e mais acessíveis aos vossos sentidos."*

935. *Que se deve pensar da opinião dos que consideram profanação as comunicações com o além-túmulo?*

"Não pode haver nisso profanação, quando haja recolhimento e quando a evocação seja praticada respeitosa e convenientemente. A prova de que assim é tendes no fato de que os Espíritos que vos consagram afeição acodem com prazer ao vosso chamado. Sentem-se felizes por vos lembrardes deles e por se comunicarem convosco. Haveria profanação se isso fosse feito levianamente."

A possibilidade de nos pormos em comunicação com os Espíritos é uma doce consolação, pois que nos proporciona meio de conversarmos com os nossos parentes e amigos que deixaram antes de nós a Terra. Pela evocação, aproximamo-los de nós, eles vêm colocar-se ao nosso lado, nos ouvem e respondem. Cessa assim, por bem dizer, toda separação entre eles e nós. Auxiliam-nos com seus conselhos, testemunham-nos o afeto que nos guardam e a alegria que experimentam por nos lembrarmos deles. Para nós, grande satisfação é sabê-los felizes, informar-nos, *por seu intermédio,* dos pormenores da nova existência a que passaram e adquirir a certeza de que um dia iremos nos juntar a eles.

936. *Como é que as dores inconsoláveis dos que sobrevivem se refletem nos Espíritos que as causam?*

"O Espírito é sensível à lembrança e às saudades dos que lhe eram caros na Terra; mas uma dor incessante e desarrazoada o toca penosamente porque, nessa dor excessiva, ele vê falta de fé no futuro e de confiança em Deus e, por conseguinte, um obstáculo ao adiantamento dos que o choram e talvez à sua reunião com estes."

Estando o Espírito mais feliz no Espaço que na Terra, lamentar que ele tenha deixado a vida corpórea é deplorar que seja feliz. Figuremos dois amigos que se achem metidos na mesma prisão. Ambos alcançarão um dia a liberdade, mas um a obtém antes do outro. Seria caridoso que o que continuou preso se entristecesse porque o seu amigo foi libertado primeiro? Não haveria, de sua parte, mais egoísmo do que afeição em querer que do seu cativeiro e do seu sofrer partilhasse o outro por igual tempo? O mesmo se dá com dois seres que se amam na Terra. O que parte primeiro é o que primeiro se liberta e só nos cabe felicitá-lo, aguardando com paciência o momento em que a nosso turno também o seremos.

Façamos ainda, a este propósito, outra comparação. Tendes um amigo que, junto de vós, se encontra em penosíssima situação. Sua saúde ou seus interesses exigem que vá para outro país, onde estará melhor a todos os respeitos. Deixará temporariamente de se achar ao vosso lado, mas com ele vos correspondereis sempre: a separação será apenas material. seria desgostoso o seu afastamento, embora para o bem dele?

Pelas provas patentes que ministra da vida futura, da presença, em torno de nós, daqueles a quem amamos, da continuidade da afeição e da solicitude que nos dispensavam e pelas relações que nos faculta manter com eles, a Doutrina Espírita nos oferece suprema consolação, por ocasião de uma das mais legítimas dores. Com o Espiritismo, não mais solidão, não mais abandono: o homem, por mais isolado que esteja, tem sempre perto de si amigos com quem pode comunicar-se.

Impacientemente suportamos as tribulações da vida. Tão intoleráveis nos parecem que pensamos não poder suportá-las. Entretanto, se as tivermos suportado corajosamente, se soubermos impor silêncio às nossas murmurações, felicitar-nos-emos, quando fora desta prisão terrena, como o doente que sofre e se felicita, quando curado, por se haver submetido a um tratamento doloroso.

Decepções. Ingratidão. Afeições destruídas

937. *Para o homem de coração, as decepções oriundas da ingratidão e da fragilidade dos laços da amizade não são também uma fonte de amarguras?*

"São; porém, deveis lastimar os ingratos e os infiéis: serão muito mais infelizes do que vós. A ingratidão é filha do egoísmo e o egoísta topará mais tarde com corações insensíveis, como o seu próprio o foi. Lembrai-vos de todos os que hão feito mais bem do que vós, que valeram muito mais do que vós e que tiveram por paga a ingratidão. Lembrai-vos de que o próprio Jesus foi, quando no mundo, injuriado e menosprezado, tratado de velhaco. Seja o bem que houverdes feito a vossa recompensa na Terra e não atenteis no que dizem os que hão recebido os vossos benefícios. A ingratidão é uma prova para a vossa perseverança na prática do bem; ser-vos-á levada em conta e os que vos forem ingratos serão tanto mais punidos quanto maior lhes tenha sido a ingratidão."

938. *As decepções oriundas da ingratidão não serão de molde a endurecer o coração e a fechá-lo à sensibilidade?*

"Seria um erro, porquanto o homem de coração, como dizes, se sente sempre feliz pelo bem que faz. Sabe que, se esse bem for esquecido nesta vida, será lembrado em outra e que o ingrato se envergonhará e terá remorsos da sua ingratidão."

a) *Mas isso não impede que se lhe ulcere o coração. Ora, daí não poderá nascer-lhe a ideia de que seria mais feliz se fosse menos sensível?*

"Pode, se preferir a felicidade do egoísta. Triste felicidade essa! Saiba, pois, que os amigos ingratos que os abandonam não são dignos de sua amizade e que se enganou a respeito deles. Assim sendo, não há de que lamentar o tê-los perdido. Mais tarde achará outros, que saberão compreendê-lo melhor. Lastimai os que usam para convosco de um procedimento que não tenhais merecido, pois bem triste se lhes apresentará o reverso da medalha. Não vos aflijais, porém, com isso: será o meio de vos colocardes acima deles."

A Natureza deu ao homem a necessidade de amar e de ser amado. Um dos maiores gozos que lhe são concedidos na Terra é o de encontrar corações que com o seu simpatizem. Dá-lhe ela, assim, as primícias da felicidade que o aguarda no mundo dos Espíritos perfeitos, onde tudo é amor e benignidade. Desse gozo está excluído o egoísta.

Uniões antipáticas

939. *Uma vez que os Espíritos simpáticos são induzidos a unir-se, como é que, entre os encarnados, frequentemente só de um lado há afeição e que o mais sincero amor se vê acolhido com indiferença e, até, com repulsão? Como é, além disso, que a mais viva afeição de dois seres pode mudar-se em antipatia e mesmo em ódio?*

"Não compreendes então que isso constitui uma punição, se bem que passageira? Depois, quantos não são os que acreditam amar perdidamente, porque apenas julgam pelas aparências, e que, obrigados a viver com as pessoas amadas, não tardam a reconhecer que só experimentaram um encantamento material! Não basta uma pessoa estar enamorada de outra que lhe agrada e em quem supõe belas qualidades. Convivendo realmente com ela é que poderá apreciá-la. Tanto é assim que, em muitas uniões, que a princípio parecem destinadas a nunca ser simpáticas, acabam os que as constituíram, depois de se haverem estudado bem e de bem se conhecerem, por votar-se, reciprocamente, duradouro e terno amor, porque assente na estima! É necessário que não se esqueça de que é o Espírito quem ama e não o corpo, de sorte que, dissipada a ilusão material, o Espírito vê a realidade.

"Duas espécies há de afeição: a do corpo e a da alma, acontecendo com frequência tomar-se uma pela outra. Quando pura e simpática, a afeição da alma é duradoura; efêmera é a do corpo. Daí vem que, muitas vezes, os que julgavam amar-se com eterno amor passam a odiar-se, desde que a ilusão se desfaça."

940. *Não constitui igualmente fonte de dissabores, tanto mais amargos quanto envenenam toda a existência, a falta de simpatia entre seres destinados a viver juntos?*

"Amaríssimos, com efeito. Essa, porém, é uma das infelicidades de que sois, na maioria das vezes, a causa principal. Em primeiro lugar, o erro é das vossas leis. Julgas, porventura, que Deus te constranja a permanecer junto dos que te desagradam? Depois, nessas uniões, ordinariamente buscais a satisfação do orgulho e da ambição, mais do que a ventura de uma afeição mútua. Sofreis então as consequências dos vossos prejuízos."

a) *Mas, nesse caso, não há quase sempre uma vítima inocente?*

"Há e para ela é uma dura expiação. Mas a responsabilidade da sua desgraça recairá sobre os que lhe tiverem sido os causadores. Se a luz da verdade já lhe houver penetrado a alma, em sua fé no futuro encontrará consolação. Todavia, à medida que os preconceitos se enfraquecerem, as causas dessas desgraças íntimas também desaparecerão."

Temor da morte

941. *Para muitas pessoas, o temor da morte é uma causa de perplexidade. De onde lhes vêm esse temor, tendo elas diante de si o futuro?*

"Falta-lhes fundamento para semelhante temor. Mas, que queres! Se procuram persuadi-las, quando crianças, de que há um inferno e um paraíso e que mais certo é irem para o inferno, visto que também lhes disseram que o que está na Natureza constitui pecado mortal para a alma! Sucede então que, tornadas adultas, essas pessoas, se algum juízo têm, não podem admitir tal coisa e se fazem ateias, ou materialistas. São assim levadas a crer que, além da vida presente, nada mais há. Quanto aos que persistiram nas suas crenças da infância, esses temem aquele fogo eterno os queimará sem os consumir.

"Ao justo, nenhum temor inspira a morte, porque, com a fé, tem ele a certeza do futuro. A *esperança* fá-lo contar com uma vida melhor; e a *caridade*, a cuja lei obedece, lhe dá a segurança de que, no mundo para onde terá de ir, nenhum ser encontrará cujo olhar lhe seja de temer."

O homem carnal, mais preso à vida corpórea do que à vida espiritual tem, na Terra, penas e gozos materiais. Sua felicidade consiste na satisfação fugaz de todos os seus desejos.

Sua alma, constantemente preocupada e angustiada pelas vicissitudes da vida, se conserva numa ansiedade e numa tortura perpétuas. A morte o assusta porque ele duvida do futuro e porque tem de deixar no mundo todas as suas afeições e esperanças.

O homem moral, que se colocou acima das necessidades factícias criadas pelas paixões, já neste mundo experimenta gozos que o homem material desconhece. A moderação de seus desejos lhe dá ao Espírito calma e serenidade. Feliz pelo bem que faz, não há para ele decepções e as contrariedades lhe deslizam por sobre a alma, sem nenhuma impressão dolorosa deixarem.

942. *Pessoas não haverá que achem um tanto banais esses conselhos para ser-se feliz na Terra; que neles vejam o que chamam lugares comuns, cediças verdades; e que digam, que, afinal, o segredo para ser-se feliz consiste em saber cada um suportar a sua desgraça?*

"Há as que isso dizem e em grande número. Mas, muitas se parecem com certos doentes a quem o médico prescreve a dieta; desejariam curar-se sem remédios e continuando a cometer excessos."

Desgosto da vida. Suicídio

943. *De onde nasce o desgosto da vida, que, sem motivos plausíveis, se apodera de certos indivíduos?*

"Efeito da ociosidade, da falta de fé e, também, da saciedade.

Para aquele que usa de suas faculdades com fim útil e de acordo com as suas aptidões naturais, o trabalho nada tem de árido e a vida se escoa mais rapidamente. Ele suporta as vicissitudes com tanto mais paciência e resignação quanto obra com o fito da felicidade mais sólida e mais durável que o espera."

944. *Tem o homem o direito de dispor da sua vida?*

"Não; só a Deus assiste esse direito. O suicídio voluntário importa numa transgressão desta lei."

a) *Não é sempre voluntário o suicídio?*

"O louco que se mata não sabe o que faz."

945. *Que se deve pensar do suicídio que tem como causa o desgosto da vida?*

"Insensatos! Por que não trabalharam? A existência não lhes teria sido tão pesada."

946. *E do suicídio cujo fim é fugir das misérias e das decepções deste mundo?*

"Pobres Espíritos, que não têm a coragem de suportar as misérias da existência! Deus ajuda aos que sofrem e não aos que carecem de energia e de coragem. As tribulações da vida são provas ou expiações. Felizes os que as suportam sem se queixar, porque serão recompensados! Ai, porém, daqueles que esperam a salvação do que, na sua impiedade, chamam acaso, ou sorte! O acaso, ou a sorte, para me servir da linguagem deles, podem, com efeito, favorecê-los por um momento, mas para lhes fazer sentir mais tarde, cruelmente, a vacuidade dessas palavras."

a) *Os que hajam conduzido o desgraçado a esse ato de desespero sofrerão as consequências de tal proceder?*

"Oh! Esses, ai deles! *Responderão como por um assassínio.*"

947. *Pode ser considerado suicida aquele que, a braços com a maior penúria, se deixa morrer de fome?*

"É um suicídio, mas os que lhe foram causa, ou que teriam podido impedi-lo, são mais culpados do que ele, a quem a indulgência espera. Todavia, não penseis que seja totalmente absolvido, se lhe faltaram firmeza e perseverança e se não usou de toda a sua inteligência para sair do atoleiro. Ai dele, sobretudo, se o seu desespero nasce do orgulho. Quero dizer: se for quais homens em quem o orgulho anula os recursos da inteligência, que corariam de dever a existência ao trabalho de suas mãos e que preferem morrer de fome a renunciar ao que chamam sua posição social! Não haverá mil vezes mais grandeza e dignidade em lutar contra a adversidade, em afrontar a crítica de um mundo fútil e egoísta, que só tem boa-vontade para com aqueles a quem nada falta e que vos volta as costas assim que precisais dele? Sacrificar a vida à consideração desse mundo é um ato estúpido, porquanto ele a isso nenhum apreço dá."

948. *É tão reprovável, como o que tem por causa o desespero, o suicídio daquele que procura escapar à vergonha de uma ação má?*

"O suicídio não apaga a falta. Ao contrário, em vez de uma, haverá duas. Quando se teve a coragem de praticar o mal, é preciso ter-se a de lhe sofrer as consequências. Deus, que julga, pode, conforme a causa, abrandar os rigores de Sua justiça."

949. *Será desculpável o suicídio quando tenha por fim impedir que a vergonha caia sobre os filhos, ou sobre a família?*

"O que assim procede não faz bem. Mas, como pensa que o faz, Deus lhe leva isso em conta, pois que é uma expiação que ele se impõe a si mesmo. A intenção lhe atenua a falta; entretanto, nem por isso deixa de haver falta. Além disso, eliminai da vossa sociedade os abusos e os preconceitos e deixará de haver esses suicídios."

Aquele que tira de si mesmo a vida para fugir à vergonha de uma ação má prova que dá mais apreço à estima dos homens do que a de Deus, visto que volta para a vida espiritual carregado de suas iniquidades, tendo-se privado dos meios de repará-los durante a vida corpórea. Deus, geralmente, é menos inexorável do que os homens. Perdoa aos que sinceramente se arrependem e atende à reparação. O suicídio nada repara.

950. *Que pensar daquele que se mata, na esperança de chegar mais depressa a uma vida melhor?*

"Outra loucura! Que faça o bem e mais cedo estará de lá chegar, pois, matando-se, retarda a sua entrada num mundo melhor e terá que pedir que lhe seja permitido voltar para *concluir* a *vida* a que pôs termo sob o influxo de uma ideia falsa. Uma falta, seja qual for, jamais abre a ninguém o santuário dos eleitos."

951. *Não é, às vezes, meritório o sacrifício da vida, quando aquele que o faz visa salvar a de outrem, ou ser útil aos seus semelhantes?*

"Isso é sublime, conforme a intenção, e, em tal caso, o sacrifício da vida não constitui suicídio. Mas, Deus se opõe a todo sacrifício inútil e não o pode ver de bom grado, se tem o orgulho a manchá-lo. Só o desinteresse torna meritório o sacrifício e, não raro, quem o faz guarda oculto um pensamento, que lhe diminui o valor aos olhos de Deus."

Todo sacrifício que o homem faça à custa da sua própria felicidade é um ato soberanamente meritório aos olhos de Deus, porque resulta da prática da lei de caridade. Ora, sendo a vida o bem terreno a que maior apreço dá o homem, não comete atentado o que a ela renuncia pelo bem de seus semelhantes: cumpre um sacrifício. Mas, antes de o cumprir, deve refletir sobre se sua vida não será mais útil do que sua morte.

952. Comete suicídio o homem que perece vítima de paixões que ele sabia lque lhe haveriam de apressar o fim, porém, a que já não podia resistir, por havê-las o hábito mudado em verdadeiras necessidades físicas?

"É um suicídio moral. Não percebeis que, nesse caso, o homem é duplamente culpado? Há nele então falta de coragem e bestialidade, acrescidas do esquecimento de Deus."

a) *Será mais ou menos culpado do que o que tira a si mesmo a vida por desespero?*

"É mais culpado porque tem tempo de refletir sobre o seu suicídio. Naquele que o faz instantaneamente, há, muitas vezes, uma espécie de desvairamento, que alguma coisa tem da loucura. O outro será muito mais punido, por isso que as penas são proporcionadas sempre à consciência que o culpado tem das faltas que comete."

953. *Quando uma pessoa vê diante de si um fim inevitável e horrível, será culpada se abreviar de alguns instantes os seus sofrimentos, apressando voluntariamente sua morte?*

"É sempre culpado aquele que não aguarda o termo que Deus lhe marcou para a existência. E quem poderá estar certo de que, mau grado às aparências, esse termo tenha chegado; de que um socorro inesperado não venha no último momento?"

a) *Concebe-se que, em circunstâncias comuns, o suicídio seja condenável; mas, estamos figurando o caso em que a morte é inevitável e em que a vida só é encurtada de alguns instantes.*

"É sempre uma falta de resignação e de submissão à vontade do Criador."

b) *Quais, nesse caso, são as consequências de tal ato?*

"Uma expiação proporcionada, como sempre, à gravidade da falta, de acordo com as circunstâncias."

954. *Será condenável uma imprudência que compromete a vida sem necessidade?*

"Não há culpabilidade, em não havendo intenção, ou consciência perfeita da prática do mal."

955. *Podem ser consideradas suicidas e sofrem as consequências de um suicídio as mulheres que, em certos países, se queimam voluntariamente sobre os corpos dos maridos[33]?*

"Obedecem a um preconceito e, muitas vezes, mais à força do que por vontade. Julgam cumprir um dever e esse não é o caráter do suicídio. Encontram desculpa na nulidade moral que as caracteriza, na sua maioria, e na ignorância em que se acham. Esses usos bárbaros e estúpidos desaparecem com o advento da civilização."

956. *Alcançam o fim objetivado aqueles que, não podendo conformar-se com a perda de pessoas que lhes eram caras, se matam na esperança de ir juntar-se a elas?*

"Muito diverso do que esperam é o resultado que colhem. Em vez de se reunirem ao que era objeto de suas afeições, dele se afastam por longo tempo, pois não é possível que Deus recompense um ato de covardia e o insulto que Lhe fazem ao duvidarem da Sua providência. Pagarão esse instante de loucura com aflições maiores do que as que pensaram abreviar e não terão, para compensá-las, a satisfação que esperavam."

957. *Quais, em geral, com relação ao estado do Espírito, são as consequências do suicídio?*

---

33 Trata-se de um antigo costume hindu de nome "Sati", o qual, em nome de uma atitude honrosa, obrigava a viúva a cometer suicídio, atirando-se na pira funerária do marido morto. O ato é, hoje, proibido por lei na Índia.

"Muito diversas são as consequências do suicídio. Não há penas determinadas e, em todos os casos, correspondem sempre às causas que o produziram. Há, porém, uma consequência a que o suicida não pode escapar; é o *desapontamento*. Mas a sorte não é a mesma para todos; depende das circunstâncias. Alguns expiam a falta imediatamente, outros em nova existência, que será pior do que aquela cujo curso interromperam."

A observação, realmente, mostra que os efeitos do suicídio não são idênticos. Alguns há, porém, comuns a todos os casos de morte violenta e que são a consequência da interrupção brusca da vida. Há, primeiro, a persistência mais prolongada e tenaz do laço que une o Espírito ao corpo, por estar quase sempre esse laço na plenitude da sua força no momento em que é partido, ao passo que, no caso de morte natural, ele se enfraquece gradualmente e muitas vezes se desfaz antes que a vida se haja extinguido completamente. As consequências deste estado de coisas são o prolongamento da perturbação espiritual, seguindo-se à ilusão em que, durante mais ou menos tempo, o Espírito acredita de que ainda pertence ao número dos vivos.

A afinidade que permanece entre o Espírito e o corpo produz em alguns suicidas uma espécie de repercussão do estado do corpo no Espírito, que, assim, a seu mau grado, sente os efeitos da decomposição, de onde lhe resulta uma sensação cheia de angústias e de horror, estado esse que também pode durar pelo tempo que devia durar a vida que sofreu interrupção. Não é geral este efeito; mas, em caso algum, o suicida fica isento das consequências da sua falta de coragem e, cedo ou tarde, expia, de um modo ou de outro, a culpa em que incorreu. Assim é que certos Espíritos, que foram muito desgraçados na Terra, disseram ter-se suicidado na existência precedente e submetido voluntariamente a novas provas, para tentarem suportá-las com mais resignação. Em alguns, verifica-se uma espécie de ligação à matéria, de que inutilmente procuram desembaraçar-se, a fim de voarem para mundos melhores, cujo acesso, porém, se lhes conserva interditado. A maior parte deles sofre o pesar de haver feito uma coisa inútil, pois que só decepções encontram.

A religião, a moral, todas as filosofias condenam o suicídio como contrário às leis da Natureza. Todas nos dizem, em princípio, que ninguém tem o direito de abreviar voluntariamente a vida. Entretanto, por que não se tem esse direito? Por que não é livre o homem de pôr termo aos seus sofrimentos? Ao Espiritismo estava reservado demonstrar, pelo exemplo dos que sucumbiram, que o suicídio não é uma falta somente por constituir infração de uma lei moral, consideração de pouco peso para certos indivíduos, mas também um ato estúpido, pois que nada ganha quem o pratica, antes o contrário é o que se dá, como ensinam, não a teoria, porém os fatos, que ele nos põe sob as vistas.

CAPÍTULO II

PENAS E GOZOS FUTUROS

O Nada. A vida futura

958. *Por que tem o homem, instintivamente, horror ao nada?*
"Porque o nada não existe."

959. *De onde nasce, para o homem, o sentimento instintivo da vida futura?*
"Já temos dito: antes de encarnar, o Espírito conhecia todas essas coisas e a alma conserva vaga lembrança do que sabe e do que viu no estado espiritual."

Em todos os tempos, o homem se preocupou com o seu futuro além-túmulo e isso é muito natural. Qualquer que seja a importância que ligue à vida presente, não pode ele furtar-se a considerar quanto essa vida é curta e, sobretudo, precária, pois que a cada instante está sujeita a interromper-se, nenhuma certeza lhe sendo permitida acerca do dia seguinte. Que será dele, após o instante fatal? Questão grave esta, porquanto não se trata de alguns anos, apenas, mas da eternidade. Aquele que tem de passar longo tempo, em país estrangeiro, se preocupa com a situação em que lá se achará. Como, então, não nos havia de preocupar a em que nos veremos, deixando este mundo, uma vez que é para sempre?

A ideia do nada tem qualquer coisa que causa repulsa à razão. O homem que mais despreocupado seja durante a vida, em chegando o momento supremo, pergunta a si mesmo o que vai ser dele e, sem o querer, espera.

Crer em Deus, sem admitir a vida futura, seria um contrassenso. O sentimento de uma existência melhor reside no foro íntimo de todos os homens e não é possível que Deus aí o tenha colocado em vão.

A vida futura implica a conservação da nossa individualidade após a morte. Com efeito, que nos importaria sobreviver ao corpo, se a nossa essência moral houvesse de perder-se no oceano do infinito? As consequências, para nós, seriam as mesmas que se tivéssemos de nos sumir no nada.

Intuição das penas e gozos futuros

960. *De onde se origina a crença, com que deparamos entre todos os povos, na existência de penas e recompensas porvindouras?*

"É sempre a mesma coisa: pressentimento da realidade, trazido ao homem pelo Espírito nele encarnado. Porque, sabei-o bem, não é por acaso que uma voz interior vos fala. O vosso erro consiste em não lhe prestardes bastante atenção. Melhores vos tornaríeis, se nisso pensásseis muito, e muitas vezes."

961. *Qual é o sentimento que domina a maioria dos homens no momento da morte: a dúvida, o temor, ou a esperança?*

"A dúvida, nos céticos endurecidos; o temor, nos culpados; a esperança, nos homens de bem."

962. *Como pode haver céticos, uma vez que a alma traz ao homem o sentimento das coisas espirituais?*

"Eles são em número muito menor do que se julga. Muitos se fazem de espíritos fortes, durante a vida, somente por orgulho. No momento da morte, porém, deixam de ser fanfarrões."

A responsabilidade dos nossos atos é a consequência da realidade da vida futura. Dizem-nos a razão e a justiça que, na partilha da felicidade a que todos aspiram, não podem estar confundidos os bons e os maus. Não é possível que Deus queira que uns gozem, sem trabalho, de bens que outros só alcançam com esforço e perseverança.

A ideia que, mediante a sabedoria de Suas leis, Deus nos dá de Sua justiça e de Sua bondade não nos permite acreditar que o justo e o mau estejam na mesma categoria a Seus olhos, nem duvidar de que recebam, algum dia, um a recompensa, outro o castigo, pelo bem ou pelo mal que tenham feito. Por isso é que o sentimento inato que temos da justiça nos dá a intuição das penas e recompensas futuras.

Intervenção de Deus nas penas e recompensas

963. *Com cada homem, pessoalmente Deus se ocupa? Não é Ele muito grande e nós muito pequeninos para que cada indivíduo em particular tenha, a Seus olhos, alguma importância?*

"Deus se ocupa com todos os seres que criou, por mais pequeninos que sejam. Nada, para Sua bondade, é destituído de valor."

964. *Mas será necessário que Deus atente em cada um dos nossos atos, para nos recompensar ou punir? Esses atos não são, na sua maioria, insignificantes para Ele?*

"Deus tem Suas leis a regerem todas as vossas ações. Se as violais, vossa é a culpa. Indubitavelmente, quando um homem comete um excesso qualquer, Deus não profere contra ele um julgamento, dizendo-lhe, por exemplo: Foste guloso, vou punir-te. Ele traçou um limite; as enfermidades e muitas vezes a morte são a consequência dos excessos. Eis aí a punição; é o resultado da infração da lei. Assim acontece em tudo."

Todas as nossas ações estão submetidas às leis de Deus. Nenhuma há, *por mais insignificante que nos pareça*, que não possa ser uma violação daquelas leis. Se sofremos as consequências dessa violação, só nos devemos queixar de nós mesmos, que desse modo nos fazemos os causadores da nossa felicidade, ou da nossa infelicidade futuras.

Esta verdade se torna evidente por meio do apólogo seguinte:

"Um pai deu a seu filho educação e instrução, isto é, os meios de se guiar. Cede-lhe um campo para que o cultive e lhe diz: Aqui estão a regra que deves seguir e todos os instrumentos necessários a tornares fértil este campo e assegurares a tua existência. Dei-te a instrução, para compreenderes esta regra. Se a seguires, teu campo produzirá muito e te proporcionará o repouso na velhice. Se a desprezares, nada produzirá e morrerás de fome. Dito isso, deixa-o proceder livremente."

Não é verdade que esse campo produzirá na razão dos cuidados que forem dispensados à sua cultura e que toda negligência redundará em prejuízo da colheita? Na velhice, portanto, o filho será feliz, ou desgraçado, conforme haja seguido ou não a regra que seu pai lhe traçou. Deus ainda é mais previdente, pois que nos adverte, a cada instante, de que estamos fazendo bem ou mal. Envia-nos os Espíritos para nos inspirarem, porém não os escutamos. Há mais esta diferença: Deus faculta sempre ao homem, concedendo-lhe novas existências, recursos para reparar seus erros passados, enquanto ao filho de quem falamos, se empregou mal o seu tempo, nenhum recurso resta.

Natureza das penas e gozos futuros

965. *Têm alguma coisa de material as penas e gozos da alma depois da morte?*

"Não podem ser materiais, di-lo o bom senso, pois que a alma não é matéria. Nada têm de carnal essas penas e gozos; entretanto, são mil vezes mais vivos do que os experimentais na Terra, porque o Espírito, uma vez liberto, é mais impressionável. Então, já a matéria não lhe enfraquece as sensações." (Veja as questões 237 a 257.)

966. *Por que das penas e gozos da vida futura faz o homem, às vezes, tão grosseira e absurda ideia?*

"Inteligência que ainda se não desenvolveu bastante. Compreende a criança as coisas como o adulto? Isso depende também do que se lhe ensinou: aí é que há necessidade de uma reforma.

"Muitíssimo incompleta é a vossa linguagem para exprimir o que está fora de vós. Teve-se então que recorrer a comparações e tomaste como realidade as imagens e figuras que serviram para essas comparações. À medida, porém, que o homem se instrui, melhor vai compreendendo o que a sua linguagem não pode exprimir."

967. *Em que consiste a felicidade dos bons Espíritos?*

"Em conhecerem todas as coisas; em não sentirem ódio, nem ciúme, nem inveja, nem ambição, nem qualquer das paixões que ocasionam a desgraça dos homens. O amor que os une lhes é fonte de suprema felicidade. Não experimentam as necessidades, nem os sofrimentos, nem as angústias da vida material. São felizes pelo bem que fazem. Contudo, a felicidade dos Espíritos é proporcional à elevação de cada um. Somente os puros Espíritos gozam, é exato, da felicidade suprema, mas nem todos os outros são infelizes. Entre os maus e os perfeitos há uma infinidade de graus em que os gozos são relativos ao estado moral. Os que já estão bastante adiantados compreendem a ventura dos que os precederam e aspiram a alcançá-la. Mas esta aspiração lhes constitui uma causa de estímulo, não de ciúme. Sabem que deles depende o consegui-la e para a conseguirem trabalham, porém, com a calma da consciência tranquila e felizes se consideram por não terem que sofrer o que sofrem os maus."

968. *Citais, entre as condições da felicidade dos bons Espíritos, a ausência das necessidades materiais. Mas a satisfação dessas necessidades não representa para o homem uma fonte de gozos?*

"Sim, gozo do animal. Quando não podes satisfazer a essas necessidades, passas por uma tortura."

969. *Que se deve entender quando é dito que os Espíritos puros se acham reunidos no seio de Deus e ocupados em Lhe entoar louvores?*

"É uma alegoria indicativa da inteligência que eles têm das perfeições de Deus, porque o veem e compreendem, mas que, como muitas outras, não se deve tomar ao pé da letra. Tudo na Natureza, desde o grão de areia, canta, isto é, proclama o poder, a sabedoria e a bondade de Deus. Não creias, todavia, que os Espíritos bem-aventurados estejam em contemplação por toda a eternidade. Seria uma bem-aventurança estúpida e monótona. Fora, além disso, a felicidade do egoísta, porquanto a existência deles seria uma inutilidade sem-termo. Estão isentos das tribulações da vida corpórea: já é um gozo. Depois, como dissemos, conhecem e sabem todas as coisas; dão útil emprego à inteligência que adquiriram, auxiliando os progressos dos outros Espíritos. Essa é a sua ocupação, que ao mesmo tempo é um gozo."

970. *Em que consistem os sofrimentos dos Espíritos inferiores?*

"São tão variados como as causas que os determinam e proporcionados ao grau de inferioridade, como os gozos o são ao de superioridade. Podem resumir-se assim: invejarem o que lhes falta para ser felizes e não obterem; verem a felicidade e não a poderem alcançar; pesar, ciúme, raiva, desespero, motivados pelo que os impede de ser felizes; remorsos, ansiedade moral indefinível. Desejam todos os gozos e não podem satisfazer: eis o que os tortura."

971. *É sempre boa a influência que os Espíritos exercem uns sobre os outros?*

"Sempre boa, está claro, da parte dos bons Espíritos. Os Espíritos perversos, esses procuram desviar da senda do bem e do arrependimento os que lhes parecem suscetíveis de se deixarem levar e que são, muitas vezes, os que eles mesmos arrastaram ao mal durante a vida terrena."

a) *Assim, a morte não nos livra da tentação?*

"Não, mas a ação dos maus Espíritos é sempre menor sobre os outros Espíritos do que sobre os homens, porque lhes falta o auxílio das paixões materiais." (Veja a questão 996.)

972. *Como procedem os maus Espíritos para tentar os outros Espíritos, não podendo jogar com as paixões?*

"As paixões não existem materialmente, mas existem no pensamento dos Espíritos atrasados. Os maus dão pasto a esses pensamentos, conduzindo suas vítimas aos lugares onde se lhes ofereça o espetáculo daquelas paixões e de tudo o que as possa excitar."

a) *Mas, de que servem essas paixões, se já não têm objeto real?*

"Nisso precisamente é que lhes está o suplício: o avarento vê ouro que lhe não é dado possuir; o devasso, orgias em que não pode tomar parte; o orgulhoso, honras que lhe causam inveja e de que não pode gozar."

973. *Quais são os sofrimentos maiores a que os Espíritos maus se veem sujeitos?*

"Não há descrição possível das torturas morais que constituem a punição de certos crimes. Mesmo o que as sofre teria dificuldade em vos dar delas uma ideia. Indubitavelmente, porém, a mais horrível consiste em pensarem que estão condenados sem remissão."

Das penas e gozos da alma após a morte forma o homem ideia mais ou menos elevada, conforme o estado de sua inteligência. Quanto mais ele se desenvolve, tanto mais essa ideia se apura e se livra da matéria; compreende as coisas de um ponto de vista mais racional, deixando de tomar ao pé da letra as imagens de uma linguagem figurada. Ensinando-nos que a alma é um ser todo espiritual, a razão, mais esclarecida, nos diz, por isso mesmo, que ela não pode ser atingida pelas impressões que apenas sobre a matéria atuam. Não se segue, porém, daí que esteja isenta de sofrimentos, nem que não receba o castigo de suas faltas.

As comunicações espíritas tiveram como resultado mostrar o estado futuro da alma, não mais em teoria, porém, na realidade. Põem-nos diante dos olhos todas as peripécias da vida de além-túmulo. Ao mesmo tempo, entretanto, mostram-nos como consequências perfeitamente lógicas da vida terrestre e, embora despojadas do aparato fantástico que a imaginação dos homens criou, não são menos pessoais para os que fizeram mau uso de suas faculdades. Infinita é a variedade dessas consequências. Mas, em tese geral, pode-se dizer: cada um é punido por aquilo em que pecou. Assim é que uns o são pela visão incessante do mal que fizeram; outros, pelo pesar, pelo temor, pela vergonha, pela dúvida, pelo isolamento, pelas trevas, pela separação dos entes que lhes são caros etc.

974. *De onde procede a doutrina do fogo eterno?*

"Imagem, semelhante a tantas outras, tomada como realidade."

a) *Mas o temor desse fogo não produzirá bom resultado?*

"Vede se serve de freio, mesmo entre os que o ensinam. Se ensinardes coisas que mais tarde a razão venha a repelir, causareis uma impressão que não será duradoura, nem salutar."

Impotente para, na sua linguagem, definir a natureza daqueles sofrimentos, o homem não encontrou comparação mais enérgica do que a do fogo, pois, para ele, o fogo é o tipo do mais cruel suplício e o símbolo da ação mais violenta. Por isso é que a crença no fogo eterno data da mais remota Antiguidade, tendo-a os povos modernos herdado dos mais antigos. Por isso também é que o homem diz, em sua linguagem figurada: o fogo das paixões; abrasar de amor, de ciúme etc.

975. *Os Espíritos inferiores compreendem a felicidade do justo?*

"Sim, e isso lhes é um suplício, porque compreendem que estão dela privados por sua culpa. Daí resulta que o Espírito, liberto da matéria, aspira à nova vida corporal, pois que cada existência, *se for bem empregada*, abrevia um tanto a duração desse suplício. É então que procede à escolha das provas por meio das quais possa expiar suas faltas. Porque, ficai sabendo, o Espírito sofre por todo o mal que praticou, ou de que foi causa voluntária, por todo o bem que houvera podido fazer e não fez *e por todo o mal que decorra de não haver feito o bem*.

"Para o Espírito errante, já não há véus. *Ele se acha como tendo saído de um nevoeiro e vê o que o distancia da felicidade*. Mais sofre então, porque compreende o quanto foi culpado. *Não tem mais ilusões*: vê as coisas na sua realidade."

Na erraticidade, o Espírito descortina, de um lado, todas as suas existências passadas; de outro, o futuro que lhe está prometido e percebe o que lhe falta para atingi-lo. É qual viajor que chega ao cume de uma montanha: vê o caminho que percorreu e o que lhe resta percorrer, a fim de chegar ao fim da sua jornada.

976. *O espetáculo dos sofrimentos dos Espíritos inferiores não constitui, para os bons, uma causa de aflição e, nesse caso, que fica sendo a felicidade deles, se é assim turbada?*

"Não constitui motivo de aflição, pois que sabem que o mal terá fim. Auxiliam os outros a se melhorarem e lhes estendem as mãos. Essa a ocupação deles, ocupação que lhes proporciona gozo quando são bem-sucedidos."

a) *Isto se concebe da parte de Espíritos estranhos ou indiferentes. Mas o espetáculo das tristezas e dos sofrimentos daqueles a quem amaram na Terra não lhes perturba a felicidade?*

"Se não vissem esses sofrimentos, é que eles vos seriam estranhos depois da morte. Ora, a religião vos diz que as almas vos veem. Mas eles consideram de outro ponto de vista os vossos sofrimentos. Sabem que estes são úteis ao vosso progresso, se os suportardes com resignação. Afligem-se, portanto, muito mais com a falta de ânimo que vos retarda, do que com os sofrimentos considerados em si mesmos, todos passageiros."

977. *Não podendo os Espíritos ocultar reciprocamente seus pensamentos e sendo conhecidos todos os atos da vida, será possível deduzir que o culpado está perpetuamente em presença de sua vítima?*

"Não pode ser de outro modo, di-lo o bom senso."

a) *Serão um castigo para o culpado essa divulgação de todos os nossos atos reprováveis e a presença constante dos que deles foram vítimas?*

"Maior do que se pensa, mas tão somente até que o culpado tenha expiado suas faltas, quer como Espírito, quer como homem, em novas existências corpóreas."

Quando nos achamos no mundo dos Espíritos, estando patente todo o nosso passado, o bem e o mal que houvermos feito serão igualmente conhecidos. Em vão, aquele que haja praticado o mal tentará escapar ao olhar de suas vítimas: a presença inevitável destas lhe será um castigo e um remorso incessante, até que haja expiado seus erros, ao passo que o homem de bem por toda parte só encontra olhares amigos e benevolentes.

Para o mau, não há maior tormento, na Terra, do que a presença de suas vítimas, razão pela qual as evita continuamente. Que será quando, dissipada a ilusão das paixões, compreender o mal que fez, vir patenteados os seus atos mais secretos, desmascarada a sua hipocrisia e não puder subtrair-se à visão delas? Enquanto a alma do homem perverso é presa da vergonha, do pesar e do remorso, a do justo goza perfeita serenidade.

978. *A lembrança das faltas que a alma, quando imperfeita, tenha cometido, não lhe turba a felicidade, mesmo depois de se haver purificado?*

"Não, porque resgatou suas faltas e saiu vitoriosa das provas a que se submetera *para esse fim*."

979. *Não serão, para a alma, causa de penosa apreensão, que lhe altera a felicidade, as provas por que ainda tenha de passar para acabar a sua purificação?*

"Para a alma ainda maculada, são. Daí vem que ela não pode gozar de felicidade perfeita, senão quando esteja completamente pura. Para aquela, porém, que já se elevou, nada tem de penoso o pensar nas provas que ainda haja de sofrer."

Goza da felicidade a alma que chegou a um certo grau de pureza. Domina-a um sentimento de grata satisfação. Sente-se feliz por tudo o que vê, por tudo o que a cerca. Levanta-se-lhe o véu que encobria os mistérios e as maravilhas da Criação e as perfeições divinas em todo o esplendor lhe aparecem.

980. *O laço de simpatia que une os Espíritos da mesma ordem constitui para eles uma fonte de felicidade?*

"Os Espíritos entre os quais há recíproca simpatia *para o bem* encontram na sua união um dos maiores gozos, visto que não receiam vê-la turbada pelo egoísmo. Formam, no mundo inteiramente espiritual, famílias pela identidade de sentimentos, consistindo nisto a felicidade espiritual, do mesmo modo que no vosso mundo vos grupais em categorias e experimentais certo prazer quando vos achais reunidos. Na afeição pura e sincera que cada um vota aos outros e de que é por sua vez objeto, têm eles um manancial de felicidade, porquanto lá não há falsos amigos, nem hipócritas."

Das primícias dessa felicidade goza o homem na Terra, quando se lhe deparam almas com as quais pode confundir-se numa união pura e santa. Em uma vida mais purificada, inefável e ilimitado será esse gozo, pois aí ele só encontrará almas simpáticas, *que o egoísmo não tornará frias*. Porque, na Natureza, tudo é amor: o egoísmo é que o mata.

981. *Com relação ao estado futuro do Espírito, haverá diferença entre um que, em vida, teme a morte e outro que a encara com indiferença e mesmo com alegria?*

"Muito grande pode ser a diferença. Entretanto, apaga-se com frequência em face das causas determinantes desse temor ou desse desejo. Quer a tema, quer a deseje, pode o homem ser propelido por sentimentos muito diversos e são estes sentimentos que influem no estado do Espírito. É evidente, por exemplo, que naquele que deseja a morte, unicamente porque vê nela o termo de suas tribulações, há uma espécie de queixa contra a Providência e contra as provas que lhe cumpre suportar."

982. *Será necessário que professemos o Espiritismo e creiamos nas manifestações espíritas, para termos assegurada a nossa sorte na vida futura?*

"Se assim fosse, estariam deserdados todos os que não creem, ou que não tiveram ensejo de esclarecer-se, o que seria absurdo. Só o bem assegura a sorte futura. Ora, o bem é sempre o bem, qualquer que seja o caminho que a ele conduza."

A crença no Espiritismo ajuda o homem a se melhorar, firmando-lhe as ideias sobre certos pontos do futuro. Apressa o adiantamento dos indivíduos e das massas porque faculta que nos inteiremos do que seremos um dia. É um ponto de apoio, uma luz que nos guia. O Espiritismo ensina o homem a suportar as provas com paciência e resignação; afasta-o dos atos que possam retardar-lhe a felicidade, mas ninguém diz que, sem ele, não possa ela ser conseguida.

Penas temporais

983. *Não experimenta sofrimentos materiais o Espírito que expia suas faltas em nova existência? Será então exato dizer-se que, depois da morte, só há para a alma sofrimentos morais?*

"É bem verdade que, quando a alma está reencarnada, as tribulações da vida são-lhe um sofrimento; mas só o corpo sofre materialmente.

"Falando de alguém que morreu, costumais dizer que deixou de sofrer. Nem sempre isto exprime a realidade. Como Espírito, está isento de dores físicas; porém, tais sejam as faltas que tenha cometido, pode estar sujeito a dores morais mais agudas e pode vir a ser ainda mais desgraçado em nova existência. O mau rico terá que pedir esmola e se verá a braços com todas as privações oriundas da miséria; o orgulhoso, com todas as humilhações; o que abusa de sua autoridade e trata com desprezo e dureza os seus subordinados se verá forçado a obedecer a um superior mais ríspido do que ele o foi. Todas as penas e tribulações da vida são expiação das faltas de outra existência, quando não a consequência das da vida atual. Logo que daqui houverdes saído, compreendê-lo--eis. (Veja as questões 273, 393 e 399.)

"O homem que se considera feliz na Terra porque pode satisfazer às suas paixões é o que menos esforços emprega para se melhorar. Muitas vezes começa a sua expiação já nessa mesma vida de efêmera felicidade, mas certamente expiará em outra existência tão material quanto aquela."

984. *As vicissitudes da vida são sempre a punição das faltas atuais?*

"Não; já dissemos: são provas impostas por Deus, ou que vós mesmos escolhestes como Espíritos, antes de encarnardes, para expiação das faltas cometidas em outra existência, porque jamais fica impune a infração das leis de Deus e, sobretudo, da lei de justiça. Se não for punida nesta existência, será necessariamente em outra. Eis porque um, que vos parece justo, muitas vezes sofre. É a punição do seu passado." (Veja a questão 393.)

985. *Constitui recompensa a reencarnação da alma em um mundo menos grosseiro?*

"É a consequência de sua depuração, porquanto, à medida que se vão depurando, os Espíritos passam a encarnar em mundos cada vez mais perfeitos, até que se tenham despojado totalmente da matéria e lavado de todas as impurezas, para eternamente gozarem da felicidade dos Espíritos puros, no seio de Deus."

Nos mundos onde a existência é menos material do que neste, menos grosseiras são as necessidades e menos agudos os sofrimentos físicos. Lá, os homens desconhecem as paixões más, que, nos mundos inferiores, os fazem inimigos uns dos outros. Nenhum motivo tendo de ódio, ou de ciúme, vivem em paz, porque praticam a lei de justiça, amor e caridade. Não conhecem os aborrecimentos e cuidados que nascem da inveja, do orgulho e do egoísmo, causas do tormento da nossa existência terrestre.

986. *Pode o Espírito, que progrediu em sua existência terrena, reencarnar alguma vez no mesmo mundo?*

"Sim; desde que não tenha logrado concluir a sua missão, pode ele próprio pedir que lhe seja dado completá-la em nova existência. Mas, então, já não está sujeito a uma expiação."

987. *Que sucede ao homem que, não fazendo o mal, também nada faz para libertar-se da influência da matéria?*

"Pois que nenhum passo dá para a perfeição, tem que recomeçar uma existência de natureza idêntica à precedente. Fica estacionário, podendo assim prolongar os sofrimentos da expiação."

988. *Há pessoas cuja vida se escoa em perfeita calma; que nada precisando fazer por si mesmas, se conservam isentas de cuidados. Provará essa existência tão feliz que elas nada têm que expiar de existência anterior?*

"Conheces muitas dessas pessoas? Enganas-te se pensas que as há em grande número. Não raro, a calma é apenas aparente. Talvez elas tenham escolhido tal existência, mas, quando a deixam, percebem que não lhes serviu para progredirem. Então, como o preguiçoso, lamentam o tempo perdido. Sabei que o Espírito não pode adquirir conhecimentos e elevar-se senão exercendo a sua atividade. Se adormece na indolência, não se adianta. Assemelha-se a um que (segundo os vossos usos) precisa trabalhar e que vai passear ou deitar-se, com a intenção de nada fazer. *Sabei também que cada um terá que dar contas da inutilidade voluntária da sua existência, inutilidade sempre fatal à felicidade futura.* Para cada um, o total dessa felicidade futura corresponde à soma do bem que tenha feito, estando o da infelicidade na proporção do mal que haja praticado e daqueles a quem haja desgraçado."

989. *Pessoas há que, se bem não sejam positivamente más, tornam infelizes, pelas suas características, todos os que as cercam. Que consequências lhes advirão disso?* "Inquestionavelmente, essas pessoas não são boas. Expiarão suas faltas, tendo sempre diante da vista aqueles a quem infelicitaram, valendo-lhes isso por uma exprobração. Depois, em outra existência, sofrerão o que fizeram sofrer."

Expiação e arrependimento

990. *O arrependimento se dá no estado corporal ou no estado espiritual?*

"No estado espiritual; mas, também pode ocorrer no estado corporal, quando bem compreendeis a diferença entre o bem e o mal."

991. *Qual é a consequência do arrependimento no estado espiritual?*

"Desejar o arrependido uma nova encarnação para se purificar. O Espírito compreende as imperfeições que o privam de ser feliz e por isso aspira a uma nova existência em que possa expiar suas faltas."

992. *Que consequência produz o arrependimento no estado corporal?*

"Fazer que, *já na vida atual*, o Espírito progrida, se tiver tempo de reparar suas faltas. Quando a consciência o exprobra e lhe mostra uma imperfeição, o homem pode sempre melhorar-se."

993. *Não há homens que só têm o instinto do mal e são inacessíveis ao arrependimento?*

"Já te disse que todo Espírito tem que progredir incessantemente. Aquele que, nesta vida, só tem o instinto do mal, terá em outra o do bem e *é para isso que renasce muitas vezes*, pois preciso é que todos progridam e atinjam a meta. A diferença está somente em que uns gastam mais tempo do que outros, porque assim o querem. Aquele, que só tem o instinto do bem, já se purificou, visto que talvez tenha tido o do mal em anterior existência."

994. *O homem perverso, que não reconheceu suas faltas durante a vida, sempre as reconhece depois da morte?*

"Sempre as reconhece e, então, mais sofre, porque *sente em si todo o mal que praticou*, ou de que foi voluntariamente causa. Contudo, o arrependimento nem sempre é imediato.

Há Espíritos que se obstinam em permanecer no mau caminho, não obstante os sofrimentos por que passam. Porém, cedo ou tarde, reconhecerão errada a senda que tomaram e o arrependimento virá. Para esclarecê-los trabalham os bons Espíritos e também vós podeis trabalhar."

995. *Haverá Espíritos que, sem serem maus, se conservem indiferentes à sua sorte?*

"Há Espíritos que de coisa alguma útil se ocupam. Estão na expectativa. Mas, nesse caso, sofrem proporcionalmente. Devendo em tudo haver progresso, neles o progresso se manifesta pela dor."

a) *Não desejam esses Espíritos abreviar seus sofrimentos?*

"Desejam-no, sem dúvida, mas falta-lhes energia bastante para quererem o que os pode aliviar. Quantos indivíduos se contam, entre vós, que preferem morrer de miséria a trabalhar?"

996. *Pois que os Espíritos veem o mal que lhes resulta de suas imperfeições, como se explica que haja os que agravam suas situações e prolongam o estado de inferioridade em que se encontram, fazendo o mal como Espíritos, afastando do bom caminho os homens?*

"Assim procedem os de tardio arrependimento. Pode também acontecer que, depois de se haver arrependido, o Espírito se deixe arrastar de novo para o caminho do mal, por outros Espíritos ainda mais atrasados."

997. *Veem-se Espíritos, de notória inferioridade, acessíveis aos bons sentimentos e sensíveis às preces que por eles se fazem. Como se explica que outros Espíritos, que deveríamos supor mais esclarecidos, revelam um endurecimento e um cinismo, dos quais coisa alguma consegue triunfar?*

"A prece só tem efeito sobre o Espírito que se arrepende. Com relação aos que, impelidos pelo orgulho, se revoltam contra Deus e persistem nos seus desvarios, chegando mesmo a exagerá-los, como o fazem alguns desgraçados Espíritos, a prece nada pode e nada poderá, senão no dia em que um clarão de arrependimento se produza neles."

Não se deve perder de vista que o Espírito não se transforma subitamente, após a morte do corpo. Se viveu vida condenável, é porque era imperfeito. Ora, a morte não o torna imediatamente perfeito. Pode, pois, persistir em seus erros, em suas falsas opiniões, em seus preconceitos, até que se haja esclarecido pelo estudo, pela reflexão e pelo sofrimento.

998. *A expiação se cumpre no estado corporal ou no estado espiritual?*

"A expiação se cumpre durante a existência corporal, mediante as provas a que o Espírito se acha submetido e, na vida espiritual, pelos sofrimentos morais, inerentes ao estado de inferioridade do Espírito."

999. *Basta o arrependimento durante a vida para que as faltas do Espírito se apaguem e ele ache graça diante de Deus?*

"O arrependimento concorre para a melhoria do Espírito, mas ele tem que expiar o seu passado."

a) *Se, diante disto, um criminoso dissesse que, cumprindo-lhe, em todo caso, expiar o seu passado, nenhuma necessidade tem de se arrepender, que é o que daí lhe resultaria?*

"Tornar-se mais longa e mais penosa a sua expiação, desde que ele se torne obstinado no mal."

1000. *Já desde esta vida poderemos ir resgatando as nossas faltas?*

"Sim, reparando-as. Mas, não creiais que as resgateis mediante algumas privações pueris, ou distribuindo em esmolas o que possuirdes, depois que morrerdes, quando de nada mais precisais. Deus não dá valor a um arrependimento estéril, sempre fácil e que apenas custa o esforço de bater no peito. A perda de um dedo mínimo, quando se esteja prestando um serviço, apaga mais faltas do que o suplício da carne suportado durante anos, com objetivo exclusivamente *pessoal*.

"Só por meio do bem se repara o mal e a reparação nenhum mérito apresenta, se não atinge o homem *nem no seu orgulho, nem nos seus interesses materiais*.

"De que serve, para sua justificação, que restitua, depois de morrer, os bens mal adquiridos, quando se lhe tornaram inúteis e deles tirou todo o proveito?

"De que lhe serve privar-se de alguns gozos fúteis, de algumas superfluidades, se permanece integral o dano que causou a outrem?

"De que lhe serve, finalmente, humilhar-se diante de Deus, se, perante os homens, conserva o seu orgulho?"

1001. *Nenhum mérito haverá em assegurarmos, para depois de nossa morte, emprego útil aos bens que possuímos?*

"Nenhum mérito não é o termo. Isso sempre é melhor do que nada. A desgraça, porém, é que aquele, que só depois de morto dá, é quase sempre mais egoísta do que generoso. Quer ter o fruto do bem, sem o trabalho de praticá-lo. Duplo proveito tira aquele que, em vida se priva de alguma coisa; o mérito do sacrifício e o prazer de ver felizes os que lhe devem a felicidade. Mas, lá está o egoísmo a dizer-lhe: O que dás tiras aos teus gozos; e, como o egoísmo fala mais alto do que o desinteresse e a caridade, o homem guarda o que possui, pretextando suas necessidades pessoais e as exigências da sua posição! Ah! Lastimai aquele que desconhece o prazer de dar; acha-se verdadeiramente privado de um dos mais puros e suaves gozos. Submetendo-o à prova da riqueza, tão escorregadia e perigosa para o seu futuro, houve Deus por bem conceder-lhe, como compensação, a ventura da generosidade, da qual já neste mundo pode gozar."

1002. *Que deve fazer aquele que, em artigo de morte, reconhece suas faltas, quando já não tem tempo de as reparar? Basta-lhe nesse caso arrepender-se?*

"O arrependimento lhe apressa a reabilitação, mas não o absolve. Diante dele não se desdobra o futuro, que jamais se lhe tranca?"

Duração das penas futuras

1003. *É arbitrária ou sujeita a uma lei qualquer a duração dos sofrimentos do culpado na vida futura?*

"Deus nunca obra caprichosamente e tudo, no Universo, se rege por leis, em que a Sua sabedoria e a Sua bondade se revelam."

1004. *Em que se baseia a duração dos sofrimentos do culpado?*

"No tempo necessário a que se melhore. Sendo o estado de sofrimento ou de felicidade proporcionado ao grau de purificação do Espírito, a duração e a natureza de seus sofrimentos dependem do tempo que ele gaste em melhorar-se. À medida que progride e que os sentimentos se lhe depuram, seus sofrimentos diminuem e mudam de natureza."

– *São Luís*

1005. *Ao Espírito sofredor, o tempo se afigura tão ou menos longo do que quando estava vivo?*

"Parece-lhe mais longo: para ele não existe o sono. Só para os Espíritos que já chegaram a certo grau de purificação, o tempo, por assim dizer, se apaga diante do infinito."

1006. *Poderão durar eternamente os sofrimentos do Espírito?*

"Poderiam, se ele pudesse ser eternamente mau, isto é, se jamais se arrependesse e melhorasse, sofreria eternamente. Mas Deus não criou seres tendo por destino permanecerem votados perpetuamente ao mal. Apenas os criou a todos simples e ignorantes, tendo todos, no entanto, que progredir em tempo mais ou menos longo, conforme o decorrer da vontade de cada um. Mais ou menos tardia pode ser a vontade, do mesmo modo que há crianças mais ou menos precoces, porém, cedo ou tarde, ela aparece, por efeito da irresistível necessidade que o Espírito sente de sair da inferioridade e de se tornar feliz. Eminentemente sábia e magnânima é, pois, a lei que rege a duração das penas, porquanto subordina essa duração aos esforços do Espírito. Jamais o priva do seu livre-arbítrio: se deste faz ele mau uso, sofre as consequências."

– São Luís

1007. *Haverá Espíritos que nunca se arrependem?*

"Há-os de arrependimento muito tardio; porém, pretender-se que nunca se melhorarão seria negar a lei do progresso e dizer que a criança não pode tornar-se homem."

– São Luís

1008. *Depende sempre da vontade do Espírito a duração das penas? Algumas não haverá que lhe sejam impostas por tempo determinado?*

Sim, ao Espírito podem ser impostas penas por determinado tempo; mas Deus, que só quer o bem de Suas criaturas, acolhe sempre o arrependimento e infrutífero jamais fica o desejo que o Espírito manifeste de se melhorar."

– São Luís

1009. *Assim, as penas impostas jamais o são por toda a eternidade?*

"Interrogai o vosso bom senso, a vossa razão e perguntai-lhes se uma condenação perpétua, motivada por alguns momentos de erro, não seria a negação da bondade de Deus. Que é, com efeito, a duração da vida, ainda quando de cem anos, em face da eternidade? Eternidade! Compreendeis bem esta palavra? Sofrimentos, torturas sem-fim, sem esperanças, por causa de algumas faltas! O vosso juízo não repele semelhante ideia? Que os antigos tenham considerado o Senhor do Universo um Deus terrível, cioso e vingativo, concebe-se. Na ignorância em que se achavam, atribuíam à divindade as paixões dos homens. Esse, todavia, não é o Deus dos cristãos, que classifica como virtudes primordiais o amor, a caridade, a misericórdia, o esquecimento das ofensas. Poderia Ele carecer das qualidades, cuja posse prescreve, como um dever, às Suas criaturas? Não haverá contradição em se lhe atribuir a bondade infinita e a vingança também infinita? Dizeis que, acima de tudo, Ele é justo e que o homem não lhe compreende a justiça. Mas a justiça não exclui a bondade e Ele não seria bom se condenasse a eternas e horríveis penas a maioria das suas criaturas. Teria o direito de fazer da justiça uma obrigação para seus filhos se lhes não desse meio de compreendê-la? Aliás, no fazer que a duração das penas dependa dos esforços do culpado não está toda a sublimidade da justiça unida à bondade? Aí é que se encontra a verdade desta sentença: "A cada um segundo as suas obras."

– Santo Agostinho

"Aplicai-vos, por todos os meios ao vosso alcance, em combater, em aniquilar a ideia da eternidade das penas, ideia blasfematória da justiça e da bondade de Deus, germe fecundo da incredulidade, do materialismo e da indiferença que invadiram as massas humanas, desde que as inteligências começaram a desenvolver-se. O Espírito, prestes a esclarecer-se, ou mesmo apenas desbastado, logo lhe apreendeu a monstruosa injustiça. Sua razão a repele e, então, raro é que não englobe no mesmo repúdio a pena que o revolta e o Deus a quem a atribui. Daí os males sem conta que hão desabado sobre vós e aos quais vimos trazer remédio. Tanto mais fácil será a tarefa que vos apontamos, quanto é certo que todas as autoridades em quem se apoiam os defensores de tal crença evitaram todas pronunciar-se formalmente a respeito. Nem os concílios, nem os Pais da Igreja resolveram essa grave questão. Muito embora, segundo os Evangelistas e tomadas ao pé da letra as palavras emblemáticas do Cristo, ele tenha ameaçado os culpados com um fogo que se não extingue, com um fogo eterno, absolutamente nada se encontra nas suas palavras capaz de provar que os haja condenado *eternamente*.

"Pobres ovelhas desgarradas, aprendei a ver aproximar-se de vós o bom Pastor, que, longe de vos banir para todo o sempre de sua presença, vem pessoalmente ao vosso encontro, para vos reconduzir ao aprisco. Filhos pródigos, deixai o vosso voluntário exílio; encaminhai vossos passos para a morada paterna. O Pai vos estende os braços e está sempre pronto a festejar o vosso regresso ao seio da família."

– Lamennais

"Guerras de palavras! Guerras de palavras! Ainda não basta o sangue que tendes feito correr! Será ainda preciso que se reacendam as fogueiras? Discutem sobre palavras: eternidade das penas, eternidade dos castigos. Ignorais então que o que hoje entendeis por *eternidade* não é o que os antigos entendiam e designavam por esse termo? Consulte o teólogo as fontes e lá descobrirá, como todos vós, que o texto hebreu não atribuía esta significação ao vocábulo que os gregos, os latinos e os modernos traduziram por *penas sem fim, irremissíveis*. Eternidade dos castigos corresponde à eternidade do mal. Sim, enquanto existir o mal entre os homens, os castigos subsistirão. Importa que os textos sagrados se interpretem no sentido relativo. A eternidade das penas é, pois, relativa e não absoluta.

Chegue o dia em que todos os homens, pelo arrependimento, se revistam da túnica da inocência e desde esse dia deixará de haver gemidos e ranger de dentes. Limitada tendes, é certo, a vossa razão humana, porém, tal como a tendes, ela é uma dádiva de Deus e, com auxílio dessa razão, nenhum homem de boa-fé haverá que de outra forma compreenda a eternidade dos castigos. Como? Seria necessário admitir-se por eterno o mal. Somente Deus é eterno e não poderia ter criado o mal eterno; do contrário, forçoso seria tirar-lhe o mais magnífico dos Seus atributos: o soberano poder, porquanto não é soberanamente poderoso aquele que cria um elemento destruidor de suas obras. Humanidade! Humanidade! Não mergulhes mais os teus tristes olhares nas profundezas da Terra, procurando aí os castigos. Chora, espera, expia e refugia-te na ideia de um Deus intrinsecamente bom, absolutamente poderoso, essencialmente justo."

– *Platão*

"Gravitar para a unidade divina, eis o fim da Humanidade. Para atingi-lo, três coisas são necessárias: a Justiça, o Amor e a Ciência. Três coisas lhe são opostas e contrárias: a ignorância, o ódio e a injustiça. Pois bem! Digo-vos, em verdade, que mentis a estes princípios fundamentais, comprometendo a ideia de Deus, exagerando Sua severidade. Duplamente a comprometeis, deixando que no Espírito da criatura penetre a suposição de que há nela mais clemência, mais virtude, amor e verdadeira justiça, do que atribuis ao Ser infinito. Destruís mesmo a ideia do inferno, tornando-o ridículo e inadmissível às vossas crenças, como o é aos vossos corações o horrendo espetáculo das execuções, das fogueiras e das torturas da Idade Média! Mas como? Quando banida se acha para sempre das legislações humanas a Era das cegas represálias, é que esperais mantê-la no ideal? Oh! Crede-me, crede-me, irmãos em Deus e em Jesus-Cristo, crede-me: ou vos resignais a deixar que pereçam nas vossas mãos todos os vossos dogmas, de preferência a que se modifiquem, ou, então, vivificai-os, abrindo-os aos afetuosos eflúvios que os Bons, neste momento, derramam neles. A ideia do inferno, com as suas fornalhas ardentes, com as suas caldeiras a ferver, pôde ser tolerada, isto é, perdoável num século de ferro; porém, no século dezenove, não passa de vão fantasma, próprio, quando muito, para amedrontar criancinhas e em que estas, crescendo um pouco, logo deixam de crer. Se persistirdes nessa mitologia aterradora, estimulareis a incredulidade, mãe de toda a desorganização social. Tremo, entrevendo toda uma ordem social abalada e a ruir sobre os seus fundamentos, por falta de sanção penal. Homens de fé ardente e viva, vanguardeiros do dia da luz, mãos à obra, não para manter fábulas que envelheceram e se desacreditaram, mas para reavivar, revivificar a verdadeira sanção penal, sob formas condizentes com os vossos costumes, os vossos sentimentos e as luzes da vossa época.

"Quem é, com efeito, o culpado? É aquele que, por um desvio, por um falso movimento da alma, se afasta do objetivo da criação, que consiste no culto harmonioso do belo, do bem, idealizados pelo arquétipo humano, pelo homem-deus, por Jesus Cristo.

"Que é o castigo? A consequência natural, derivada desse falso movimento; uma certa soma de dores necessária a desgostá-lo da sua deformidade, pela experimentação do sofrimento. O castigo é o aguilhão que estimula a alma, pela amargura, a se dobrar sobre si mesma e a buscar o porto de salvação. O castigo só tem por fim a reabilitação, a redenção. Querê-lo eterno, por uma falta não eterna, é negar-lhe toda a razão de ser.

"Oh! Em verdade vos digo, cessai, cessai de pôr em paralelo, na sua eternidade, o Bem, essência do Criador, com o Mal, essência da criatura. Seria criar uma penalidade injustificável. Afirmai, ao contrário, o abrandamento gradual dos castigos e das penas pelas transgressões e consagrareis a unidade divina, tendo unidos o sentimento e a razão."

– *Paulo, Apóstolo*

Com o atrativo de recompensas e temor de castigos, procura-se estimular o homem para o bem e desviá-lo do mal. Se esses castigos, porém, lhe são apresentados de forma que a sua razão se recuse a admiti-los, nenhuma influência terão sobre ele. Longe disso, rejeitará tudo: a forma e o fundo. Se, ao contrário, lhe apresentarem o futuro de maneira lógica, ele não o repelirá. O Espiritismo lhe dá essa explicação.

A doutrina da eternidade das penas, em sentido absoluto, faz do Ente Supremo um Deus implacável. Seria lógico dizer-se, de um soberano, que é muito bom, muito magnânimo, muito indulgente, que só quer a felicidade dos que o cercam, mas que ao mesmo tempo é ciumento, vingativo, de inflexível rigor e que pune com o castigo extremo as três quartas partes dos seus súditos, por uma ofensa, ou uma infração de suas leis, mesmo quando praticada pelos que não as conheciam? Não haveria aí contradição? Ora, pode Deus ser menos bom do que o seria um homem?

Outra contradição. Pois que Deus tudo sabe, sabia, ao criar uma alma, se esta viria a falir ou não. Ela, pois, desde a sua formação, foi destinada à desgraça eterna. Será isto possível, racional? Com a doutrina das penas relativas, tudo se justifica. Deus sabia, sem dúvida, que ela faliria, mas lhe deu meios de se instruir pela sua própria experiência, mediante suas próprias faltas. É necessário que expie seus erros, para melhor se firmar no bem, mas a porta da esperança não se lhe fecha para sempre e Deus faz que, dos esforços que ela empregue para o conseguir, dependa a sua redenção. Isto toda gente pode compreender e a mais meticulosa lógica pode admitir. Menos céticos haveria se deste ponto de vista fossem apresentadas as penas futuras.

Na linguagem vulgar, a palavra *eterno* é muitas vezes empregada figuradamente, para designar uma coisa de longa duração, cujo termo não se prevê, embora se saiba muito bem que esse termo existe. Dizemos, por exemplo, os gelos eternos das altas montanhas, dos polos, embora saibamos, de um lado, que o mundo físico pode ter fim e, de outro lado, que o estado dessas regiões pode mudar pelo deslocamento normal do eixo da Terra, ou por um cataclismo. Assim, neste caso, o vocábulo *eterno* não quer dizer perpétuo ao infinito. Quando sofremos de uma enfermidade duradoura, dizemos que o nosso mal é eterno. Que há, pois, de admirar em que Espíritos que sofrem há anos, há séculos, há milênios mesmo, assim também se exprimam? Não esqueçamos, principalmente, que, não lhes permitindo a sua inferioridade divisar o ponto extremo do caminho, creem que terão de sofrer sempre, o que lhes é uma punição.

Além disso, a doutrina do fogo material, das fornalhas e das torturas, tomadas ao Tártaro do paganismo, está hoje completamente abandonada pela alta teologia e só nas escolas esses aterradores quadros alegóricos ainda são apresentados como verdades positivas, por alguns homens mais zelosos do que instruídos, que assim cometem grave erro, porquanto as imaginações juvenis, libertando-se dos terrores, poderão ir aumentar o número dos incrédulos. A Teologia reconhece hoje que a palavra *fogo* é usada figuradamente e que se deve entender como significando fogo moral (veja a questão 974). Os que têm acompanhado, como nós, as peripécias da vida e dos sofrimentos de além-túmulo, através das comunicações espíritas, hão podido convencer-se de que, por nada terem de material, eles não são menos pungentes. Mesmo relativamente à duração, alguns teólogos começam a admiti-la no sentido restritivo acima indicado e pensam que, com efeito, a palavra *eterno* pode se referir às penas em si mesmas, como consequência de uma lei imutável, e não à sua aplicação a cada indivíduo.

No dia em que a Religião admitir esta interpretação, assim como algumas outras também decorrentes do progresso das luzes, muitas ovelhas desgarradas reunirá.

Ressurreição da carne

1010. *O dogma da ressurreição da carne será a consagração da reencarnação ensinada pelos Espíritos?*

"Como seria de outro modo? Conforme sucede com tantas outras, estas palavras só parecem despropositadas, no entender de algumas pessoas, porque as tomam ao pé da letra. Levam, por isso, à incredulidade. Dai-lhes uma interpretação lógica e os que chamais livres pensadores as admitirão sem dificuldades, precisamente pela razão de que refletem. Porque, não vos enganeis, esses livres pensadores o que mais pedem e desejam é crer. Têm, como os outros, ou, talvez, mais que os outros, a sede do futuro, mas não podem admitir o que a ciência desmente. A doutrina da pluralidade das existências está de acordo com a justiça de Deus; só ela explica o que, sem ela, é inexplicável. Como pretender que o seu princípio não estivesse na própria religião?"

a) *Assim, pelo dogma da ressurreição da carne, a própria Igreja ensina a doutrina da reencarnação?*

"É evidente. Além disso, essa doutrina decorre de muitas coisas que têm passado despercebidas e que dentro em pouco se compreenderão neste sentido. Será reconhecido em breve que o Espiritismo ressalta a cada passo do próprio texto das Escrituras sagradas. Os Espíritos, portanto, não vêm subverter a religião, como alguns o pretendem. Vêm, ao contrário, confirmá-la, sancioná-la por provas irrecusáveis. Como, porém, são chegados os tempos de não mais empregarem linguagem figurada, eles se exprimem sem alegorias e dão às coisas sentido claro e preciso, que não possa estar sujeito a qualquer interpretação falsa. Eis por que, daqui a algum tempo, muito maior será do que é hoje o número de pessoas sinceramente religiosas e crentes."

– *São Luís*

Efetivamente, a Ciência demonstra a impossibilidade da ressurreição, segundo a ideia vulgar. Se os despojos do corpo humano se conservassem homogêneos, embora dispersos e reduzidos a pó, ainda se conceberia que pudessem reunir-se em dado momento. As coisas, porém, não se passam assim. O corpo é formado de elementos diversos: o oxigênio, hidrogênio, azoto, carbono etc. Pela decomposição, esses elementos se dispersam, mas para servir à formação de novos corpos, de tal sorte que uma mesma molécula de carbono, por exemplo, terá entrado na composição de muitos milhares de corpos diferentes (falamos unicamente dos corpos humanos, sem ter em conta os dos animais); que um indivíduo tem talvez em seu corpo moléculas que já pertenceram a homens das primitivas idades do mundo; que essas mesmas moléculas orgânicas que absorveis nos alimentos provêm, possivelmente, do corpo de tal outro indivíduo que conhecestes e assim por diante. Existindo em quantidade definida a matéria e sendo indefinidas as suas combinações, como poderia cada um daqueles corpos reconstituir-se com os mesmos elementos? Há aí impossibilidade material. Racionalmente, pois, não se pode admitir a ressurreição da carne, senão como uma figura simbólica do fenômeno da reencarnação. E, então, nada mais há que aberre da razão, que esteja em contradição com os dados da Ciência.

É exato que, segundo o dogma, essa ressurreição só no fim dos tempos se dará, ao passo que, segundo a doutrina Espírita, ocorre todos os dias. Mas, nesse quadro do julgamento final, não haverá uma grande e bela imagem a ocultar, sob o véu da alegoria, uma dessas verdades imutáveis, em presença das quais deixará de haver céticos, desde que lhes seja restituída a verdadeira significação? Dignem-se de meditar a teoria espírita sobre o futuro das almas e sobre a sorte que lhes cabe, por efeito das diferentes provas que lhes cumpre sofrer, e verão que, exceção feita da simultaneidade, o juízo que as condena ou absolve não é uma ficção, como pensam os incrédulos. Notemos mais que aquela teoria é a consequência natural da pluralidade dos mundos, hoje perfeitamente admitida, enquanto que, segundo a doutrina do juízo final, a Terra passa por ser o único mundo habitado.

Paraíso, inferno e purgatório

1011. *Haverá no Universo lugares circunscritos para as penas e gozos dos Espíritos segundo seus merecimentos?*

"Já respondemos a esta pergunta. As penas e os gozos são inerentes ao grau de perfeição dos Espíritos. Cada um tira de si mesmo o princípio de sua felicidade ou de sua desgraça. E como eles estão por toda parte, nenhum lugar circunscrito ou fechado existe especialmente destinado a uma ou outra coisa. Quanto aos encarnados, esses são mais ou menos felizes ou desgraçados, conforme é mais ou menos adiantado o mundo em que habitam."

1012. *De acordo, então, com essa afirmação, o inferno e o paraíso não existem, tais como o homem os imagina?*

"São simples alegorias: por toda parte há Espíritos felizes e infelizes. Entretanto, conforme também dissemos, os Espíritos de uma mesma ordem se reúnem por simpatia; mas podem reunir-se onde queiram, quando são perfeitos."

A localização absoluta das regiões das penas e das recompensas existe só na imaginação do homem. Provém da sua tendência de *materializar* e *circunscrever* as coisas, cuja essência infinita não lhe é possível compreender.

1013. *Que se deve entender por* purgatório?

"Dores físicas e morais: o tempo da expiação. Quase sempre, na Terra é que fazeis o vosso purgatório e que Deus vos obriga a expiar as vossas faltas."

O que o homem chama *purgatório* é igualmente uma alegoria, devendo-se entender como tal, não um lugar determinado, porém, o estado dos Espíritos imperfeitos que se acham em expiação até alcançarem a purificação completa, que os levará à categoria dos Espíritos bem-aventurados. Operando-se essa purificação por meio das diversas encarnações, o purgatório consiste nas provas da vida corporal.

1014. *Como se explica que Espíritos, cuja superioridade se revela na linguagem que usam, tenham respondido a pessoas muito sérias, a respeito do inferno e do purgatório, de conformidade com as ideias correntes?*

"É que falam uma linguagem que possa ser compreendida pelas pessoas que os interrogam. Quando estas se mostram imbuídas de certas ideias, eles evitam chocá-las muito bruscamente, a fim de não lhes ferir as convicções. Se um Espírito dissesse a um muçulmano, sem precauções oratórias, que Maomé não foi profeta, seria muito mal acolhido."

a) *Concebe-se que assim procedam os Espíritos que nos querem instruir. Como, porém, se explica que, interrogados acerca da situação em que se achavam, alguns Espíritos tenham respondido que sofriam as torturas do inferno ou do purgatório?*

"Quando são inferiores e ainda não completamente desmaterializados, os Espíritos conservam uma parte de suas ideias terrenas e, para dar suas impressões, se servem dos termos que lhes são familiares. Acham-se num meio que só imperfeitamente lhes permite sondar o futuro. Essa é a causa de alguns Espíritos errantes, ou recém-desencarnados, falarem como o fariam se estivessem encarnados. *Inferno* pode traduzir por uma vida de provações, extremamente dolorosa, com a *incerteza* de haver outra melhor; *purgatório*, por uma vida também de provações, mas com a consciência de melhor futuro. Quando experimentas uma grande dor, não costumas dizer que sofres como um danado? Tudo isso são apenas palavras e sempre ditas em sentido figurado."

1015. *Que se deve entender por alma penada?*

"Uma alma errante e sofredora, incerta de seu futuro e à qual podeis proporcionar o alívio, que muitas vezes ela solicita, vindo comunicar-se convosco."

1016. *Em que sentido se deve entender a palavra* céu?

"Julgas que seja um lugar, como os campos Elíseos dos antigos, onde todos os bons Espíritos estão promiscuamente aglomerados, sem outra preocupação que a de gozar, pela eternidade toda, de uma felicidade passiva? Não; é o espaço universal; são os planetas, as estrelas e todos os mundos superiores, onde os Espíritos gozam plenamente de suas faculdades, sem as tribulações da vida material, nem as angústias peculiares à inferioridade."

1017. *Alguns Espíritos disseram estar habitando o quarto, o quinto céus, etc. Que querem dizer com isso?*

"Perguntando-lhes que céu habitam, é que formais ideia de muitos céus dispostos como os andares de uma casa. Eles, então, respondem de acordo com a vossa linguagem. Mas, por estas palavras — quarto e quinto céus — exprimem diferentes graus de purificação e, por conseguinte, de felicidade. É exatamente como quando se pergunta a um Espírito se está no inferno. Se for desgraçado, dirá "sim" porque, para ele, *inferno* é sinônimo de sofrimento. Sabe, porém, muito bem que não é uma fornalha. Um pagão diria estar no *Tártaro*."

O mesmo ocorre com outras expressões análogas, tais como: cidade das flores, cidade dos eleitos, primeira, segunda ou terceira esfera etc., que apenas são alegorias usadas por alguns Espíritos, quer como figuras, quer, algumas vezes, por ignorância da realidade das coisas, e até das mais simples noções científicas.

De acordo com a ideia restrita que se fazia outrora dos lugares das penas e das recompensas e, sobretudo, de acordo com a opinião de que a Terra era o centro do Universo, de que o firmamento formava uma abóbada e que havia uma região das estrelas, *o céu era situado no alto e o inferno em baixo*. Daí as expressões: subir ao céu, estar no mais alto dos céus, ser precipitado nos infernos. Hoje, que a Ciência demonstrou ser a Terra, apenas, entre tantos milhões de outros, uns dos menores mundos, sem importância especial; que traçou a história da sua formação e lhe descreveu a constituição; que provou ser infinito o espaço, não haver alto nem baixo no Universo, teve-se que renunciar a situar o céu acima das nuvens e o inferno nos lugares inferiores. Quanto ao purgatório, nenhum lugar lhe fora designado. Estava reservado ao Espiritismo dar de tudo isso a explicação mais racional, mais grandiosa e, ao mesmo tempo, mais consoladora para a humanidade. Pode-se assim dizer que trazemos em nós mesmos o nosso inferno e o nosso paraíso. O purgatório, achamo-lo na encarnação, nas vidas corporais ou físicas.

1018. *Em que sentido se devem entender estas palavras do Cristo: Meu reino não é deste mundo?*

"Respondendo assim, o Cristo falava em sentido figurado. Queria dizer que o seu reinado se exerce unicamente sobre os corações puros e desinteressados. Ele está onde quer que domine o amor do bem. Porém, os homens ávidos das coisas deste mundo e apegados aos bens da Terra, não estão com Ele."

1019. *Poderá jamais implantar-se na Terra o reinado do bem?*

"O bem reinará na Terra quando, entre os Espíritos que a vêm habitar, os bons predominarem, porque, então, farão que aí reinem o amor e a justiça, fonte do bem e da felicidade. Por meio do progresso moral e praticando as leis de Deus é que o homem atrairá para a Terra os bons Espíritos e dela afastará os maus. Estes, porém, não a deixarão, senão quando daí estejam banidos o orgulho e o egoísmo.

"Predita foi a transformação da Humanidade e se aproxima o momento em que se dará, momento cuja chegada apressam todos os homens que auxiliam o progresso. Essa transformação se verificará por meio da encarnação de Espíritos melhores, que constituirão na Terra uma geração nova. Então, os Espíritos dos maus, que a morte vai ceifando dia a dia, e todos os que tentem deter a marcha das coisas serão daí excluídos, pois que viriam a estar deslocados entre os homens de bem, cuja felicidade perturbariam. Irão para mundos novos, menos adiantados, desempenhar missões *penosas*, trabalhando pelo seu próprio adiantamento, ao mesmo tempo que trabalharão pelo de seus irmãos mais atrasados. Neste banimento de Espíritos da Terra transformada, não percebeis a sublime alegoria do *Paraíso perdido* e, na vinda do homem para a Terra em semelhantes condições, trazendo em si o germe de suas paixões e os vestígios da sua inferioridade primitiva, não descobris a não menos sublime alegoria do *pecado original*? Considerado deste ponto de vista, o pecado original se prende à natureza ainda imperfeita do homem que, assim, só é responsável por si mesmo, pelas suas próprias faltas e não pelas de seus pais.

"Todos vós, homens de fé e de boa vontade, trabalhai, portanto, com ânimo e zelo na grande obra da regeneração, que colhereis pelo cêntuplo o grão que houverdes semeado. Ai dos que fecham os olhos à luz! Preparam para si mesmos longos séculos de trevas e decepções. Ai dos que fazem dos bens deste mundo a fonte de todas as suas alegrias! Terão que sofrer privações muito mais numerosas do que os gozos de que desfrutaram! Ai, sobretudo, dos egoístas! Não acharão quem os ajude a carregar o fardo de suas misérias."

– *São Luís*

CONCLUSÃO

I

Quem, de magnetismo terrestre, apenas conhecesse o jogo dos patinhos imantados que, sob a ação do ímã, se movimentam em todas as direções numa bacia com água, dificilmente poderia compreender que ali está o segredo do mecanismo do Universo e da marcha dos mundos. O mesmo se dá com quem, do Espiritismo, apenas conhece o movimento das mesas, no qual só vê um divertimento, um passatempo, sem compreender que esse fenômeno tão simples e vulgar, que a Antiguidade e até povos semisselvagens conheceram, possa ter ligação com as mais graves questões da ordem social. Efetivamente, para o observador superficial, que relação pode ter com a moral e o futuro da Humanidade uma mesa que se move? Quem quer que reflita se lembrará de que de uma simples panela a ferver e cuja tampa se erguia continuamente, fato que também ocorre desde toda a Antiguidade, saiu o possante motor com que o homem transpõe o espaço e suprime as distâncias.

Pois bem! Sabei, vós que não credes senão no que pertence ao mundo material, que dessa mesa que gira e vos faz sorrir desdenhosamente saiu uma ciência, assim como a solução dos problemas que nenhuma filosofia pudera ainda resolver. Apelo para todos os adversários de boa-fé e rogo a que digam se se deram ao trabalho de estudar o que criticam. Porque, em boa lógica, a crítica só tem valor quando o crítico é conhecedor daquilo de que fala. Zombar de uma coisa que se não conhece, que se não sondou com o escalpelo do observador consciencioso, não é criticar, é dar prova de leviandade e triste mostra de falta de critério. Certamente que, se houvéssemos apresentado esta filosofia como obra de um cérebro humano, menos desdenhoso tratamento encontraria e teria merecido as honras do exame dos que pretendem dirigir a opinião. Vem ela, porém, dos Espíritos. Que absurdo! Mal lhe dispensam um simples olhar. Julgam-na pelo título, como o macaco da fábula julgava da noz pela casca.

Fazei, se quiserdes, abstração da sua origem. Julgai que este *livro* é obra de um homem e dizei, do íntimo e em consciência, se, depois de o terdes lido *seriamente*, achais nele matéria para zombaria.

II

O Espiritismo é o mais terrível antagonista do materialismo. Não é, pois, de admirar que tenha por adversários os materialistas. Mas, como o materialismo é uma doutrina cujos adeptos mal ousam confessar que o são (prova de que não se consideram muito fortes e têm a dominá-los a consciência), eles se acobertam com o manto da razão e da ciência. E, coisa estranha, os mais céticos chegam a falar, em nome da religião, que não conhecem e não compreendem como o Espiritismo. Por ponto de mira tomam o maravilhoso e o *sobrenatural*, que não admitem. Ora, dizem, pois, que o Espiritismo se funda no maravilhoso, e, portanto, não pode deixar de ser uma suposição ridícula. Não refletem que, condenando, sem restrições, o maravilhoso e o sobrenatural, também condenam a religião.

Com efeito, a religião se funda na revelação e nos milagres. Ora, que é a revelação, senão um conjunto de comunicações extraterrenas? Todos os autores sagrados, desde Moisés, têm falado dessa espécie de comunicação. Que são os milagres, senão fatos maravilhosos e sobrenaturais, por excelência, visto que, no sentido litúrgico, constituem derrogações das leis da Natureza? Logo, rejeitando o maravilhoso e o sobrenatural, eles rejeitam as próximas bases da religião. Não é deste ponto de vista, porém, que devemos encarar a questão.

Ao Espiritismo não compete examinar se há ou não milagres, isto é, se em certos casos houve Deus por bem derrogar as leis eternas que regem o Universo. Permite, a este respeito, inteira liberdade de crença. Diz e prova que os fenômenos em que se baseia, de sobrenaturais só têm a aparência. E parecem tais a algumas pessoas, apenas porque são insólitos e diferentes dos fatos conhecidos. Não são, contudo, mais sobrenaturais do que todos os fenômenos, cuja explicação a Ciência hoje dá e que pareceram maravilhosos em outra época. Todos os fenômenos espíritas, *sem exceção*, resultam de leis gerais. Revelam-nos uma das forças da Natureza, força desconhecida, ou, por melhor dizer, incompreendida até agora, mas que a observação demonstra estar na ordem das coisas.

Assim, pois, o Espiritismo se apoia menos no maravilhoso e no sobrenatural do que a própria religião. Por conseguinte, os que o atacam por esse lado mostram que não o conhecem e, ainda quando fossem os maiores sábios, lhes diríamos: se a vossa ciência, que vos instruiu em tantas coisas, não vos ensinou que o domínio da Natureza é infinito, sois apenas meio sábios.

III

Dizeis que desejais curar o vosso século de uma mania que ameaça invadir o mundo. Seria melhor que o mundo fosse invadido pela incredulidade que procurais propagar? A que se deve atribuir o relaxamento dos laços de família e a maior parte das desordens que minam a sociedade, senão à ausência de toda crença? Demonstrando a existência e a imortalidade da alma, o Espiritismo reaviva a fé no futuro, levanta os ânimos abatidos, faz suportar com resignação as vicissitudes da vida. Poderia ser chamado a isto um mal? Duas doutrinas se defrontam: uma, que nega o futuro; outra, que lhe proclama e prova a existência; uma, que nada explica, outra, que explica tudo e que, por isso mesmo, se dirige à razão; uma, que é a sanção do egoísmo; outra, que oferece base à justiça, à caridade e ao amor pelo próximo. A primeira somente mostra o presente e aniquila toda esperança; a segunda consola e desvenda o vasto campo do futuro. Qual é a mais preciosa?

Algumas pessoas, dentre as mais céticas, se fazem apóstolos da fraternidade e do progresso. Mas, a fraternidade pressupõe desinteresse, abnegação da personalidade. Com que direito pode-se impor um sacrifício àquele a quem dizeis que, com a morte, tudo se acabará; que amanhã, talvez, ele não será mais do que uma velha máquina desmantelada e atirada ao lixo? Que razões terá ele para impor a si mesmo uma privação qualquer? Não será mais natural que trate de viver o melhor possível, durante os breves instantes que lhe concedeis? Daí o desejo de possuir muito para melhor gozar. Do desejo nasce a inveja dos que possuem mais e, dessa inveja à vontade de apoderar-se do que a estes pertence, o passo é curto. O que o detém? A lei? A lei, porém, não abrange todos os casos. Direis que é a consciência, o sentimento do dever. Mas, em que baseias o sentimento do dever? Terá razão de ser esse sentimento, de acordo com a crença de que tudo se acaba com a vida? Onde essa crença exista, uma só máxima é racional: cada um por si, não passando de vãs palavras as ideias de fraternidade, de consciência, de dever, de humanidade, mesmo de progresso.

Oh! Vós que proclamais semelhantes doutrinas, não sabeis quão grande é o mal que fazeis à sociedade, nem de quantos crimes assumis a responsabilidade! Para o cético, tal coisa não existe. Só à matéria rende ele homenagem.

IV

O progresso da Humanidade tem seu princípio na aplicação da lei de justiça, de amor e de caridade, lei que se funda na certeza do futuro. Tirai-lhe essa certeza e lhe tirareis a pedra fundamental. Dessa lei derivam todas as outras, porque ela encerra todas as condições da felicidade do homem. Só ela pode curar as chagas da sociedade. Comparando as idades e os *povos*, pode ele avaliar quanto a sua condição melhora, à medida que essa lei vai sendo mais bem compreendida e praticada. Ora, se, aplicando-a parcial e incompletamente, produz o homem tanto bem, que não conseguirá quando fizer dela a base de todas as suas instituições sociais? Será isso possível? Sim, porquanto, desde que ele já deu dez passos, possível lhe é dar vinte e assim por diante.

O futuro se pode, pois, julgar pelo passado. Já vemos que pouco a pouco se extinguem as antipatias de povo para povo. Diante da civilização, diminuem as barreiras que os separavam. De um extremo a outro do mundo, eles se estendem as mãos. Maior justiça preside à elaboração das leis internacionais. As guerras se tornam cada vez mais raras e não excluem os sentimentos de humanidade. Nas relações, a uniformidade vai se estabelecendo. Apagam-se as distinções de raças e de castas e os que professam crenças diversas impõem silêncio aos preconceitos de seita, para se confundirem na adoração de um único Deus. Falamos dos povos que marcham à frente da civilização.

A todos estes respeitos, no entanto, longe ainda estamos da perfeição e muitas ruínas antigas, ainda se têm que abater, até que não restem mais vestígios da barbárie. Poderão acaso essas ruínas sustentar-se contra a força irresistível do progresso, contra essa força viva que é, em si mesma, uma lei da Natureza? Sendo a geração atual mais adiantada do que a anterior, por que não o será mais do que a presente a que lhe há de suceder? Sê-lo-á, pela força das coisas. Primeiro, porque, com as gerações, todos os dias se extinguem alguns campeões dos velhos abusos, o que permite à sociedade formar-se de elementos novos, livres dos velhos preconceitos. Em segundo lugar, porque, desejando o progresso, o homem estuda os obstáculos e se aplica a removê-los.

Uma vez que é incontestável o movimento progressivo, não há que duvidar do progresso vindouro. O homem quer ser feliz e é natural esse desejo. Ora, buscando progredir, o que ele procura é aumentar a soma da sua felicidade, sem o que o progresso careceria de objeto. Em que consistiria para ele o progresso, se lhe não devesse melhorar a posição?

Quando, porém, conseguir a soma de gozos que o progresso intelectual lhe pode proporcionar, verificará que não está completa a sua felicidade. Reconhecerá ser esta impossível, sem a segurança nas relações sociais, segurança que somente no progresso moral lhe será dado achar. Logo, pela própria força das coisas, ele mesmo dirigirá o progresso para essa senda e o Espiritismo lhe oferecerá a mais poderosa alavanca para alcançar tal objetivo.

V

Os que dizem que as crenças espíritas ameaçam invadir o mundo, proclamam, por isso mesmo, a força do Espiritismo, porque jamais poderia tornar-se universal uma ideia sem fundamento e destituída de lógica. Assim, se o Espiritismo se implanta por toda parte, se, principalmente nas classes cultas, recruta adeptos, como todos facilmente reconhecerão, é que tem um fundo de verdade. Frustrados serão todos os esforços dos seus detratores contra essa tendência, e a prova é que o próprio ridículo, de que procuram cobri-lo, longe de lhe amortecer o ímpeto, parece ter-lhe dado novo vigor, resultado que plenamente justifica o que repetidas vezes os Espíritos têm dito: "Não vos inquieteis com a oposição; tudo o que contra vós fizerem se tornará a vosso favor e os *vossos maiores adversários, sem o quererem, servirão à vossa causa*. Contra a vontade de Deus não poderá prevalecer a má vontade dos homens."

Por meio do Espiritismo, a Humanidade tem que entrar numa nova fase, a do progresso moral que lhe é consequência inevitável. Não mais, pois, vos espanteis da rapidez com que as ideias espíritas se propagam. A causa dessa velocidade reside na satisfação que trazem a todos os que as aprofundam e que nelas veem alguma coisa mais do que fútil passatempo. Ora, como cada um quer, acima de tudo, sua felicidade, nada há de surpreendente em que cada um se apegue a uma ideia que faz felizes os que nela acreditam.

Três períodos distintos apresentam o desenvolvimento dessas ideias: primeiro, o da curiosidade, que a singularidade dos fenômenos produzidos desperta; segundo, o do raciocínio e da filosofia; terceiro, o da aplicação e das consequências. O período da curiosidade passou; a curiosidade dura pouco. Uma vez satisfeita, muda de objeto. O mesmo não acontece com o que desafia a meditação séria e o raciocínio. Começou o segundo período, o terceiro virá inevitavelmente.

O Espiritismo progrediu principalmente depois que foi sendo mais bem compreendido na sua essência íntima, depois que lhe perceberam o alcance, porque tange a corda mais sensível do homem: a da sua felicidade, mesmo neste mundo. Aí a causa da sua propagação, o segredo da força que o fará triunfar. Enquanto a sua influência não atinge as massas, ele vai felicitando os que o compreendem. Mesmo os que nenhum fenômeno têm testemunhado, dizem: à parte esses fenômenos, há a filosofia, que me explica o que *nenhuma outra* me havia explicado. Nela encontro, por meio unicamente do raciocínio, uma solução *racional* para os problemas que no mais alto grau interessam ao meu futuro. Ela me dá calma, firmeza, confiança; livra-me do tormento da incerteza. Ao lado de tudo isto, secundária se torna a questão dos fatos materiais.

Quereis, vós todos que o atacais, um meio de combatê-lo com êxito? Aqui o tendes. Basta substituí-lo por alguma coisa melhor; indicai solução *mais filosófica* para todas as questões que ele resolveu; dai ao homem *outra certeza* que o faça mais feliz, porém compreendei bem o alcance da palavra *certeza*, porquanto o homem não aceita, como *certo*, senão o que lhe parece *lógico*. Não vos contenteis em dizer: "isto não é assim"; demasiado fácil é semelhante afirmativa. Provai, não por negação, mas por fatos, que isto não é real, nunca o foi e *não pode* ser. Se não é, dizei o que o é, em seu lugar. Provai, finalmente, que as consequências do Espiritismo não são tornar melhor o homem e, portanto, mais feliz, pela prática da mais pura moral evangélica, moral a que se tecem muitos louvores, mas que muito pouco se pratica. Quando houverdes feito isso, tereis o direito de o atacar.

O Espiritismo é forte porque assenta sobre as próprias bases da religião; Deus, a alma, as penas e as recompensas futuras; sobretudo, porque mostra que essas penas e recompensas são consequências naturais da vida terrestre e, ainda, porque, no quadro que apresenta do futuro, nada há que a razão mais exigente possa recusar.

Que compensação ofereceis aos sofrimentos deste mundo, vós cuja doutrina consiste unicamente na negação do futuro? Enquanto vos apoiais na incredulidade, ele se apoia na confiança em Deus; ao passo que convida os homens à felicidade, à esperança, à verdadeira fraternidade, vós lhes ofereceis o *nada* por perspectiva e o *egoísmo* por consolação. Ele tudo explica, vós nada explicais. Ele prova pelos fatos, vós nada provais. Como quereis que se hesite entre as duas doutrinas?

VI

Falsíssima ideia formaria do Espiritismo quem julgasse que a sua força lhe vem da prática das manifestações materiais e que, portanto, obstando-se a tais manifestações, se lhe terá minado a base. Sua força está na sua filosofia, no apelo que dirige à razão, ao bom senso. Na Antiguidade, era objeto de estudos misteriosos, que cuidadosamente se ocultavam do povo. Hoje, para ninguém tem segredos. Fala uma linguagem clara, sem ambiguidades. Nada há nele de místico, nada de alegorias suscetíveis de falsas interpretações. Quer ser por todos compreendido, porque chegados são os tempos de fazer-se que os homens conheçam a verdade. Longe de se opor à difusão da luz, deseja-a para todo o mundo. Não reclama crença cega; quer que o homem saiba por que crê. Apoiando-se na razão, será sempre mais forte do que os que se apoiam no nada.

Os obstáculos que tentassem oferecer à liberdade das manifestações poderiam lhe pôr fim? Não, porque produziriam o efeito de todas as perseguições: o de excitar a curiosidade e o desejo de conhecer o que foi proibido. De outro lado, se as manifestações espíritas fossem privilégio de um único homem, sem dúvida que, segregado esse homem, as manifestações cessariam. Infelizmente para os seus adversários, elas estão ao alcance de toda gente e todos a elas recorrem, desde o mais pequenino até o mais graduado, desde o palácio até o casebre. Poderão proibir que sejam obtidas em público, mas sabe-se, porém, precisamente que em público não é onde melhor se dão e sim na intimidade. Ora, podendo todos ser médiuns, quem poderá impedir que uma família, no seu lar; um indivíduo, no silêncio de seu gabinete; o prisioneiro, no seu cubículo, entrem em comunicação com os Espíritos, apesar da presença de seus algozes? Se as proibirem num país, poderão impedir que se verifiquem nos países vizinhos, no mundo inteiro, uma vez que nos dois hemisférios não há lugar onde não existam médiuns? Para se encarcerarem todos os médiuns, seria preciso que se encarcerasse a metade do gênero humano. Chegassem mesmo, o que não seria mais fácil, a queimar todos os livros espíritas e no dia seguinte estariam reproduzidos, porque inatacável é a fonte de onde fluem e porque ninguém pode encarcerar ou queimar os Espíritos, seus verdadeiros autores.

O Espiritismo não é obra de um homem. Ninguém pode inculcar-se como seu criador, pois tão antigo é ele quanto a criação. Encontramo-lo por toda parte, em todas as religiões, principalmente na religião católica e aí com mais autoridade do que em todas as outras, porquanto nela se nos depara o princípio de todas as manifestações: os Espíritos em todos os graus de elevação, suas relações ocultas e ostensivas com os homens, os anjos guardiães, a reencarnação, a emancipação da alma durante a vida, a dupla vista, todos os gêneros de manifestações, as aparições e até as aparições tangíveis. Quanto aos demônios, esses não são senão os maus Espíritos e, salvo a crença de que aqueles foram destinados a permanecer perpetuamente no mal, ao passo que a senda do progresso se conserva aberta aos segundos, não há entre uns e outros mais do que simples diferença de nomes.

Que faz a moderna ciência espírita? Reúne em corpo de doutrina o que estava disperso: explica, com os termos próprios, o que só era dito em linguagem alegórica; poda o que a superstição e a ignorância produziram, para só deixar o que é real e positivo. Esse é o seu papel! O de fundadora não lhe pertence. Mostra o que existe, coordena, porém não cria, por isso que suas bases são de todos os tempos e de todos os lugares. Quem, pois, ousaria considerar-se bastante forte para abafá-la com sarcasmos, ou, ainda, com perseguições? Se a banirem de um lado, renascerá em outras partes, no próprio terreno de onde a tenham banido, porque ela está na Natureza e ao homem não é dado aniquilar uma força da Natureza, nem opor *veto* aos decretos de Deus.

Que interesse, aos demais, haveria em impedir a propagação das ideias espíritas? É exato que elas se erguem contra os abusos que nascem do orgulho e do egoísmo. Mas, se é certo que desses abusos há quem aproveite, à coletividade humana eles prejudicam. A coletividade, portanto, será favorável a tais ideias, considerando por adversários sérios apenas os interessados em manter aqueles abusos. As ideias espíritas, ao contrário, são um penhor de ordem e tranquilidade, porque, pela sua influência, os homens se tornam melhores uns para com os outros, menos ávidos das coisas materiais e mais resignados aos decretos da Providência.

VII

O Espiritismo se apresenta sob três aspectos diferentes: o das manifestações, o dos princípios e da filosofia que delas decorrem e o da aplicação desses princípios. Daí, três classes, ou, antes, três graus de adeptos: 1º) os que creem nas manifestações e se limitam a comprová-las; para esses, o Espiritismo é uma ciência experimental; 2º) os que lhe percebem as consequências morais; 3º) os que praticam ou se esforçam por praticar essa moral. Qualquer que seja o ponto de vista, científico ou moral, sob que considerem esses estranhos fenômenos, todos compreendem constituírem eles uma ordem, inteiramente nova, de ideias que surge e da qual não pode deixar de resultar uma profunda modificação no estado da Humanidade e compreendem que essa modificação não pode deixar de operar-se no sentido do bem.

Quanto aos adversários, também podemos classificá-los em três categorias. 1ª) A dos que negam sistematicamente tudo o que é novo, ou deles não venha, e que falam sem conhecimento de causa. A esta classe pertencem todos os que não admitem senão o que possa ter o testemunho dos sentidos. Nada viram, nada querem ver e ainda menos aprofundar. Ficariam mesmo aborrecidos se vissem as coisas muito claramente, porque forçoso lhes seria admitir que não têm razão. Para eles, o Espiritismo é uma quimera, uma loucura, uma utopia, não existe: está dito tudo. São os incrédulos de caso pensado. Ao lado desses, podem colocar-se os que não se dignam de dar aos fatos a mínima atenção, sequer por desencargo de consciência, a fim de poderem dizer: Quis ver e nada vi. Não compreendem que seja preciso mais de meia hora para alguém se inteirar de uma ciência. 2ª) A dos que, sabendo muito bem o que pensar da realidade dos fatos, os combatem, todavia, por motivos de interesse pessoal. Para estes, o Espiritismo existe, mas lhes receiam as consequências. Atacam-no como a um inimigo. 3ª) A dos que acham na moral espírita censura severa demais aos seus atos ou às suas tendências. Tomado ao sério, o Espiritismo os embaraçaria; não o rejeitam, nem o aprovam: preferem fechar os olhos. Os primeiros são movidos pelo orgulho e pela presunção; os segundos, pela ambição; os terceiros, pelo egoísmo. Concebe-se que, nenhuma solidez tendo, essas causas de oposição venham a desaparecer com o tempo, pois em vão procuraríamos uma quarta classe de antagonistas, a dos que em patentes provas contrárias se apoiassem demonstrando estudo laborioso e porfiado da questão. Todos apenas opõem a negação, nenhum traz demonstração séria e irrefutável.

Seria esperar muito da natureza humana supor que ela possa transformar-se de súbito, por efeito das ideias espíritas. A ação que estas exercem não é certamente idêntica, nem do mesmo grau, em todos os que as professam. Mas, o resultado dessa ação, qualquer que seja, ainda que extremamente fraco, representa sempre uma melhora, nem que seja somente dar a prova da existência de um mundo extracorpóreo, o que implica a negação das doutrinas materialistas. Isto deriva da observação dos fatos, porém, para os que compreendem o Espiritismo filosófico e nele veem outra coisa, que não somente fenômenos mais ou menos curiosos, diversos são os seus efeitos.

O primeiro e mais geral consiste em desenvolver o sentimento religioso até naquele que, sem ser materialista, olha com absoluta indiferença para as questões espirituais. Daí lhe advém o desprezo pela morte. Não dizemos o desejo de morrer; longe disso, porquanto o espírita defenderá sua vida como qualquer outro, mas uma indiferença que o leva a aceitar, sem queixa, nem pesar, uma morte inevitável, como coisa mais de alegrar do que de temer, pela certeza que tem do estado que se lhe segue.

O segundo efeito, quase tão geral quanto o primeiro, é a resignação nas vicissitudes da vida. O Espiritismo dá a ver as coisas de tão alto, que, perdendo a vida terrena três quartas partes da sua importância, o homem não se aflige tanto com as tribulações que a acompanham. Daí, mais coragem nas aflições, mais moderação nos desejos. Daí, também, o banimento da ideia de abreviar os dias da existência, por isso que a ciência espírita ensina que, pelo suicídio, sempre se perde o que se queria ganhar. A certeza de um futuro, que temos a faculdade de tornar feliz, a possibilidade de estabelecermos relações com os entes que nos são caros, oferecem ao espírita suprema consolação. O horizonte se lhe dilata ao infinito, graças ao espetáculo, a que assiste incessantemente, da vida de além-túmulo, cujas misteriosas profundezas lhe é facultado sondar.

O terceiro efeito é o estimular no homem a indulgência para com os defeitos alheios. Todavia, cumpre dizê-lo, o princípio egoísta e tudo que dele decorre são o que há de mais tenaz no homem e, por conseguinte, de mais difícil de desenraizar. Toda gente faz voluntariamente sacrifícios, contanto que nada custem e de nada privem. Para a maioria dos homens, o dinheiro tem ainda irresistível atrativo e bem poucos compreendem a palavra supérfluo, quando de suas pessoas se trata. Por isso mesmo, a abnegação da personalidade constitui sinal de grandíssimo progresso.

VIII

Perguntam algumas pessoas: Ensinam os Espíritos qualquer moral nova, qualquer coisa superior ao que disse o Cristo? Se a moral deles não é senão a do Evangelho, de que serve o Espiritismo? Este raciocínio se assemelha notavelmente ao do califa Omar[34], com relação à Biblioteca de Alexandria: "Se ela não contém", dizia ele, "mais do que o que está no Alcorão, é inútil. Logo deve ser queimada. Se contém coisa diversa, é nociva. Logo, também deve ser queimada."

Não, o Espiritismo não traz moral diferente da de Jesus. Mas, perguntamos, por nossa vez: Antes que viesse o Cristo, não tinham os homens a lei dada por Deus a Moisés? A doutrina do Cristo não se acha contida no Decálogo? Por isso, se dirá que a moral de Jesus era inútil? Perguntaremos, ainda, aos que negam utilidade à moral espírita: Por que tão pouco praticada é a do Cristo? E por que, exatamente os que com justiça lhe proclamam a sublimidade, são os primeiros a violar-lhe o preceito capital: *o da caridade universal*? Os Espíritos vêm não só confirmá-la, mas também mostrar-nos a sua utilidade prática. Tornam inteligíveis e patentes verdades que haviam sido ensinadas sob a forma alegórica. E, justamente com a moral, trazem-nos a definição dos mais abstratos problemas da psicologia.

Jesus veio mostrar aos homens o caminho do verdadeiro bem. Por que, tendo-o enviado para fazer lembrada Sua lei que estava esquecida, não havia Deus de enviar hoje os Espíritos, a fim de a lembrarem novamente aos homens, e com maior precisão, quando eles a esquecem, para tudo sacrificar ao orgulho e à cobiça? Quem ousaria pôr limites ao poder de Deus e traçar-lhe normas? Quem nos diz que, como o afirmam os Espíritos, não estão chegando os tempos preditos e que não chegamos aos em que verdades mal compreendidas, ou falsamente interpretadas, devam ser ostensivamente reveladas ao gênero humano, para lhe apressar o adiantamento? Não haverá alguma coisa de providencial nessas manifestações que se produzem simultaneamente em todos os pontos do globo?

---

34   Califa Omar Ibne Alcatabe (c. 586 - 644 d.C.), sucessor de Maomé. Embora não seja um consenso, a versão popular diz que Omar decidiu queimar a Biblioteca de Alexandria quando os árabes conquistaram o Egito, em 642 d.C. O califa ortodoxo acreditava que todas as fontes e livros que contradissessem o Alcorão deveriam ser eliminados. (N. do E.)

Não é um único homem, um profeta quem nos vem advertir. A luz surge por toda parte. É todo um mundo novo que se desdobra às nossas vistas. Assim como a invenção do microscópio nos revelou o mundo dos infinitamente pequenos, de que não suspeitávamos; assim como o telescópio nos revelou milhões de mundos de cuja existência também não suspeitávamos, as comunicações espíritas nos revelam o mundo invisível que nos cerca, nos acotovela constantemente e que, à nossa revelia, toma parte em tudo o que fazemos.

Decorrido que seja mais algum tempo, a existência desse mundo, que nos espera, se tornará tão incontestável como a do mundo microscópico e dos globos disseminados pelo espaço. Nada, então, valerá termos tomado conhecimento de um mundo todo; e nos iniciado nos mistérios da vida de além-túmulo? É exato que essas descobertas, se é que se possa lhe dar este nome, contrariam algum tanto certas ideias aceitas. Mas, não é real que todas as grandes descobertas científicas têm igualmente modificado, subvertido até, as mais correntes ideias? E o nosso amor-próprio não teve que se curvar diante da evidência? O mesmo acontecerá com relação ao Espiritismo, que, em breve, gozará do direito de cidadania entre os conhecimentos humanos.

As comunicações com os seres de além-túmulo deram em resultado fazer-nos compreender a vida futura, fazer-nos vê-la, iniciar-nos no conhecimento das penas e gozos que nos estão reservados, de acordo com os nossos méritos e, desse modo, encaminhar para o *espiritualismo* os que no homem somente viam a matéria, a máquina organizada. Razão, portanto, tivemos para dizer que o Espiritismo, com os fatos, matou o materialismo. Fosse este único resultado por ele produzido e já muita gratidão lhe deveria a ordem social. Ele, porém, faz mais: mostra os inevitáveis efeitos do mal e, por conseguinte, a necessidade do bem. Muito maior do que se pensa é, e cresce todos os dias, o número daqueles em que ele há melhorado os sentimentos, neutralizado as más tendências e desviado do mal. É que para esses o futuro deixou de ser coisa imprecisa, simples esperança, por se haver tornado uma verdade que se compreende e explica, quando se *veem* e *ouvem* os que partiram lamentar-se ou felicitar-se pelo que fizeram na Terra. Quem disso é testemunha entra a refletir e sente a necessidade de a si mesmo se conhecer, julgar e emendar.

IX

Os adversários do Espiritismo não se esqueceram de armar-se contra ele de algumas divergências de opiniões sobre certos pontos de doutrina. Não é de admirar que, no início de uma ciência, quando ainda são incompletas as observações e cada um a considera do seu ponto de vista, apareçam sistemas contraditórios. Mas, já três quartos desses sistemas caíram diante de um estudo mais aprofundado, a começar pelo que atribuía todas as comunicações ao Espírito do mal, como se a Deus fosse impossível enviar bons Espíritos aos homens: doutrina absurda, porque os fatos a desmentem; ímpia, porque implica na negação do poder e da bondade do Criador.

Os Espíritos sempre disseram que não nos inquietássemos com essas divergências e que a unidade se estabeleceria. Ora, a unidade já se fez quanto à maioria dos pontos e as divergências tendem cada vez mais a desaparecer. Quanto à seguinte pergunta: Enquanto se não faz a unidade, sobre que pode o homem, imparcial e desinteressado, basear-se para formar juízo? Eles responderam:

"Nuvem alguma obscurece a luz verdadeiramente pura; o diamante mais puro é o que tem mais valor: julgai, pois, dos Espíritos pela pureza de seus ensinos. Não esqueceis que, entre eles, há os que ainda não se despojaram das ideias que levaram da vida terrena. Sabei distingui-los pela linguagem de que usam. Julgai-os pelo conjunto do que vos dizem. Vede se há encadeamento lógico nas suas ideias; se nestas nada revela ignorância, orgulho ou malevolência; em suma, se suas palavras trazem todas o cunho de sabedoria que a verdadeira superioridade manifesta. Se o vosso mundo fosse inacessível ao erro, seria perfeito, e longe disso se acha ele. Ainda estais aprendendo a distinguir do erro a verdade. Faltam-vos as lições da experiência para exercitar o vosso juízo e fazer-vos avançar. A unidade se produzirá do lado em que o bem jamais esteve de mistura com o mal; desse lado é que os homens se coligarão pela própria força das coisas, porquanto reconhecerão que é aí que está a verdade.

"Aliás, que importam algumas dissidências, mais de forma que de fundo! Notai que os princípios fundamentais são os mesmos por toda parte e vos hão de unir num pensamento comum: o amor de Deus e a prática do bem. Quaisquer que se suponham ser o modo de progressão ou as condições normais da existência futura, o objetivo final é um só: fazer o bem. Ora, não há duas maneiras de fazê-lo."

Se é certo que, entre os adeptos do Espiritismo, se contam os que divergem de opinião sobre alguns pontos da teoria, menos certo não é que todos estão de acordo quanto aos pontos fundamentais. Há, portanto, unidade, excluídos apenas os que, em número muito reduzido, ainda não admitem a intervenção dos Espíritos nas manifestações; os que as atribuem a causas puramente físicas, o que é contrário a este axioma: Todo efeito inteligente há de ter uma causa inteligente; ou ainda a um reflexo do nosso próprio pensamento, o que os fatos desmentem. Os outros pontos são secundários e em nada comprometem as bases fundamentais. Pode, pois haver escolas que procurem esclarecer-se acerca das partes ainda controvertidas da Ciência; não deve haver seitas rivais umas das outras. Antagonismo só poderia existir entre os que querem o bem e os que quisessem ou praticassem o mal. Ora, não há espírita sincero e compenetrado das grandes máximas morais ensinadas pelos Espíritos que possa querer o mal, nem desejar mal ao seu próximo, sem distinção de opiniões. Se alguma destas escolas estiver errada, cedo ou tarde a luz para ela brilhará, se a buscar de boa-fé e sem prevenções. Enquanto isso não se dá, um laço comum existe que as deve unir a todos num só pensamento; uma só meta para todas. Pouco, por conseguinte, importa qual seja o caminho, uma vez que conduza a essa meta. Nenhuma deve impor-se por meio do constrangimento material ou moral e em caminho falso estaria unicamente aquela que alimentasse ódio pela outra, porque então procederia evidentemente sob a influência de maus Espíritos.

O argumento supremo deve ser a razão. A moderação garantirá melhor a vitória da verdade do que as críticas envenenadas pela inveja e pelo ciúme. Os bons Espíritos só pregam a união e o amor ao próximo, e nunca um pensamento malévolo ou contrário à caridade pode provir de fonte pura. Ouçamos sobre este assunto, e para terminar, os conselhos do Espírito Santo Agostinho:

"Por bem largo tempo, os homens se têm estraçalhado e condenado mutuamente em nome de um Deus de paz e misericórdia, ofendendo-O com semelhante sacrilégio. O Espiritismo é o laço que um dia os unirá, porque lhes mostrará onde está a verdade, onde está o erro. Durante muito tempo, porém, ainda haverá escribas e fariseus que O negarão, como negaram o Cristo. Quereis saber sob a influência de que Espíritos estão as diversas seitas que entre si fizeram partilha do mundo? Julgai-o pelas suas obras e pelos seus princípios. Jamais os bons Espíritos foram os instigadores do mal; jamais aconselharam ou legitimaram o assassínio e a violência; jamais estimularam os ódios dos partidos, nem a sede das riquezas e das honras, nem a avidez dos bens da Terra. Os que são bons, humanitários e benevolentes para com todos, esses os Seus prediletos e prediletos de Jesus, porque seguem a estrada que este lhes indicou para chegarem até Ele."

– *Santo Agostinho*

**CONFIRA NOSSOS
LANÇAMENTOS AQUI!**

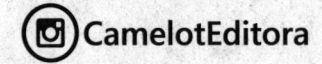

Camelot
EDITORA

@CamelotEditora